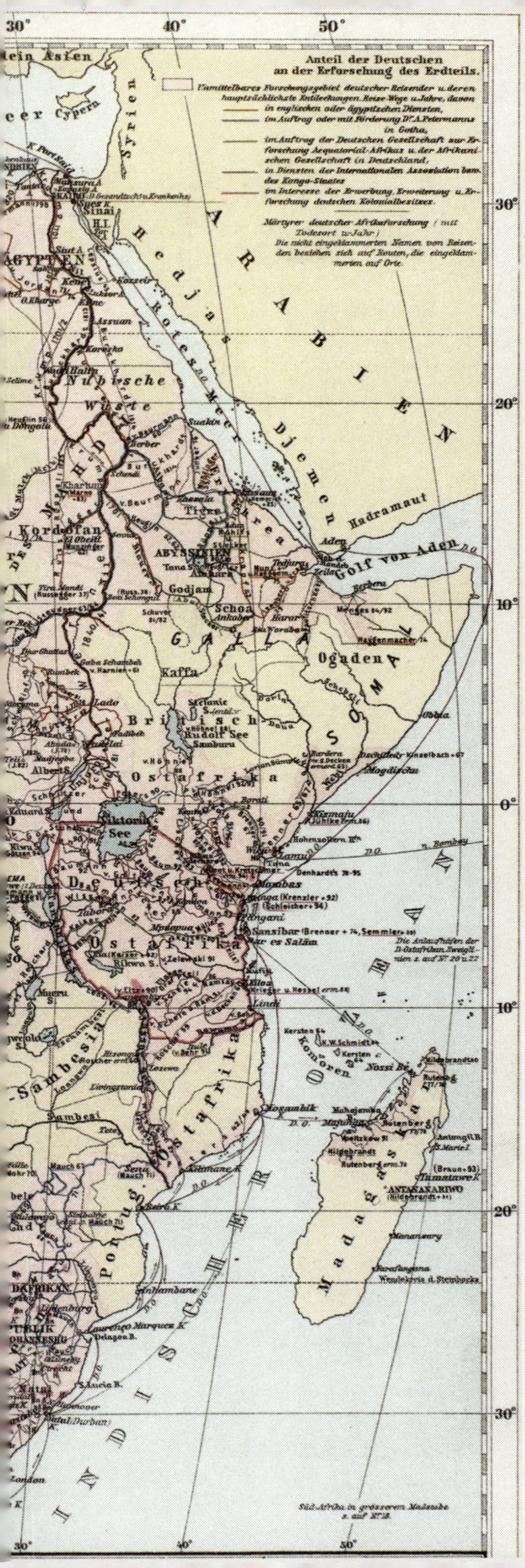


Verkleinerte Darstellung der wichtigsten Routenaufnahmen und Forschungsgebiete deutscher Entdeckungsreisender auf dem afrikanischen Kontinent zwischen der Mitte und dem Ende des 19. Jahrhunderts

Imre Josef Demhardt

# Die Entschleierung Afrikas

## Deutsche Kartenbeiträge von August Petermann bis zum Kolonialkartographischen Institut

Klett PERTHES

Die Deutsche Bibliothek - CIP-Einheitsaufnahme

Demhardt, Imre Josef
Die Entschleierung Afrikas : deutsche Kartenbeiträge von August Petermann bis zum Kolonialkartographischen Institut / Imre Josef Demhardt. - 1. Aufl. - Gotha ; Stuttgart : Klett-Perthes, 2000
ISBN 3-623-00355-7

ISBN 3-623-00355-7

1. Auflage


Lektoren: Dr. Eberhard Benser, Stephan Frisch
Einband und Schutzumschlag: Kirsten Steinbach, Stuttgart
Herstellung: Ulrich Wutzke, Berlin
Druck und buchbinderische Verarbeitung: Salzland Druck, Staßfurt

Gedruckt auf Papier aus chlorfrei gebleichtem Zellstoff

## Inhaltsverzeichnis

# Vorwort

Auch wenn es auf den ersten Blick widersinnig erscheinen mag, über Landkarten ein Lesebuch vorzulegen, so soll doch durch die Kenntnis der Begleitumstände ihrer Entstehung in das „Lesen“ und Verstehen ausgewählter Meisterstücke der deutschen Kartographenkunst eingeführt werden. Diese kleine Schrift will dabei den eigentümlichen Reiz dieser ganz besonderen Landkarten aus der Zeit der ersten Erschließung des Inneren des afrikanischen Kontinents zwischen dem Eintritt von AUGUST PETERMANN in Justus Perthes' Geographische Anstalt und dem Ausgang des Ersten Weltkriegs näher bringen.

Ein unterrichtender wie unterhaltsamer Gang durch diese Epoche soll die seinerzeitigen Spitzenleistungen der Kartographie dem ungerechtfertigen Vergessen entreißen und die Umstände ihrer Entstehung beleuchten. Wegen des bei solchen Vorhaben stets eng begrenzten Rahmens konzentriert sich dieser geraffte und dennoch auf Einzelheiten nicht verzichtende Überblick zunächst auf die kartographische Ausgangslage und die Ära Petermann in Gotha mit deren Routenkarten der gesamtafrikanischen Entdeckungsreisen in den 1850er bis 1870er Jahren. Den Schwerpunkt bildet jedoch die mit dem Kolonialkartographischen Institut in Berlin verbundene Kartenherstellung der vier deutschen Schutzgebiete seit dem Ende der 1880er Jahre bis zum Ersten Weltkrieg. Hierbei standen sich Materialfülle und der zwischen diesen Buchdeckeln verfügbare Raum derart gegenüber, dass sich dieser Teil der Darstellung auf die kartographiegeschichtlich besonders interessanten Schutzgebiete Deutsch-Ostafrika - die heutigen Tansania, Ruanda und Burundi - sowie Deutsch-Südwestafrika - das heutige Namibia - konzentrieren muß mit nur knappen Verweisen nach Togo und Kamerun.

In einem dreiteiligen Anhang schließlich findet sich zunächst eine Einführung in die Grundlagen der seinerzeitigen Techniken des überseeischen Vermessungswesens wie auch der Kartenkonstruktion, welche hiermit weniger vertraute oder aber an weiterführenden Einzelheiten der Kolonialvermessung interessierte Leser bedarfsweise immer wieder zu Rate ziehen können. Dieser letzte Teil wird durch eine zeitgenössische Schilderung der topographischen Aufnahme durch Forschungsreisende sowie eine Zeittafel abgerundet. Der besseren Lesbarkeit wegen folgen die Quellenangaben zusammengefaßt nach den Anhängen und vor der Literaturverzeichnis.

Das Leseerlebnis soll dadurch bereichert werden, dass vor allem die handelnden Zeitgenossen, wo für den Stoff und den so ganz anderen Zeitgeist jener Jahre erhellend, immer wieder auch selbst zu Wort kommen. Die notwendigerweise zahlreich - wenn auch gelegentlich stark verkleinert- beigegebenen Kartenbeispiele erlauben dabei begleitend zum Gang der Darstellung die Gewinnung eines eigenen Eindrucks von Technik und Entwicklung der deutschen Afrika-Kartographie bis zum Ersten Weltkrieg. Ein Anspruch auf erschöpfende Behandlung der unzähligen Aspekte dieses so faszinierenden und doch bislang kaum in der Literatur behandelten Gegenstands kann mit der vorliegenden Arbeit aber natürlich weder hinsichtlich der Darstellung noch der Kartenauswahl verbunden werden.

Natürlich bleiben die besten Quellen für die Beschreibung der Leistungen der deutschen Kartographie von Afrika gerade jene Kartenblätter selbst. Nicht nur nach dem Kartenwissenschaftler ERNST HUEBER sprechen diese *„für den Kenner, aber auch für den kartographischen Laien deutlich genug."*[1] Ein schönes Ziel dieses Buchs wäre es deshalb, den geneigten Leser schließlich ermutigt zu haben, die hier begonnenen kartographischen Streifzüge in und über die vielen hundert Afrikakarten jener Epoche vor allem (aber nicht nur!) in den verstaubten zeitgenössischen Zeitschriftenbänden von „Petermanns Geographischen Mitteilungen" und den „Mitteilungen aus den Deutschen Schutzgebieten" in jeder guten wissenschaftlichen Bibliothek fortzusetzen.

Wiesbaden, Pfingsten 1999

[1] HUEBER in FINSTERWALDER & HUEBER 1943, S. 122.

# 1. Skizze der Erforschung von Afrika bis in die zweite Hälfte des 19. Jahrhunderts

Schon bald nach der Umsegelung des Schwarzen Kontinents am Ende des 15. Jahrhunderts waren dessen Küsten zumindest in ihren groben Zügen bekannt und kartographisch aufgenommen. Das Innere von Afrika blieb jedoch noch für annähernd drei Jahrhunderte weitgehend außerhalb des europäischen Gesichtskreises. Die für die nächsten beiden Jahrhunderte nicht übertroffenen Wandkarten der Italiener Forlani (1562), Gastaldi (1564) und Camocio (1575, 1579) beruhten neben den wegen der portugiesischen Furcht vor nautischer Konkurrenz nur gelegentlich bekannt gewordenen lusitanischen Reiseberichte im Wesentlichen auf der im Jahre 1525 verfassten Länderkunde Nordafrikas von dem in christliche Gefangenschaft geratenen maurischen Geographen Al Hasan Ibn Mohammed al Wassan (1492–1550). Deren Urheber wurde dem Abendland bekannt als Leo Africanus, dessen Werk auf der Grundlage von eigenen Forschungsreisen bis nach Timbuktu an das Knie des Niger sowie umfassenden Literaturstudien beruhte. Diese die seinerzeitigen arabischen Kenntnisse zusammenfassende Länderkunde konnte aber erst im Jahre 1550 durch ihre Veröffentlichung in Venedig auch das christlich-europäische Wissen über jene Landschaften und Völker mehren. So ging etwa die Karte von Afrika in dem im Jahre 1570 erschienenen Atlas „Theatrum Orbis Terrarum“ von Abraham Ortelius sowie deren Nachahmer wie Hondius, Janson und die beiden Blaeu noch im 17. Jahrhundert mit nur geringen Ergänzungen von dem durch Leo Africanus vermittelten Wissensstand aus. Betrachtet man die „Karten“ des Inneren von Afrika noch bis weit in das 18. Jahrhundert hinein, so wird angesichts der nur sehr zögerlich und zudem ungenau versuchten Übernahme der ohnehin langsamen Fortschritte der Beschreibung des Innern durch wagemutige Reisende eine lange anhaltende inhaltliche Stagnation der Kartographie von Afrika deutlich.

Erst abseits des afrikanischen Kontinents eintretende weltpolitische Einschnitte verschafften der Kartographie des Küstenhinterlandes wieder eine nachhaltig stärkere Beachtung. Hervorzuheben sind dabei insbesondere die seit der Wende des 16. zum 17. Jahrhunderts globale Konkurrenz zunächst niederländischer und britischer Handelsgesellschaften um die Übernahme zahlreicher der profitablen portugiesischen Küstenfaktoreien sowie die Anlage der ersten weißen Siedlungskolonie im Jahre 1652 am Fuße des Tafelbergs an der Südspitze des Kontinents durch die Amsterdamer Vereinigte Ostindische Kompagnie. Freilich erst der strategische Bedeutungsgewinn des „herrenlosen" Afrikas nach dem ganzen oder teilweisen Verlust der amerikanischen Kolonien für Portugal und Großbritannien an der Wende vom 18. zum 19. Jahrhundert brachten dann den endgültigen Durchbruch. Aufgrund eines immer stärkeren wissenschaftlichen, wirtschaftlichen und schließlich auch politischen Interesses kam es nach einer Vorbereitung in der ersten Hälfte des Jahrhunderts zu einer zwar nur kurzen, aber umso bemerkenswerteren Blüte der Kartographie des afrikanischen Kontinents zwischen der Mitte des 19. Jahrhunderts und dem Ersten Weltkrieg.

Vor allem mit der Bildung britischer Forschungsgesellschaften, welche mitunter auf so spleenige Namen wie etwa „Company for Reaching Timbuctu" oder „Company of Royal Adventures" hörten, und schließlich der seriösen Royal African Society gewann seit dem frühen 17. Jahrhundert die Erforschung und damit auch kartographische Entschleierung insbesondere Senegambiens mit dem sagenhaft reichen Timbuktu entscheidend an Systematik. Nichtsdestotrotz hielten noch bis weit in das 18. Jahrhundert hinein die ersten britischen und französischen Forschungsreisenden unbeirrt an LEO AFRICANUS' Fehlurteil fest, dass der Niger gen Westen nach Senegambien flösse. Entsprechend wurden wahlweise im Senegalfluss und im Gambia der Unterlauf des Niger gesehen. Noch im Jahre 1773 verkündete der britische Forschungsreisende JAMES BRUCE nach seiner Rückkehr von einer fünfjährigen Reise zum Nil und nach Äthiopien, dem nicht zuletzt Dank landeskundlich interessierter jesuitischer Missionare im 16. und 17. Jahrhundert noch am besten bekannten Gebiet im Innern Afrikas, nach Erkundigungen durch Hörensagen, der Niger entspringe in der sudanesischen Landschaft Kordofan und habe als Mündungsgabel Senegal und Gambia. Dies alles, obwohl sein Landsmann HARRISON bereits im Jahre 1731 im guineischen Gebirge Futa Djalon die Quellen des Gambia gefunden hatte.[1]

Überdies waren die noch wenig inhaltsreichen zeitgenössischen Afrikakarten von ihren Verfertigern infolge des *horror vacui* mit mancherlei gar wunderlichen „Verzierungen" aufgefüllt worden (Abb. 1), welche der scharfzüngige irische Schriftsteller JONATHAN SWIFT (1666–1745), der Verfasser von „Gullivers Reisen" (1726), recht treffend in einem Spottvers aufspießte:

*"Geographers in Afric maps*
*with savage pictures fill their gaps*
*And over inhabitable downs*
*Place elephants, for want of towns".*[2]

**Abb. 1:** Verkleinerter Ausschnitt der im Jahre 1617 gedruckten „Neuen Beschreibung von Afrika" des Niederländers WILLEM BLAEU. Augenfällig sind neben den typischen Kreaturen des schwarzen Kontinents zur Füllung der gröbsten Kenntnislücken besonders der in genau westlicher Richtung dem seinerzeit nur erahnten Tschadsee entströmende Fluss Niger, welcher in einem sehr breiten Delta als Senegal und Gambia in den Ozean mündet, sowie die gemäß antiker Überlieferung aus großen zentralafrikanischen Seen zu Füßen der Mondberge entspringenden Quellflüsse des mächtigen Nils (Quelle: GUADALUPI 1997, S. 48–49)

Trotzdem nahm die westeuropäische Erforschung, wenn auch mit teilweise kuriosen Berichten und Karten, seit dem 17. Jahrhundert einen immer festeren Aufschwung. Die ehedem führende portugiesische Forschung in den Hinterländern ihrer Küstenbesitzungen hingegen kam aufgrund des politischen und wirtschaftlichen Niedergangs von Portugal als Kolonialmacht zwischen dem Ende des 16. und des 18. Jahrhunderts praktisch zum Erliegen. Für die gebildete Welt der europäischen Aufklärung im späten 18. Jahrhundert schließlich fasste der ABBÉ PRÉVOST seit dem Jahre 1746 zu Paris in seiner vielbändigen und über Jahrzehnte fortgeführten „Histoire générale des voyages" die afrikanischen Forschungsreisen bis auf seine Tage mit kartographischen Beigaben zusammen.

Trotz vereinzelter früherer Versuche brachten erst die in den Jahren 1749 und 1761 von seinem Landsmann und Zeitgenossen

Bourgignon d'Anville (1697–1782) herausgegebenen kritischen Karten eine grundlegende Bereinigung zahlreicher Irrtümer des Kartenbilds vom Innern Afrikas. Durch umfangreiche quellenkritische Studien merzte der Franzose in der kartographischen Darstellung des kontinentalen Innern nicht nur althergebrachte Fehler aus und erlag auch nicht dem *horror vacui*, sondern zeigte den für Kartographen seiner Zeit bemerkenswerten Mut, unerforschte Gebiete auch tatsächlich als weiße Flecke darzustellen. Gerade durch ihre radikale Tilgung nur scheinbarer „Kenntnisse" gaben diese beiden Karten den Anstoß für zahlreiche neue Forschungsreisen, welche insbesondere von der für diesen Zweck im Jahre 1788 in London gegründeten British Association for promoting the discovery of the interior parts of Africa, der Vorläuferin der Royal Geographical Society (1830), ausgesandt wurden. Nach Ergenzinger lassen sich die kartographischen Ergebnisse der rund dreihundertjährigen Erkundungen über das Innere von Afrika bis in die zweite Hälfte des 18. Jahrhunderts dergestalt zusammenfassen, *„daß das Ergebnis einer großen Zahl von Einzelunternehmungen für die Entschleierung Afrikas wenig bedeutete. Nur die küstennahen Gebiete waren streckenweise bekannt; Aethiopien, das Nilland, Senegambien und das Kapland waren die besterforschten Bereiche von Innerafrika."*[3]

Neue Methoden und technische Verbesserungen des Instrumentariums der astronomischen Ortsbestimmung mittels ganggenauer Uhrwerke, Sextanten und Mondtafeln ermöglichten bereits in der ersten Hälfte des 18. Jahrhunderts recht genaue Bestimmungen von geographischer Länge und Breite. Diese Neuerungen wurden aber zunächst kaum der Kartographie von Afrika nutzbar gemacht, für deren wissenschaftlichen Stand es noch um die Mitte des 18. Jahrhunderts bezeichnend war, dass es nach der Karte von Doppelmayr aus dem Jahre 1733 dort überhaupt erst ganze acht astronomisch bestimmte Festpunkte gab. Vor dem Hintergrund der ernüchternden Bereinigungen Bourgignon d'Anvilles und der Herausforderung der neuen technischen Möglichkeiten beschrieb die im Jahre 1788 gegründete British Association ihre Ausgangslage wie folgt: *„Die Karte des Innern ist eine weite, weiße Fläche, auf welcher der Geograph, gestützt auf die Autorität des Leo Africanus und des nubischen Schriftstellers Edrisi, mit zögernder Hand einige Namen von unerforschten Flüssen und ungewissen Völkern verzeichnet hat, fast ganz Afrika ist bisher noch unbesetzt und unbekannt geblieben."*[4] Die nun wesentlich von ihr angeregten und beförderten wissenschaftlichen Entdeckungsreisen in das unbekannte Innere zielten dabei neben der Erkundung unbekannter Landstriche pragmatisch auf die schrittweise Lösung der so offensichtlich verworrenen hydrographischen Verhältnisse ab. Dabei wandelte sich der Charakter der Expeditionen grundlegend. Standen diese zu Beginn ganz im Zeichen einzelner Forschungsreisender mit weitgespannten Interessen wie etwa HEINRICH BARTH, so spezialisierten sich mit der fortschreitenden Differenzierung der verschiedenen Wissenschaften seit der Mitte des 19. Jahrhunderts diese Expeditionen immer mehr. Deshalb endete diese Epoche entweder mit Kleinexpeditionen von einzelnen Spezialisten zur Lösung eng umrissener Einzelfragen oder Großexpeditionen mit zahlreichen Fachwissenschaftlern wie etwa derjenigen des Herzogs ADOLF FRIEDRICH VON MECKLENBURG in den Jahren 1907–08 und 1910–11 nach Zentralafrika.

Die europäischen Fortschritte der Kartenaufnahme wurden nur mit erheblicher Verzögerung auch in Afrika angewandt. Entsprechend ihrer linearen Technik galten die von den meisten Forschungsreisenden durchgeführten Routenaufnahmen denn auch lange Zeit insbesondere linearen Landschaftsmerkmalen wie Flüssen und Karawanenwegen. In Ermangelung der erforderlichen geodätischen Aufnahmen für eine zuverlässige Geländedarstellung im Kartenbild versuchte erst AUGUST PETERMANN seit den 1850er Jahren in seinen Karten vom Innern Afrikas eine flächige Darstellung des Reliefs durch „Gefühls"-Schraffen. Gipfelpunkt solcher fast ausschließlich auf Formlinien beruhenden Geländedarstellungen waren dann in der deutschen Afrikakartographie um die Wende vom 19. zum 20. Jahrhundert die Karten des von PAUL SPRIGADE und MAX MOISEL geleiteten Kolonial-Kartographischen Instituts. Die in Europa gebräuchlich gewordene Messtischaufnahme wurde infolge des damit verbundenen hohen Aufwands an Arbeit und Kosten noch am Vorabend des Ersten Weltkriegs nur in wenigen wissenschaftlich oder wirtschaftlich wertvollen afrikanischen Landstrichen angewandt.

Bevor allerdings an solche Spezialkartierungen überhaupt zu denken war, sollten und mussten die verschiedenen von British Association in den Jahren zwischen 1795 und 1830 ausgesandten Expeditionen endlich Klarheit über die hydrographischen Verhältnisse Westafrikas mit den Hauptströmen Senegal, Gambia, Niger und Benue sowie dem Tschadsee bringen. Deren zunächst spärlich, bald aber immer rascher und detailreicher einlaufenden Ergebnisse flossen denn auch umgehend in neue, freilich aber noch kleinmaßstäbliche Karten wie etwa die REICHARDsche aus dem Jahre 1802 ein. Auf der entsprechenden Karte von HEINRICH BERGHAUS in STIELERS Handatlas aus dem Jahre 1824 wurde dabei sogar noch einige

Jahre vor der dies erst beweisenden Reise des Briten RICHARD LANDER (1826–30) die Mündung des Niger richtig verzeichnet.[5] Die zunehmend verwissenschaftlichte Entschleierung des Inneren von Afrika setzte zwar mit der im Jahre 1788 in London gebildeten British Association for promoting the discovery of the interior parts of Africa ein, doch breiteste Beachtung fand dieser junge Forschungszweig erst mit NAPOLEON BONAPARTES Ägyptenzug kurz vor der Jahrhundertwende sowie der französischen Eroberung Algeriens seit dem Jahre 1830, welche ihrerseits wichtige Fortschritte der geographischen Kenntnis von Nord- und Westafrika auslöste. Die großen Forschungsreisen in das Innere von Westafrika, die Sahara und den Sudan gingen jedoch vom libyschen Tripolis oder aber der guineischen Küste aus: Im Jahre 1818 entdeckte MOLLIEN so die Quellen des Senegal, im Jahre 1822 zogen CLAPPERTON, DENHAM und OUDNEY von Tripolis quer durch die Sahara zum Tschadsee, und im Jahre 1825 gelangte CLAPPERTON von der Guineaküste über den Niger bis Sokoto im Norden Nigerias. Im Jahre 1830 dann konnte nach dem Tode CLAPPERTONS sein ehemaliger Diener LANDER, welcher dem Niger auf einer zweiten Reise gefolgt war, dessen schon vermutete Identität mit dem bei Lagos mündenden Strom nachweisen. Damit war der westafrikanische Subkontinent zumindest in großen Zügen schon zu Ende des ersten Drittels des 19. Jahrhunderts in Europa bekannt, als im Jahre 1849 die Expedition von RICHARDSON, OVERWEG und BARTH zur Durchquerung der Sahara von Tripolis abging, von welcher allein der letztere überleben und durch seine grundlegende mehrjährige Erforschung des zentralen Sudans zwischen Timbuktu am Knie des Niger und dem Tschadsee die ersten zuverlässigen Routenaufnahmen zurückbringen sollte.[6] Nachdem solchermaßen die Erkundung Westafrikas kaum noch Großtaten verhieß, wandte sich das Interesse der Forschungsreisenden in der zweiten Hälfte des 19. Jahrhunderts zunächst vor allem dem Nil zu.

Aber bereits im Gefolge des Ägyptenzugs von NAPOLEON BONAPARTE war die erste Triangulation auf dem afrikanischen Kontinent von dem Franzosen JACOTIN in den Jahren 1798–1801 zusammen mit einer topographischen Aufnahme des Nils vom Delta bis hinauf nach Assuan durchgeführt worden. Die hierauf beruhenden großmaßstäblichen Karten, die in 47 Kartenblättern im Maßstab von 1:100 000 in einem Atlas zu der „Description de l'Egypte" von JORNARD herauskamen, waren von solcher Güte, dass sie noch im Jahre 1882 mit nur wenigen Verbesserungen in zweiter Auflage erschienen.[7] In den der JACOTINschen Aufnahme folgenden Jahren hatte der Khedive MEHMED ALI die ägyptische Herrschaft entlang des Nils bis tief in den östlichen Sudan vorgeschoben und dort im Jahre 1823 am Zusammenfluss von Blauem und Weißem Nil die Stadt Khartoum gegründet. Diese wurde rasch zu einer Basis für künftige Entdeckungs- und Forschungsreisen, welche bald darauf auch in größerer Zahl einsetzten. Auch Abessinien und die Somaliländer wurden nun bereist, so etwa durch den Frankfurter EDUARD RÜPPELL in den Jahren 1830–1834. In Ostafrika hörten nur wenige Jahre später die deutschen Missionare JOHANN KRAPF und JOHANN REBMANN von den großen Seen und den Schneebergen im Inneren, von welchen bereits das Altertum eine dunkle Kunde gehabt hatte. Dies gab den Anstoß zu weiteren großen Entdeckungsreisen: Im Jahre 1855 drangen die beiden Briten RICHARD BURTON und JOHN SPEKE von Bagamojo aus zum zentralafrikanischen Tanganjikasee vor und SPEKE allein dann nordwärts, wo er den riesigen Ukerewe fand und diesem zu Ehren seiner Königin den Namen Victoriasee gab. Im Jahre 1860 kehrte SPEKE nun in Begleitung von JAMES GRANT an den Victoriasee zurück, wandte sich abermals nordwärts und entdeckte den nach dem Prinzgemahl seiner Königin so benannten Albertsee und erforschte in den nächsten Jahren den aus beiden Seen austretenden Weißen Nil; *„ein stolzes Telegramm“* aus dem Jahre 1863, so HETTNER, *„verkündete der Welt: The Nile is settled.“*[8]

Der bedeutendste weiße Pionier in dem riesigen Gebiete zwischen der ostafrikanischen Küste, dem Becken des Kongo und Südafrika sowie zugleich einer der letzten der klassischen afrikanischen Entdeckungsreisenden war der schottische Missionar DAVID LIVINGSTONE (1813–1873). Vom britischen Kapland her kommend, entdeckte er im Jahre 1849 in der Kalahari den Ngamisee, folgte in den Jahren 1851–52 dem oberen Sambesi bis zur Quelle und durchquerte in den Jahren 1854–56 als zwar wahrscheinlich nicht erster Weißer den Kontinent vom angolanischen Luanda bis zur moçambiquanischen Mündung des Sambesi bei Quelimane,[9] berichtete aber anders als seine mutmaßlich portugiesischen Vorläufer des 16. und 17. Jahrhunderts als erster wissenschaftlich der faszinierten Welt hierüber. Auf weiteren Entdeckungsreisen fand er unter anderem im Jahre 1859 den gleichfalls bereits seit Jahrhunderten in portugiesischen Geheimarchiven begrabenen Njassasee wieder, bevor es am 28.10.1871 in Udjiji am Ostufer des Tanganjikasees zu dem berühmten Treffen mit dem ihn suchenden Reporter HENRY MORTON STANLEY kam. Für den vielschichtigen Charakter LIVINGSTONES war es bezeichnend, *„daß er auf seinen Reisen stets drei Bücher mitführte: die Bibel, den Nautischen Almanach und die Logarithmentafel.“*[10] Die Zeit der vorwiegend auf Endeckung ausgehenden großen Einzelforscher mit weitgespannte, aber kleinmaßstäblichen Routenaufnahmen ging mit dem Tode LIVINGSTONES im zentralafrikanischen Busch sowie den Sahara-Durchquerungen eines GERHARD ROHLFS oder GUSTAV NACHTIGAL zwar regional unterschiedlich, aber doch unweigerlich rasch zu Ende.

Der seit den 1850er Jahren immer mehr die Oberhand gewinnende neue Typ des afrikanischen Forschungsreisenden widmete der kartographischen Aufnahme seiner Reisewege grundsätzlich größere Aufmerksamkeit als der ältere Entdeckungsreisende. *„Routenkarten spielten jedoch noch keine so große Rolle wie später,“* so ALFRED HETTNER (1859–1941) in seiner Geschichte der Geographie, *„denn ihre Aufnahme verträgt sich schlecht mit der botanischen und zoologischen Sammeltätigkeit, der damals die meisten Reisenden oblagen.“* Auch war die Zahl der Höhenmessungen außerhalb der wenigen bereits trigonometrisch aufgenommenen Teile der Erdoberfläche noch sehr gering, *„weil das Quecksilberbarometer schwer transportierbar ist und das bequeme Aneroidbarometer erst am Ende des Zeitraumes erfunden wurde. Dagegen bürgerte sich sowohl auf den Spezial- wie auf den Übersichtskarten bessere Geländezeichnung als früher, meist in Schraffenmanier, ein. Große Atlanten, wie der englische von Arrowsmith, die deutschen von Stieler und Kiepert und der große Weimarer Atlas, faßten die topographische Kenntnis zusammen.“*[11]

Die weitere Erforschung der unbekannten und nicht selten dem wagemutigen Reisenden feindlich entgegentretenden Regionen des afrikanischen Kontinents vollzog sich vor dem Hintergrund der allmählichen europäischen Festsetzung an den Küsten, der Erleichterungen der Reisen ins Innere durch die Entwicklung des Verkehrswesens und der Transportmittel, der fortschreitenden Waffentechnik, welche bald zu einer erdrückenden Überlegenheit über die Naturvölker führte, der wachsenden Kenntnisse auf medizinischem und hygienischem Gebiete und weiterer praktischer Fortschritte wie etwa ganz banal derjenigen in der Herstellung von Konservennahrung. Nicht nur im Innern Afrikas wurden nach der Jahrhundertwende die weißen Flecken auf den Karten rasch fortschreitend ausgefüllt. Die sich von Entdeckungs- zu Forschungsreisenden wandelnde Vorhut der europäischen Durchdringung war mit den Worten von HETTNER *„jetzt auch mehr oder weniger wissenschaftlich gebildet und können zugleich als Forschungsreisende betrachtet werden. Die Forschungsreisen im engeren Sinne aber haben mit geringeren äußeren Schwierigkeiten zu kämpfen als früher, beschränken sich meist auch auf engere Räume und oft auf bestimmte Probleme, spezialisieren sich, sei es nach der botanischen oder zoologischen, sei es nach der geologischen, nach der völ-*

*kerkundlichen und archäologischen oder im engeren Sinne nach der geographischen Seite hin.*"[12]

Die kurze Hochzeit der großen Afrikaforscher währte nur bis Ende der 1870er Jahre: Gerhard Rohlfs durchzog in den Jahren 1865–1879 auf mehreren Reisen die Sahara und Gustav Nachtigal in den Jahren 1869–74 die zentrale Sahara und den Sudan. Der Baltendeutsche Georg August Schweinfurth erforschte in den Jahren 1864–74 unter anderem das obere Nilbecken, den Bahr-el-Ghazal, den Uele und Abessinien. Und auch der Reporter Stanley hatte durch die Suche nach Livingstone „*nun Blut geleckt, und trat 1874 in Bagamojo die große Reise an, die ihn über den Tanganjikasee zum Kongo und diesen hinab zum atlantischen Ozean, also zur Durchquerung Afrikas, führte.*" Bereits kurz zuvor, in den Jahren 1873–75, hatte der Brite Verney Cameron unter wesentlich geringerer öffentlicher Anteilnahme nur etwas weiter südlich ebenfalls den Kontinent durchquert. Durch diese beiden Reisen von Stanley und Cameron war das riesige zentralafrikanische Becken des Kongo „*in seinen Hauptzügen entdeckt und das letzte große hydrographische Problem Afrikas gelöst.*" Spätestens mit diesen transkontinentalen Expeditionen ging nicht nur nach der Ansicht Hettners „*das Zeitalter der großen wissenschaftlichen Forschungsreisen und der klassischen Reisebeschreibungen*" zu Ende[13] und die Vorbereitung der nachfolgenden kolonialen Durchdringung setzte ein.

Es ist aber noch heute reizvoll, die bis dahin gemachten zwar noch groben, dafür aber raschen kartographischen Fortschritte der Kenntnisse über das Innere des afrikanischen Kontinents in den bedeutenden zeitgenössischen Handatlanten wie etwa den verschiedenen Auflagen des Stielerschen Atlasses nachzuvollziehen. Wichtigstes Verdienst der alles beherrschenden Routenkarten jener Tage war die Entschleierung der orohydrographischen Großverhältnisse. In untrennbarer symbiotischer Einheit hiermit verbanden sich in den Reisebeschreibungen der Forscher die ersten und noch oberflächlichen Kenntnisse der Landschaften und Völker.[14] In der hierauf folgenden Epoche der kolonialen Durchdringung Afrikas durch die europäischen Mächte, welche hier aus dem deutschen Blickwinkel zu verfolgen sein wird, erfolgten dann mit Hilfe modernerer Techniken mehr oder minder rasche und vollständige Landesaufnahmen und vor allem der flächendeckende Übergang von Kartenskizzen oder kleinmaßstäblichen Übersichtskarten zu Kartenwerken in großen Maßstäben und zahllosen Spezialkartierungen bis hin zu Katasteraufnahmen.

## 2. August Petermann und die Begründung der deutschen Afrika-Kartographie

Im Gefolge der technischen und sozialen Umwälzungen seit dem Beginn des 19. Jahrhunderts, wie etwa dem wirtschaftlichen und politischen Aufstieg einer breiten bürgerlichen Schicht, der Verbesserung der Kommunikationswege durch Telegraphie und Eisenbahnnetz, dem allgemeinen naturwissenschaftlichen Fortschritt und der Zunahme des Welthandels, erwachte auch in Deutschland in immer weiteren Kreisen ein kulturelles wie wirtschaftliches Bedürfnis nach aktueller und stetig auf dem Laufenden gehaltener geographischer Unterrichtung über Europa und die Welt. Um die Mitte des 19. Jahrhunderts gab es in der kleinstaatlich zersplitterten bildungsbürgerlichen Landschaft aber nur sehr wenige geographische Zeitschriften, welche zudem noch thematischen wie regionalen Einschränkungen unterlagen. Auch blieben die beiden ältesten Geographischen Gesellschaften in Berlin (1828) und Frankfurt (1836) auf Jahrzehnte mit nur lokaler Wirksamkeit allein auf weiter Flur. Selbst an den Universitäten gab es bis zur BISMARCKschen Reichsgründung nur zwei geographische Lehrstühle und nur wenig mehr Dozenten, welche überdies von den unterschiedlichsten anderen Wissenschaftszweigen herkamen.[15] Mithin konnte ein aufmerksamer Verleger eine beträchtliche Marktlücke sowohl bei der Fachwelt als auch dem Bildungsbürgertum ausmachen, welche eine meisterhafte wissenschaftsjournalistische Feder und attraktive Kartenbeilagen in jeder Hinsicht gewinnbringend füllen konnten.

### 2.1. Gründung der „Mittheilungen aus Justus Perthes' Geographischer Anstalt"

Im Jahre 1778 war im thüringischen Gotha JUSTUS PERTHES (1749–1816) in die ETTINGERsche Buchhandlung eingetreten, welche den „Gothaischen Hofkalender" und den „Almanach de Gotha" verlegte. Bereits im Jahre 1785 machte PERTHES sich unter der zunächst pachtweisen Mitnahme dieser beiden weit verbreiteten aristokratisch-genealogischen Reihen am gleichen Ort selbständig. Seit dem Beginn des 19. Jahrhundert wurde das von den Nachfahren fortgeführte Verlagsprogramm um die seinerzeit in Mode kommende Reiseliteratur aus fernen Erdteilen erweitert. Ein Eckpfeiler dieser Neuausrichtung bildete die in den Jahren 1817–23 bzw. 1831 er-

**Abb. 2:**
August Heinrich Petermann (1822–78) (Quelle: Archiv des Justus Perthes Verlages Gotha)

folgte Herausgabe der sehr erfolgreichen ersten Ausgabe des Handatlas von Adolf Stieler (1775–1836). Diesem viel versprechenden Auftakt folgten dann allein bis zur Wende zum 20. Jahrhundert in stetiger Erweiterung und Verbesserung acht weitere Auflagen. Um die Mitte des 19. Jahrhunderts war die Perthessche Verlagsanstalt, nicht zuletzt durch erfolgreiche kartographische Projekte wie Stielers Handatlas, hinreichend ermutigt und kapitalkräftig geworden, der Angliederung einer dem Zeitgeist entsprechenden Geographischen Anstalt an das Verlagsunternehmen näher zu treten.[16] Dies umso mehr, als das Unternehmen in kartographischer Hinsicht bereits einen sehr guten Ruf genoß, welcher vor allem auf der Herausgabe des erfolgreichen Dreigestirns von Stielers Handatlas, Physikalischem Atlas und Historisch-geographischem Handatlas sowie verschiedener Schulatlanten beruhte.[17]

Seit Beginn der 1850er Jahre stand deshalb auch der aufstrebende und in der seinerzeit viel gelesenen Zeitschrift „Das Ausland" bereits als der *„allbekannte deutsche Geograph"*[18] beschriebene Kartograph August Petermann (1822–78) (Abb. 2) in brieflichem und geschäftlichem Kontakt mit den beiden seit dem Jahre 1845 die Familienfirma gemeinsam leitenden Verlegern Wilhelm und Bernhardt Perthes. Bereits der alte Wilhelm Perthes (1793–53) hatte noch ein halbes Jahr vor seinem Tod am 19.2.1853 nach London geschrieben: *„Es ist mir gar nicht bekannt, welche Art von Stellung Sie in England einnehmen, dann inwiefern Sie mit ihrer dortigen Lage und mit Aussichten für die Zukunft zufrieden zu sein Ursache haben. Nur das ist mir leid, daß ein deutscher Geograph von Auszeichnung für lange oder für immer dem Vaterlande entfremdet bleiben soll.“*[19] Im Juni 1853 hielt PETERMANN sich daraufhin sogar besuchsweise am Firmensitz in Gotha auf, zögerte aber trotz eines verlockendes Angebotes noch einige Zeit mit der Umsiedlung ins heimatliche Thüringen, welche sich letztlich wohl erst wegen nationalistischer Anfeindung seitens einiger britischer Fachkollegen entschied. Dem im September 1853 seinem verstorbenen Vater als alleiniger Verlagsführer nachfolgenden BERNHARDT PERTHES (1821– 57) gelang es deshalb schließlich, PETERMANN zum 1.8.1854 zur Übersiedlung von London nach Gotha zu bewegen. Mit dem Eintritt des noch im gleichen Jahr von der Universität Göttingen wegen seiner bisherigen Verdienste zum Doktor ehrenhalber promovierten PETERMANN entstand im PERTHESschen Verlag eine Geographische Anstalt, welche am 16.3.1855 das erste Heft[20] der „Mittheilungen aus Justus Perthes' Geographischer Anstalt über wichtige neue Erforschungen auf dem Gesammtgebiete der Geographie von Dr. A. Petermann“ herausbrachte.

Wer nun aber war der am 18.4.1822 im damals preußischen Städtchen Bleicherode im Norden Thüringens als zweites Kind eines Gerichtsschreibers geborene AUGUST HEINRICH PETERMANN? Nach dortselbst und im benachbarten Nordhausen erfolgtem Besuch von Volksschule und Gymnasium wurde der talentierte, aber mittellose junge Mann im Jahre 1839 in die soeben in Potsdam eingerichtete „Geographische Kunstschule“ als Stipendiat aufgenommen, wo er sich schon bald als *„tüchtigster und geschicktester Schüler“*[21] im Kartenzeichnen erwies. Geleitet wurde diese Schule von dem zugleich in den Diensten des Verlagshauses Justus Perthes in Gotha stehenden bedeutenden Kartographen HEINRICH BERGHAUS (1797 bis 1884). Dieser arbeitete damals gerade mit der Unterstützung des mehrfach nach Potsdam zu Besuch kommenden ALEXANDER VON HUMBOLDT an einem mehrbändigen großen Atlas der außereuropäischen Erdteile. Für dessen ersten Teil über Asien zeichnete der junge PETERMANN im Jahre 1841 seine erste erfolgreiche Karte. Wenn auch dieses groß angelegte Kartenwerk durch finanzielle Schwierigkeiten gleich nach dem Erscheinen des Atlas für Asien abgebrochen werden musste, so erhob dessen prachtvolle Gestaltung und wissenschaftlicher Rang doch erstmalig den PERTHESschen Verlag in die weltweit erste Reihe der Kartenhersteller.

Nach fünfjähriger Lehrzeit und einer kurzen eigenen Lehrtätigkeit in Potsdam folgte PETERMANN im Jahre 1845 einem Ruf der seinerzeit angesehensten kartographischen Anstalt Großbritanniens, Johnston & Co. im schottischen Edinburgh, wo er erste selbständige Kartenzeichnungen fertigte und daneben sein technisches und wissenschaftliches Können erweiterte. Um stärker an den in den 1840er Jahren stattfindenden Vorbereitungen und Ergebnissen der Erkundung unbekannter Erdteile teilhaben zu können, übersiedelte er im Jahre 1847 nach London und trat dort sogleich der Royal Geographical Society bei. In der Hauptstadt des gerade auf dem Sprung zur führenden Weltmacht befindlichen Großbritannien schaltete sich PETERMANN durch eine breit angelegte kartographische und publizistische Tätigkeit in die von Regierung und Wirtschaft interessiert verfolgten und tatkräftig unterstützten geographischen Entdeckungsreisen in Übersee ein.

Dabei entfaltete er eine besonders rege und erfolgreiche Betriebsamkeit auf dem Felde der Organisation von Forschungsexpeditionen und vermittelte so etwa die beiden jungen deutschen Wissenschaftler ADOLF OVERWEG (1822–55) und HEINRICH BARTH (1821–65) zur Teilnahme an der im Jahre 1850 abgehenden Westafrika-Expedition des Missionars JAMES RICHARDSON. Außerdem widmete sich PETERMANN der länderkundlichen Schriftstellerei in solch angesehenen Organen wie der Encyclopaedia Britannica oder der Zeitschrift für allgemeine Erdkunde und natürlich nicht zuletzt der Kartographie derart erfolgreich, dass der umtriebige Ausländer bereits im Jahre 1850 allerdings nur kurzfristig zum Sekretär der Royal Geographical Society gewählt wurde. Wiederum nur ein Jahr später wurde er in die Gilde der Hofgeographen von Queen VICTORIA aufgenommen, was seiner im Jahre 1852 gegründeten eigenen kleinen kartographischen Anstalt sicher nicht zum Nachteil gereichte.[22] Als von der RICHARDSONschen Expedition nach fünfeinhalb Jahren nur BARTH allein mit reichem Material zurückkehrte, begründete dessen Auswertung und Veröffentlichung den Weltruhm PETERMANNS, der dann freilich schon in Gotha wirkte.

Die Idee zu den dortigen und bald schon berühmten Mitteilungen stammte zwar nicht von Petermann selbst, wurde jedoch von diesem gemäß einer biographischen Skizze von HERMANN HAACK (1872–1966), dem letzten Meister aus der nicht zuletzt von PETERMANN begründeten Gothaer Kartographenschule, *„mit Feuereifer aufgenommen"*. Nachdem bereits in den Jahren 1850–52 im Hause Perthes unter der Leitung von HEINRICH BERGHAUS ein „Geographisches Jahrbuch" in vierteljährlichen Heften erschienen war, sollte PETERMANN dasselbe zunächst unter Nutzung seiner ebenso zahlreichen wie guten Londoner Beziehungen zu Forschungsreisenden mit genügendem Material füllen. Mitten in die schon weit gediehenen Vorbereitungen machte der seinerzeitige Kontorgehilfe ADOLF MÜLLER den Vorschlag, an der Stelle eines Jahrbuchs zwanglos Hefte unter dem neuen Titel „Geographische Mitteilungen“ herauszugeben. Da deren Gründung unter der Leitung des begnadeten Organisators und Wissenschaftsredakteurs PETERMANN im Jahre 1855 mit der Hochzeit der Entdeckungsreisen und daher einem äußerst regen Interesse des breiten gebildeten Publikum zusammenfiel, *„konnte es nicht wundernehmen,“ so HAACK, „daß die junge Zeitschrift sich von Anfang an zu einer Monatsschrift gestaltete, der aus allen Ländern der Erde reicher Stoff zufloß und deren Leserkreis zu einem Umfang emporschnellte, den niemand vorher ahnen konnte.“*[23]

Ganz dem Zeitgeist entgegenkommend, stellte PETERMANN seine Mitteilungen in den Dienst der geographischen Entdeckungs- und Forschungsexpeditionen. In der Figur des Forschungsreisenden verkörperte sich damals nicht zuletzt infolge oft sensationeller Zeitschriftenberichte ein populäres Ideal der Zeit, welchem die Bewunderung breitester Kreise des Bildungsbürgertums entgegengebracht wurde. Hieran anküpfend verstand PETERMANN es aber meisterhaft, die damals fortlaufende Mehrung des geographischen Kenntnisstandes nicht nur sorgfältig und zuverlässig zu vermelden, sondern diese Berichte kritisch zu betrachten und in der umfassenden Zusammenschau mit dem gesamten bisherigen Kenntnisstand zu einem neuen Augenblicksbild der Erde sowohl im Wort als auch in Kartenbild zu verdichten. Hierdurch wurden die Mitteilungen für ihre Leser nach HAACK zu einer *„hohen Warte, von der aus es dem Leser möglich war, die ganze Erde zu überschauen und das Schwinden der Nebel, die auf weite Flächen hin das Erdgesicht verhüllten, mühelos mit eigenen Augen zu beobachten.“* Indem er dies tat, verbreitete er den Ruhm kühner Entdecker und regte bewusst dadurch zur Nachahmung an, weil er damit zugleich auf die noch bestehenden gravierenden Lücken in der geographischen Kenntnis überseeischer Gebiete hinwies.[24]

In seinem berühmten Vorwort zum ersten Heft der Mitteilungen umriß PETERMANN sein Verständnis der Geographie ebenso wie das sich hieraus ergebende Programm dieser neuen Monatsschrift in

**Abb. 3:** Routenaufnahme von Wurno nach Sokoto durch HEINRICH BARTH im Nordwesten des heutigen Nigeria aus dem April 1853 in der Konstruktion von AUGUST PETERMANN im Maßstab von 1:250 000 als allerererste Kartenbeilage zu dessen neuer Monatsschrift (Quelle: PGM 1855, Tafel I)

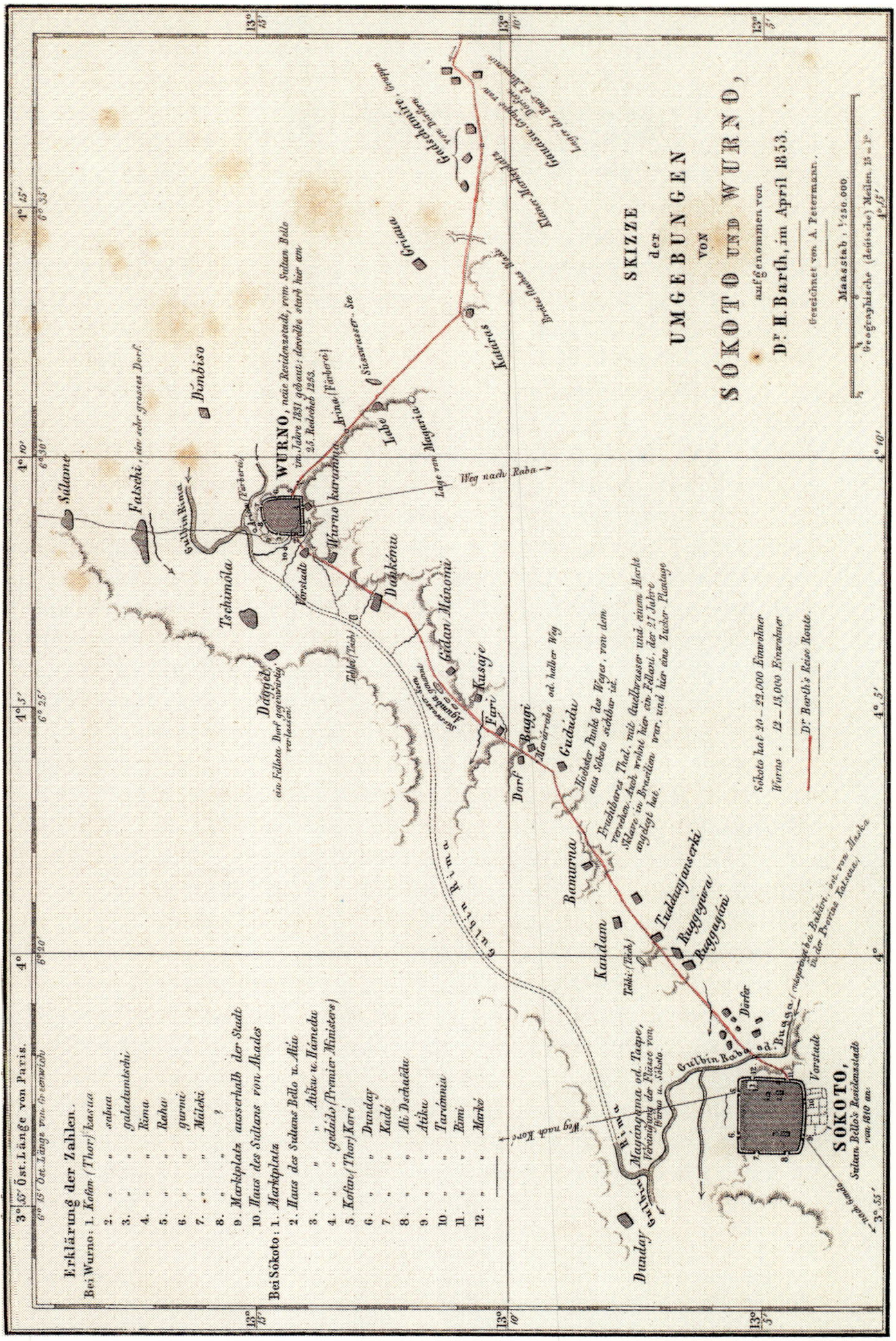
SKIZZE
der
UMGEBUNGEN
von
SÓKOTO UND WURNO,
aufgenommen von
Dr. H. Barth, im April 1853.
Gezeichnet von A. Petermann.
Maasstab 1:250 000
Erklärung der Zahlen.
WURNO
SÓKOTO
Weg nach Raba
Weg nach Koré
Dr. Barth's Reise Route

knappen und doch lyrischen Worten: *„Rastlos nach dem unerforschten Innern längstgekannter Continente wandert der Mensch, trotz Seuche und Gefahr; furchtlos ob der starren Natur durchbricht er die Geheimnisse der ewig eisumgürteten Angelenden des Erdballs; die höchsten Gipfel der himmelstrebenden Gebirge muss er ermessen, und mit seinem meilenlangen Senkblei den Grund des Meeres, wo es am tiefsten, erfassen. Die Phänomene der Luft, der Fluth, des Innern seiner Erde muss er ergründen und auf ihre einfachen Naturgesetze reduciren; des gelben weltregierenden Metalles verborgene Schlupfwinkel prophetisch verkünden, und die naturgerechten Stätten der ihm unentbehrlichen Pflanzen und Thiere in Gürtel-Linien um die Erde legen. Das ist das Reich der heutigen Geographischen Wissenschaft, eine wunderbare grosse Welt menschlichen Wissens, von der es unseren Vätern kaum geahnet.“ Zur Darstellung dieses Strebens sollten sich die Mitteilungen vor allem dadurch „von allen ähnlichen Schriften unterscheiden, dass sie auf sorgfältig bearbeiteten und sauber ausgeführten Karten das Endresultat neuer geographischer Forschungen zusammenfassen und graphisch veranschaulichen. Nie wird deshalb eine Nummer unserer Schrift ausgegeben werden, ohne eine oder mehrere Karten-Beilagen [...].“* Unter Vermeidung der Weitschweifigkeit wurde überdies zugesichert, dass die Mitteilungen es sich *„angelegen sein lassen, besonders wichtige neue Entdeckungen immer sofort, oder möglichst schnell unseren Lesern vorzulegen.“*

Dieses knappe Arbeitsprogramm der Mitteilungen wurde gleich im ersten Heft eingelöst, dessen Aufmacher der BARTHschen Forschungsreise in Westafrika von Kuka nach Timbuktu unter der Beigabe von vier Originalkartenskizzen (Abb. 3) gewidmet war. Im Sprachgebrauch des 19. Jahrhunderts verstand man unter dem vor allem im Zusammenhang mit Afrika oft gebrauchten Begriff der Originalkarte, dass diese zumindest nicht großeteils nach bereits veröffentlichtem Material gezeichnet, sondern nach bislang unveröffentlichtem und mitunter sehr verschiedenartigem Urmaterial zumeist aufgrund von Forschungsreisen zur Schließung bisheriger topograpischer Kenntnislücken bearbeitet worden war.[25] Trotz einer an sich schon hohen Startauflage von 3 000 Exemplaren mussten bereits vom ersten Heft rasch 750 Exemplare nachgedruckt werden. Dieser sofortige Verkaufserfolg hielt an und pendelte sich

**Abb. 4:** Verkleinerter Ausschnitt der auf Routenaufnahmen von HEINRICH BARTH vom Oktober bis Dezember 1850 beruhenden „Karte vom Tuareg-Lande Air oder Asben“ nördlich von Agadèz im heutigen Niger in der Konstruktion von AUGUST PETERMANN im Maßstab von 1:1 Million (Quelle: PGM 1857, Tafel 11).

bei etwa 4 000 Exemplaren je Heft ein. Von diesen ging mit rund einem Viertel ein beträchtlicher Teil ins Ausland, so etwa jeweils um die 100 Exemplare nach Großbritannien, Dänemark, Schweden, Norwegen und die Niederlande sowie rund 350 Exemplare nach Russland. Im eigentlichen deutschsprachigen Raum wurden die verbleibenden Exemplare vornehmlich in Preußen (900) und Österreich (550) abgesetzt. Anlässlich des hundertjährigen Jubiläums der Mitteilungen charakterisierte Ernst Neef deren anfängliche Bedeutung recht treffend: *„Der Geist der Zeit war in einer heute kaum noch vorstellbaren Weise auf die Entschleierung der Erde gerichtet. Der Widerhall der Zeitschrift war daher überaus groß. Nicht nur die wissenschaftliche Welt verließ sich auf den Namen Petermann, der Zuverlässigkeit und Aktualität verbürgte, auch ein großer Teil der gebildeten Welt befriedigte seinen Hunger nach neuen Nachrichten von der Erforschung der Erde aus dieser Zeitschrift.“*[26]

Deren Bedeutung beruhte gerade in der Anfangszeit darauf, dass sie zahlreiche Zusammenfassungen enthielt, welche für viele Länder und Erdteile auf der Grundlage von Originalberichten und der verstreuten Literatur vielfach die ersten wissenschaftlich genauen und dabei übersichtlich wie lesbar dargebotenen länderkundlichen Berichte enthielt.[27] Entscheidend für den großen wissenschaftlichen wie wirtschaftlichen Erfolg der Mitteilungen, den die Berichte und Karten der bekannten Afrikareisenden Heinrich Barth (Abb. 4) und Eduard Vogel über die Sahara, das sagenumwobene Timbuktu am Niger oder den Tschadsee begründeten, waren die aktuelle Berichterstattung, die zentralisierte Bearbeitung der Berichte in Gotha, die laufende Berichtigung des wissenschaftlichen Kenntnisstandes der Erde sowie vor allem die ausgezeichnete kartographische Ausstattung insbesondere mit eigens auskonstruierten Routenkarten unter Verwendung sämtlichen sonstigen zu dem betreffenden Erdteil zur Verfügung stehenden Materials.[28]

## 2.2. Gotha als internationale Heimstätte der Afrika-Kartographie

In den ersten beiden Jahrzehnten der Mitteilungen entstand der größte Teil der beigegeben Karten im Zusammenhang mit den hier erstmals veröffentlichten Ergebnissen so bedeutender Forschungsreisender wie den Deutschen Heinrich Barth, Theodor von Heuglin, Eduard Vogel, Werner Munzinger, Georg August Schweinfurth, Karl Mauch und Gustav Nachtigal (siehe vorderes Vorsatzblatt) sowie den Briten David Livingstone, Richard Burton und John

SPEKE oder etwa der Niederländerin ALEXINE TINN, welche im Jahre 1869 in der Sahara zu Tode kam. An den meisten dieser Forschungsreisen hatte PETERMANN als Anreger von Forschungszielen, Organisator der Expeditionen und nicht zuletzt auch als Vermittler der für die meisten Reisenden unverzichtbaren finanziellen Unterstützung erheblichen Anteil (Abb. 5). Die im Gegenzug hierfür in Gotha eingehenden Reisebriefe von unterwegs, Routenaufnahmen samt Skizzen, Tagebuchaufzeichnungen und Ortsbestimmungen wertete PETERMANN gewissenhaft aus und setzte die Ergebnisse in Karten um. Die seinerzeit übliche rein graphische Darstellung der Reiserouten vermied er jedoch zumeist und verknüpfte in der Regel die neuen Nachrichten mit dem bereits vorhandenen Wissen, arbeitete so nach KÖHLER *„beides ineinander, schuf aus den einzelnen Fäden sozusagen ein Gewebe. Das Arbeitsergebnis war also eine Zweimannarbeit, die Analyse des Reisenden im Felde und die Synthese des Kartographen am Zeichenpult."* Dieser Arbeitsaufwand erbrachte aber in seinem inneren Zusammenhang wesentlich mehr als die Zusammenfassung bloßer Einzelleistungen, und gerade hierin ist PETERMANNS größte Leistung zu erblicken. Am besten ist diese Technik bei der Auswertung der westafrikanischen Reisen von HEINRICH BARTH zu beobachten. Nachdem er seine Schüler hierin unterwiesen hatte, wurde diese Technik von ihnen entweder unter seiner Anleitung oder auch selbständig fortgesetzt. *„Weil die Reisenden nach dieser Auswertungsarbeit eine Karte des bereisten Gebietes erwarten konnten, nicht nur ein Abbild der Reiseroute im engeren Sinne, gaben sie ihr Material gern an die Gothaer Anstalt."*[29]

Das Geheimnis von PETERMANNS kartographisch-publizistischem Erfolg war dessen seit der Londoner Zeit ausgedehnte und intensive weltumspannende Korrespondenz mit Forschungsreisenden, Kartographen, Privatgelehrten und Institutionen, welche ihm sonst kaum zugängliche Quellen erschloss.[30] Diese sprudelten derart reich, dass von Anfang an ein kräftiger Strom von Forschungsberichten aus aller Welt in der kleinen thüringischen Residenzstadt

**Abb. 5** (folgende Seiten):
Karte der Routenaufnahme THEODOR VON HEUGLINS zwischen Berber am Nil und dem Hafen Suakin am Roten Meer im heutigen Sudan unter Verwendung weiterer Routenaufnahmen bedeutender PETERMANNscher Afrikareisender der 1860er Jahre in der Zeichnung von BRUNO HASSENSTEIN im Maßstab von 1:500 000 mit einer Nebenkarte des Hafens von Suakin mit Tiefenzahlen der Zufahrt vom Roten Meer im Maßstab von 1:50 000 sowie einem Reliefprofil der VON HEUGLINschen Route, (Quelle: PGM 1866, Tafel 9)

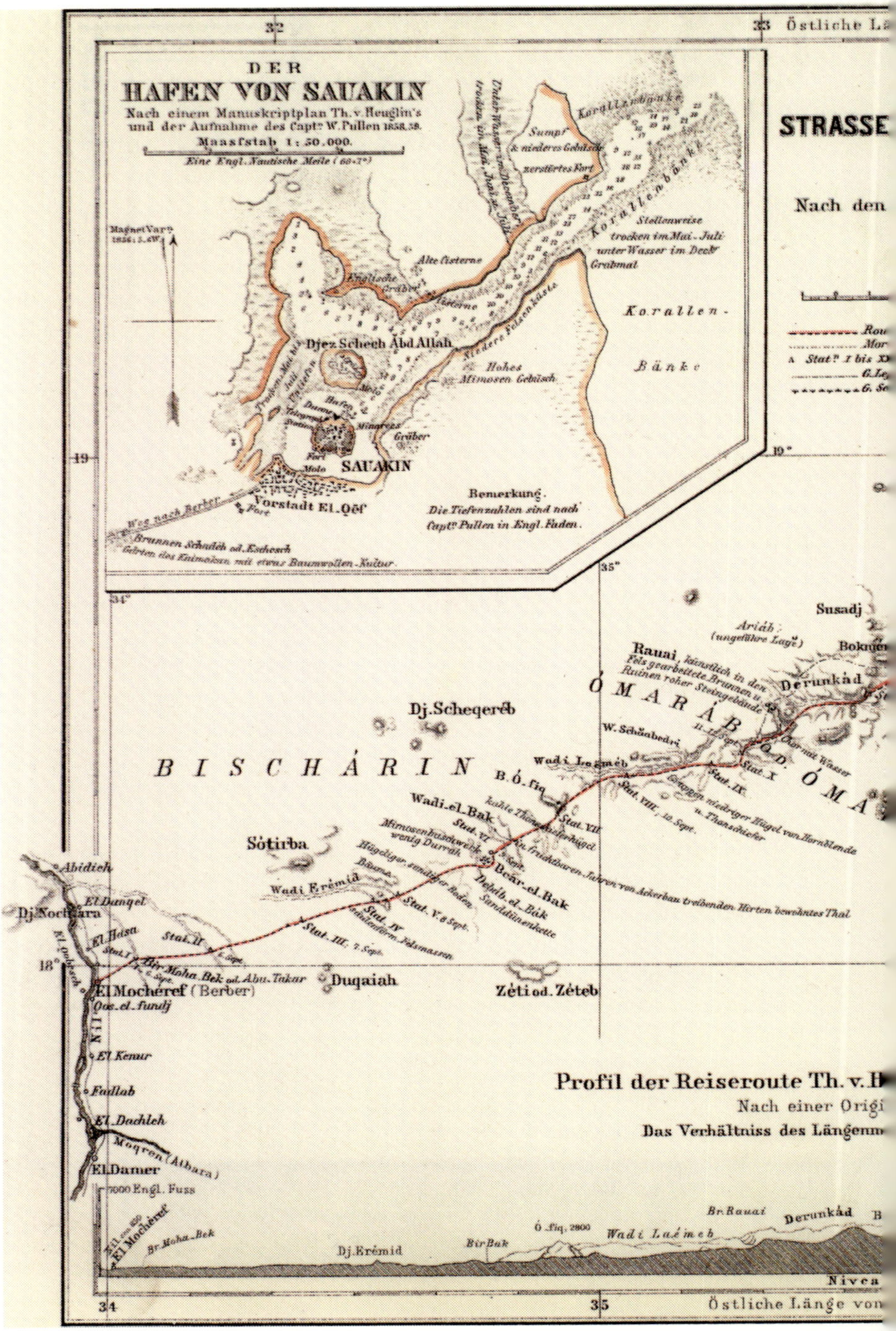
DER
HAFEN VON SAUAKIN
Nach einem Manuskriptplan Th. v. Heuglin's
und der Aufnahme des Captⁿ W. Pullen 1858.59.
Maassstab 1 : 50.000.
Eine Engl. Nautische Meile
Sumpf & niederes Gebüsch
zerstörtes Fort
Korallenbänke
Stellenweise trocken im Mai-Juli unter Wasser im Decbr
Grabmal
Alte Cisterne
Englische Gräber
Cisterne
Korallen-Bänke
Djez Scheeh Ábd Allah
Niedere Felsen Küste
Hohes Mimosen Gebüsch
Minarets
Gräber
Fort
Molo
SAUAKIN
Vorstadt El Qöf
Bemerkung.
Die Tiefenzahlen sind nach Captⁿ Pullen in Engl. Faden.
Weg nach Berber
Brunnen Schadeh od. Eschesch
STRASSE
Nach den
Östliche Länge
Susadj
Ariáb (ungefähre Lage)
Rauai, künstlich in den Fels gearbeitete Brunnen u. Ruinen roher Steingebäude
Derunkád
ÓMARÁB OD ÓMA
W. Schöabedri
Dj. Scheqereb
BISCHÁRIN
B. Ó. fiq
Wadi Lafmeb
Stat. VII
Stat. VIII
Stat. IX
Stat. X
Wadi el Bak
Stat. VI
Sótirba
Wadi Eremid
Beär el Bak
Stat. V
Stat. IV
Stat. III
Stat. II
Abidieh
El Danqel
Dj. Nocháara
El Hasa
18°
El Mocheref (Berber)
Duqaiah
Zéti od. Zéteb
El Kenur
Fadlab
El Dachleh
Moqren (Atbara)
El Damer
NIL
Profil der Reiseroute Th. v. H
Nach einer Origi
Das Verhältniss des Längenm
7000 Engl. Fuss
El Mocheref
Br. Moha Bek
Dj. Eremid
Bir Bak
Ó fiq 2800
Wadi Laémeb
Br. Rauai
Derunkád
Niveau
34
35
Östliche Länge von

GINALKARTE
DER
SCHEN BERBER & SAUAKIN
N NUBIEN.
men und einer Manuskriptkarte
odor von Heuglin's.
ichnet von B. Hassenstein.
sfstab 1 : 500.000
s von Berber nach Sauakin.
des Reisenden.
zu dem der Höhe ist = 1 : 10.
Sotirbab
od. Sotirbah
SAUAKIN
ROTHES MEER
OMARÂB
HADENDOA
EMIRAB
(HADENDOA)
Dj. Faratab
Dj. Ajakeb
Dj. Abu Odfeda
B.O. kur
mit Brunnen Amé
Dj. Gumbiriat
Dj. Schaba
Dj. Göbajäb
Dj. Derreba 3000
Akreriba
Wadi Langeb
nach Kassala
Weg nach Taka
W. Durumbi
Granit
Basalt
7000 Engl. Fuss.
Rothes Meer
Sauakin
Wadi Aben
Wadi Okuak
Dj. Drus
Sotirba
Bir Abu Odfeda
34
35
36
37
18
19°

eintraf. Noch der PERTHESsche Hauptkatalog des Jahres 1935 warf sich stolz in die Brust, die PETERMANNschen Mitteilungen *„kündeten aller Welt den Ruhm der erfolgreichen Pioniere und spornten dadurch zu Wetteifer und Nachahmung an und sie versagten auch nicht, wenn es galt, Mittel und Ausrüstung zu neuen Reisen zu beschaffen. Kein Forscher ging hinaus, der nicht in Gotha Anregungen erhalten, dort sich Rat geholt hatte; aber auch kaum einen gab es, der sich nicht draußen seiner Dankespflicht bewußt gewesen wäre. So gingen reiche Schätze geographischer Wissenschaft von Gotha aus, aber nicht weniger reiche strömten dahin zurück in Gestalt handschriftlicher Aufnahmen und Tagebücher, in Form von Zeitungen, Zeitschriften, Büchern und Karten aller Art."* Mit diesen Materialzugängen begründete PETERMANN neben seiner umfänglichen Privatbibliothek auch die zu seiner Zeit in privatwirtschaftlicher Hand einzigartige und noch heute bestehende Bibliothek und Kartensammlung der PERTHESschen Geographischen Anstalt.[31]

Ausschließlich seinem Wirken verdankte es nach HERMANN HAACK die Geographische Anstalt, dass das thüringische Gotha für rund ein Vierteljahrhundert zum Mittelpunkt der geographischen Erforschung unbekannter Erdteile wurde. *„In seiner Hand liefen ihre Fäden zusammen."* Mit dem Aufkommen der konkurrierenden Geographischen Gesellschaften seit den 1870er Jahren, welche sich mit der materiellen Unterstützung ausgehender Forschungsreisender deren Forschungsergebnisse zur Veröffentlichung erkauften, schwand aber allmählich die einstige *Perthes*sche Dominanz, und der Gothaer Schwerpunkt verlagerte sich von den Mitteilungen mehr auf den Druck von Büchern und Karten.[32] Bis dahin aber gehörten neben den bereits genannten Persönlichkeiten unter vielen anderen auch so bekannte Forschungsreisende außerafrikanischer Erdteile wie etwa die drei Brüder SCHLAGINWEIT, JOHANN JAKOB VON TSCHUDI, ADOLF BASTIAN, FRIEDRICH GERSTÄCKER, ALFRED BREHM, OTTO FINSCH, MORITZ WAGNER und KARL KOLDEWEY zum Kreis der Autoren der Mitteilungen. *„Wenn sie, was selten genug vorkam, den Mitteilungen keine Nachricht zur Veröffentlichung anboten, erwähnte sie der Geographische Monatsbericht,"* so *KÖHLER*, *„in dem E. BEHM über Reisevorhaben und Zwischenergebnisse kurz zusammenfaßte."*[33]

Nicht wenige der eingehenden Berichte waren derart umfangreich, dass sie den vierzigseitigen Umfang der monatlichen Hefte der Mitteilungen selbst bei straffster Kürzung sprengten. Um diese aber dennoch nicht abweisen zu müssen, erschienen bereits seit dem Jahre 1860 derartige nach damaliger Vorstellung ausgedehnte

Abhandlungen in den eigens aufgelegten Ergänzungsheften zu den Mitteilungen. Anfänglich handelte es sich dabei tatsächlich um Ergänzungs*hefte*, deren Umfang zwischen 16 und 120 Druckseiten lag, bevor sich aus ihnen im Zuge der wissenschaftlichen Differenzierung und des Kenntnisfortschritts die noch heute erscheinenden mehrhundertseitigen Ergänzungsbände entwickelten. An dieser Stelle veröffentlichte auch PETERMANN selbst für verschiedene überseeische Erdteile mehrere Zusammenfassungen des seinerzeitigen Kenntnisstandes, welche wohl auch als anregende Zwischenbilanzen für Forschungsaufträge an herausgehende Reisende zu verstehen waren.

Unter den 27 Ergänzungsheften des ersten Jahrzehnts fand sich auch das gesamte Reisewerk von HEINRICH BARTH. Mit diesem hatte PETERMANN noch vor dessen Abreise in London die Auswertung seiner Forschungsergebnisse verabredet. Später konstruierte er in Gotha dessen Routenaufnahmen, welche in den Jahren 1857–58 in fünf Bänden seines Reisewerks erschienen und von PETERMANN mit neu gestalteten Karten ausgestattet worden waren. Obzwar sofortige Nachdrucke der zunächst kleinen Auflage nötig wurden, brachten diese BARTH selbst keinen großen Publikumserfolg, da seine Reisetagebücher zu viele wissenschaftliche Beobachtungen enthielten, welche zwar die Fachleute entzückten, aber dem interessierten Laien doch zu schwer verdaulich waren. Erst die zahlreichen Bücher *über* die BARTHschen Reisen machten diesen auch in weiten Kreisen überaus populär, wovon der Forscher aber infolge seines baldigen Todes im Jahre 1865 nurmehr wenig hatte. Zumindest aber hatte die Unterstützung durch die Gothaer Auswertung seines Reisewerkes ganz wesentlich dazu beigetragen, dass er im Jahre 1863 als Professor an die Berliner Friedrich-Wilhelms-Universität berufen wurde[34]. Aus Firmensicht besonders erfreulich fanden sich wegen der Resonanz des BARTHschen Reisewerks schon bald *„die in der geographischen Wissenschaft klangvollsten Namen unter der Reihe ihrer Autoren, und was sonst vielleicht schwer zu publiziren war, konnte im Anschluss an die ‚Mittheilungen' leicht käuflich gemacht werden."* Zu den erfolgreichsten frühen Ergänzungsheften zählte PETERMANNS und HASSENSTEINS im Jahre 1863 erschiener Ergänzungs(sammel)band II mit dem Titel: „Inner-Afrika nach dem Stande der geographischen Kenntniss in den Jahren 1861 bis 1863. Nach den Quellen bearbeitet". Gemäß der stolzen Firmenchronik bewies gerade jener Ergänzungsband die *„Eigenthümlichkeit und Leistungsfähigkeit der geographischen Anstalt"* auf den darin enthaltenen zehn Kartenblättern im Maßstab von 1:2 Millionen mit den Ergebnissen sämtlicher älterer und zeitgenössischer Forschungen zwischen dem Fessan und Ägypten im Norden und den noch kaum bekannten Gewässern des Kongo und des Tanganjikasees im Süden.[35]

Die Nutzbarmachung einer wichtigen, aber bis dahin aus naheliegenden Gründen kaum herangezogenen geographisch-kartographischen Quelle verdankte PETERMANN der dreijährigen Arbeit des Pastors Dr. GRUNDEMANN in der Geographischen Anstalt in den Jahren 1865–68, welche sich in den verschiedenen Lieferungen des „Allgemeinen Missions-Atlas" niederschlug. Obwohl in erster Linie für Missionszwecke erarbeitet, gewann doch auch die überseeische Geographie reichen Kenntniszuwachs aus diesem Themenatlas. Nach der Einleitung Dr. GRUNDEMANNS konnte er nämlich bei sorgfältiger Kritik *„aus Quellen schöpfen, an die sobald sich kein Geograph machen möchte, wie jene Hunderte von Bänden verstaubter Missionsberichte, in denen unter vielem (geographisch geurtheilt) Schutt manches werthvolle Körnlein vergraben lag, was dann und wann selbst zur Correctur mancher Irrthümer, die sich Jahrzehnte lang von einer Karte zur anderen fortschleppen, Gelegenheit gab. Ausserdem aber lagen für einige Gegenden Manuscriptkarten und Skizzen vor, sowie auch durch ausgedehnte Correspondenz nach allen Erdtheilen und durch mündliche Besprechung mit Missionaren wichtige Angaben erlangt wurden."*[36]

Bereits aus der Sichtung neu eingegangen Materials entwickelte PETERMANN beständig Anregungen für weitere Forschungsreisen. Da aber solche Expeditionen sehr kostpielig waren, trommelte der Gothaer Kartograph zur Aufrechterhaltung seines Nachschubs an Rohmaterial immer wieder bei den verschiedensten staatlichen Stellen und Privatleuten diese Mittel zusammen. Im Falle von BARTH weiß man etwa, dass dessen mehrjährige Reise durch die Sahara und den Sudan ungefähr 10 000 Taler gekostet hatte, wovon der preußische König 1 000 Taler und BARTH selbst unter Ruinierung seines Vermögens weitere 1 400 Taler aufbrachten, während die verbleibenden drei Viertel dieser seinerzeit ganz erheblichen Summe nicht zuletzt durch die Vermittlung von PETERMANN zusammen kamen.[37] Auf diese Weise wurde PETERMANN bis zur Mitte der 1860er Jahre zum führenden Anreger und geographisch-kartographischen Auswerter nicht nur, aber besonders der deutschen Afrikaforschung.[38] Seinem Organisationstalent sind die Auftreibung der Mittel für die großen Expeditionen in den westlichen Sudan unter der Leitung THEODOR VON HEUGLINS in den Jahren 1861–64 sowie derjenigen von WERNER MUNZINGER und KINZELBACH zur Suche nach dem seit dem Jahre 1856 verschollenenen EDUARD VOGEL, der Expedition MORITZ VON BEURMANNS in den Wadai und zum Tschadsee vom Jahre 1861 bis zu dessen dortiger Ermordung im Jahre 1863 und schließlich die mit dem Rest des für jene unglückliche Expedition gesammelten Geldes sowie mit frischen Mitteln ausgesandte Expedition von GERHARD ROHLFS, welcher in den Jahren 1865–67 die Sahara und die Tschadsee-Länder bis Lagos an der Bucht von Biafra durchquerte, ganz wesentlich zu verdanken. Darüber hinaus erhielt der im Jahre 1863 nach dem Transvaal gegangene KARL MAUCH seit dem Jahre 1867 Unterstützungen durch PETERMANN. Nicht zuletzt deshalb konnte MAUCH bis zum Jahre 1872 kartographische Aufnahmen des Transvaals und der Wasserscheide zwischen dem Limpopo und dem Sambesi ausführen und dabei später berühmte Goldfelder und die Ruinen von Simbabwe entdecken. *„Dergestalt hielt er das geographische Publikum stets in Athem und man möchte fast sagen,“* so noch eine Chronik zum hunderjährigen Firmengeburtstag über die „explorative Geographie“ PETERMANNS, *„dass in jenen Jahren fast jedes einzelne Heft seiner ‚Mittheilungen‘ Sensation erregte.“*[39]

## 2.3. Petermanns kartographisches Anliegen

Als kartographisch arbeitender Geograph war es naheliegend und vom Verlag gewollt, dass PETERMANN in den Mitteilungen von Anbeginn die Herausgabe geographischer Kartenbeilagen pflegte.[40] Nicht nur nach der Einschätzung von HERMANN HAACK forderten die Ergebnisse der afrikanischen Entdeckungs- und Forschungsreisen *„geradezu das Kartenbild. Außerordentlich schwer und oft ganz unmöglich ist es, sich nach dem Text einer Reisebeschreibung oder den Aufzeichnungen der Tagebücher ein klares Bild zu machen von der Tragweite der Entdeckungen, das wirklich Neue herauszufinden und mit dem Alten zu einem harmonischen und vor allem richtigen Bilde zu verarbeiten. Was selbst durch eingehendes Studium von Texten oder Zahlen nicht zu erreichen ist, vermittelt die übersichtliche Karte ohne Mühe; sie ermöglicht aber auch die beste Prüfung der Aufnahmen. Erst bei der Konstruktion der Reiseroute, wenn alle die unzähligen Marschstundenzahlen sich in meßbare Wegelängen verwandeln, die Winkelzahlen der Tagebücher greifbare Gestalt annehmen müssen, wird jedes kleinste Versäumnis des Forschers kund, und der wortreichste und anschaulichste Bericht kann dann eine versäumte Zahl oder Messung nicht ersetzen. Und nicht nur die eigenen Maße und Zahlen werden durch die Konstruktion dem Forscher zu einem Prüfstein seiner Arbeit im fernen Land, sie ermöglicht es auch, die Arbeiten der Vorgänger* *zur Bewertung heranzuziehen.“* Insbesondere hierin offenbarte sich die PETERMANNsche Führerschaft in der zeitgenössischen Kartographie, dass er sich nicht mit der schnellen Auskonstruktion neuer Routenaufnahmen zufrieden gab, sondern unter der kritischen Heranziehung allen vorhanden älteren Materials ein möglichst vollständiges Gesamtbild der durchzogenen Weltgegenden zu zeichnen suchte.[41]

Nach PETERMANNS eigenen Worten hing bei einer Karte *„von ihrer äußeren, technischen Ausführung Alles ab, ihr Inhalt mag noch so richtig und gut, wissenschaftlich begründet, fleißig und gewissenhaft bearbeitet sein, die Form, in der derselbe in ihr vorgeführt wird, ist nahezu Alles, macht das ‚Kartenbild‘ aus. Ein solches Kartenbild soll zusammenfassen ein Land in seiner äußeren Gestaltung, mit seinen Flüssen und Gebirgen, Tiefebenen und Hochebenen, Küsten, See'n und Sümpfen, Städten und Dörfern, Eisenbahnen, Wegen und Kanälen, - darstellen, richtig und verständlich, anschaulich, ja sogar plastisch.“*[42] Diese verschiedenen Anreicherungen der topographischen Karte durch PETERMANN wurden von seinen Gothaer Nachfolgern auch trefflich als das Kartenbild vervollkommnender „naturalistischer Stil“ bezeichnet.[43] Und bezeichnenderweise wurden in den Inhaltsverzeichnissen der Mitteilungen wie der Ergänzungshefte über Jahrzehnte die regional und thematisch gegliederten Kartenbeigaben der Gliederung des Textes vorangestellt, was auch der Bedeutung der über 1 300 Kartenbeilagen allein in den ersten drei Jahrzehnten entsprach.[44]

Das Ziel der PETERMANNschen Karten war es, unter gewissenhafter Erschließung und Auswertung aller Quellen ein Kartenbild zu komponieren, welches ebenso rasch wie umfassend unterrichten sollte. Seine besondere Aufmerksamkeit widmete er hierbei der Anordnung von Titel und Legende, der Rahmengestaltung, dem Einfügen von Nebenkarten, einer ausgewogenen Kolorierung sowie den textlichen Herausgabevermerken. Angesichts der Verschiedenartigkeit der Routenaufnahmen und der zumeist nur flüchtigen Übersichtsskizzen der überseeischen Forschungsreisenden zum Relief der durchzogenen Landschaften zog PETERMANN beim Kartenentwurf eine möglichst widerspruchsfreie Einpassung neuer Routenaufnahmen und deren topographischer Erkenntnisse in bereits bekannte Karteninhalte und das Gradnetz einer fehlerfreien Reliefdarstellung vor. Im übrigen aber waren die gleichrangig und mit jeweils eigenen Arbeitsfeldern neben PETERMANNS überseeischer Entdeckungskartographie und dessen Mitarbeit am „Stieler“ in Gotha wirkenden Kartographen CARL VOGEL (1828–97) und HERMANN BERGHAUS (1828–90) hinsichtlich der Ausgewogenheit des Karteninhalts und der Genauigkeit des Kartenbildes diesem nicht nur ebenbürtig, sondern in mancher Hinsicht auch überlegen. Dabei wirkte die durchaus auch konkurrierende Könnerschaft dieser drei wechselseitig sowohl anspornend als auch befruchtend.[45]

Im Jahre 1866 fasste PETERMANN in einer „Notiz über den kartographischen Standpunkt der Erde“ sein Anliegen selbst zusammen: *„Das Endresultat und der Endzweck aller geographischen Forschungen, Entdeckungen und Aufnahmen ist, in erster Linie, die Abbildung der Erdoberfläche, die Karte. Die Karte ist die Basis der Geographie. Die Karte zeigt uns am Besten, am Deutlichsten und am Genauesten, was wir von unserer Erde wissen.“* Und über das seinerzeit noch geringe geographische Wissen über das Innere der Kontinente von Afrika, Asien, Australien und Südamerika kam er in diesem Zusammenhang zu dem Schluss, dass bislang die hierüber gezeichneten Karten zwar *„fast überall mit Flüssen und Bergen, Orten und Strassen“ ordentlich gefüllt und trügerisch „sauber in Kupfer gestochen, nirgends eine Lücke“* seien. *„Selbst die Afrikanische und Australische terrae incognitae schrumpfen mehr und mehr zusammen, es sind noch einige weiße Stellen, vielleicht ‚wüste Gebiete‘, wo ‚Nichts“ ist. In Wahrheit aber ist Alles, was wir auf unseren Karten sehen, nur erst der erste Schritt, der Anfang zu einer genaueren Kenntniss unserer Erdoberfläche.“*[46]

Das wohl sicherste Zeichen des Verfalls der kartographischen Kunst laut HERMANN HAACK war und ist es, *„wenn der Kartenzeichner seiner Arbeit möglichst bequeme Vorbilder zugrunde legte; wenn er, zunächst wohl noch das Neue einigermaßen kritisch sichtend, dann aber auch diese Vorsicht beiseite lassend, mehr und mehr zum sklavischen Nachahmer wurde und schließlich seine Muster einfach kopierte.“* Wohl kaum ein zeitgenössischer Kartograph suchte dieser beständigen Gefahr entschiedener zu begegnen als AUGUST PETERMANN. Deshalb war bei der Konzeption einer neuen Karte sein fester Grundsatz der Rückgriff auf sämtliche älteren Quellen und die möglichste Gewinnung neuer Quellen. Zu letzterem Ziele haben vor allem seine Mitteilungen beigetragen. *„Nicht nur die Forschungsreisenden rechneten es sich zur Ehre an, ihm ihr Material zur Verfügung zu stellen, auch mit den topographischen Ämtern aller Staaten trat er in engste Verbindung; alle erblickten in seinen Mitteilungen einen vollen Gegenwert, wenn er sie ihnen im Austausch gegen ihre Kartenveröffentlichungen anbot. Alle Küstenaufnahmen wurden ihm von den Marinen der an der Seefahrt beteiligten Staaten zugestellt; seiner unermüdlichen Sammelarbeit gelang es, selbst im fernen Australien die Archive zu* *öffnen und ihnen wertvolles Material für seine große Australienkarte zu entlocken, die auf Jahre hinaus die beste des Erdteils blieb.“*[47] Zur richtigen Einschätzung der auf die umfassende Literaturauswertung zu verwendenen Arbeit muss man sich vergegenwärtigen, dass etwa zu Beginn der 1860er Jahre von den im deutschsprachigen Raum jährlich rund 10 000 Neuerscheinungen nur etwa durchschnittlich 250 rein geographische Werke einschließlich der Reiseliteratur sowie durchschnittlich 140 bis 180 Karten und Atlanten waren. Im gleichen Zeitraum erschienen in Großbritannien zwar bloß 5 000 neue Titel im Jahr, aber davon durchschnittlich allein 280 Reisebeschreibungen.[48]

Die zwischen den Routenaufnahmen liegenden weißen Flecken suchte PETERMANN mit aller kritischen Vorsicht durch intensive mündliche Ausforschung des betreffenden Forschungsreisenden entweder mit gemutmaßten Geländedarstellungen oder zumindest erklärenden Angaben zu den durchzogenen Gegenden auszufüllen. Besiegelt wurde die Bedeutung dieser Karten denn auch durch die exakte Darstellung des Nichtwissens. Aus diesem Grunde wurde er zum führenden Kartographen der Epoche und seine Karten waren stets getreue Spiegelungen des gesamten zeitgenössischen Kenntnisstandes und boten künftigen Forschungsreisenden nach ERGENZINGER einen *„sicheren Anhalt für die Wahl des zu Erkundenden“* (Abb. 6). So regte unter anderem auch die PETERMANNsche Kartenskizze des östlichen Afrika (Abb. 30) aus dem Jahre 1856, welche auf der Grundlage der Berichte der reisenden Missionare JAKOB ERHARDT und JOHANN REBMANN die wahrscheinliche Lage und Ausdehnung eines vermuteten gewaltigen Binnensees im Innern von Ostafrika zeigt, die berühmte Entdeckungsreise der Briten JOHN SPEKE und RICHARD BURTON an, die im Jahre 1858 zur Entdeckung der Quelle des Blauen Nils führte.[49]

Um nun aber nicht der bei dieser quellensatten Arbeitsweise unvermeidlich erdrückenden Materialfülle zu erliegen, unterzog PETERMANN in einem nächsten Schritt alle vorliegenden Quellen einer kritischen Sichtung. Bei dieser galt es, zunächst den Gehalt zu würdigen und sodann im Vergleich die nicht seltenen Widersprüche herauszufinden, zwischen diesen abzuwägen und nötigenfalls auftretende Lücken kombinatorisch zu schließen. Dabei war es selbstverständlich, dass der Arbeit nicht allein die unzulänglichen vorhandenen Karten kaum bekannter Erdteile zugrunde gelegt wurden. Vielmehr musste PETERMANN auch regelmäßig tief in die Reiseberichte und wissenschaftlichen Texte eindringen, um mit den Worten HAACKS *„des Zweifels Herr zu werden und Licht in die Wirrnisse zu bringen.“* Dies alles musste im PETERMANNschen Sinne

**Abb. 6:** Kartenskizze von AUGUST PETERMANN im Maßstab von 1:25 Millionen mit der Umgrenzung des im Jahre 1875 noch unbekannten riesigen Innern von Zentralafrika als eine Nebenkarte zu seiner der Deutschen Gesellschaft zur Erforschung Äquatorialafrikas gewidmeten Routenkarte von deren Loango-Expedition nördlich der Mündung des Kongo (Quelle: PGM 1875, Tafel 1)

dann zu einer Kartenkonstruktion führen, welche dass Endresultat aller geographischen Forschungen am genauesten wie auch anschaulichsten, wenn nur irgend möglich, in Form einer topographischen Karte wiedergab. Mit diesen Forderungen und vor allem ihrer meisterhaften Einlösung wurde der PETERMANNsche Stil auf Jahrzehnte zur Richtschnur der deutschen und europäischen Kartographie.[50] Bei der Auskonstruktion solcher Routenaufnahmen sollte sich der ausführende Kartograph möglichst nicht auf eine bloß technisch korrekte zeichnerische Wiedergabe der Aufzeichnungen und Skizzen beschränken. Vielmehr kam auch in gewissem Maße ein Einleben in den Gang und Geist der Aufnahme des Forschungsreisenden der Gewinnung einer guten kartographischen Wiedergabe entgegen.[51]

Zur Verdeutlichung des ihm dabei besonders am Herzen liegenden orographischen Aufbaus der Erde führte PETERMANN den Eintrag von Höhen- und Tiefenzahlen in die topographischen Karten ein. Zugleich befreite er die zeitgenössische Kartographie von den überkommenen historisch-politischen Einschnürungen zugunsten eines dem geographisch Wichtigen verpflichteten Kartenbildes. Seit PETERMANN enden topographischen Karten eines Staates nicht mehr an dessen Grenzen, sondern greifen ganz natürlich zur Erhellung der Zusammenhänge darüber hinaus. *„Was ihm seine Quellen von der Bodenbeschaffenheit eines Landes berichteten,“* so HAACK *„verbuchte er in kurzen Stichworten auf seinen Karten; ob ein Fluß wasserarm war, zeitweilig versiegte oder ständig floß, wurde getreulich vermerkt, wenn es möglich war; salzige Binnenseen schied er von den mit Süßwasser gefüllten Becken. Wüsten wurden als Sand- oder Steinwüsten charakterisiert, Grenzen wichtiger Pflanzen und typischer Tiere nach bester Kenntnis eingetragen, die Namen der Völker möglichst der Längsachse ihres Wohngebietes angepaßt. Die Küsten wurden nach dem Muster der Seekarten möglichst genau mit Klippen, Riffen und Seezeichen wiedergegeben, soweit es der Maßstab irgend erlaubte. Die Geschichte kam nur, soweit sie Entdeckungsgeschichte ist, zu ihrem Rechte.“*[52] Und schließlich vermerkte er in kleinen Notizen neben dem beständig dichter werdenden Routennetz der Forschungsreisenden die wichtigsten Daten ihres Verlaufes.

Ein wichtiger Anstoß von PETERMANN oder die ihm geschuldete Durchsetzung auf dem Felde der kartographischen Innovation nicht nur bei der Kartographie überseeischer Gebiete, sondern auch bei den übrigen Kartenwerken des Hauses Perthes wie namentlich dem STIELERschen Handatlas war daneben etwa die Durchsetzung des metrischen Maßstabsystems. Die hier gleichfalls eingeführte Höhenangabe sollte nach KÖHLER *„ungeübte Kartennutzer davor schützen, wegen hoher Schraffendichte bei größerem relativem Höhenunterschied und größerer Steilheit eine große absolute Höhe anzunehmen.“* Außerdem initiierte und förderte PETERMANN die Einfärbung der schwarzweißen Kupferstichdruckbögen durch das sogenannte Schablonenkolorit. *„Farben auf den Karten für Grenzbänder oder Flächenkolorit für politisch-territoriale Einheiten wurden ja damals in Handarbeit aufgetragen, falls man nicht die Lithographie genutzt hat, die allerdings mit der Schönheit der*

*Wasserfarben nicht konkurrieren konnte.“* Außerdem reformierte PETERMANN durch Anleitungs- und Überzeugungsarbeit bei den für die Schriftplatte zuständigen Kupferstechern die Schrift auf den Gothaer Karten. Die gedrungene, schwungvolle und verhältnismäßig fette alte Kartenschrift wurde unter seiner Ägide in eine schlankere, luftigere und sachlichere neue Schrift abgewandelt, die auch bei schlechten Drucken noch stabil und gut lesbar blieb. Obwohl nun Namen, Linien, Schraffen und ähnliche Elemente erheblich zunahmen, konnte das kartographische Übel des sprichwörtlichen Grauschleiers hierdurch in Grenzen gehalten werden.[53]

Die schnelle kartographische Verarbeitung allerneuester Ergebnisse der Forschungsreisenden (Abb. 7a+b) durch PETERMANN trug wesentlich zur Herausbildung dieses sogenannten Gothaer Kartenstils bei. In einem größeren Zusammenhang wurde jener erstmals bei den in den Jahren 1862–64 enstandenen 84 außereuropäischen Kartenblättern für die vierte Auflage des STIELERschen Handatlasses sichtbar. Hatte noch in der dritten Auflage zu Beginn der 1850er Jahre die historisch-topographische Richtung überwogen, begann sich schon bald nach der Ankunft PETERMANNS die naturwissenschaftliche Richtung durchzusetzen. Die von diesem gezeichneten Karten erhielten durch sein Interesse an Neuentdeckungen sowie das für ihn so charakteristische quellensatte wie quellenkritische Einarbeiten allen erreichbaren Materials sowie die Unterscheidung zwischen wasserreichen und wasserarmen Flüssen, der Nennung von Gipfelnamen, der Geländedarstellung mittels Schraffen (gemeinsam mit CARL VOGEL) sowie der Einführung von Höhen- und Tiefenzahlen (ab der fünften Auflage) ein uns heute wie selbstverständlich ausdrucksvoll anmutendes geographisches Gepräge. Er bemühte sich, seinen Karten durch eine entsprechende Farbtönung einen ästhetisch ansprechenden Ausdruck zu geben. Weiterhin ging die Vereinheitlichung der Maßstäbe auf metrischer Grundlage sowie die Einführung von Nebenkarten zur Erhöhung des Informationsgehaltes eines Kartenblatts auf seinen Einfluss zurück.[54]

**Abb. 7** (folgende Seiten): Beispiel für den mitunter dramatischen Wandel des Kartenbilds auch größerer Räume binnen Jahresfrist durch Erkundungen einzelner Forschungsreisender:
a) (S. 38) Verkleinerter Ausschnitt der von AUGUST PETERMANN entworfenen Karte zum „Standpunkt der Erforschung von Central- und Süd-Afrika bis September 1876“ im Maßstab von 1:12,5 Millionen (Quelle: PGM 1876, Tafel 20)
b) (S. 39) Verkleinerter Ausschnitt der von AUGUST PETERMANN entworfenen Karte zum „Standpunkt der Erforschung von Äquatorialfrika, 1877. Nebst roher vorläufiger Skizze von Stanleys Entdeckung des Kongo, 1876/7“ im Maßstab von 1:12,5 Millionen (Quelle: PGM 1877, Tafel 22)

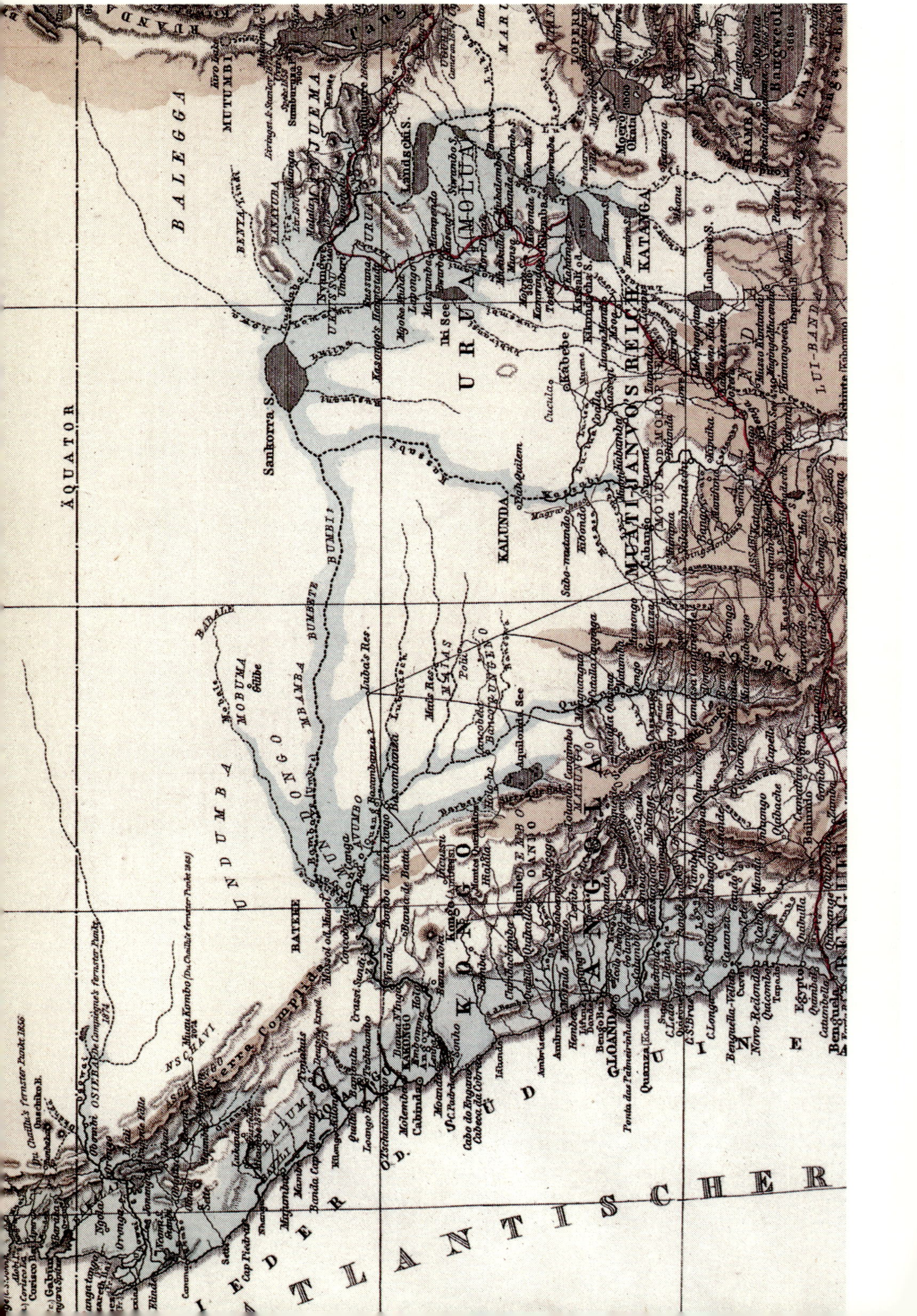
ÄQUATOR
BALEGGA
MUTUMBI
URUA
MUATI-JANVO'S REICH
KATANGA
KALUNDA
Sankorra S.
ATLANTISCHER
KONGO

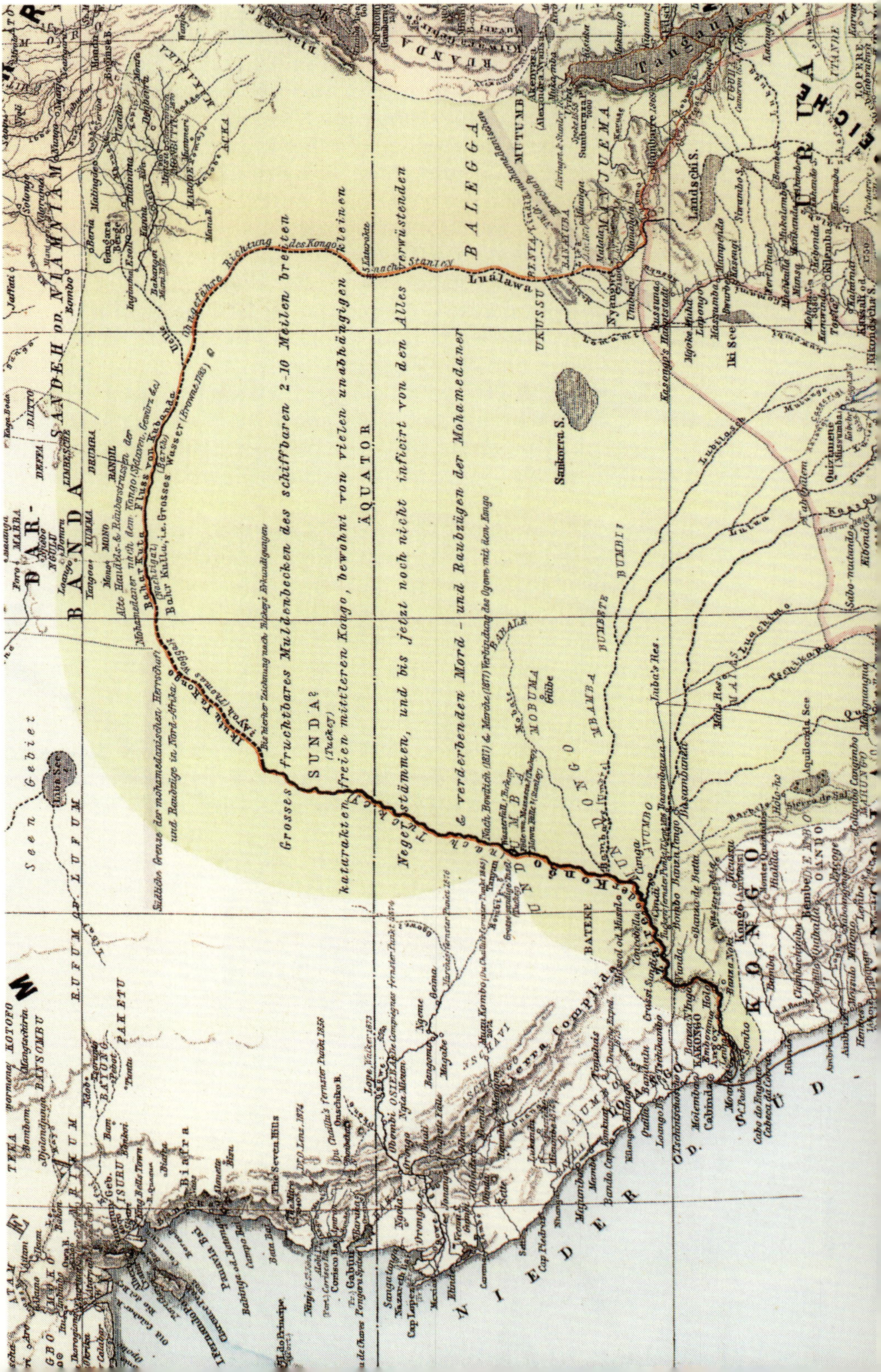
Grosses fruchtbares Muldenbecken des schiffbaren 2-10 Meilen breiten
kataraktenfreien mittleren Kongo, bewohnt von vielen unabhängigen kleinen
Negerstämmen, und bis jetzt noch nicht inficirt von den Alles verwüstenden
& verderbenden Mord- und Raubzügen der Mohamedaner
ÄQUATOR
SUNDA?
BALEGGA

Von den etwa 800 Karten, welche in der einen oder anderen Form den Namen AUGUST PETERMANN tragen, sind insbesondere diejenigen aus der Londoner Zeit von ihm selbst entworfen, gezeichnet und gestochen bzw. lithographiert worden. In Gotha beschränkte sich PETERMANN in kartographischer Hinsicht nach der Heranbildung von Schülern zunehmend auf den Entwurf und die Überwachung von Zeichnung und Herstellung der Druckvorlagen.[55] Da PETERMANN schon bald die vielfältigen Aufgaben der Förderung der Forschungsreisen und der kartographischen wie redaktionellen Auswertung der eingehenden Berichte allein kaum noch bewältigen konnte, traten ihm seit dem Ende der 1850er Jahre auf dem Gebiet der Konstruktion der Routenkarten insbesondere sein Meisterschüler BRUNO HASSENSTEIN und schon seit dem Jahre 1856 in der Redaktionsarbeit der stille Fleißarbeiter Dr. ERNST BEHM (1830–84) zur Seite, welchen PETERMANN gelegentlich auch einmal als seine Leiter zum Ruhm bezeichnet haben soll. Nach Meinung des Göttinger Geographieprofessors HERMANN WAGNER (1840–1929), welcher seit dem Jahre 1864 eine Lehre als Kartograph bei PERTHES gemacht und dort auch 1872–76 als Kartograph gearbeitet hatte, soll AUGUST PETERMANN seit dem Jahre 1862 keine Karte mehr vollständig selbst gezeichnet, sondern nurmehr seine zahlreichen Schüler und späteren Mitarbeiter angeleitet und beaufsichtigt haben.[56]

Von den zahlreichen Schülern, welche PETERMANN in Gotha herangezogen hatte, blieb ein guter Teil lebenslang in der Geographischen Anstalt, wie etwa BRUNO HASSENSTEIN (1839–1902), welcher seit dem Jahre 1854 bei PERTHES tätig war und als genialer Routenkonstrukteur etwa die Karten zu den Reisen von BARTH und eine Afrikakarte in zehn Blättern anfertigte, oder HERMANN HABENICHT (1844–1917), welcher seit dem Jahre 1859 bei PERTHES war und vor allem im Dienste des STIELERschen Handatlasses durch sein außergewöhnliches Zeichentalent auffiel. Von den nach der Lehrzeit oder einigen Berufsjahren ausgetretenen Schülern wurden aber auch eine ganze Reihe als selbständige Kartographen und Verleger erfolgreich, wie etwa LUDWIG FRIEDERICHSEN (1841–1915), welcher in den Jahren 1859–63 am Stieler und den Mitteilungen mitarbeitete und in der Folge in Hamburg die Geographische Gesellschaft mitbegründete[57] und mit seinen Karten zur Berliner Kongo-Konferenz zu einem der Wegbereiter der deutschen Kolonialpolitik wurde.

Von den insgesamt 374 topographischen Einzelkarten mit dem Namen PETERMANN befassten sich allein ein knappes Drittel oder 115 Karten, und damit die regional weitaus stärkste Gruppe, mit dem afrikanischen Kontinent, darunter allein 16 Karten zum Reisewerk von HEINRICH BARTH. Darüber hinaus nimmt es nicht wunder, dass von den bis Mitte der 1880er Jahre in den Mitteilungen erschienenen Routenkarten in allen Maßstabsklassen etwa die Hälfte allein Afrika zum Gegenstand hatten. Insgesamt entfielen von allen 634 Kartenbeigaben mit topographischem Charakter oder aufgrund von Reiserouten mit 218 oder 34 % die weitaus meisten auf Afrika vor dem abgeschlagen folgenden Asien mit 121 (19 %).[58] Doch Entdeckungsfahrten nach Afrika allein befriedigten den PETERMANNschen Schaffensdrang nicht zur Gänze. Aus diesem Grunde wandte er sich bereits im Jahre 1863 verstärkt der seinerzeit bald ebenso populären Arktisforschung zu und begann im Jahre 1865 mit der Agitation für die dorthin gehenden Expeditionen und ihre Unterstützung. Unter seiner Führung kam es so bereits im Jahre 1868 zur ersten von sechs maßgeblich von ihm geförderten deutschen Arktisexpeditionen unter der Leitung von Kapitän KOLDEWEY auf dem Segelschoner „Grönland", welcher bei der Untersuchung der Eisverhältnisse im grönländischen Meer bis hinauf zur nördlichen Breite von 80° 30' gelangte.[59]

## 2.4. Kartendruck vom handkolorierten Kupferstich zum mehrfarbigen Steindruck

Zwischen der Zeichnung einer Karte und deren Verbreitung standen die Möglichkeiten und Zwänge der zeitgenössischen kartographischen Reproduktionstechnik. Dabei wurden an die Vervielfältigung von Karten damals wie heute die folgenden Anforderungen an das Druckmedium gestellt: Maßhaltigkeit, Korrektur- und Nachtragsfähigkeit, lange Lagerfähigkeit, einwandfreie Wiedergabe feinster Strichzeichnungen in Kombination mit vollen Flächentönen und Rastertönen, Maßhaltigkeit und Faltfähigkeit des verwendeten Papiers sowie und zumeist zu allererst die Wirtschaftlichkeit des Reproduktionsverfahrens. Das gebräuchlichste Verfahren zur Reproduktion von Karten bis zum Beginn des 19. Jahrhunderts war der im Jahre 1446 erstmals angewandte Kupferstich, bei welchem man die Zeichnung auf eine polierte und mit einer Schicht Gelatine überzogene Kupferplatte pauste und anschließend jede Linie mit einem Grabstichel ausstach. Die so entstandenen Vertiefungen wurden für den eigentlichen Druckvorgang eingefärbt, wobei ungestochene Leerfelder ohne Aufnahme und Wiedergabe von Druckfarbe blieben. Durch diese Form des sogenannten Tiefdrucks war etwa im Gegensatz zum zuvor gebräuchlichen Hochdruck von Holzschnitten die Wiedergabe aller feinen und feinster Linien der Gravur in sprichwörtlich gewordener „gestochener Schärfe“ möglich. Allerdings besaßen die 3–4 mm dicken Kupferstichplatten einen doppelten Nachteil: Zunächst die schnelle Abnutzung, welche bis zu der im Jahre 1838 erfolgten Einführung der duplizierenden Galvanoplastik nur kleine Auflagen von wenigen hundert Abzügen erlaubte, welche zudem auch nicht maßhaltig waren. Und zum anderen war und blieb bei Kupferstichkarten kein mehrfarbiger Druck möglich, so dass zur Gewinnung der Farbigkeit nur der aufwendige Ausweg der Handkoloration verblieb.[60]

In kartographietechnischer Hinsicht galt PETERMANNS lebenslanges Interesse besonders diesem farbigen Kartendruck. Bereits während seiner Lehre bei HEINRICH BERGHAUS in Potsdam hatte er mit dem damals noch recht jungen Steindruck (der Lithographie) experimentiert, welchen er dann später bei den Mitteilungen für die gelegentlich mehrfarbigen Karten auch gekonnt einsetzen ließ. Dieses seinerzeit revolutionäre Verfahren war von ALOIS SENEFELDER (1771–1834) im Jahre 1798 unter Verwendung besonders feinkörniger geschliffener Plattenkalke aus dem bayrischen Solnhofen entwickelt worden. Der neue Steindruck erreichte zwar nicht ganz die kontrastreiche Schärfe des Kupferstichs, erlaubte dafür aber mittels schließlich entwickelter Schnellpressen für mehrere hundert Drucke je Stunde erstmals hohe Druckauflagen von Karten mit hinreichend guter Wiedergabequalität. Bei der als Flachdruck bezeichneten Lithographie wurde die Kartenvorlage spiegelbildlich entweder zeichnerisch mittels Fetttusche oder photographisch auf die hochebene Steinoberfläche übertragen. Deren nachfolgende Behandlung mit einer mineralsauren Lösung von Gummiarabikum hatte zur Folge, dass sich bei der anschließenden Einfärbung mit Druckfarbe bildfreie Flächen farbabstoßend verhielten und nur die Fetttusche der Zeichnung die Farbe annahm. Die sich für die Kartenherstellung spätestens im letzten Viertel des 19. Jahrhunderts allgemein durchsetzende Lithographie ermöglichte somit erstmals die Verwendung verschieden eingefärbter Steinplatten für einen echten Mehrfarbendruck. Problematisch blieb jedoch das große Gewicht der Lithographiesteine, deren schwierige Lagerung sowie die nur begrenzten Korrekturmöglichkeiten. Dies führte zum allmählichen Ersatz der Lithographie durch das unmittelbar nach der Jahrhundertwende aufkommende neue und bis heute gebräuchliche Offset-Flachdruckverfahren.[61]

Bereits im Jahre 1830 war die Steindruckschnellpresse erfunden worden, welche in den 1870er Jahren als seinerzeit modernste und leistungsfähigste Reproduktionstechnik einen derartigen Qualitätsstandard erreicht hatte, dass sich deren Einsatz auch auf breiter Front im Kartendruck aufdrängte. Ein frühes Glanzstück dieser

Technik war etwa der im Jahre 1881 beim Konkurrenzunternehmen Velhagen & Klasing in erster Auflage herausgekommene ANDREEsche Handatlas. Aber infolge der zugleich rasch steigenden Kosten des farbigen Steindrucks kehrte Perthes' Geographische Anstalt bald auch für farbaufwendige Höhenschichtenkarten und geologische Karten zur seit Jahrzehnten üblichen Handkoloration der Kartenblätter zurück, welche im übrigen seit jeher als einzige für die hauseigene Atlantenherstellung Verwendung gefunden hatte. PETERMANNS besonderes Verdienst war es hierbei nun, zur Kostensenkung das Verfahren des Schablonenkolorits eingeführt zu haben, welches in Gotha bis zur Jahrhundertwende aufgrund niedriger Löhne für die stetig bis beinahe auf 200 vermehrten Koloristinnen selbst bei hohen Druckauflagen gegenüber der fortschreitenden Steindrucktechnik konkurrenzfähig blieb.

Bei den Kartenbeilagen zu den Berichten der Forschungsreisenden war es PETERMANNS Bestreben, gemäß dem programmatischen Vorwort dieser Monatsschrift so rasch wie nur möglich, Ergebnisse vorlegen zu können. Diesem Ziel stand freilich die zeitaufwendige Technik des hochwertige Drucke liefernden Kupferstichs entgegen. Um diesen zu umgehen, wurden die Routenkarten nach den Aufnahmen der Forschungsreisenden zunächst von PETERMANN und zunehmend von seinen Schülern, insbesondere der Ausnahmebegabung BRUNO HASSENSTEIN, in Reinzeichnungen auskonstruiert. Wurde bei dieser Reinzeichnung etwas mehr Sorgfalt auf die Ausführung der Schrift und der Sauberkeit des Strichs gelegt und zudem auf eine farbige Unterscheidung verzichtet, konnte die nun sonst folgende Reproduktion mittels Kupferstich umgangen werden. Stattdessen wurden diese besonders sauber ausgeführten Reinzeichnungen vor allem seit der Mitte der 1860er Jahre in zunehmender Anzahl als sogenannte Autographien direkt gedruckt. Zur Unterrichtung über neue Entdeckungen und deren Auswirkungen auf das bislang bekannte Kartenbild reichte dieses Verfahren völlig aus, zumal wenn die Übersichtlichkeit durch nachträgliche Schablonenkolorierung noch gesteigert wurde.[62]

Der Mehrfarbendruck verwies aber schließlich alle Kartenhersteller auf die Lithographie, welche zudem bereits Ende des 19. Jahrhunderts eine etwa 20-mal schnellere Reproduktionsgeschwindigkeit gestattete als die Tiefdruckpresse. Zudem war es in den 1880er Jahren durch die Verwendung eines Zwischenpapiers gelungen, die zuvor nur geringe Randschärfe des Steindrucks technisch zufriedenstellend an den Kupferstich heranzuführen, so dass auch Perthes um die Jahrhundertwende den Druck farbiger Kartenblätter endgültig auf die Lithographie umstellte. Trotzdem musste man aber immer noch davon ausgehen, dass die Einarbeitung eines technischen Mitarbeiters in der kartographischen Reproduktion, gleichviel ob im Kupferstich oder Steindruck, etwa ein Jahrzehnt benötigte, bevor dieser alle technischen Kniffe und geographischen Kenntnisse insbesondere bei der höchst schwierigen Kunst der richtigen wie ausdrucksstarken Oberflächendarstellung etwa mittels Schraffen sicher beherrschte.[63]

## 2.5. Ende einer goldenen Ära

Während die ältere Literatur August Petermann neben seinen kartographischen Neuerungen auch noch das Hauptverdienst in der arbeitsaufwendigen wie hochklassigen redaktionellen Arbeit an den monatlich erscheinenden Mitteilungen und den gelegentlichen Ergänzungsheften zuwies, wurde erst spät allgemein bekannt, dass der Anfang 1856 als ‚ständiger Hilfsarbeiter' hinzugestoßene promovierte Mediziner Ernst Behm deren eigentlicher Redakteur war, dessen Feder alle nicht namentlich gezeichneten Artikel und Mitteilungen entflossen – und diese machten nicht selten die Hälfte eines Heftes aus. Große Ansprüche an die erstaunliche Behmsche Schaffenskraft stellte nach Hermann Wagner die Sichtung und Bearbeitung *„der so oft in ganz ungenießbarer Form eingelieferten Reisetagebücher, in denen er stets eine glückliche Mitte zwischen bloßer Itineraraufzählung und feuilletonistischer Darstellung zu halten wußte. Überhaupt besaß er allmählich eine ungemeine Gewandheit, aus dickleibigen Reisebeschreibungen in kurzen Zügen uns das eigentlich neue und bemerkenswerte geographische Resultat herauszuschälen."*[64]

Trotzdem zeichnete Petermann neben seiner kartographischen Arbeit für nicht weniger als 226 wissenschaftliche Beiträge in den Mitteilungen verantwortlich, von denen sich nach 98 Abhandlungen zur Erforschung der Polargebiete die zweitgrößte Gruppe von 41 Abhandlungen mit dem afrikanischen Kontinent befassten. Vor allem hinsichtlich der eingehenden Reiseberichte aber war es der stille Fleißarbeiter Dr. Behm, der sich in die oft schwer lesbaren Reisetagebücher und sonstigen handschriftlichen Materialien hineinarbeitete und deren Ergebnisse in geschickter Form darzustellen verstand. Dieser von Petermann als „lebendes Lexikon" bezeichnete Dr. Behm hatte zudem wohl als einziger einen gewissen mäßigenden Einfluss auf den zu Schnellschüssen neigenden Charakter seines Chefs, der nach Wagner *„fanatisch je einer Idee"* nachjagte.[65] Zusammenfassend war Justus Perthes' Geographische Anstalt damit in der Ära PETERMANN, als es an den deutschen Universitäten noch so gut wie keinen Platz für die Anregung, Durchführung und Auswertung geographischer Forschungsreisen gab, eine Art von hoher Schule in privater Trägerschaft gewesen, welche zudem lange Zeit konkurrenzlos Bahnbrechendes auf dem Gebiet der Kartengestaltung, der Kartentechnik und der Fortentwicklung der kartographischen Theorie geleistet hatte.[66]

Das Ende dieser sowohl für Perthes' Geographische Anstalt wie auch die deutsche Kartographie goldenen Ära hatte sich zwar bereits über einige Jahre angekündigt, wurde dann aber doch jäh durch den Selbstmord AUGUST PETERMANNS am 25.9.1878 markiert. Wiewohl solche Taten in seiner Familie bereits vorgekommen waren und nach kollegialer Einschätzung Genie und Wahnsinn dicht beieinander lagen, blieben die Gründe für diese Tat doch im Dunkeln. Als eine mögliche Ursache vermutet KÖHLER neben den bekannten Geldsorgen auch den zuletzt deutlichen Führungsverlust der Gothaischen Anstalt vor den neuauftretenden kartographischen Konkurrenten. Wie dem auch gewesen sein mag, brachte PETERMANNS Freitod den PERTHESschen Verlag in erhebliche Verlegenheiten, da das Publikum PETERMANN und die Geographische Anstalt gleichsetzte und eine Fortführung derselben in Schrifttum und Kartenherausgabe ohne ihren begnadeten Leiter bezweifelte.[67]

Welche Entwicklungen hatten das Gothaer Kartographendenkmal derart fatal zu bedrohen vermocht? Eine Spur führt in den April 1873, als es in der Reichshauptstadt auf Anregung des Vorstands der Gesellschaft für Erdkunde zu Berlin zum Zweck der Intensivierung der wissenschaftlichen Erforschung des unbekannten Innern von Zentralafrika durch Aufrufe sowohl an das interessierte Bürgertum als auch an naturwissenschaftliche und geographische Vereine zur Gründung der Deutschen Gesellschaft zur Erforschung Äquatorialafrikas oder auch kurz Afrikanische Gesellschaft kam. Finanziert durch Mitgliedsbeiträge, Zuwendungen deutscher Fürsten und der Hansestädte sowie Reichsbeihilfen sandte die Afrikanische Gesellschaft binnen der nächsten drei Jahre nicht weniger als fünf Expeditionen aus: ANTON REICHENOW nach Westafrika und Kamerun (1873); PAUL GÜSSFELDT, JULIUS FALKENSTEIN und EDUARD PECHUEL-LOESCHE in das Gebiet nördlich der Kongomündung (Loango-Expedition 1873–75); OSKAR LENZ nach den Gebieten um Ogowe und Gabun (1874–77); PAUL POGGE nach dem angolanischen Lunda-Reich (1875–76) und ERWIN VON BARY (1876–77) in die Sahara (siehe vorderes Vorsatzblatt). Deren publizistische wie kartographische Ergebnisse erschienen, und dies war das PETERMANNS Nimbus bedrohende Novum, nicht mehr in Gotha, sondern im eigenen

Gesellschaftsorgan und „wilderten" damit gleichsam auf PETERMANNS ureigenstem Feld erfolgreich in der Gunst des Publikums.

Vor dem Hintergrund dieser nicht nur Deutschland, sondern ganz Europa mit heute kaum noch vorstellbarer Macht erfassenden Begeisterung für die Erforschung Afrikas trat am 12.–14.9.1876 in Brüssel auf Einladung des belgischen Königs Leopold II. eine internationalen Konferenz afrikanischer Forschungsreisender zusammen. Aus diesem „Gipfeltreffen" ging die nachmals ebenso berühmte wie berüchtigte Association International Africaine hervor, unter deren Deckmantel der belgische König später die Schaffung seines privaten Kolonialreichs im Kongobecken betrieb. Nach dem Willen ihrer Gründer jedoch sollte diese Gesellschaft der zivilisatorischen Hebung der primitiven Völkerschaften des dunkelsten Afrikas, der Bekämpfung des Sklavenhandels, der Förderung weißer Ansiedlung und dem Ausbau von Ackerbau, Industrie und der Verkehrswege dienen sowie den Heiden das Licht des Christentums bringen. Im Gefolge der Beschlüsse dieser denkwürdigen Konferenz bildeten sich in zahlreichen europäischen Staaten mehr oder minder eng an die Association angeschlossene Nationalkomitees, wie etwa auch im Deutschen Reich, wo am 18.12.1876 in Berlin die Deutsche Afrikanische Gesellschaft entstand. Da für zwei in ihren Bestrebungen so ähnliche Vereinigungen wie die Deutsche Gesellschaft zur Erforschung Äquatorialafrikas (Afrikanische Gesellschaft) und die Deutsche Afrikanische Gesellschaft kein dauerhaftes Auskommen war, erfolgte am 29.4.1878 die Verschmelzung zur Afrikanischen Gesellschaft in Deutschland. Diese entsandte bis zum Jahre 1889 zahlreiche Expeditionen in die verschiedensten Teile des afrikanischen Kontinents, wie etwa GERHARD ROHLFS und ANTON STECKER zu den Oasen von Kufra in der Libyschen Wüste (Abb. 8).

Eine solch kostspielige Forschungstätigkeit konnte aber nur aufgrund des sogenannten Afrikafond durchgeführt werden. Dieser war von Reichstag und Bundesrat des Deutschen Reichs *„für die auf die Erschließung Inner-Afrikas gerichteten wissenschaftlichen Unternehmungen"* bewilligt worden. Dieser belief sich auf 200 000 Reichsmark pro Jahr und wurde zunächst vom Reichsamt des Innern verwaltet, bevor ihn sich Reichskanzler OTTO VON BISMARCK im Jahre 1880 durch Übertragung auf das von ihm selbst verwaltete Auswärtigen Amt unterstellte. Dies geschah vor allem deshalb, weil der Reichskanzler eine bereits in die Wege geleitete Expedition von Tripolis nach Bornu missbilligte, da nach seinen Worten *„in der Wüste es nichts zu erforschen gäbe"*. In dem knappen Jahrzehnt ihres Bestehens zwischen 1878 und 1887 entsandte die Afrikanische

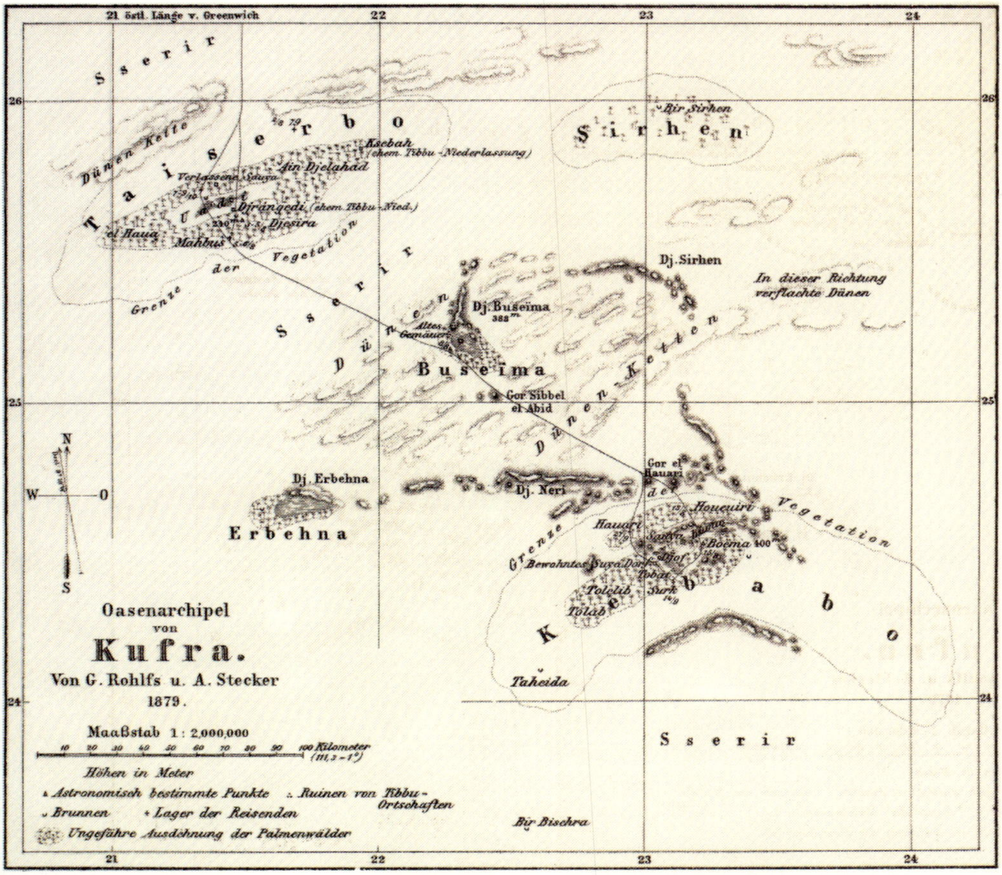


**Abb. 8:** Auskonstruktion der von GERHARD ROHLFS und ANTON STECKER in den Kufra-Oasen in der Libyschen Wüste im Jahre 1879 gemachten Routenaufnahmen durch RICHARD KIEPERT im Maßstab von 1:2 Millionen
(Quelle: Mittheilungen der Afrikanischen Gesellschaft in Deutschland 1881, nach S. 128)

Gesellschaft in Deutschland mit Hilfe des Afrikafonds zahlreiche Expeditionen vor allem nach Zentralafrika in das Kongobecken mit Katanga und Angola sowie nach Westafrika, dort in die Sahara (Marokko, Timbuktu und den Niger sowie die Kufra-Oasen) und die Haussa-Länder, aber auch nach Ostafrika. Die mit Kartenskizzen versehenen Veröffentlichungen der Deutschen Gesellschaft zur Erforschung Äquatorialafrikas und ihrer Nachfolgerin erschienen in einem „Korrespondenzblatt" seit dem Jahre 1873 in zusammen 33 Nummern sowie in fünf Bänden „Mitteilungen der Afrikanischen Gesellschaft" in den Jahren 1878–89.

Der Mitte der 1880er Jahre erfolgte Eintritt des Deutschen Reichs in den Kreis der Kolonialmächte gab der deutschen Afrikaforschung dann gleichsam über Nacht eine gänzlich andere Richtung. So verübelte es der Reichskanzler VON BISMARCK der Afrikanischen Gesellschaft in Deutschland nachhaltig, dass diese noch dann eine im wesentlichen reichsfinanzierte Expedition in den Kongostaat entsandt hatte, als sich die hanseatischen Kaufleute mit dem Segen des Reichs bereits an anderen Stellen der atlantischen Küste Afrikas von Guinea über Togo und Kamerun bis nach Südwestafrika etablierten hatten. Die Folge war, dass der Reichskanzler der Gesellschaft die Zuschüsse aus dem Afrikafonds entzog und das Auswärtige Amt nunmehr die wissenschaftliche Erforschung und praktische Erschließung auf die neuen eigenen Schutzgebiete konzentrierte. Da ihrer Tätigkeit damit angesichts nur unwesentlicher Mitgliederbeiträge der finanzielle Boden entzogen war, löste sich die Gesellschaft am 11.12.1887 nach nur 9½-jährigem Bestehen wieder auf. *„War doch auch die bei ihrer Begründung ins Auge gefaßte Hauptaufgabe, die Aufhellung des unbekannten Äquatorial-Afrika,“* so Dr. ALEXANDER VON DANCKELMAN im Geiste der das folgende Vierteljahrhundert die Szene beherrschenden Kolonialkartographie etwas gönnerhaft, *„unter ihrer erfolgreichen Mitwirkung im wesentlichen gelöst.“*[68]

Damit nicht genug, mit dem Aufblühen der konkurrierenden Afrikanischen Gesellschaft hatten sich zum Nachteile PETERMANNS und der PERTHESschen Anstalt in den 1870er Jahren im neu gegründeten Deutschen Reich auch die Hochschulgeographie durch die Einrichtung zahlreicher Lehrstühle sowie die geographische Fachpublizistik durch die Neugründung oder Wiederbelebung von Geographischen Gesellschaften in den bedeutenderen Städten mit eigenen Veröffentlichungsorganen mächtig entwickelt. Zugleich gingen aber die spektakulären und oft transkontinentalen Entdeckungsreisen zurück und machten dem nächsten Erforschungsschritt kleinräumigerer und speziellerer Expeditionen Platz. Mit den Worten von HERMANN WAGNER trug die Verknüpfung dieser Wandlungen dazu bei, *„die bisherige Monopolstellung der Gothaer Geographischen Anstalt zu erschüttern und den maßgebenden Einfluß eines PETERMANN zu beeinträchtigen. Er selbst glaubte diesen Niedergang nicht überleben zu können: ein plötzlicher Tod brachte das glänzende Meteor am 25. September 1878 zum Erlöschen.“*[69] In dieser schwierigen Situation übernahm zunächst der bewährte Dr. ERNST BEHM die Redaktion der Mitteilungen und der Ergänzungshefte, deren alltägliche Hauptlast er ja bereits unter der Leitung PETERMANNS getragen hatte und die er wohl aus Pietät ganz im

Stile seines Lehrmeisters fortführte. Die Kartographie zu diesen beiden Publikationen übernahm der gleichfalls gut eingearbeitete Bruno Hassenstein. Unter seiner bis zur Jahrhundertwende andauernden Leitung blieben die Kartenbeilagen zwar weiterhin solide, büßten aber doch die einstige Innovationsführerschaft ein.

Die von den Zeitläufen geforderte Neuausrichtung erfolgte somit erst durch den von der Universität Czernowitz gerufenen Hochschulgeographen Alexander Supan (1847–1920), welcher nach Behms Tod im Jahre 1884 für das nächste Vierteljahrhundert die Redaktion der Mitteilungen und der Ergänzungshefte übernahm. Als sein neues Programm ließ er die Leser der Mitteilungen wissen, dass das den Gründungsschwerpunkt dieser Monatsschrift bildende Zeitalter der Entdeckungsreisen trotz der gerade erfolgenden kolonialen Aufteilung Afrikas im Großen und Ganzen nun abgeschlossen sei. Nach und neben der weiteren Sammlung von Beobachtungsmaterial sei es nunmehr das Gebot der Zeit, im Geiste von Humboldts und Ritters den Ausbau der geographischen Wissenschaft durch die Erforschung der Zusammenhänge zwischen Ursachen und Wirkungen in der Physischen und der Kulturgeographie wie der wissenschaftlichen Länderkunde voranzutreiben.[70]

Eindrucksvolle Bestätigung fand diese Neuausrichtung der Mitteilungen in der Tatsache, dass ähnlich von der Begeisterung für Entdeckungsreisen lebende einst marktdominierende Zeitschriften wie der „Globus“ und „Das Ausland“ unter den nun gewandelten Rahmenbedingungen entweder ganz eingingen oder aber mit den Gothaer Mitteilungen vereinigt wurde. Mit dem Rückgang des allgemeinen Interesses verbunden war überdies nach langen fetten Jahren die allgemeine wirtschaftliche Depression im Gefolge des sogenannten Gründerkrachs von 1873, welcher auf die Umsätze der Geographischen Anstalt durchschlug. Trotz eifriger Bemühungen brachen auch die Gothaer Umsätze bis zur Jahrhundertwende ungefähr um die Hälfte ein. Hinzu kam das Auftreten neuer und innovativer Konkurrenten insbesondere im einst dominierten und profitablen Atlantenmarkt.[71]

Und auch die wissenschaftliche Geographie ging neue Wege. Bis zur Reichsgründung hatte es in den deutschen Staaten nur drei geographische Professuren gegeben, nämlich diejenigen von Heinrich Kiepert in Berlin und Eduard Wappaeus in Göttingen, zu denen sich noch Friedrich Simony in Wien gesellte. Bis zur Übernahme der Redaktion der Mitteilungen durch Alexander Supan im Jahre 1884 waren aber bereits 17 Professuren allein im Deutschen Reich eingerichtet worden. Deren sich wandelnden Anforderungen konnte man in Gotha aber nach Petermanns Tod kartographisch wie redaktionell nur bedingt folgen. Zwar konnte PERTHES aus dem Kreis der zahlreichen PETERMANN-Schüler eine Reihe hochqualifierter Kartographen wie etwa BRUNO HASSENSTEIN (1854–1902 bei PERTHES) und HERMANN HABENICHT (1859–1917 bei PERTHES) übernehmen, jedoch erwies sich rasch und schmerzlich das Fehlen eines wissenschaftlichen wie technischen Neuerers.

Dieses auf Dauer ungesunde Schmoren im eigenen Saft betraf nach der im Ganzen gelungenen Erneuerung des physisch-geographisch orientierten durch SUPAN nach der Jahrhundertwende auch die Mitteilungen, deren Redaktion bei SUPANS Ausscheiden nach einem Vierteljahrhundert im Jahre 1908 neu zu besetzen war. Die damals erfolgte Hausberufung von PAUL LANGHANS verteidigte der Verleger BERNHARD PERTHES gegenüber dem seit seiner Lehrzeit mit dem Haus Perthes verbundenen Göttinger Geographieprofessor HERMANN WAGNER mit dem Bemerken, dass er sich den empfohlenen Akademiker von außen nicht leisten könne. PAUL LANGHANS als neuer verantwortlicher Redakteur gab Mitteilungen und Ergänzungsbänden seinerseits eine verstärkt kulturgeographische Ausrichtung mit besonderem Augenmerk auf wirtschaftliche und politische Fragestellungen. Allerdings führte seine an den deutschen Großmachtinteressen orientierte Tätigkeit zu einem deutlichen Rückzug ausländischer Geographen und auch zu einer gewissen Verarmung des einst weitgespannten Autoren- und Themenkreises.[72]

Wenn auch HERMANN WAGNER am Vorabend des Ersten Weltkriegs in einem Rückblick auf die Geschichte der Gothaer Geographie und Kartographie feststellen mußte, dass der einst in aller Munde gewesene Name PETERMANN, welchem im Jahre 1868 mit der Gold Medal der Royal Geographical Society in London die damals bedeutendste geographische Auszeichnung der Welt verliehen worden war, binnen einer Generation weitgehend vergessen worden sei, so tragen heute doch zehn geographische Objekte auf der Erde, von einem Gletscher in Grönland bis zu einer Gebirgskette im Herzen Australiens, sowie ein Krater auf dem Mond und nicht zuletzt die älteste geographische Fachzeitschrift den Namen eines der bekanntesten und zu seiner Zeit einflussreichsten deutschen Geographen und Kartographen.[73] Nachdem deren Titel unter seiner Herausgeberschaft nicht gerade handlich, aber zeitgemäß „Mittheilungen aus Justus Perthes' Geographischer Anstalt über wichtige neue Erforschungen auf dem Gesammtgebiet der Geographie“ gelautet hatte, war dieser nach seinem Tode im Jahre 1879 zunächst in „Dr. A. Petermanns Mittheilungen aus Justus Perthes' Geographischer Anstalt“ und sechs Jahrzehnte später im Jahre 1938 schließlich in die bis heute gebräuchliche Form „Petermanns Geographische Mitteilungen“ umgewandelt worden. Dergestalt gedachte das Haus Perthes in passender Weise einem der nach WAGNER *„regsten und rührigsten Geister“* der geographischen Wissenschaft, *„der mit genialem Blick zeitgemäße Aufgaben der explorativen Erdkunde herausfand und diese in einer Weise und mit einer Energie zu fördern wußte, wie seit ihm von keinem Einzelnen je wieder geschehen ist“*.[74]

# 3. Erwerbung und Verwaltung der deutschen Schutzgebiete in Afrika

Bereits ein revolutionsbewegter RICHARD WAGNER hatte in einem Extrablatt des „Dresdner Anzeigers" vom 14.6.1848 gefordert: *„Nun wollen wir in Schiffen über das Meer fahren, da und dort ein junges Deutschland gründen. Wir wollen es besser machen als die Spanier, denen die neue Welt ein pfäffisches Schlächterhaus, anders als die Engländer, denen sie ein Krämerladen wurde. Wir wollen es deutsch und herrlich."*[75] Doch fanden weder der Dresdner Hofkapellmeister noch die übrigen Kolonialpropagandisten in den nächsten drei Jahrzehnten nennenswerten Widerhall in der deutschen Öffentlichkeit oder der vom seinerzeitigen Freihandelsgeist profitierenden deutschen Überseewirtschaft. Das Ende dieser Weltwirtschaftsepoche und gleichsam den Startschuss zum kolonialen „Wettlauf um Afrika" markierte die britische Besetzung Ägyptens im Jahre 1882. Nun wurde es nach den Worten eines Zeitgenossen schlagartig zwischen Maas und Memel *„endlich auch den verstocktesten Landratten klar, daß die Stunde heranrückte, wo die Erde verteilt wäre und der deutsche Michel sich mit leeren Händen in das Nebelreich der Ideen zurückziehen könnte, um hier als kosmopolitischer Pensionarius und Kultur-Hämorrhoidarius seinem seligen Ende entgegen zu leben."*[76]

## 3.1. Deutschlands Eintritt in den Kreis der Kolonialmächte

Bis zu diesem Zeitpunkt hatte der Reichskanzler OTTO VON BISMARCK auf wiederholte kolonialexpansionistische Ansinnen stets ablehnend geantwortet, nach seinem eigenen Ausdruck ein „Kolonialmensch" zu werden. Der Reichskanzler fürchtete lange Zeit durchaus zu Recht, dass das Deutsche Reich, welches in seiner jungen Machtstellung aufgrund seiner europäischen Mittellage stets gefährdet war, sich durch eine eigene Kolonialpolitik nur noch weiter in die Rivalität der übrigen Großmächte verstricken würde. Überseeische Erwerbungen schienen seine filigrane europäische Außenpolitik nur mit Unwägbarkeiten zu belasten und unvermeidlich neue Reibungsflächen insbesondere mit Frankreich und Großbritannien zu schaffen. Dem Zug der Zeit und dem immer stärker werdenden Drängen verschiedenster nationaler und wirtschaftlicher Kreise nach überseeischem Gebiets- und Machterwerb konnte aber auch der Dirigent des Konzerts der europäischen

Mächte nicht auf Dauer widerstehen. *„Der Nationalstaatsgedanke schlug,"* so der Verfassungshistoriker Ernst Rudolf Huber, *„kaum daß seine Verwirklichung gelungen war, in den nationalen Imperialismus um."* Der schnelle Wandel des jungen Kaiserreichs vom Agrar- zum Industriestaat und der gleichzeitige Aufstieg unter die führenden Welthandelsmächte wies Deutschland fast zwangsläufig in diese Richtung. *„Für eine auf Welthandel gerichtete große Industrienation erschien damals die Teilnahme an der Erschließung unentwickelter überseeischer Gebiete als eine unumgängliche Aufgabe. Für diese Teilnahme aber gab es nach den damaligen Gegebenheiten keine andere Form als den kolonialen Imperialismus, wie er von den klassischen Kolonialmächten, insbesondere England, vorgeprägt war."*[77]

Des Reichskanzlers allseits überraschender kolonialpolitischer Kurswechsel im Frühjahr 1884 hatte die Wirkung einer explodierenden Bombe auf das jahrzehntelang in der Balance gehaltene koloniale Beziehungsgeflecht der übrigen Mächte und läutete den nur wenige Jahre dauernden hektischen Höhepunkt des kolonialen Verteilungswettbewerbs ein. Im April 1884 erklärte er die deutsche Schutzherrschaft über das südwestafrikanische Angra Pequena und im Juli 1884 schloss sein Abgesandter Gustav Nachtigal an den Küsten Togos und Kameruns Schutzverträge namens des Deutschen Reichs. Im Dezember 1884 dann stellte von Bismarck auch noch die Nordostküste Neu-Guineas unter deutschen Schutz, nachdem ein deutsches Kriegsschiff bereits zuvor mit dem König der Samoa-Inseln einen Vertrag über deutschen Einfluss dortselbst zustande gebracht hatte. Im Februar 1885 schließlich anerkannte er die Petersschen Verträge über Gebietserwerbungen im ostafrikanischen Binnenland.

Der Rücktritt des französischen Kabinetts Ferry am 30.3.1885 bedeutete für das Deutsche Reich nicht nur das Ende einer kurzlebigen deutsch-französischen Kolonialentente gegen die britische Hegemonie, welche der gerade zu Ende gegangenen Berliner-Kongo-Konferenz (15.11.1884–26.2.1885) ganz wesentlich ihren Stempel aufgedrückt hatte, sondern veranlasste einen erneuten Kurswechsel in der Bismarckschen Gleichgewichtspolitik. Seit dem Frühjahr 1885 ordnete der Reichskanzler und gleichzeitige Außenminister einer verstärkten Anlehnung an Großbritannien allzu raumgreifende künftige Bestrebungen einer weiteren deutschen Kolonialexpansion in Afrika unter. Das kolonialpolitische Fenster, welches von Bismarck im April 1884 gleichsam mit einem Fanfarenstoß den interessierten deutschen Kreisen mittels des berühmten Telegramms pro Lüderitz an den Kapstädter Konsul am 24.4.1884 geöffnet hatte, wurde kaum ein Jahr später, nach den ersten deutschen Festsetzungen an der west- und südwestafrikanischen Küste sowie in Ostafrika, als es seinem übergeordneten Konzept des europäischen Mächtegleichgewichts zuwider zu laufen drohte, still und leise wieder geschlossen.[78] Da die neue deutsche Kolonialpolitik sehr eng mit der BISMARCKschen Außenpolitik verknüpft war, wurde die reichsseitige Verwaltung der überseeischen Kolonialerwerbungen auch dem Auswärtigen Amt übertragen. Dort hatte der Jurist HEINRICH VON KUSSEROW bereits seit dem Jahre 1880 das seinerzeit neu gebildete „Dezernat für die deutschen überseeischen Interessen" geführt und in dieser Eigenschaft in den Jahren 1884–85 maßgeblichen Anteil am Erwerb der afrikanischen Schutzgebiete und Neu-Guineas. Außerdem bearbeitete er für den Reichskanzler die Vorlagen für die Berliner Kongo-Konferenz, deren Generalakte er auch namens des Deutschen Reichs unterzeichnete. Sein Nachfolger in den kolonialen Angelegenheiten im Auswärtigen Amt wurde für die Jahre 1885–90 erneut ein Jurist, der bis dahin in China und zuletzt in Australien tätig gewesene Generalkonsul Dr. RICHARD KRAUEL.[79]

Als nach der Berliner Kongo-Konferenz 1884–85 die „Sturm- und Drang"-Periode der kolonialen Aufteilung des Innern von Afrika ihren Höhepunkt erreichte, war nach der rückblickenden Einschätzung des langjährigen amtlichen Koordinators der deutschen Kolonialkartographie, Dr. ALEXANDER VON DANCKELMAN, *„das Kartenbild des dunklen Kontinents noch ein sehr unvollkommenes und lückenhaftes" und die mit der bald dringend notwendig werdenden vertraglichen Abgrenzung der kolonialen Erwerbungen befassten Diplomaten daher „in einer üblen Lage."* Über das Innere des Kontinents fehlten nahezu überall auch nur einigermaßen hinreichend zuverlässige Karten oder überhaupt geographische Ortsbestimmungen als Fixpunkte zur Heranziehung bei Grenzverhandlungen. In der sich daraus ergebenden *„Notlage"* der machtpolitisch unumgänglich schnellen Abgrenzung der gegenseitigen Interessen- und Einflusssphären musste deshalb geradezu unvermeidlich exzessiv auf den Gebrauch von astronomischen Grenzlinien entlang von Längen- und Breitengraden zurückgegriffen werden. Unbesorgt *„um etwaige nachteilige Folgen einer derartigen rohen, die geographischen, hydrographischen, orographischen Verhältnisse und vor allem die ethnographische Zusammengehörigkeit der Bewohner des Hinterlandes nicht berücksichtigenden Gebietsaufteilung"* bedienten sich die europäischen Kabinette nolens volens dieses zunächst provisorisch gedachten Vorgehens.

*„Diese Methode glich vielfach einem Lotteriespiel und hat nachträglich oft herben Tadel erfahren. Sie war aber leider beim besten Willen nicht zu vermeiden, da bei dem allgemeinen Wettlauf der Mächte, sich im letzten Augenblick noch ein Stück von Afrika zu sichern, eine andere Methode nicht möglich war.“* Natürlich barg gerade die Auswahl unzureichend bekannter natürlicher Grenzmerkmale die oft eintreffende Wahrscheinlichkeit *„unliebsamer Überraschungen“* in sich. Hier wären zum besonders eklatanten Nachteile des Deutschen Reichs etwa die unklare Lage des Ortes Andara am Okavango, welcher gleich in zwei Grenzabkommen des Deutschen Reichs mit Portugal und Großbritannien genannt worden war, oder die langjährige Verwirrung um Natur und Lage des im deutsch-britischen Abkommen vom 1.7.1890 an prominenter Stelle genannten berühmten „Mount Mfumbiro“ zu nennen, welcher nach den seinerzeit vorliegenden Kartenskizzen deutlich östlich des als Grenze gewählten 30° Meridians östlicher Länge zu liegen schien, aber dennoch auf ausdrücklichen Wunsch Großbritannien vorbehalten sein sollte. Erst nach langem Hin und Her stellte sich schließlich heraus, dass der so überhaupt nicht vorhandene „Mfumbiro“ *„mehr oder weniger“* mit der Kette der zentralafrikanischen Virunga-Vulkane gleichgesetzt werden konnte, welche ihrerseits aber klar westlich 30° östlicher Länge lagen.

Problematisch konnte sich bei solchen ins Vage hinein getroffenen Grenzabreden auch der diplomatisch leichthin erfolgte Verzicht auf unbekannte Gebiete erweisen, welche *„später einen unerwartet hohen Wert bekommen“* sollten. Das hierfür bekannteste Beispiel aus der deutschen Kolonialgeschichte war der Vertrag zwischen dem Deutschen Reich und der Association Internationale du Congo vom 8.11.1884, in welchem letztere zunächst auf Ansprüche im später so mineralreich erkannten Katanga-Gebiet des heutigen Zaire/Kongo (Kinshasa) verzichtete. Berlin erfreute sich jedoch nur ein Dreivierteljahr der Anwartschaft auf dieses ihm noch völlig unbekannte riesige Stück Land im Innern Afrikas, als es gleichsam beiläufig mit der Anerkennung der Neutralitätserklärung des neu gebildeten Kongo-Freistaats vom 1.8.1885 diesen in der anhängenden Grenzbeschreibung doch wieder *„mühelos in den Besitz dieses zukunftreichen Gebietes“* gelangen ließ. Drei Jahrzehnte später beklagte der Freiherr von Danckelman als führender deutscher Fachmann für Fragen der kolonialen Geographie: *„Wäre der deutsche Forschungsreisende Paul Reichard, der den Kupferreichtum des Landes des Sultans Msiri im Mai 1884 zuerst erkannte, einige Monate früher nach Deutschland zurückgekehrt, als es im Sommer 1885 tatsächlich geschah, so würden die politischen Grenz-*

*verhältnisse in jenem Teil Afrikas sich wohl anders gestaltet haben.*"[80]

Der für die deutschen Kolonialgebiete schon sehr früh verwandte Begriff „Schutzgebiet" war zunächst auch Übersetzung der älteren englischen und französischen Bezeichnungen Protectorate bzw. Protectorat als Beschreibung der zwischen diesen Gebieten und dem Deutschen Reich entstandenen Rechtsbeziehungen. Die amtliche Bezeichnung „Schutzgebiet" rührte trotzdem weder von dieser Übersetzung gebräuchlicher fremdsprachlicher Fachbegriffe noch eigentlich vom Protektoratsverhältnis selbst her. Vielmehr geht der zugrunde liegende Begriff „Schutzgewalt" für die vom Deutschen Reich in jenen Gebieten ausgeübte Staatsgewalt bis auf die Reichstagsdiskussionen über das Schutzgebietsgesetz im Winter 1886 zurück. Im ursprünglichen Regierungsentwurf über die Rechtsprechung in den Schutzgebieten waren die Bezeichnungen „Schutzgebiet" und „Schutzherrschaft" ohne Erläuterungen als feststehend vorausgesetzt worden. Erst in der zur Beratung über den Entwurf eingesetzten Reichstagskommission wurde das Rechtsverhältnis jener überseeischen Gebiete zum Reich dahingehend erklärt, dass das Schutzherrschaftsverhältnis, also die Schutzgewalt, sämtliche dem Reich zugekommenen Hoheitsrechte einschließlich desjenigen der Gesetzgebung umfasse. Der Begriff Schutzgewalt sei deshalb neu einzuführen, da in den überseeischen Gebieten eine dem Deutschen Reich entsprechend entwickelte Staatsgewalt noch nicht bestehe und daher der übliche Ausdruck Staatsgewalt für die dortigen Verhältnisse nicht geeignet sei.[81]

## 3.2. Verwaltungsorganisation und Bedeutung der Schutzgebiete

Am 1.4.1890 wurde angesichts der immer ausgedehnteren kolonialen Verwaltungstätigkeit innerhalb des Auswärtigen Amts durch Verfügung des Reichskanzlers eine eigenständige IV. oder Kolonialabteilung geschaffen, deren Leitung der bisherige Kolonialreferent Dr. Krauel übernahm. Ihm zur Seite wurden aber nur ein Vortragender Rat und vier Hilfsarbeiter gestellt. *„Die neue Behörde veröffentlichte sogleich ein Amtsblatt unter dem Namen ‚Deutsches Kolonialblatt', dessen erste Nummer an der Spitze eine Beschreibung der Gala- und Interimsuniformen für die Beamten der Schutzgebiete brachte. Sonst"*, so Alfred Zimmermann in seiner kurz vor dem Ausbruch des Ersten Weltkriegs erschienenen umfangreichen Kolonialgeschichte des Deutschen Reichs missbilligend, *„blieb alles beim alten.“*[82] Nach sehr zögerlichem allmählichem Ausbau der Kolonialverwaltung wurde erst am 17.5.1907 durch Allerhöchsten Erlass bestimmt, dass die bisher mit dem Auswärtigen Amt verbundene Kolonialabteilung zusammen mit dem bis dahin im Reichsmarineamt ressortierenden Oberkommando der Schutztruppen künftig in der Berliner Wilhelmstraße 62 eine selbstständige und dem Reichskanzler unterstellte Zentralbehörde mit der Bezeichnung Reichskolonialamt unter der Leitung eines Staatssekretärs bilden sollten.[83]

An die Stelle der bereits im Jahre 1884 in Kamerun und erst im Jahre 1889 in Deutsch-Ostafrika und Deutsch-Südwestafrika durch Reichskommissare gebildeten kleinen militärischen Sicherungsverbände war durch das Reichsgesetz vom 22.3.1891 eine reguläre Kaiserliche Schutztruppe zunächst nur für Deutsch-Ostafrika, durch das Reichsgesetz vom 9.6.1895 auch für Deutsch-Südwestafrika und Kamerun getreten. Eine vereinheitlichende Regelung erfolgte dann durch das Gesetz „betreffend die Kaiserlichen Schutztruppen in den Afrikanischen Schutzgebieten und die Wehrpflicht daselbst“ vom 18.7.1896. Die Offiziere, Unteroffiziere und Militärbeamten der Schutztruppen bestanden aus Freiwilligen des Reichsheeres und der Kaiserlichen Marine, welche nach dem Ende ihrer Dienstzeit in ihre angestammten Truppenteile zurückkehren konnten. Während sich nur in Deutsch-Südwestafrika auch die Gemeinen der Schutztruppe aus Angehörigen des Reichsheeres und der Kaiserlichen Marine rekrutierten, wurden bei den Schutztruppen der übrigen Schutzgebiete die Gemeinen aus der einheimischen Bevölkerung angeworben.

Oberster Kriegsherr der Schutztruppen war der Kaiser, für den der Reichskanzler die Kommandogewalt ausübte, welche von diesem zunächst an den Direktor der Kolonialabteilung des Auswärtigen Amts und mit der Gründung des Reichskolonialamts im Jahre 1907 an dessen Staatssekretär delegiert worden war. In den Schutzgebieten hatten die jeweiligen Gouverneure neben der zivilen auch die militärische Gewalt inne und die Kommandeure der Schutztruppen waren ihnen unterstellt. Damit stellten die Kolonialabteilung des Auswärtigen Amts und das daraus hervorgegangene Reichskolonialamt eine staatsrechtliche Besonderheit dar in dem ansonsten strikt dualistischen Wehrverfassungssystem des Kaiserreichs, indem hier in völlig einzigartiger Weise die militärische Kommandogewalt in die Hände einer Zivilbehörde gelegt worden war. Auch während der großen Erhebungen in Deutsch-Südwestafrika (1904) und Deutsch-Ostafrika (1905), deren Niederschlagung vorübergehend größere deutsche Truppenentsendungen nach Afrika bewirkte, blieb die reguläre Stärke der Schutztruppen stets nur sehr klein und erreichte zusammen kaum Brigadestärke. Damit machten die Schutztruppen zahlenmäßig weniger als ein Prozent der Friedensstärke der deutschen Landstreitkräfte aus. Während im Schutzgebiet Togo und in den Schutzgebieten der Südsee anstelle von Schutztruppen nur Polizeieinheiten bestanden, unterstand die militärische Bedeckung des im Jahre 1897 erworbenen chinesischen Pachtgebiets Kiautschou mit der Festung Tsingtau dem Reichsmarineamt.[84]

Im Jahre 1913 gliederte sich die Verwaltung des Reichskolonialamts in vier Abteilungen, von denen drei für die Geschäfte der Zivilverwaltung und eine für diejenigen der Militärverwaltung (Kommando der Schutztruppen) zuständig war: Abteilung A – Politische und allgemeine Verwaltungs- und Rechtsangelegenheiten der Schutzgebiete mit Referaten unter anderem zur allgemeinen Gesetzgebung, Behördenorganisation, Rechtspflege, Polizei, Zoll- und Steuergesetzgebung sowie der gesamten inneren Verwaltung der Schutzgebiete, wie etwa Besiedlung und Medizinal-, Agrar- und Bergwesen. Daneben waren in dieser Abteilung auch die Redaktion des amtlichen „Deutschen Kolonialblatts“ sowie das aufgabenmäßig umfangreiche Referat für die geographische Forschung, die Kartographie, die Landesvermessung und die Grenzregulierung angesiedelt. Die beiden übrigen Zivilabteilungen waren mit Finanzen und Technik einschließlich der öffentlichen Arbeiten, dem Personal und Disziplinarangelegenheiten beschäftigt.[85]

Bis zum Ausbruch des Ersten Weltkriegs erstreckte sich die Zuständigkeit der Berliner Kolonialzentralverwaltung des Reichskolonialamts auf sechs Schutzgebiete, davon vier in Afrika und zwei im Pazifik, während das chinesische Pachtgebiet Kiautschou aufgrund seines Charakters als Flottenstützpunkt vom Reichsmarineamt verwaltet wurde: Deutsch-Ostafrika 993 000 km$^2$, Deutsch-Südwestafrika 836 000 km$^2$, Kamerun 761 000 km$^2$, Deutsch-Neuguinea 242 600 km$^2$, Togo 87 000 km$^2$ und Deutsch-Samoa 2 900 km$^2$. Von deren Gesamtfläche von rund 2 924 000 km$^2$ waren bereits rund 2 760 000 km$^2$ in der Ära von Bismarck im wesentlichen binnen nur zehn Monaten zwischen April 1884 und Februar 1885 sowie nur noch rund 164 000 km$^2$ und das Pachtgebiet Kiautschou im folgenden Vierteljahrhundert der „Weltpolitik“ von Kaiser Wilhelm II. erworben worden. Im Jahre 1914 war die deutsche örtliche Kolonialverwaltung zwar nach heutigen Maßstäben insbesondere jenseits der Gouvernementssitze äußerst einfach, aber damals durchaus auf der Höhe der Zeit.[86] Dabei unterhielt das Reichskolonialamt noch im Jahre 1912 in den vier afrikanischen Schutzgebieten zur Verwaltung von geschätzten 12 Millionen Einheimischen vor Ort neben den Schutztruppen insgesamt nur 1 839 weiße Zivilbeamte einschließlich der Polizei. Darunter befanden sich an hauptamtlichem vermessungstechnischem Personal nur 54 Landmesser und Katasterzeichner.[87]

Selbst nach dreißig Jahren kolonialer Betätigung zog das Deutsche Reich trotz der vor allem seit der Jahrhundertwende begonnenen beträchtlichen staatlichen oder staatlich geförderten Infrastrukturmaßnahmen noch kaum einen nennenswerten volkswirtschaftlichen oder fiskalischen Vorteil aus seinem doch recht stattlichen Kolonialbesitz. Noch hingen alle Schutzgebiete mit Ausnahme der beiden kleinsten, Togo und Samoa, zur Deckung ihrer laufenden Haushalte von zum Teil recht hohen Reichszuschüssen ab. Solch offene und verdeckte Zuschüsse, wie etwa der Unterhalt der Reichspostdampferlinien und verbilligte Kredite, hatten sich für den deutschen Steuerzahler bis zum Jahre 1914 auf die gewaltige Summe von rund zwei Milliarden Reichsmark angesammelt. Diesen gewaltigen Ausgaben für den Reichsfiskus stand aber nur ein sehr geringer volkswirtschaftlicher Ertrag gegenüber: Schon der Bruttowert des gesamten deutschen Kolonialhandels mit den eigenen Schutzgebieten zwischen den Jahren 1894 und 1913 war geringer, als die offenen Reichsausgaben für eben diese Schutzgebiete in der gleichen Zeitspanne! Die deutschen Kolonialmärkte waren trotz der gegenteiligen Kolonialagitation für die Wirtschaft des Mutterlandes also nur von äußerst geringer Bedeutung. Zwar stieg der absolute Umfang des deutschen Handels mit den Schutzgebieten von rund 62,5 Millionen Reichsmark im Jahre 1904 auf rund 286 Millionen Reichsmark im letzten Friedensjahr 1913, was aber trotzdem nur ungefähr 0,5 % des gesamten deutschen Überseehandels gleichkam. Zudem machte der Kolonialbesitz das Deutsche Reich weder bei Nahrungsmitteln noch bei Rohstoffen in nennenswerter Größenordnung unabhängig von ausländischen Einfuhren. Im Jahre 1910 lieferten die Schutzgebiete nur 0,25 % der Baumwolle, 2,12 % der Öle und Fette und als höchsten Anteil 13,62 % des Kautschuks, welche vom Deutschen Reich eingeführt wurden. Bis zum Jahre 1913 hatte die deutsche Wirtschaft trotz mannigfacher offizieller Druck- und Lockmittel wie etwa begünstigte Anlagebedingungen nur rund 505 Millionen Reichsmark in den Schutzgebieten des Reichs investiert, was ungefähr dem deutschen Anlagevermögen allein auf den Goldfeldern der Südafrikanischen Union entsprach.[88] Damit ist offenkundig, daß die deutsche Kolonialpolitik sich nicht rechnete und die heimische Volkswirtschaft eher be- als entlastete, mithin also die deutsche Kolonialbetätigung eher sozialimperialistischen Antrieben als ökonomischen Interessen folgte.

## 3.3. Neuausrichtung von Forschung und Kartographie

An der Ära der großen und in der ganzen gebildeten Welt Aufsehen erregenden Entdeckungs- und Erschließungsreisen hatten sich nicht nur Angehörige der bereits damals in Afrika kolonisatorisch tätigenden Staaten, sondern auch Deutsche in hervorragender Weise beteiligt. *„Gerade die bedeutendsten Vertreter dieser Erforschungsperiode waren Deutsche,“* stellten eine Generation später die kolonialkartographischen Haupterben der Gothaischen Afrika-Kartographie, PAUL SPRIGADE und MAX MOISEL, nationalstolz fest, *„und die Namen eines BARTH, VON DER DECKEN, ROHLFS, NACHTIGAL, FLEGEL, KAISER, BOEHM, REICHARD, WISSMANN u. a. m. haben guten Klang bei allen Nationen.“* Allerdings berührten deren Reiserouten nicht oder nur marginal die späteren deutschen Kolonialerwerbungen. Mit dem zu Beginn des in den 1880er Jahren einsetzenden allgemeinen kolonialen „Wettlaufs um Afrika“ unter deutscher Beteiligung *„erfolgte in kurzem eine fast vollständige Aufteilung des Erdteils. Dieser Umstand hatte zur notwendigen Folge, dass die geographische Forschung in mehr nationale Bahnen einlenkte, d. h. daß jede Nation sich im allgemeinen auf die Erschließung der eigenen Kolonialgebiete beschränkte.“*[89] Und auch der bedeutende Überseekartograph RICHARD KIEPERT wies darauf hin, dass deutsche Forschungsreisende, *„welche die Entdeckungsgeschichte unseres Planeten in allen Ländern der fünf Erdteile, in allen Meeren, in den arktischen wie antarktischen Gebieten in Menge aufzuzählen weiss“, gerade in den seit dem April 1884 unter deutsche Schutzherrschaft getretenen afrikanischen Gebieten kaum nennenswert vertreten waren, „wenn man von Missionaren und von dem Norden Kameruns und einigen Strichen Deutsch-Ostafrikas absieht. Das ist mit einem Schlage anders geworden. Es konnte nicht ausbleiben, dass infolge der Aufteilung der afrikanischen Ländermasse zwischen den sieben europäischen Mächten ebenso der Engländer und Franzose als Forschungsreisender aus den deutschen Kolonien verschwand, wie der Deutsche aus den Landstrichen, welche England, Frankreich, Belgien, Italien, Spanien oder Portugal zugefallen war“*, seinerseits gleichsam über Nacht verschwand.[90]

Als einer der ersten Kartographen konnte der PETERMANN-Schüler LUDWIG FRIEDERICHSEN nach der Aufrichtung der deutschen Schutzherrschaften in Afrika und der Südsee die Bedeutung der Kartographie für die Erschließung dieses kolonialen Neulands darlegen. Beginnend mit einer Auftragskarte des Auswärtigen Amts zu den Ergebnissen der Berliner Kongo-Konferenz über Zentralafrika im Maßstab von 1:5 Millionen verfertigte er in den Jahren 1885–88 insgesamt vier große und noch sehr grobe Übersichskarten der kolonialen Anfänge des Deutschen Reichs, deren weitere Exemplare Ober-Guinea (1:2 Millionen), die Inseln des westlichen Großen Ozeans (1:15 Millionen) und die Küste des Herero-, Namaqua- und Lüderitzlandes zum Gegenstand hatten. Diese Karten, welche in PETERMANNscher Manier das vorhandene Material kritisch verarbeiteten, fanden trotz der notgedrungen rohen Schraffierung der Geländedarstellung auch einen recht guten Absatz.[91]

*„Die ersten Jahre nach der deutschen Besitzergreifung“* waren nach KIEPERT *„in sämtlichen Kolonien keineswegs durch eine rege und sorgfältige Forschungsthätigkeit ausgezeichnet gewesen. Es ist das leicht begreiflich; denn es galt vor allem, von den wichtigen Küstenpunkten Besitz zu ergreifen, von dort wenigstens auf den Hauptverbindungsstrassen Vorposten in das Innere vorzuschieben und sich im allgemeinen zu orientieren. Die Zeit für ein Detailstudium war noch nicht gekommen, und wissenschaftliche Bestrebungen mussten hinter praktische Ziele zurücktreten. Erst nach einem halben Jahrzehnte oder mehr, hier früher, dort später, fangen die ersten gründlicheren Aufnahmen an, zuerst in Togo, dann in Ost- und Südwestafrika“* und in den letzten Jahren vor der Jahrhundertwende vor allem im wirtschaftlich wichtigsten Schutzgebiet Deutsch-Ostafrika.[92] Als das Deutsche Reich Mitte der 1880er Jahre auch für die eigene Forschergemeinde ziemlich überraschend vier afrikanische Kolonialgebiete erwarb, dauerte es in der Tat einige Jahre, bevor sich die wissenschaftliche Forschung und die sie nicht zum mindesten auch finanziell tragenden staatlichen und privaten Institutionen einer gründlicheren Untersuchung der neuerworbenen Schutzgebiete Togo, Kamerun, Deutsch-Ostafrika und Deutsch-Südwestafrika zuwandten. So gingen erst seit Mitte der 1890er Jahre vorwiegend jüngere Geographen zu Feldforschungen in die Schutzgebiete, um sich dabei auch durch kartographische Arbeiten die Meriten für ihre späteren akademischen Karrieren zu verdienen. Zu nennen sind dabei etwa CARL UHLIG, FRITZ JAEGER, LEO WAIBEL, HANS MEYER, KURT HASSERT, FRANZ THORBECKE, ERICH OBST und SIEGFRIED PASSARGE. Daneben gingen aus den bis Mitte der 1890er Jahre entstandenen Schutztruppen für Kamerun, Deutsch-Südwestafrika und vor allem Deutsch-Ostafrika an die einhundert landeskundlich und kartographisch tätige Offiziere hervor, von

denen stellvertretend etwa Georg Hartmann, Curt von Francois, E. Horn, Adolf von Seefried auf Buttenheim, Karl Herrmann, Hans Glauning, Gaston Schlobach, Th. von Trotha, Georg Maercker sowie Georg von Prittwitz und Gaffron zu nennen wären.[93]

Mit der kolonialen Durchdringung des afrikanischen Kontinents in den 1880er Jahren übernahm nach dem zeitgenössischen Verständnis die jeweilige Kolonialmacht vordringlich die Aufgabe der Erschließung und kolonialwirtschaftlicher Entwicklung ihrer Gebietserwerbungen. Um diese Nutzbarmachung für das Mutterland möglichst rasch zu erreichen, waren genaue topographische Kenntnisse in der Form hinreichend großmaßstäblicher und inhaltsreicher Karten dringlich vonnöten. Solche topographischen Karten sollten Aufschluss geben über die Geländeverhältnisse, das Gewässernetz, die ethnische Zusammensetzung und Dichte der einheimischen Bevölkerung, das Pflanzenkleid, die Verkehrswege etc. Dabei sollten diese Karten auch allgemein interessierende Ergebnisse von wirtschaftlichen, geologischen und klimatologischen Sonderuntersuchungen enthalten. Erfüllte eine Kolonialkarte alle diese Erwartungen, war diese nach Sprigade und Moisel *„das Rüstzeug, ohne das weder die Verwaltung im Mutterlande, noch diejenige der Kolonien, noch der interessierte Privatmann“* zielgerichtet im Raum wirken konnten.[94]

Es hätte in dieser Anfangszeit, als alles noch im Flusse war und kolonialspezifische Strukturen sich erst allmählich herausbildeten, nun durchaus nahe gelegen, dass gesamte aus den überseeischen Schutzgebieten einlaufende kartographische Rohmaterial dem bisherigen Brauche gemäß nach Gotha zu senden und dort in der seit Jahrzehnten bewährten Perthesschen Geographischen Anstalt durch eine vom Deutschen Reich subventionierte kolonialkartographische Stelle ausarbeiten zu lassen. Warum wider alles Erwarten Gotha, welches gerade hinsichtlich Afrikas seit Petermanns Tagen wie sonst keine andere Einrichtung im Deutschen Reich gleichermaßen über handschriftliches und gedrucktes Quellenmaterial wie auch technisch und wissenschaftlich geschultes kartographisches Personal verfügte, dann doch nicht damit betraut wurde, ist heute wohl nicht mehr ganz eindeutig zu beantworten. Vielleicht ließ der seit dem Jahre 1884 dort amtierende Chefredakteur Alexander Supan, ein eher stiller Gelehrter, dem überdies die ausgesprochene kartographische Neigung seiner Vorgänger abging, im entscheidenden Moment die nötige Durchsetzungskraft vermissen oder aber man glaubte im Berliner Auswärtigen Amt, die räumliche Entfernung zum thüringischen Gotha würde auf die Dauer zu störend ins Gewicht fallen. Wie dem auch gewesen sein mag, jedenfalls fiel im Auswärtigen Amt die Entscheidung, das gesamte auf amtliche Veranlassung einlaufende geographische und kartographische Material in Berlin unter der Aufsicht eines wissenschaftlichen Mitarbeiters des Auswärtigen Amts verarbeiten zu lassen und ausgewählte Teile in einer regelmäßig erscheinenden Reihe der Allgemeinheit zugänglich zu machen. So entstanden im Jahre 1888 die „Mitteilungen von Forschungsreisenden und Gelehrten aus den Deutschen Schutzgebieten" (MadDS), welche unter Benutzung amtlicher Quellen von Dr. ALEXANDER VON DANCKELMAN herausgegeben wurden.

Der von der Meteorologie herkommende Naturwissenschaftler Dr. ALEXANDER FREIHERR VON DANCKELMAN (1855–1919) hatte in den Jahren 1882–83 am Unterlauf des Kongo wichtige Untersuchungen über die tropischen Klimaverhältnisse unternommen, bevor er in den Jahren 1886–90 als Generalsekretär der Gesellschaft für Erdkunde zu Berlin fungierte. Über eine zunächst wohl informelle Mitarbeit wurde er im Jahre 1890 zuerst zum hauptamtlichen Beirat und seit Januar 1903 zum Referenten für Geographie und Grenzangelegenheiten der Schutzgebiete bei der Kolonialabteilung des Auswärtigen Amts (1890–1907) und dem daraus hervorgegangenen Reichskolonialamt (1907–1919). In dieser Eigenschaft gab er im amtlichen Auftrag bereits seit dem Jahre 1888 die wissenschaftlichen Beihefte zum Deutschen Kolonialblatt heraus, die MadDS, welche seit dem Jahre 1908 durch Ergänzungshefte für umfangreiche Monographien vervollständigt wurden. Von dieser Schlüsselposition für die Ausgestaltung der deutschen Kolonialentwicklung trat er im Oktober 1911 wegen seiner Nichtbeteiligung an den deutsch-französischen Verhandlungen betreffs der äquatorialafrikanischen Kompensationen für das deutsche Zurückweichen in Marokko und deren durchaus unbefriedigenden grenzgeographischen Ergebnisse nach über zwei Jahrzehnten im Amte zurück. Mit Geschick und sehr viel Mühe hatte VON DANCKELMAN, welcher sogar selbst zur Erleichterung der für die barometrische Höhenmessung wichtigen Siedepunktbestimmung im Gelände ein Reisesiedethermometer entwickelte (siehe Anhang Nr. 1 in Abschnitt f und Abb. 68), bis dahin aber die MadDS schon längst zur anerkannt führenden kolonialwissenschaftlichen Zeitschrift und schier unerschöpflichen Fundgrube kolonialgeographischen und kolonialkartographischen Quellenmaterials gemacht.[95]

Nach RICHARD KIEPERT gab es unter den schon damals zahllosen geographischen Zeitschriften weltweit allerdings keine zweite, *„in welcher Astronomen, Meteorologen und Kartographen mit gleicher Kritik die Arbeiten der Reisenden behandeln und die Spreu* *vom Weizen sondern. Engländer und Franzosen*", und hier nannte KIEPERT namentlich das Geographical Journal, die Blue books, die Collection of Latitudes and Longitudes der Intelligence Division, das Bulletin du Comité de l'Afrique Française und das Bulletin de la Société de Géographie, *„bieten fast stets nur die Resultate der Höhenmessungen, der astronomischen Beobachtungen, der Aufnahmearbeiten und verlangen für dieselben unbedingten Glauben; aber die Sache dem Fachmanne in ihren Elementen so vorzulegen, dass er selbst nachzuprüfen imstande ist, das findet sich nur in dieser Muster-Zeitschrift.*" Dass auf dieser Grundlage in den MadDS zudem nicht nur einzelne Kartenbeilagen, sondern nach und nach sogar umfangreiche und sehr kostspielige Kartenwerke erscheinen konnten, verdankte diese Zeitschrift der Bezuschussung durch die Kolonialverwaltung,[96] welche zum Beispiel bis zum Jahre 1902 allein aus den Mitteln des Afrikafonds jährlich im Durchschnitt ungefähr 20–30 000 Reichsmark ausmachte.[97]

Der Amtsnachfolger des Freiherrn VON DANCKELMAN als geographischer Fachreferent des Reichskolonialamts wurde Ende 1911 Dr. HUGO MARQUARDSEN (1869–1920), welcher bereits aus der aktiven Kolonialforschung kam: Nach zwölfjähriger Offizierslaufbahn im Jahre 1901 als Topograph zur Kolonialabteilung des Auswärtigen Amts kommandiert, machte er zunächst in Göttingen an der Sternwarte bei Prof. Dr. LEOPOLD AMBRONN (1854–1930) einen der Kurse in kolonialer Aufnahmetechnik mit und belegte an der dortigen Universität bei Prof. Dr. HERMANN WAGNER Vorlesungen und Kurse in Geographie. Derart vorbereitet, nahm er in den Jahren 1890–04 als Astronom an der deutsch-britischen Yola-Tschadsee-Grenzkommission teil. Nach weiterem Studium 1907–09 bei WAGNER in Göttingen, während dem er bereits im August 1908 ins Reichskolonialamt berufen worden war, promovierte er über Oberflächengestalt und Hydrographie des saharisch-sudanesischen Beckens unter Beigabe einer selbstverfertigten Höhenschichtenkarte, welche Petermanns Mitteilungen als Tafel 4 im Jahre 1910 veröffentlichte. Ganz im Sinne seines Amtsvorgängers führte er dessen Veröffentlichungsreihen, die MadDS und deren Ergänzungshefte, bruchlos fort[98], so dass im Laufe von deren über dreißigjähriger Existenz weit mehr als einhundert Kartenblätter veröffentlicht werden konnten.[99] Darunter befanden sich neben Karten einzelner Expeditionen als bedeutendste Gruppen die Lieferungen der amtlichen Kartenwerke der Schutzgebiete in den Maßstäben von 1:200 000 bzw. 1:300 000 sowie die kartographischen Ergebnisse sämtlicher deutscher Grenzexpeditionen.

# 4. Zentralisation der Schutzgebietskartographie im Kolonialkartographischen Institut

Mit einer gewissen Verzögerung setzte am Ende der 1880er Jahre die wissenschaftliche Erforschung und damit auch die kartographische Entschleierung der neu erworbenen deutschen Schutzgebiete in Afrika ein. Mit der Bearbeitung des zunächst noch spärlich einlaufenden Rohmaterials betraute das zuständige Auswärtige Amt Dr. ALEXANDER VON DANCKELMAN, den damaligen Generalsekretär der Gesellschaft für Erdkunde zu Berlin. Wohl zunächst auf ehrenamtlicher Grundlage versuchte dieser, die den Forschungsberichten beigegebenen einfachen Routenaufnahmen und rohen Übersichtskartierungen, für deren regelmäßige Veröffentlichung er bereits im Jahre 1888 die MadDS, welche dem erst zwei Jahre später begründeten amtlichen „Deutschen Kolonialblatt" formell als „Wissenschaftliche Beihefte" angehängt wurden, selbst zu bearbeiten. Aber schon bald schwoll das in Berlin einlaufende Routenmaterial derartig an, dass auf die ständige Mitwirkung eines Berufskartographen nicht mehr zu verzichten war. Die Wahl fiel nun wohl nicht zufällig auf die ortsansässige Verlagsbuchhandlung Dietrich Reimer, deren kartographisches Bureau von den beiden berühmten Geographen und Kartographen, Prof. Dr. HEINRICH KIEPERT und dessen Sohn Dr. RICHARD KIEPERT, geleitet wurde, welche VON DANCKELMAN als herausragende Mitglieder der Gesellschaft für Erdkunde zu Berlin und den Sohn auch als produktiven Afrikakartographen kannte, die nun mit der immer dringlicher benötigten professionellen Anfertigung der amtlichen Kolonialkarten betraut wurden.[100]

## 4.1. Aufbau der Kolonialkartographie beim Verlag Dietrich Reimer

Die aus verschiedenen Vorläufern in dieser Form hervorgegangene und seit dem Jahre 1845 bestehende Firma Dietrich Reimer gehörte damals schon wegen ihres Kunstprogramms und der geographischen Abteilung zu den renommiertesten deutschen Verlagsbuchhandlungen. Die geographische Abteilung, die für ihre Karten, Atlanten und Globen geschätzt wurde, leitete der Geographieprofessors HEINRICH KIEPERT (1818–1899), welcher seit dem Jahre 1859 einen der seinerzeit drei einzigen deutschen Lehrstühle für dieses Fach an der Berliner Friedrich-Wilhelms-Universität inne hatte.[101]

Die Interessen des alten KIEPERT galten insbesondere der historischen Geographie und der Länderkunde des Orients, worin ihm sein Sohn Dr. RICHARD KIEPERT (1846–1915; Abb. 9) wie selbstverständlich folgte. Da dem unterdessen betagten Vater eine Umstellung auf die neue Kolonialkartographie nicht mehr zuzumuten war und auch der Sohn neben dieser noch anderen Interessen seine Zeit widmen wollte, wurden bereits zu diesem Zeitpunkt die in den Jahren 1883 und 1888 in das Reimersche Kartenbureau als Lehrlinge eingetretenen PAUL SPRIGADE und MAX MOISEL in die Bearbeitung der gerade entstehenden wissenschaftlichen deutschen Kolonialkarten als Mitarbeiter des jungen KIEPERT eingeführt.[102]

Bereits im Jahre 1870 hatte RICHARD KIEPERT den Vater als Kartograph auf einer Studienreise nach Ägypten und Palästina begleitet und war mit diesem zusammen im darauf folgen Jahr als Kartograph in den Verlag Dietrich Reimer eingetreten. Im Jahre 1874 promovierte er in Jena über die antike Geographie von Mazedonien und wirkte anschließend neben seiner Tätigkeit im REIMERschen Verlag in den Jahren 1875–87 auch noch als Redakteur der im Braunschweiger Verlag Vieweg erscheinenden länderkundlichen Publikumswochenschrift „Globus". Durch ihn wandelte sich deren zunächst reich bebilderter und rein feuilletonistischer Charakter durch die Gewinnung anspruchsvollerer Beiträge aus renommierten wissenschaftlichen Federn insbesondere über den Vorderen Orient und Übersee. Wichtigstes Ereignis seiner REIMERSCHEN Tätigkeit jener Zeit war die seit dem Jahre 1874 erfolgende kartographische Auswertung des ebenso umfangreichen wie fremdartigen Materials, welches FERDINAND VON RICHTHOFEN von seinen Forschungsreisen durch China mitgebracht hatte. Nach jahrelanger Bearbeitung durch RICHARD KIEPERT erschien im Jahre 1885 der zwölfblättrige Atlas von Nordchina. Der im gleichen Jahre ebenfalls in der KIEPERTschen Situationszeichnung fertig graviert vorliegende vierzehnblättrige Atlas von Südchina aber konnte infolge des Ausbleibens der geomorphologischen Eintragungen VON RICHTHOFENS erst nach dessen Tod über zwanzig Jahre später in dann von anderen überarbeiteter und fortgeschriebener Form erscheinen.[103]

In praktischer Arbeitsteilung mit seinem Vater hatte RICHARD KIEPERT bereits früh sein besonderes Augenmerk der kartographischen Betreuung der Forschritte der Forschungsreisen auf dem afrikanischen Kontinent zugewandt. So zeichnete er die Kartenbeilagen und verfaßte die zugehörigen kritischen Erläuterungen für die Gesellschaft für Erdkunde zu Berlin und die im Jahre 1878 gegründete Afrikanische Gesellschaft. Darunter befanden sich

**Abb. 9:** RICHARD KIEPERT (1846–1915) (Quelle: Archiv des Justus Perthes Verlages Gotha)

unter anderen fünf Routenkarten zu ROHLFS' Reise des Jahres 1869 in der Kyrenaika (1:500 000), im Jahre 1873 ein Karte der Westküste von Afrika zwischen Kongo und Gabun (1:4 Millionen) und sieben Routenkarten zu HILDEBRANDTS Reisen in Abessinien (1:250 000–1:500 000), im Jahre 1875 zwei Karten zu GUSTAV NACHTIGALS Erkundungen der Länder im Süden des Wadai und Darfurs (1:3 Millionen) und kartographische Resultate der letzten Reisen von DAVID LIVINGSTONE, im Jahre 1879 Resultate französischer Forschungsreisen und insbesondere von SAVORGNAN DE BRAZZA am zentralafrikanischen Ogowe sowie im Jahre 1880 deutsche Aufnahmen in Angola (1:600 000) und zuletzt im Jahre 1883 portugiesische Aufnahmen am unteren Sambesi und am Shire. Diese jahrelange und enge Zusammenarbeit mit der Gesellschaft für Erdkunde zu Berlin fand aber im Jahre 1885 ein jähes Ende. Zur Verdeutlichung der Ergebnisse der in Berlin über die Jahreswende 1884–85 zusammengetretenen Kongo-Konferenz hatten beide KIEPERTS im allgemeinen Wettbewerb der Kartographen um die erste Veröffentlichung der Aufteilungsergebnisse für das nächste Heft der Gesellschaft eine neue Afrikakarte in der Konferenzsprache französisch im Maßstab von 1:4 Millionen samt deutschem Begleittext angefertigt und veröffentlicht. Als auf der nächsten Gesellschaftssitzung der Vorsitzende Dr. Reiss daraufhin in durch den kolonialen Verteilungswettkampf angefachtem Nationalstolz sein Bedauern darüber aussprach, dass in den Heften der Gesellschaft eine Karte in französischer Sprache veröffentlicht worden sei und unter Beifallsäußerungen erklärte, dass dies in Zukunft nicht mehr ohne besondere Zustimmung des Vorstands erfolgen könne, zogen sich beide Kieperts, wenn auch nicht formal, so doch tatsächlich, von einer weiteren kartographischen Zusammenarbeit mit der Gesellschaft für Erdkunde zu Berlin zurück.[104]

Vor diesem handwerklichen Hintergrund erscheint die Auswahl der unter Kiepertscher Leitung stehenden Kartographie der alteingesessenen Firma Dietrich Reimer für das aus den jungen afrikanischen Schutzgebieten eingehende Aufnahmematerial durchaus naheliegend und sinnvoll. Richtiger Schwung kam in die dadurch entstehende deutsche Kolonialkartographie aber erst durch den im Jahre 1891 erfolgten Eintritt des dynamischen Ernst Vohsen (1853–1919) in die finanziell nicht allzu gut dastehende Verlagshandlung. Im Jahre 1876 war dieser für die „Compagnie Francaise du Sénégal et de la cote Occidentale de l'Afrique" ins britische Sierra Leone zunächst auf eine kleine Faktorei gegangen. Aber schon im nächsten Jahr übersiedelte Vohsen in die Hauptstadt Freetown, wo er trotz seines jugendlichen Alters die regionale Geschäftsleitung übernahm und seit dem Jahre 1881 zugleich als erster deutscher Konsul im Lande amtierte. Im Herbst 1887 kehrte er nach Berlin zurück, wo er am Orientalischen Seminar Arabisch und Suaheli studierte und dabei auch in Kontakt mit Carl Peters' Gesellschaft für deutsche Kolonisation und deren kolonialpraktisch tätiger Deutsch-Ostafrikanischer Aktiengesellschaft (DOAG) kam. Aufgrund seiner kolonialwirtschaftlichen Erfahrungen in Westafrika wurde Vohsen in der Nachfolge von Peters zum Generalbevollmächtigten der DOAG in Ostafrika ernannt, wo er im Mai 1888 in Sansibar eintraf und sofort an die Reorganisation der durch ihre zu zahlreichen Stationsanlagen angeschlagenen Gesellschaft ging. Unter weitgehender Aufgabe der auf Plantagenproduktion gerichteten Binnenstationen suchte er der DOAG vor dem Hintergrund des gerade mit dem Sultan von Sansibar geschlossenen Zollvertrags mittels der Anlage von Küstenstationen eine Umorientierung auf den einträglicheren Handel zu geben. Da infolge des bald darauf ausbrechenden Araber-Aufstands an eine wirtschaftliche Verwertung der festländischen Kolonialerwerbungen vorerst nicht zu denken war, kehrte Vohsen im Frühjahr 1889 nach Berlin zurück. Nach wenigen Monaten aber begab dieser sich noch im gleichen Jahr auf Wunsch des Auswärtigen Amts wieder nach Sansibar, wo er am Abschluss des sogenannten Küstenvertrags mit dem Sultan von Sansibar beteiligt war, welcher die bald darauf erfolgte endgültige Erwerbung der sansibarischen Festlandküste durch das Deutsche Reich vorbereitete. Aus familiären Gründen kehrte Vohsen im Jahre 1891 nach Berlin zurück und schied aus der DOAG aus.

Auf einen entsprechenden Hinweis von einem Aufsichtsratsmitglied der DOAG, dass der seinerzeitige Inhaber der Verlagshandlung Dietrich Reimer aus Altersgründen zu verkaufen gedächte, entwickelte der Kaufmann Vohsen hinreichend Phantasie bezüglich des den jungen deutschen Kolonialbetätigungen innenwohnenden publizistisch-kommerziellen Potentials. Wiewohl ohne jegliche buchhändlerischen Vorkenntnisse, erwarb er zunächst mit einem Kompagnon im Herbst 1891 die Verlagshandlung Dietrich Reimer, welche ihm mit dessen Austritt seit dem 1.1.1895 allein gehörte. Durch seine Geschäftsübernahme gab Vohsen dem dort bereits bestehenden geographischen Schwerpunkt eine neue Richtung, indem er vor dem Hintergrund seines Lebenswegs und wirtschaftlichen Aufstiegs die besondere Pflege der in Kurs kommenden kolonialen Literatur und Kartographie veranlasste.[105]

Sowohl Neigung als auch Geschäftsinteresse führten den tatkräftigen wie hitzköpfigen und in kolonialpolitischen oder kolonialwirtschaftlichen Fragen gelegentlich selbst zur Feder greifenden Vohsen sowohl in den Vorsitz des Finanzausschusses der massenagitatorischen Deutschen Kolonialgesellschaft als auch in den die Kolonialverwaltung beratenden Kolonialrat, welchem er von der Errichtung im Jahre 1890 bis zu dessen Aufhebung im Jahre 1907 angehörte. In glücklicher Verquickung seiner verschiedenen Interessen war er dort Schriftführer der Landeskundlichen Kommission, jenes einflussreichen Gremiums, welches nach der Jahrhundertwende beträchtliche Forschungsgelder kanalisierte, die schließlich nicht zuletzt im kartographischen Bureau seiner Verlagshandlung Dietrich Reimer ankamen. Um die Jahrhundertwende griff Vohsen bei zwei Gelegenheiten auch aktiv in die Kolonialpolitik ein: Im Jahre 1897 entsandte die Kolonialabteilung des Auswärtigen Amts den Konsul a.D. zur Aushandlung eines Grenzabkommens mit Frankreich über die Ostgrenze von Togo nach Paris. Und nachdem Vohsen bereits die Kamerun-Expedition von Siegfried Passarge und Edgar von Uechtritz im Jahre 1894 sowie die Togo-Hinterlandexpedition von Hans Gruner, Dr. Hans von Doering und Ernst von Carnap-Quernheimb im Jahre 1895 unterstützt hatte, beschuf seit dem Jahre 1899 ein Komitee unter seinem Vorsitz für die Deutsche Kolonialgesellschaft die Geldmittel zur Entsendung der deutschen Niger-Benue-Expedition der Jahre 1902–03, welche

**Abb. 10:** Verkleinerter Ausschnitt der Sektion III der „Karte der Nyassa-Expedition des Gouverneurs Obersten Freiherrn von Schele. Nach den Aufnahmen des Kompagnieführers H. Ramsay" und weiteren unveröffentlichten Aufnahmen sowie des älteren Routenmaterials zum seinerzeitigen Kenntnisstand der Landschaften am Nordostufer des Njassasee in der von Richard Kiepert geleiteten Zeichnung im Maßstab von 1:500 000 (Quelle: MadDS 1894, Karte 11)

inmitten des seinerzeitigen Mächtegerangels dem Reich das Hinterland von Kamerun bis zum Tschadsee mit sichern half.[106]

Durch die Förderung des neuen Chefs begann das kartographische Bureau der Verlagshandlung Dietrich Reimer im Jahre 1892, zunächst noch neben anderen Arbeiten, in verstärktem Umfange die kolonialkartographische Tätigkeit, welcher es sich seit dem Jahre 1895, unter beständigem Zusammenwirken mit dem amtlich zuständigen Dr. ALEXANDER VON DANCKELMAN und dem allmählichen Zurückdrängen der angestammten stark althistorisch orientierten KIEPERTschen Kartographie, nahezu ausschließlich widmete. Zur Erlangung einer wünschenswerten Einheitlichkeit des kartographischen Rohmaterials wurden seit dieser Zeit für die topographische Aufnahme vorgesehene und demnächst in die Schutzgebiete abgehende Offiziere und Beamte vor ihrer Ausreise in das Bureau kommandiert, um dort in geeigneten Aufnahmemethoden für die zu erforschenden afrikanischen Landschaften unterwiesen zu werden.[107] In konsequenter Ergänzung zur Strukturierung des zugehenden Materialflusses erarbeiteten die unter RICHARD KIEPERT vor allem zur Betreuung der Kolonialkarten herangebildeten Mitarbeiter PAUL SPRIGADE und MAX MOISEL auch Anweisungen zu Routenaufnahmen, welche sich praktischerweise auch im Vorwort der im Verlag Dietrich Reimer erhältlichen und auf dauerhaftem Oktav-Papier in augenschonender grauer Einfärbung speziell vorgedruckten Routenaufnahmebücher fanden.[108]

Von den bis zur Jahrhundertwende unter der Leitung RICHARD KIEPERTS aufgrund des nun in immer rascherer Folge und größeren Umfange eingehenden Aufnahmematerials entstandenen Spezialkarten seien hier nur die wichtigsten hervorgehoben: Im Jahre 1893 die Karte der CURT VON FRANCOISschen Routen im deutsch-britischen Grenzgebiet von Deutsch-Südwestafrika (1:1 Million); im Jahre 1894 H. und G. CONRAUS Routenkarte zwischen Mundame und Baliburg in Kamerun (1:500 000) und die große vierblättrige Karte der Expedition zum Njassasee des Gouverneurs FREIHERR VON SCHELE in der Aufnahme durch HANS VON RAMSAY in Deutsch-Ostafrika (1:500 000; Abb. 10); im Jahre 1895 die ostafrikanischen Karten zum Kondeland, den Landschaften Ussagara, Ugogo, Uhehe und Mahenge sowie eine dreiblättrige Karte der Landschaften Usaramo, Ukami und der Uluguru-Berge nach Aufnahmen von FRANZ STUHLMANN und GASTON SCHLOBACH (1:150 000); im Jahre 1897 die Routenkarte zu G. LIEDERS Reise vom Njassasee zum Indischen Ozean (1:800 000); im Jahre 1898 eine Karte zu Aufnahmen von TOM VON PRINCE und STADLBAUER im Südwesten von Kilimatinde (1:300 000), eine Karte zu Aufnahmen VON STEINS zwischen Kamerun und

Sanaga (1:100 000) und eine Karte des deutsch-britischen Grenzgebiets zwischen Rio del Rey und dem Cross River in Kamerun (1:500 000) und eine Karte zu den Aufnahmen von GEORG PRITTWITZ UND GAFFRON entlang der Flüsse Kihansi, Ulanga und Ruipa (1:250 000); im Jahre 1899 zwei Kartenblätter auf der Grundlage der Aufnahmen des Hauptmanns KARL HERRMANN zwischen Victoriasee und Kagera, welche zugleich die zusammen mit MAX MOISEL erarbeitete zweiblättrige Karte 1:250 000 zu dem 1896 in Berlin erschienenen Buch des Grafen ADOLF VON GÖTZEN zu dessen 1893–94 unternommener Reise von Pangani über Ruanda-Urundi zum Kongo fortführte.[109]

Neben dieser fortlaufenden Arbeit an den Routen- und Spezialkarten drängte RICHARD KIEPERT aber auch auf den Zusammenschluss der einzelnen Routenkartierungen zu zusammenhängenden Karten der einzelnen Schutzgebiete. Ein noch unzureichendes Zwischenergebnis in dieser Richtung war der von ihm mit nur fünf Kartenblättern im Jahre 1893 im Maßstab von 1:3 Millionen herausgegebene erste „Deutsche Kolonialatlas für den amtlichen Gebrauch in den deutschen Kolonien“. Die Hauptblätter zeigten, mit trotz des kleinen Maßstabs noch zahlreichen weißen Flecken und zudem gegenüber dem Gothaer Stil abfallender Geländeschummerung, die überseeischen Schutzgebiete in Afrika und der Südsee mit einer Reihe von Nebenkarten wichtiger Häfen sowie eine Erdkarte mit einer Gesamtübersicht des Kolonialbesitzes, der Verteilung der konsularischen und diplomatischen Vertretungen und auch der Postdampferlinien des Deutschen Reichs. Ergänzt wurde das auf der Grundlage allen bis dahin eingegangenen oder anderweitig veröffentlichten Materials erarbeitete Werk durch ein Quellenverzeichnis und eine Namensliste sowie einen Begleittext des Breslauer Geographieprofessors JOSEPH PARTSCH (1851–1925), welcher sich im Nachruf auf RICHARD KIEPERT noch an das *„schöne Zusammenarbeiten von Herren der Kolonialverwaltung, Verleger, Kartographen und Mitarbeiter“* erinnerte, wobei alle Beteiligten hinzugelernt hätten.[110]

Unmittelbar hierauf fußend sowie angeregt durch die überaus zahlreichen und hochwertigen Routenaufnahmen, welche Dr. FRANZ STUHLMANN (1863–1928) von seinen in den Jahren 1890–92 gemeinsam mit EMIN PASCHA unternommenen ostafrikanischen Reisen mitgebracht hatte, entstand sowohl bei den REIMERschen Kartographen als auch der Kolonialabteilung des Auswärtigen Amts der Gedanke, diese nicht nur *„in würdiger Weise“* zu veröffentlichen, sondern darüber hinaus zum Aufhänger eines früher oder später erforderlichen Gesamtkartenwerks von Deutsch-Ostafrika zu nehmen, für welches der Maßstab von 1:300 000 gewählt wurde.[111] Hierfür waren 29 Kartenblätter zu jeweils 1½° Breite und und 2° Länge mit 8–10 Ansatzstücken vorgesehen, welche unter der Leitung von RICHARD KIEPERT konstruiert und gezeichnet werden sollten. *„Der Maßstab war“* nach PARTSCH *„groß genug gewählt, um eine recht genaue Wiedergabe aller Routen zu ermöglichen und in das durch sie geschaffene Netz weitere Fortschritte der Kenntnis einzufügen, denen durch deren klar begrenzte Lücken die Räume des Strebens gewiesen wurden.“* Ergänzt wurden die unter KIEPERTS Obhut nun nach und nach erscheinenden Kartenblätter durch ausführliche Quellenbelege und kritische Begleitworte, welche bis auf die Ergebnisse der ersten Entdecker zurückgriffen.[112] Dieses Vorhaben wurde im gleichen Maßstab auch auf Kamerun sowie im Maßstab von 1:200 000 auf das ungleich kleinere Togo ausgedehnt und man wird annehmen dürfen, dass auch für Deutsch-Südwestafrika ähnliche Planungen bestanden.

Das Erscheinen der ersten Blätter der Kartenwerke zu Togo und Deutsch-Ostafrika bereits im Jahre 1896 wurde sowohl in den Kolonialkreisen im Reich als auch in allen afrikanischen Schutzgebieten begrüßt: *„Offiziere und Beamte, Pflanzer und Farmer hielten es“* mit den Worten von OBST *„für ihre Pflicht, mit den gelegentlich ins Land kommenden Gelehrten zu wetteifern und auch an ihrem Teile durch freiwillige Routenaufnahmen zu der weiteren Ausgestaltung und Vollendung des Werks beizutragen. Auch aus Kamerun und Südwest, ja selbst aus der fernen Südsee erscholl der Ruf, eine entsprechende Sektionskarte auch dieser Gebiete zu schaffen, und von allen Seiten strömte nun ein lawinenhaft anwachsendes Urmaterial nach Berlin.“*[113] Mitten in dieser immer weiter ausufernden Sichtung und Auswertung des eingehenden Aufnahmematerials wurde das ostafrikanische Kartenwerk bis zum Jahre 1899 mit 14 Blättern gerade zur Hälfte fertig, als mit dem Tod des alten HEINRICH KIEPERT am 21.4.1899 die Zukunft der REIMERschen Kartographie an einen Kreuzweg gelangte.

## 4.2. Langhansscher Kolonialatlas als letztes großes Gothaer Afrika-Kartenwerk

Aber auch die einst unter PETERMANN die deutsche Afrika-Kartographie beherrschende Perthessche Geographische Anstalt in Gotha widmete sich trotz des unvermeidlichen Vorsprungs ihrer jungen Berliner Konkurrenz in jenen Jahren noch ein letztes Mal in hervorragender Weise ihrem angestammten Arbeitsfeld. Neben einer

**Abb. 11:** Verkleinerter Ausschnitt der von PAUL LANGHANS bis zum Kenntnisstand Juni 1894 entworfenen und von CARL BARICH gezeichneten Karte des Schutzgebiets Deutsch-Südwestafrika im Maßstab von 1:2 Millionen mit der Darstellung des noch

wenig bekannten Nordwestens vom Kaokoveld über das Amboland mit der Etosha-Pfanne bis zum Otavi-Bergland mit der Burenansiedlung Grootfontein (Quelle: LANGHANS 1897, Karte Nr. 15 [Blatt 1])

Reihe von Originalkarten größerer Expeditionen etwa des Grafen Joachim von Pfeil, Hans Meyer, Ludwig von Höhnel, Oscar Baumann und Waldemar Werther erschien im Jahre 1897 als ihr einziges kolonialkartographisches Kartenwerk ein in fünfjähriger Arbeit von Paul Langhans entworfener und bearbeiteter „Deutscher Kolonialatlas" unter Einschluss der deutschen Siedlungsgebiete in Europa und Übersee mit 30 Haupt- und 300 Nebenkarten auf der Grundlage sämtlichen bis dahin erschienen Materials: *„Was deutsche Geistesarbeit und deutscher Unternehmungsgeist auf der Erde geleistet, im Deutschen Kolonial-Atlas findet es bildliche Darstellung"*[114] (siehe vorderes Vorsatzblatt). Die afrikanischen Schutzgebiete wurden dabei für Togo (abgeschlossen Juni 1896) in einer, für Deutsch-Südwestafrika (abgeschlossen Januar bis Oktober 1894) in drei sowie Kamerun (abgeschlossen Juni 1896 bis Februar 1897) und Deutsch-Ostafrika (abgeschlossen Juli 1897) in je vier Hauptkarten im einheitlichen Maßstab von 1:2 Millionen mit noch großen binnenländischen weißen Flecken dargestellt und durch zahlreiche Nebenkarten zumeist im Maßstab von 1:200 000 ergänzt. Nach den Karten zu jedem Schutzgebiet folgt ein kurzer Text mit historischen, kolonialwirtschaftlichen und statistischen Erläuterungen sowie wissenschaftsgeschichtlich wertvollen genauen Auflistungen der benutzten Kartenquellen.

Der im Jahre 1889 bei Perthes eingetretene Paul Langhans (1867–1952) hatte bei Friedrich Ratzel studiert und von diesem insbesondere Anregungen für kulturgeographische Arbeiten erhalten, zugleich aber auch alldeutsches Gedankengut in die Geographische Anstalt mitgebracht. Seine erste größere Arbeit in Gotha war der im Jahre 1897 erschienene Deutsche Kolonialatlas, welcher im wesentlichen aus grundlegend neu gezeichneten Karten der deutschen Schutzgebiete bestand. Die darin enthaltenen Reliefdarstellungen waren durch Carl Barich (1859–1931, ab 1881 bei Perthes) in Anlehnung an die damalige Praxis der Karten in Petermanns Mitteilungen in einer Schummerungsmanier - wahrscheinlich unmittelbar auf den Stein - gezeichnet worden, wodurch geringer verdichtete Kartenbilder anschaulicher und besser als herkömmliche Schraffendarstellungen wirkten. Der Atlas war mit Flächenfarben nach Vegetationstypen wie Regenwald, Savanne, Dornbusch und Wüste versehen, welche jedoch nicht auf allen Kartenblättern einheitlich angewandt wurden. Gegenüber der wohl auf diese und andere technische Unzulänglichkeiten anspielenden Kritik des der Anstalt eng verbundenen Göttinger Geographieprofessors Hermann Wagner verteidigte sich der Verleger Bernhard Perthes mit der Kaufmannsbemerkung, er habe seinem Konkurrenten Ernst

VOHSEN bei Dietrich Reimer zuvorkommen müssen, da die urteilslose Masse dasjenige koloniale Kartenwerk kaufe, welches ihr zuerst angeboten werde.[115]

Der in den Jahren 1892–97 entstandene LANGHANSsche Kolonialatlas verarbeitete dabei etwa für die drei südwestafrikanischen Hauptkartenblätter, welche im Maßstab von 1:2 Millionen aus der Urkarte im Maßstab von 1:1 Million verjüngt gezeichnet wurden (Abb. 11), nur 120 unterschiedliche Kartenquellen - gegenüber schon 375 für die vier ostafrikanischen Hauptkartenblätter - sowie nur 371 Ortsbestimmungen (darunter sogar erst ganze 30 Längenbestimmungen), von denen freilich ein recht zweifelhafter Großteil noch von den ersten Pionieren CARL JOHAN ANDERSSON (1828–67), THOMAS BAINES (1822–75) und THEOPHILUS HAHN stammte; *„die Terraindarstellung und die Schreibweise der Ortsnamen wurde wesentlich beeinflusst durch kritische Benutzung der einschlägigen Literatur (das zu diesem Zwecke aufgestellte Verzeichnis umfaßt 1100 Nummern), welche auch zahlreiche Ergänzungen zum Kartentext lieferte.“*[116] Angesichts dieses ebenso innovativen wie von großem Fleiße zeugenden Meisterstücks von PAUL LANGHANS ist mit ERICH OBST zu beklagen, *„wie bedauerlich es war, daß eine Brücke zwischen Berlin und Gotha nicht geschlagen werden konnte.“*[117]

Neben den gelegentlichen Spezialkarten zu Aufsätzen in Petermanns Mitteilungen und den Zeitschriften der anderen Geographischen Gesellschaften sowie dem großen LANGHANSschen Kolonialatlas trat anfänglich nur die um die Kolonialpropaganda bemühte mitgliederstarke und regierungsnahe Deutsche Kolonialgesellschaft mit einer bereits im Jahre 1889 erschienenen gemeinsamen Wandkarte für Togo und Kamerun im Maßstab von 1:1 Million als möglicher Konkurrent der REIMERschen Kolonialaktivitäten auf. Mit dem Eintritt des Konsul a. D. VOHSEN und dessen hervorragenden Kontakten zu jenen Kreisen ging man dann aber eine dauerhafte Verbindung ein, aus welcher bis zur Jahrhundertwende „in Kommission bei Dietrich Reimer“ die folgenden Karten entstanden: Deutsch-Ostafrika im Maßstab von 1:5 Millionen als Handkarte (1892) und im Maßstab von 1:10 Millionen als Wandkarte (1892 und in zweiter Auflage 1897), Handkarte Togo im Maßstab von 1:500 000 (1894), Wandkarte der deutschen Kolonien im Maßstab von 1:8 Millionen (1895) und als Handkarte im Maßstab von 1:16 Millionen (1895), Handkarte von Kamerun in der Bearbeitung von MAX MOISEL im Maßstab von 1:1 Million in vier Kartenblättern (1901) sowie im Jahre 1902 Vortragswandkarten zu Togo im Maßstab von 1:200 000 und Kamerun, Deutsch-Ostafrika und Deutsch-Südwestafrika jeweils im Maßstab von 1:500 000.[118] Vor allem aber gab die Deutsche Kolonialgesellschaft in Bearbeitung durch die REIMERsche Kolonialkartographie seit dem Jahre 1895 ein kleines Kartenwerk unter dem Titel „Kleiner Deutscher Kolonialatlas“ für das breite Publikum heraus. Einem illustrierten Jahrbuch mit Wissenswertem über das deutsche Kolonialreich waren dabei zunächst sieben und zuletzt im Jahre 1918 neun Karten zumeist im Maßstab 1:5 Millionen beigegeben, welche nahezu jährlich neu bearbeitet wurden,[119] *„eine Einrichtung,“* so OBST mit berechtigtem Stolz, *„die keine der anderen Kolonialmächte besitzt.“*[120]

## 4.3. Bildung des Kolonialkartographischen Instituts

Wie seit Mitte der 1890er Jahre immer deutlicher wurde, reichten bei dem in ständig größerer Fülle eingehenden Rohmaterial die personellen Kapazitäten des noch kleinen kartographischen Bureaus der Firma Dietrich Reimer nicht mehr für die notwendig arbeitsintensive Auswertung und Zeichnung der immer zahlreicheren Kolonialkartenblätter aus. Der Tod des bisherigen Leiters HEINRICH KIEPERT im April 1899 bot nun den Anlass, diesem unter dessen Leitung zuletzt verschleppten Übelstand endlich Rechnung zu tragen. Dadurch aber wurde der nun auch schon 53jährige Sohn RICHARD KIEPERT vor die Wahl gestellt, entweder die auch ihm seit jeher am Herzen liegenden kartographischen Werke seines Vaters über den Orient und die historische Geographie fortzuführen oder aber die immer aufwendigere und gewiss gewinnträchtigere Kolonialkartographie in großem Stile auszubauen. Trotz seines in den letzten Jahren engagierten Einsatzes entschied dieser sich, die Aufgabe der kolonialen Kartographie den von ihm herangebildeten Kartographen PAUL SPRIGADE und MAX MOISEL zu überlassen.[121] Was dieser Umbruch darüber hinaus im atmosphärischen Bereich bedeutet haben mag, erhellt eine Erinnerung der REIMERschen Verlagsangestellten ESTELLE DU BOIS-REYMOND, nach welcher es bis hinauf zum Verleger im Umgang *„mit dem ebenso genialen wie reizbaren Kiepertgeschlecht“* einer *„ganz besonderen Ruhe und Selbstbeherrschung“* bedurft hatte.[122] RICHARD KIEPERT blieb dem Hause REIMER aber auch weiterhin verbunden, für welches er die dort seit Jahrzehnten bestehenden Globen, Atlanten und die einflussreichen Schulwandkarten fortführte. Daneben widmete er nach der Jahrhundertwende seine besondere Aufmerksamkeit der in den Jahren 1902–08 in 24 Blättern erschienenen Karte von Kleinasien im Maßstab von 1:400 000 sowie der antiken Länderkunde. Der stets die Arbeit im Zeichenbüro vorziehende RICHARD KIEPERT, den es weder auf Lehrstühle noch Fachkongresse gedrängt hatte und der deshalb erst im Jahre 1913 den Professorentitel ausgerechnet unter Hervorhebung seiner Verdienste um die für ihn so unglückliche kartographische Aufbereitung der Aufzeichnungen FERDINAND VON RICHTHOFENS erhalten hatte, verstarb, durch nachlassende Sehkraft bereits seit längerem nicht mehr zeichnend tätig, am 4.8.1915 im Alter von 68 Jahren.[123]

Bei dem REIMERschen Umbruch des Jahres 1899 ging aus dem Ende der bald dreißigjährigen Ära KIEPERT ein nun auch offiziell im Auftrag und auf Rechnung der Kolonialabteilung des Auswärtigen Amts arbeitendes „Kolonialkartographisches Institut" zur Herstellung von amtlichen wie privaten Karten hervor.[124] Dessen gemeinsame Leitung übernahmen die bereits langjährig unter RICHARD KIEPERT beim Aufbau des Kartenwesens der deutschen Schutzgebiete beteiligten PAUL SPRIGADE (1863–1928) und MAX MOISEL (1869–1920). Der fünfeinhalb Jahre ältere Schlesier SPRIGADE (Abb. 12), welcher wohl die Führungspersönlichkeit der beiden war, trat am 1.4.1883, nachdem er aufgrund der finanziellen Verhältnisse des Elternhauses bereits als Unterprimaner die Schule hatte verlassen müssen und ein beabsichtigtes Geographiestudium so nicht antreten konnte, für die nächsten 37 Jahre in das von den KIEPERTS geleitete kartographische Bureau des Verlags Dietrich Reimer ein, wo er nach seiner kartographischen Ausbildung vor allem für das neue Feld der deutschen Kolonialkartographie eingesetzt wurde. Bereits frühzeitig teilte er sich mit MOISEL die drei ausschließlich durch die REIMERsche Kartographie im amtlichen Auftrag bearbeiteten afrikanischen Schutzgebiete Togo, Kamerun und Deutsch-Ostafrika dergestalt auf, dass SPRIGADE mit seinem Kollegen zusammen nur das große und von zahlreichen Forschungsreisen erschlossene Deutsch-Ostafrika bearbeitete, während das kleine Schutzgebiet Togo sein Spezialgebiet wurde. Zur Gewinnung eigener Anschauungen für die weitere Bearbeitung des unter seiner Leitung entstehenden amtlichen Kartenwerks im Maßstab von 1:200 000 in 10 Blättern bereiste er im Jahre 1907 im Auftrag der Kolonialabteilung des Auswärtigen Amts das Schutzgebiet Togo bis hinauf zum Land der Kabure im Bezirk Sokodé, wobei auch neue kartographische Aufnahmemethoden im Gelände erprobt wurden. Mit oder neben MOISEL bearbeitete er außerdem verschiedene Kolonialatlanten sowie zahlreiche Sonderkarten vor allem für die MadDS.[125]

Den Berliner Max MOISEL (Abb. 13) hatte auf dem dortigen Falk-Realgymnasium der gleiche Lehrer, welcher Jahre zuvor bereits SPRIGADE in Breslau unterrichtet hatte, aufgrund seines Interesses an der Geographie und einer Begabung für das Kartenzeichnen, ebenfalls in das unter Pädagogen bekannte kartographische Bureau der KIEPERTS vermittelt. Dort trat der neunzehnjährige MOISEL zum 1.4.1888 ein und fand in dem älteren SPRIGADE einen Freund fürs Leben, mit dem ihn gleiche Interessen und Schaffensfreude verbanden.[126] Neben den gemeinsamen Arbeiten mit SPRIGADE an den Atlanten und dem ostafrikanischen Kartenwerk hatte sich MOISEL bei ihrer internen Kolonialaufteilung Kamerun als sein besonderes Arbeitsfeld ausgesucht, welches auch er in den Jahren 1907–08 ausgedehnt zu Studienzwecken von der Küste bis Fumban bereisen konnte, nach eigenem Bekunden der Höhepunkt seines Lebens. Nicht zuletzt vor dem Hintergrund der dabei durch eigene Anschauung gewonnenen Kenntnisse bearbeitete er das amtliche Kartenwerk für Kamerun im Maßstab von 1:300 000 in 31 Blättern. Neben der Tätigkeit am Kolonialkartographischen Institut gehörte MOISEL auch dem Beirat der Gesellschaft für Erdkunde zu Berlin und weiteren geographischen Gesellschaften als korrespondierendes Mitglied sowie dem Vorstand der Abteilung Berlin der Deutschen Kolonialgesellschaft an. Durch sein geselliges, humorvolles und stets hilfsbereites Wesen wurde das Zeichenbüro

**Abb. 12:** PAUL SPRIGADE (1863–1928)
(Quelle: MadDS 1928/29, S. IV)

des Kolonialkartographischen Instituts zu einem gern besuchten Treffpunkt der aus den Schutzgebieten in die Heimat zurückkehrenden Forschungsreisenden, Offiziere und Beamten. Daneben war MOISEL, welcher sich auch besonders um die Ausbildung der Nachwuchskartographen kümmerte, noch das Haupt der oft in seinem Haus abgehaltenen Kamerunabende der aus diesem Schutzgebiet auf Heimaturlaub oder im Ruhestand befindlichen Amtspersonen und Privatleute.[127]

Nach der Erinnerung des Geographen HANS MEYER stellten sich beim Besuch von Forschungsreisenden im Reimerschen Kolonialkartographischen Institut, um ihre Routenaufnahmen vorzustellen und deren Kartenzeichnung zu besprechen, regelmäßig beide Leiter zur Beratung ein. *„Stets ging man von ihnen mit dem Gefühl, seine Sache dort den allerbesten Händen anvertraut zu haben, und erfrischt von der geistig ungemein regen Unterhaltung und dem liebenswürdigen Entgegenkommen der beiden Kartenmeister."*[128] Dies lag nicht zum letzten auch daran, dass SPRIGADE zu Vergleichszwecken mit besonderer Aufmerksamkeit und Mühe eine Sammlung von Karten und kartographischen Notizen aller Länder dieser Erde mit natürlichem Schwergewicht auf den Kolonialgebieten

**Abb. 13:** MAX MOISEL (1869–1920)
(Quelle: MadDS 1928/29, S. III)

zusammentrug. Dieser umfangreiche Karten-Zettelkatalog enthielt zuletzt über 60 000 Eintragungen.[129]

Mit der im Jahre 1899 nun auch offiziellen Einrichtung eines quasi halbamtlichen Kolonialkartographischen Instituts unter dem Dach der Firma Dietrich Reimer setzte eine bis kurz vorher auch nicht im entferntesten vorauszusehende sprunghafte Entwicklung der topographischen Aufnahmen in den Schutzgebieten ein. Dies machte eine schritthaltende fortlaufende Vergrößerung des ganzen Apparats der kartographischen Mitarbeiter von lediglich drei im Jahre 1899 auf 33 im Jahre 1914 notwendig.[130] SPRIGADE und MOISEL mussten so seit der Jahrhundertwende eine dreifache Aufgabe lösen: Erstens die Jahre dauernde zeichentechnische und landeskundlich-wissenschaftliche Ausbildung neuer kartographischer Mitarbeiter, zweitens die Vereinheitlichung und Fortentwicklung der Aufnahmemethoden, auch durch vermehrte Abhaltung von Lehrkursen für in die Schutzgebiete gehende Offiziere und Beamte sowie drittens die immer größeren Umfang annehmende Ausarbeitung des vorhandenen und mit jeder eintreffenden Überseepost stetig und in steigender Qualität neu einlaufenden kartographischen Rohmaterials.[131] Der Verleger ERNST VOHSEN baute parallel hierzu sein Unternehmen zu einer Verlagsbuchhandlung für Geographie, Völkerkunde und Kolonialliteratur aus, welcher er im Jahre 1909 durch die Gründung der Zeitschrift „Koloniale Rundschau" ein eigenes monatliches Sprachrohr beigab. Auch fügte er nun dem Betrieb eine lithographische Anstalt und eine Buchbinderei an. Neben den kolonialen Landkarten für das Reichskolonialamt übernahm der Verlag Dietrich Reimer für das Reichsmarineamt zudem die Herstellung der deutschen Admiralitätskarten, wofür VOHSEN sowohl eine Kupferstecherei als auch eine Kupferdruckerei einrichtete. Nachdem schließlich noch eine Sortimentsbuchhandlung insbesondere für fremdsprachige Literatur hinzugekommen war, betrieb die Firma mit der einzigen Ausnahme des Buchdrucks die Gesamtpalette der graphischen Reproduktion und des Buchwesens und beschäftigte so beim Ausbruch des Ersten Weltkriegs insgesamt etwa 150 Angestellte, darunter allein im Kolonialkartographischen Institut nach FRANZ THORBECKE ungefähr 60 Kartographen und Zeichner.[132]

## 4.4. Einblicke in den Ablauf der Kartenentstehung

Über den Arbeitsgang des Kolonialkartographischen Instituts auf der Höhe seiner Entwicklung haben die beiden Leiter PAUL SPRI-

GADE und MAX MOISEL selbst noch wenige Wochen vor dem Ausbruch des Ersten Weltkriegs für die Zeitschrift der Gesellschaft für Erdkunde zu Berlin einen anschaulichen Bericht verfasst. Danach erreichten die topographischen Aufnahmen das Kolonialkartographische Institut mit nur wenigen Ausnahmen in der Gestalt von Routenbüchern, *„gefüllt mit den vom Aufnehmer im Feld selbst ausgeführten Zeichnungen und Notizen, dazu Rundpanoramen, Peilblätter, Photographien, photogrammetrische und stereophotogrammetrische Aufnahmen, sowie Vermessungen und wissenschaftliche Arbeiten jeder Art, wie astronomische Beobachtungen, Höhenmessungen usw. usw."* Dieses höchst verschiedenartig einlaufende Material wurde im Auftrag und auf Kosten des Reichskolonialamts vom Kolonialkartographischen Institut kartographisch bearbeitet. Als erster Schritt hierzu waren dort deshalb zur Hochzeit unmittelbar vor dem Ersten Weltkrieg *„die Hälfte der dort tätigen 31 Zeichner jahraus jahrein damit beschäftigt, diese Aufnahmen in Kartenform zu übertragen, d. h. zu konstruieren. Diese Arbeit des Routenkonstruierens ist eine so eigenartige, daß sie mechanisches Arbeiten von vornherein ausschließt und besondere Anforderungen an die Auffassungsgabe des Kartographen stellt. Er muß sich in die Eigenheiten jedes einzelnen Aufnehmers hineinfinden und befähigt sein, die, wie es bei der Art des Entstehens bei Wind und Wetter, zu Fuß und zu Pferde nicht verwunderlich ist, oft recht schwer lesbaren Tagebücher zu entziffern. Großes Interesse für die Sache, Kombinierungsgabe, kritischer Blick und Übersicht, Beherrschung des vorhandenen kartographischen Materials und Kenntnis aller in den verschiedenen Kolonien gebräuchlichen Ausdrücke und Begriffe sind für Anfertigung der Originalkonstruktionen unbedingt notwendig."*[133]

Wie umfangreich die Auskonstruktion einer solchen Routenaufnahme werden konnte, zeigt das Beispiel der in den Jahren 1907–08 von KURT HASSERT und FRANZ THORBECKE im Auftrag des Reichskolonialamts durch Kamerun unternommenen großen Forschungsreise, deren Itinerar bei einer gesamten Wegelänge von rund 2 500 km im Maßstab von 1:15 000 nicht weniger als 494 Kartenblätter erforderte.[134] Allerdings erfolgten nach THORBECKE die meisten Auskonstruktionen von Routenaufnahmen in Maßstäben zwischen 1:50 000 und 1:75 000[135], während gemäß der Darstel lung des Arbeitsgangs am Kolonialkartographischen Institut von SPRIGADE und MOISEL aus dem Jahre des Ausbruchs des Ersten Weltkriegs die zugrunde gelegten Maßstäbe sehr verschieden sein konnten und dabei zwischen 1:2 500 und 1:100 000 schwankten. *„Ihre Wahl wird bedingt durch den Grad der Genauigkeit und*

*Detailliertheit der Aufnahmen. Etwa 18 000 derartig erhaltener Routenblätter füllen gegenwärtig die Kartenschränke des Instituts.*" Dabei war es „*selbstverständlich, daß viele der begangeneren Wege öfters aufgenommen werden. Auf den ersten Blick erscheint das nun vielleicht überflüssig. Wenn aber in Betracht gezogen wird, daß die Besiedelungsverhältnisse in den Kolonien aus verschiedenen Gründen noch vielfach wechseln, daß auch die vielen von der Regierung veranlaßten neuen Wegeanlagen ein Aufgeben, d. h. in den Tropen Verschwinden, der alten Eingeborenenpfade zur Folge haben – die topographischen Details behalten ja stets ihren Wert –, ferner, daß auch ein vorzüglicher Aufnehmer, der bei ungünstiger Witterung oder Jahreszeit oder unter sonstigen mißlichen Verhältnissen zu reisen gezwungen ist, nicht so Gutes zu liefern imstande ist, als ein weniger geübter, der unter günstigeren Umständen aufnimmt, so ergibt sich von selbst die Notwendigkeit eines ständigen Nachkontrollierens der Karte durch Neuaufnahmen. Sodann hat das Reisen in der trockenen Jahreszeit zur Folge, daß sich die Stromrichtung der kleineren dann gewöhnlich kein Wasser enthaltenden Flüsse und Bäche öfters schwer ermitteln läßt, also erst mehrere, unabhängig voneinander und in verschiedenen Jahreszeiten aufgenommene Routen dem Bearbeiter der Kartern die Möglichkeit in die Hand geben, die richtige Entscheidung zu treffen. Kurzum, es hat sich bis jetzt noch kaum eine der mehrfach vorhandenen Routenaufnahmen als überflüssig erwiesen, und wenn sie auch nur dazu dienen konnte, dadurch, daß sie bereits Vorhandenes bestätigte, dem Kartographen die Kritik bei fraglichen Punkten zu erleichtern.*

*Im Verhältnis zu den im kartographischen Bureau erst zu konstruierenden Routenaufnahmen sind die schon als fertige, hier keiner eingehenderen Nachprüfung mehr bedürfende Zeichnungen und Zusammenarbeitungen einlaufende kartographische Materialien nur in geringer Anzahl vorhanden. Es sind neben Lageplänen von Eisenbahnen vorzugsweise die Resultate der mit besonderer Aufgabe hinausgeschickten Missionen, die, wie die Grenzexpeditionen, sich schon im Gebiete ihrer Tätigkeit ein kartographisches Bild der vermessenen Gegend zum Zwecke von Verhandlungen an Ort und Stelle schaffen müssen.*

*Aus all dem erhellt, daß die Tätigkeit des kolonial-kartographischen Instituts nicht darin besteht, auf Grundlage vorhandener genauer Karten weiter zu bauen, sondern darin, mit Hilfe des verschiedenwertigsten Urmaterials die grundlegenden Karten erst zu schaffen. Die dabei zu bewältigende mühselige und langwierige Arbeit wird am besten klar durch Schilderung des Ganges der*

*Herstellung eines Blattes einer der Spezialkarten der deutschen Schutzgebiete in 1:300 000 oder 1:200 000.*

*Nachdem alle für das Blatt in Betracht kommenden Routenaufnahmebücher - wie oben geschildert - konstruiert worden sind, wird das gesamte Material - es umfaßt fast immer viele Dutzende von Wegeaufnahmen in Hunderten von Blättern, sowie Zeichnungen und Skizzen aller Art - zur Übersicht vorläufig zusammengestellt, indem die bloßen Wegelinien ohne weitere Details auf einem Blatt durch verschiedene Farben und Signaturen kenntlich gemacht werden. Sodann erfolgt eine gründliche kritische Untersuchung daraufhin, wo die verschiedenen Routen sich schneiden, welche Strecken mehrmals begangen sind, welchem der Aufnehmer an solchen Stellen als dem Grundlegenden der Vorzug zu geben ist usw., eine Arbeit, die sehr mühevoll ist und oft Monate in Anspruch nimmt. Nachdem auf dem für die Originalzeichnung bestimmten Zeichenbogen die vorhandenen, auf astronomischem oder geodätischem Wege erhaltenen festen Punkte eingetragen sind, beginnt sodann das umständliche und langwierige Ausmessen der Richtungen (Azimute) und Längen aller Wegestrecken von einem Kreuzungs- oder Gabelungspunkt zum andern unter Berücksichtigung der lokalen magnetischen Deklination. Die sich selbstverständlich ergebenden Verschiedenheiten in den Richtungen und Maßstäben der einzelnen Routenkonstruktionen werden unter Berücksichtigung der Breitenbestimmungen zuerst in sich und dann nochmals zwischen den in der Länge festgelegten Punkten, die mitunter gar nicht auf dem Blatt selbst, sondern auf einer der Nebensektionen liegen, ausgeglichen. Dabei darf man sich nicht damit begnügen, mechanisch zu mitteln, sondern die größere Aufnahmefertigkeit des Einzelnen spielt eine entscheidende Rolle. Zwischen die so gefundenen unendlich vielen Punkte werden sodann die einzelnen Wegestrecken in dem verkleinerten Maßstab eingezeichnet, und die zwischen den aufgenommenen Wegen liegenden unbetretenen Gebiete mit Hilfe von Erkundigungsskizzen, Fernpeilungen, Rundpanoramen usw., so gut es geht, ergänzt und ausgefüllt. Dabei muß es das Bestreben des Kartographen sein, diese geringere Zuverlässigkeit der Darstellung dieser Gebiete durch die Art der Zeichnung dem Kartenleser sofort erkennbar zu machen, und dem Benützer der Karten in der Kolonie selbst dadurch einen Anreiz zu geben, diese Gebiete genauer zu erforschen.*

*Die schwierigste Aufgabe des Kartographen ist die Darstellung des Geländes. Anfangs, als die Routenaufnahmen noch sehr roh und dürftig waren und nur eine sehr geringe Zahl von Höhenmessungen vorlag, die noch dazu fast ausschließlich auf unkontrollier-*

*baren Aneroidablesungen beruhten, war bei der noch vielfach großen Unsicherheit der Geländeverhältnisse die Anwendung der bloßen Schummerung das Gegebene. Mit der Vervollkommnung der Aufnahmetechnik und der Zunahme der Höhenzahlen, die durch vermehrte Siedepunktbestimmungen wesentlich verbessert wurden, ging man dazu über, die Schummerung durch Kurven wirkungsvoller zu gestalten und vor allem die relativen Höhenunterschiede besser zum Ausdruck zubringen. Den Kurven wurde eine manierierte Bogenform gegeben, die sie schon äußerlich von der üblichen Darstellung wirklicher Isohypsen deutlich unterschied. Als nun nach Einrichtung ständiger meteorologischer Stationen die für die zuverlässige Berechnung der Höhenmessungen notwendigen korrespondierenden Barometerstände zur Verfügung standen und das Zahlenmaterial dadurch weiter an Zuverlässigkeit gewann, als ferner die Aufnahmen immer detailliertere Geländeformen brachten und das dichte Routennetz eine fast lückenlose Darstellung großer Gebiete ermöglichte, konnten neuerdings die manierierten Kurven durch richtige Formenlinien ersetzt werden, die aber auch noch nicht als ‚Gefühls-' oder ‚Schätzungsisohypsen' geschweige denn als wirkliche Linien gleicher Höhe aufgefaßt werden dürfen.*"[136]

Die Geländedarstellung in den Karten des Kolonialkartographischen Instituts beschränkte sich also anfangs auf eine bloße Schummerung. Erst mit der Vervollkommnung der topographischen Kenntnisse wurde diese nach und nach durch Formlinien ergänzt. Trotzdem zeichneten sich die Karten von Anbeginn durch ein gut lesbares und sehr plastisch wirkendes Relief aus, welches die Großformen erstaunlich realitätsgerecht wiedergab. Durch die zugrunde liegenden Routenaufnahmen waren zudem vielfältige Angaben über Bodenbeschaffenheit und Bewachsung, aber auch über völkerkundliche und wirtschaftliche Verhältnisse möglich.[137] Die Grundlage der Geländedarstellung der wegen des Zwangs zur Sparsamkeit technisch einfach gehaltenen Kolonialkarten bildeten nach Hueber zuletzt *„braune Formlinien, die durch eine auf dieselbe Farbplatte gezeichnete Schummerung unterstützt waren. In Gebieten, deren Kenntnis nur mangelhaft war, wendete man die Formlinien allein in einer Weise an, daß sie als vorläufig einwandfrei gekennzeichnet waren. Die Karten wurden auf Stein gestochen und wurden bei der Firma D. Reimer gedruckt.*"[138] Während sich nach Franz Thorbeckes Lob die spätere Sprigade-Moiselsche Kolonialkartographie gerade in der Geländedarstellung mit auf unzähligen barometrischen Ablesungen beruhenden Höhenangaben durch große Sorgfalt auszeichnete.[139] urteilte Albrecht Penck in einem Diskussionsbeitrag zu ECKERTS Vortrag über die deutsche Kolonialkartographie auf dem Deutschen Kolonialkongreß des Jahres 1910 nüchterner, dass die Höhenlinien des Kolonialkartographischen Instituts keine genauen Isohypsen aufwiesen, *„sondern lediglich eine rohe Angabe, wo sich Erhebungen und Vertiefungen befinden."*[140] Als reine Schummerungskarten erschienen seit dem Jahre 1907 lediglich noch die Auflagen des „Kleinen Deutschen Kolonialatlas", und auch die Höhenschichtenkarten blieben selten, wie etwa diejenige von MAX MOISEL über Kamerun im Maßstab 1:2 Millionen, welche im Jahre 1913 erschien.[141]

Schon rein äußerlich unterschieden sich die Karten der deutschen Schutzgebiete damit von ihren britischen und französischen Gegenstücken, welche bei der Darstellung der nicht immer einfachen morphologischen Verhältnisse auf die von vorneherein generalisierende Höhenschichtenkartierung zurückgriffen. Demgegenüber arbeitete das Kolonialkartographische Institut viel stärker die örtlichen Besonderheiten der Oberflächengestalt und der dauernden Geländemerkmale heraus. Die hierbei besonders wichtige morphologische Vorbereitung des Kartenentwurfs bestand nach HUEBER *„zunächst in der Ausscheidung und Kenntlichmachung der orographischen Verhältnisse im großen, der Darstellung der Gebirge im Gegensatz zur Ebene, dann aber in der genaueren Erfassung der Formen, die uns in den deutschen Kolonien in größter Mannigfaltigkeit entgegentreten. Wohl waren die Grundlagen für eine solche Durcharbeitung meistenteils sehr dürftig, zwischen den durch die Routenaufnahmen erfaßten schmalen Geländestreifen befanden sich Hunderte von Quadratkilometern unbekannten Gebietes; es ist aber staunenswert, was auf Grund der morphologischen und landeskundlichen Kenntnisse der Aufnehmenden und Auswertenden in der Darstellung der Formen geleistet wurde."*[142]

Zum großen gegenseitigen Vorteil für den Forschungsreisenden und das Kolonialkartographische Institut war es, wenn die aufnehmenden Personen bei der kartographischen Auswertung ihrer Aufzeichnungen tatkräftig in enger Zusammenarbeit mitwirkten und in vielfältiger Form mündlich ergänzende Hinweise für die Darstellung der Geländeformen gaben. Hierbei darf insbesondere nicht vergessen werden, dass die REIMERschen Kartographen ihre jeweiligen afrikanischen Arbeitsgebiete ja nicht aus eigener Anschauung kannten - mit Ausnahme von SPRIGADE und MOISEL, und selbst diese beiden leitenden Figuren der deutschen Kolonialkartographen erst sehr spät -, sondern das Kartenbild neben den Aufnahmen und Berichten visuell nur aufgrund einiger weniger schwarz-weißer Photographien komponieren mußten. Die Auswertung der kartographischen Aufnahmen erforderte deshalb mit den Worten PILLEWIZERS *„meist großes Einfühlungsvermögen des Kartographen in die Eigenheiten des Aufnehmenden, um den Inhalt seiner Feldaufschreibungen deuten und voll ausschöpfen zu können. Trotzdem blieben immer noch genug Unklarheiten, die nur im Zusammenwirken von Aufnehmendem und Auswertendem geklärt werden konnten. Eine genaue Durchsicht der Konstruktionsblätter war daher unbedingt erforderlich, der sich auch alle Geographen um so lieber unterzogen, als sie dadurch unmittelbaren Einfluß auf die Ausgestaltung ihrer Karten nehmen konnten.“*[143]

Neben den kartographischen Aufnahmen vervollständigten die meisten Forschungsreisenden ihre landeskundlichen Aufzeichnungen noch durch geologische, geomorphologische, botanische und ethnographische Untersuchungen, deren Ergebnisse neben manchen Anmerkungen auf den topographischen Kartenblättern vor allem in angewandten Karten ihren Niederschlag fanden. Allerdings setzte der Entwurf solcher thematischer Karten, wie etwa FRITZ JAEGERS geologische und vegetationskundliche Karten im Jahre 1913 in der als Ergänzungsheft 8 der MadDS erschienenen länderkundlichen Beschreibung des „Hochlands der Riesenkrater“ und der umliegenden Hochländer, das Vorhandensein entsprechender topographischer Blätter voraus. Der besondere Wert der seit dem Jahre 1906 von der Landeskundlichen Kommission (siehe Kapitel 5) ausgesandten Expeditionen lag deshalb auch in der engen Verknüpfung von topographischer Kartendarstellung und länderkundlicher Beschreibung des Forschungsgebiets.[144] Dies kompensierte zumindest vorläufig das Fehlen der klassischen Landesaufnahmen, da ja nach ERNST HUEBER *„rascheste Kartenherstellung unter Vermeidung hoher Kosten“* von Anfang bis Ende die Losung der ebenso kurzen wie intensiven deutschen Kolonialkartographie gewesen war. *„Die Güte der geometrischen Grundlage war jedenfalls nicht die Stärke der deutschen Kolonialkartographie, ja, dort wo die geometrische Grundlage gut war, wie in den durch Triangulationen erfaßten Teilen von Deutsch-Südwestafrika, waren die Geländedarstellungen der Karten nicht so gut.“*[145]

Nach dem Arbeitsbericht der beiden Leiter des Kolonialkartographischen Instituts konnten sich schließlich noch besondere Schwierigkeiten durch die Beschriftung der Kartenblätter ergeben. *„Die Reisenden liefern oft für dasselbe Objekt die verschiedenartigsten Namenfassungen. Ursachen dafür sind einmal die größere oder geringe Kenntnis der Landessprachen des Aufnehmers selbst, sodann die Unzuverlässigkeit der Führer, die auch, je nach ihrer Stammesangehörigkeit, häufig für denselben Fluß, Ort usw. ganz* *verschiedene Namen haben, und endlich Mißverständnisse aller Art. Abhilfe kann nur geschaffen werden, wenn in allen Kolonien, wie es in den Besitzungen im Stillen Ozean zum Teil schon geschehen ist, die Schreibweise der geographischen Namen von der Schutzgebietsverwaltung amtlich festgesetzt wird.*" Schließlich oblag den Kolonialkartographen noch das „*ständige Verfolgen der geographischen Literatur über die deutschen Schutzgebiete und deren Nachbarländer. Sie, sowie die amtlichen Berichte enthalten öfters wichtige Angaben, z. B. über neue Fundstellen nutzbarer Bodenschätze, Europäerniederlassungen, Gründungen von Anstalten wirtschaftlicher oder wissenschaftlicher Natur, über Stammes- und Landschaftszusammengehörigkeit, Schiffbarkeit der Flüsse usw. Die Amtsblätter berichten über Verwaltungsangelegenheiten, wie Neueinrichtung oder Aufgabe von Regierungsstationen, von Post-, Zollämtern und Telegraphenanstalten, von Bezirken, geben Auskunft über Grenzänderungen, Anlage neuer Verkehrswege usw.*"[146]

Neben einer kritischen Diskussion einzelner Kartenmaßstäbe, der Art der Geländedarstellung – Für und Wider von Schummerung, Formlinien oder Isohypsen –, deren Wahl aber in der Regel vom zur Verfügung stehenden Quellenmaterial diktiert wurde, knüpfte sich die lebhafteste kartentheoretische Debatte jener Jahre an die fundamentale Frage der Aufnahmemethoden. Hierbei wurde der von SPRIGADE und MOISEL befürworteten einfachen Routenaufnahme mittels Kompass und Uhr vorgeworfen, diese arbeite ausschließlich linienhaft, führe in der kolonialen Praxis der oftmals weit auseinander liegenden Reiserouten niemals zu genügender Flächendeckung und zeitige folglich mangelhafte kartographische Ergebnisse. Dem konnte entgegengehalten werden, dass eine bloße Routenaufnahme zwar durchaus nur linienhaft war, trotzdem jedoch durch enge Scharung der Routen in Verbindung mit intensiven Fernpeilungen von jeder Route sehr wohl einen hohen Grad von Flächendeckung erzielen konnte. Dass diese Behelfsmethode nicht das Ideal darstellte, war auch den beiden leitenden Kolonialkartographen klar, welche wiederholt ihrer Hoffnung Ausdruck gaben, in absehbarer Zeit auf der Grundlage exakterer Aufnahmemethoden kartographieren zu können, namentlich durch Heranziehung der Triangulation und der seinerzeit hochmodernen Photogrammetrie. Über diesen theoretischen Erwägungen durften jedoch die Erfordernisse der alltäglichen Arbeit des Kolonialgeographischen Instituts nicht vergessen werden, mithin in den Worten OBSTS „*die Tatsache, daß die Kolonialkartographie schnell, billig und mit einem astronomisch und geodätisch in keiner Weise geschulten Aufnahmepersonal arbeiten mußte.*" Nur wenige der in die Schutzgebiete entsandten Forscher beherrschten die schwierigeren exakten Aufnahmemethoden oder hatten die Zeit, sich solch langwierigen exakten kartographischen Aufnahmen zu widmen, und lieferten stattdessen in der Regel weniger zeitraubend erstelltes, aber deshalb auch nur annähernd genaues Kartenrohmaterial nach Berlin. *„In wieviel höherem Maße galt dies von den Offizieren, Beamten, Farmern und Pflanzern, die sich überhaupt nur ganz freiwillig und nebenher der topographischen Aufnahme widmen konnten. Wollte man in der Kolonialkartographie, wie es dringend geboten war, rasch und billig vorwärts kommen, so war dies in der Tat nur auf dem Wege der von* SPRIGADE *und* MOISEL *empfohlenen Methode der Routenaufnahme mit Kompaß und Uhr möglich."* Alle flächenhaften Verfeinerungen der Kartenwerke der einzelnen Schutzgebiete etwa durch Triangulation und Messtischaufnahme musste einer späteren Kostenübernahme der jeweiligen wirtschaftlich erstarkten Schutzgebiete überlassen werden.[147]

Bereits auf dem dritten Deutschen Kolonialkongress im Jahre 1910 konnten SPRIGADE und MOISEL im Rückblick auf die vergangenen fünf Jahre aber schon außerordentliche Fortschritte der kolonialen Kartographie hervorheben. Einen erheblichen Anteil daran hatten die jüngsten Grenzexpeditionen, welche *„durch ihre geodätischen Messungen und astronomischen Ortsbestimmungen die so erwünschten Fixpunkte für den Kartenaufbau"* insbesondere entlang der Ost- und Nordgrenze von Togo, nahezu sämtlicher Grenzen von Kamerun sowie der Nordwest-, Nord-, Nordost- und eines Teils der Südgrenze von Deutsch-Ostafrika beschafft hatten.[148] Nach ihrer bereits bei dieser Gelegenheit geäußerten Ansicht, brachte *„die erfreulich fortschreitende Entwickelung der Kolonien" für deren zukünftige Kartographie doch auch unweigerlich „erhöhte Ansprüche an die Zuverlässigkeit und Vollständigkeit der Kartenbilder"* mit sich, welche aber trotz aller vermessungstechnischer Fortschritte noch auf lange Zeit nicht die heimischen Standards würden erreichen können: *„Die Aufnahme der ungeheuren Areale unserer überseeischen Besitzungen im Sinne unserer deutschen Landesvermessungen würde Millionen kosten und Jahrhunderte dauern. Ein derartiger Aufwand von Zeit und Geld steht aber für viele Gebiete in gar keinem Verhältnis zu deren wirtschaftlichem Wert."* Um zumindest in den kolonialwirtschaftlich wertvollen Gebieten zu befriedigenderen kartographischen Resultaten zu gelangen, forderten SPRIGADE und MOISEL vor allem ein Vorantreiben der Landestriangulationen und von deren Festpunkten aus die topographische Aufnahme mittels der Photogrammetrie. *„Die Triangulationsdreiecke wären dann durch Vermessung gebesserter*

*Wege mit Bandmass und Kompass, mit Theodolit oder Tachymeter weiter zu zerlegen. Für die Eingeborenen-Wege und zur topographischen Ausfüllung des so erhaltenen Netzes wird die Aufnahme mit Uhr und Kompass, wie bisher, das Material liefern, und ihre Zuverlässigkeit wird sich um so mehr erhöhen, je grösser die Zahl der sie stützenden Fixpunkte ist.*" Trotz des Fernziels einer Aufnahme ausschließlich mit modernen Hilfsmitteln waren sich die beiden Kolonialkartographen aber darüber im Klaren, dass neben Phototheodolit und Messtisch samt gewöhnlichem Theodolit auch Uhr und Kompass noch lange unverzichtbar bleiben würden.[149]

## 4.5. Professionalisierung der Materialgewinnung und Einrichtung von Vermessungsämtern

Seit dem Beginn der 1890er Jahre hatten zunächst nur bedarfsweise für einen ausgewählten kleinen Personenkreis inmitten des REIMERschen kartographischen Bureaus Unterweisungen in der topographischen Aufnahme stattgefunden. An deren Stelle traten im Zuge der fortschreitenden Professionalisierung sämtlicher Zweige des Vermessungswesens und der Kartographie der deutschen Schutzgebiete seit dem Jahre 1909 regelmäßige Kurse der beiden Leiter des Kolonialkartographischen Instituts[150] an einer der beiden unterdessen entstandenen Ausbildungsstätten des Reichskolonialamtes zur akademisch-praktischen Schulung auszusendender Kolonialbeamter und Schutztruppenoffiziere. Das erst im Jahre 1908 in Hamburg gegründete Kolonialinstitut, getragen vom Senat der Hansestadt mit je einem Kommissar des Reichskolonialamts und des Reichsmarineamts, bestand dabei aus einer Zentralstelle, welche Literatur, Drucksachen und Zeitungsausschnitte vorhielt sowie Sachauskünfte erteilte, und einer Hochschule zur „*Ausbildung von Beamten, Kaufleuten, Industriellen, Landwirten und anderen Personen, die in die deutschen Schutzgebiete oder in andere Ueberseegebiete zu gehen beabsichtigen.*" Dort konnten sowohl ein einjähriger Grundkursus (zwei Semester) mit Vorlesungen, Sprachschulungen, praktischen Übungen und Exkursionen als auch zweijährige kolonialwirtschaftliche oder kaufmännische Kurse (vier Semester) mit einem Diplom absolviert werden. Der Lehrkörper rekrutierte sich aus den hamburgischen Universitätsinstituten ergänzt durch Praktiker und Akademiker mit Kolonialerfahrungen. Für auszusendende Kolonialbeamte und Offiziere wurden besondere „*Studienpläne unter Berücksichtigung der Verhältnisse der einzelnen Kolonien vom Reichskolonialamt festgesetzt.*"[151]

Für die Kolonialkartographie ungleich wichtiger war jedoch das bereits am 27.10.1887 an der Königlichen Friedrich-Wilhelms-Universität zu Berlin gegründete Seminar für Orientalische Sprachen, welches *„künftigen Aspiranten für den Dolmetscherdienst, den Kolonialdienst, sowie Angehörige sonstiger Berufsstände, die den erforderlichen Grad sittlicher und geistiger Reife besitzen"*, in Theorie und Praxis lebender asiatischer und afrikanischer Sprachen Unterricht erteilte. Neben den von eigenen Lehrkräften und ausländischen Lektoren geleiteten sprachlichen Studien, welche im Jahre 1914 auch die afrikanischen Sprachen Amharisch, Arabisch, Jaunde, Suaheli sowie verschiedene westafrikanische Sprachen umfassten, hielten insbesondere Dozenten aus der Praxis auch begleitende *„realistische Vorlesungen und Uebungen"* ab. Bei Kriegsausbruch waren dies neben medizinischen, naturwissenschaftlichen und wirtschaftlichen Themen in kolonialkartographisch relevanter Hinsicht wie schon seit dem Jahre 1909 PAUL SPRIGADE und MAX MOISEL für die Einweisung in die Technik der Routenaufnahme sowie Prof. MAX SCHNAUDER für die Praxis der astronomischen Ortsbestimmung, Hauptmann a. D. HANS VON RAMSAY mit einer Vorlesung zur Landeskunde von Togo, Kamerun und Deutsch-Ostafrika und schließlich Hauptmann a. D. Dr. MAX WEISS mit Vorlesungen über Photographie, Photogrammetrie und Stereophotogrammetrie. Während in die Sprachklassen gegen eine Inskriptionsgebühr von 20 Reichsmark pro Semester *„als Beitrag zu den Kosten der Seminarbibliothek"* nur einmal im Jahr zu Beginn des Wintersemesters Mitte Oktober eingetreten werden konnte, standen die *„Kolonial- und Realienklassen"* sich hierauf beschränkenden Anfängern für nur 10 Reichsmark je Semester auch zu Beginn des Sommersemesters Mitte April offen.[152] Für die deutsche Kolonialkartographie war die Lehrtätigkeit von SPRIGADE und MOISEL sehr fruchtbringend, da diese beiden nun bei den hierher abkommandierten Kolonialbeamten und Offizieren der Schutztruppen auf eine einheitliche Behandlung der Aufnahmemethoden und insbesondere der Routenaufnahmen hinwirkten, welche nach HANS MEYER zusammen mit der *„dadurch vermittelten persönlichen Fühlung der draußen arbeitenden Männer mit der Berliner kartographischen Zentrale"* den ureigensten Interessen des Kolonialkartographischen Instituts in hohem Maße entgegenkam.[153]

Hinsichtlich der Übernahme von Landmessern in den Landesvermessungsdienst der Schutzgebiete hatte das Reichskolonialamt bestimmt, dass nur solche Kandidaten übernommen werden konnten, welche zuvor bereits eine längere Zeit berufspraktisch tätig gewesen waren. *„Die Bewerber müssen tropendiensttauglich, möglichst unverheiratet und zwischen 24 und 32 Jahre alt sein, ihrer Militärpflicht genügt oder endgültig von ihr befreit sein.“*[154] Der Entsendung nach Übersee ging im allgemeinen eine Beschäftigung beim Reichskolonialamt in Berlin voraus. Sofern sie sich neben dieser Beschäftigung am Reichskolonialamt auch am Seminar für orientalische Sprachen in Berlin für den Dienst im Schutzgebiet Deutsch-Ostafrika auf Kosten des Reichskolonialamts vorbereiteten, mußten die Landvermesser sich für die Ableistung von zwei Dienstperioden in diesem Schutzgebiet, in allen anderen Fällen nur zur Ableistung einer Dienstperiode, verpflichten. Im Jahre 1912 betrugen diese Verpflichtungsperioden für Togo und Kamerun anderthalb, für Deutsch-Ostafrika zwei und für alle übrigen Schutzgebiete drei Jahre. Während das Reichskolonialamt die Kosten für Aus- und Heimreise nebst Umzugskosten- und Ausrüstungszuschuss übernahm, wurde in den Schutzgebieten auch *„freie Wohnung oder an deren Stelle eine angemessene Entschädigung und, soweit möglich, freie ärztliche Behandlung und bei Aufnahme in Lazarette freie Verpflegung gewährt. In bestimmten Fällen stehen im Schutzgebiet verordnungsgemäß Tagegelder zu.“* Das Anfangsgehalt der Landmesser lag pro Jahr bei mindestens 6 000 Reichsmark und konnte ungeachtet einer eventuellen Beförderung nach neunjähriger Dienstzeit bis auf 9 300 Reichsmark im Jahr steigen. Nach dem Ende jeder Dienstperiode stand dem Landmesser ein etwa viermonatiger Heimaturlaub unter vollen Bezügen zu.[155]

Bis zum Jahre 1909 waren aber trotzdem nur erst 42 Vermessungsbeamte zumeist preußischer Herkunft zu über drei Vierteln bei den afrikanischen Gouvernements etats- und außeretatsmäßig angestellt. Unterstützt wurden diese durch Hilfspersonal, wie Techniker und Zeichner, sowie immerhin 6 freischaffenden Berufskollegen.[156] Deren Wirken hatte zwar einen mittelbaren und stetig steigenden Einfluss auf die Arbeit des Kolonialkartographischen Instituts, doch arbeiteten die Landmesser hauptsächlich für die Vermessungsämter der einzelnen Schutzgebiete* und die diesen weisungsbefugte kleine Geodätische Abteilung im Reichskolonialamt. Diese hatte insbesondere durch den hier tätigen Landmesser Heinrich Böhler vorbildliche Arbeit geleistet, so vor allem bei der

* Ein Überblick der erreichten Katasterverhältnisse der deutschen Schutzgebiete findet sich in Heinrich Böhler (1918: Entwicklung von Flurkarten, Flurbüchern und Grundbesitzrollen in den deutschen Schutzgebieten Afrikas und der Südsee bis zur Zeit des Ausbruches des Weltkrieges 1914, in: Deutsches Kolonialblatt, 15.5.1918, S. 124–168.

Erläuterungen.
Fluss mit Nebenbächen
Fahrbare Hauptstraßen
Reitwege
Negerpfade
Höhenurwald
Hochweiden
Grassteppe und Sümpfe
Kaffeeplantage
Felder der Eingeborenen
Eigentumsgrenze
Hoflage der Europäer
Dorf der Eingeborenen
Kirche der engl. Mission
Stein
Flasche
Trigonometrische Punkte
ch sprich wie tsch
j " " dj
s " " ss
sh " " sch
v " " w
w " " W im Englischen
y " " j
z " " s
Höhenschichtenlinien
P.-A.-P. = Prinz-Albrecht-Plantagen.
D.-O.-A.G. = Deutsch-Ost-Afrikanische Gesellschaft.
R.-H.G. = Rheinische-Handei Gesellschaft.
U.-K. G. = Usambara-Kaffeebau Gesellschaft.
W.H.u.P.G. = Westdeutsche Handels-und Plantagen Gesells
O.-A.P.G. = Ost-Afrikanische Pflanzungs Gesellschaft.
S.-P.G. = Sigi Pflanzungs Gesellschaft.
Die Höhenangaben beziehen sich auf einen ideellen Nullpunkt, welcher gegen das Mittelwasser des indischen Oceans um ± 3m verschieden liegen kann. Die für bestimmte Punkte eingeschriebenen Höhenzahlen haben unter sich eine Genauigkeit von ± 0,5m.
Die fast durchweg felsigen Gebirgsabhänge sind stellenweise n von Bambus durchsetzten Wald bedeckt.
Die Landschafts-und Bergnamen sind mit steiler, die Flussnamen mit nach links geneigter, die namen mit nach rechts geneigter Schrift eingetragen.
Misoswe (Missionsschule)
Mlalo
Kwaniundo
Machanga
Kwampanga
Mlalaka

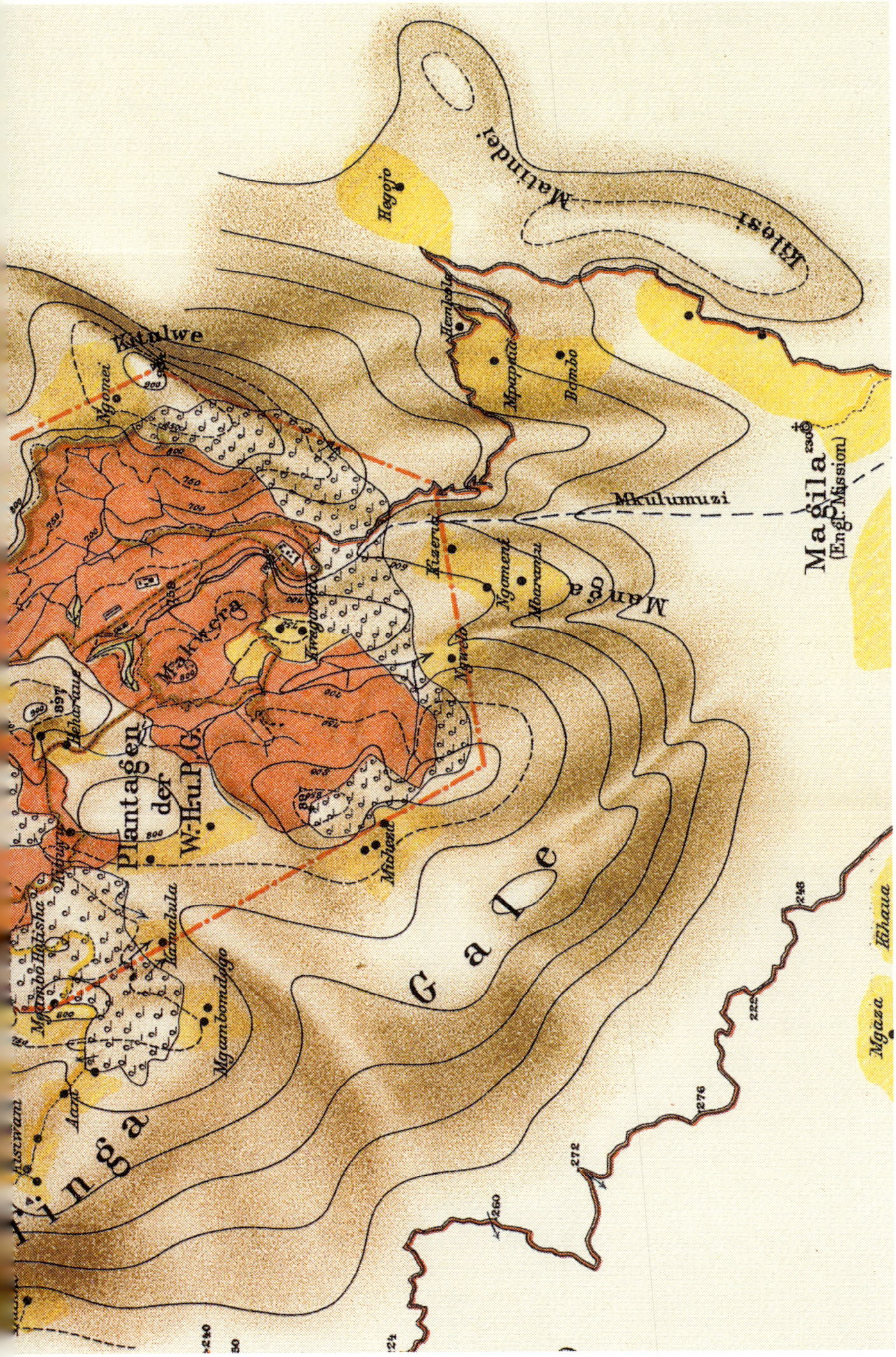
Kitulwe
Magila
(Engl. Mission)
Mkulumuzi
Plantagen der W.-H.u.P.G.
Gale
Matinde
Kilesi
Bombo
Ngomei
Mishosi
Mgaza
Kihaua

Einführung des GAUSS-KRÜGER-Koordinatensystems in Deutsch-Südwestafrika und den Triangulationen im Nordosten von Deutsch-Ostafrika, welche noch zwei Jahrzehnte später von den Briten bei einer Neuvermessung unverändert übernommen wurden.[157] Die nach und nach eingerichteten Vermessungsämter der Schutzgebiete bearbeiteten ihre Spezialkartierungen weitgehend selbst, wenn auch die schließliche Vervielfältigung zur Kostenersparnis beim Verlag Dietrich Reimer in Berlin erfolgte. Dabei handelte es sich etwa um Stadtpläne, Farmenkarten, die Besitzstandskarten von Deutsch-Südwestafrika und die Spezialkarten von Usambara in den Maßstäben 1:25 000 und 1:50 000 (Abb. 14). Nicht jede der solchermaßen in Berlin oder den einzelnen Schutzgebieten erstellten Karten der Landmesser wurde allgemein oder auch nur im jeweiligen Schutzgebiet veröffentlicht. Ein nicht unbedeutender Teil der Sonderkarten wurde ausschließlich für den internen Dienstgebrauch bearbeitet.[158]

## 4.6. Stiefkind thematische Kartographie

Neben dieser allmählich in Schwung kommenden Katastervermessung mit den zugehörigen Grundbesitzkartierungen blieb aber der Umstände halber die übergroße Mehrheit der Kolonialkarten der Klasse der topographischen Karten zuzuordnen. Noch im Jahre 1910 musste der Aachener Hochschulgeograph MAX ECKERT (1868–1937), zugleich der führende deutsche Kartenwissenschaftler seiner Zeit, feststellen, dass sich noch *„ganz schüchtern"* daneben auch thematische Karten ans Tageslicht wagten. Neben wenigen großformatigen Kartenblättern, wie etwa der Niederschlagskarte EMIL OTTWEILERS von Deutsch-Südwestafrika im Maßstab von 1:3 Millionen aus dem Jahre 1907 (Abb. 15), waren dies kleinformatige Einzelkarten und vor allem Textkärtchen zur Orographie, Hydrographie, Klimatologe, Geologie, Botanik und Zoologie, aber auch zur Ethnographie, der Verwaltung sowie zu Handel und Verkehr.[159]

Nach ECKERT enthielten zwar zahlreiche Routenkarten seit jeher auch kolonialwirtschaftlich wichtige Angaben insbesondere zur

**Abb. 14** (S. 94/95): Verkleinerter Ausschnitt der Karte „Ost-Usambara 1897–99. Trigonometrisch und topographisch aufgenommen, berechnet und gezeichnet durch H. Böhler, Preussischer Landmesser" am Südostrand der Usambara-Berge unter Verwendung trigonometrischer und tachymetrischer Aufnahmen anderer Landmesser im Maßstab von 1:50 000 (Quelle: MadDS 1901, Karte 1).

angetroffenen Pflanzenwelt. Doch nur ganz allmählich fange deutscherseits die thematische Kolonialkartographie damit an, *„darüber nachzudenken, dass es nicht angängig ist, auf einem einzigen Kartenblatt die verschiedensten Erzeugnisse der Pflanzen-, Tier- und Gesteinswelt darzustellen, dazu wohl gar noch Industrieerzeugnisse und anderes mehr; alle diese Dinge sind aber doch ihrer Natur nach so heterogen, dass selbst der Deckmantel ‚wirtschaftliche Erzeugnisse' sie ungeeignet für eine Detaildarstellung auf einem Bild erscheinen lässt. Zur Genüge wissen wir doch, dass es nicht ratsam, vielfach nicht möglich ist, eine Volksdichte mit einer Haustierdichte oder einer tier- und pflanzengeographischen Karte zusammenzuschweissen, oder eine Regen-, Wind-, Temperatur- und Sonnenscheindauerkarte in einem einzigen Kartenumriss darzustellen."* So seien in der kartographisch sachgerechten getrennten Darstellung einzelner Wirtschaftsgüter die Briten mit dem großen „Atlas of the World's Commerce" von John Bartholomew führend. Da aber gerade gut aufbereitete und dargebotene thematische Karten insbesondere kolonialpropagandistisch „eine grosse Bedeutung für die Veranschaulichung der wirtschaftlichen Entwickelung, der wirtschaftlichen Kraft unserer Kolonien" besäßen, sei deren Entwicklung und Herstellung zu unterstützen.[160] Einen gewissen Durchbruch für die deutsche Kolonialkartographie bedeutete daher der im Jahre 1906 vom Kolonialwirtschaftlichen Komitee der Deutschen Kolonialgesellschaft unter der Redaktion von Sprigade und Moisel herausgegebene kleine „Wirtschaftsatlas der deutschen Kolonien" mit nur zehn wirtschafts- und verkehrsgeographischen Kartenblättern im Maßstab von 1:2 Millionen, welcher bereits im Folgejahr in einer zweiten Auflage ohne wesentliche Ergänzungen nochmals erschien.[161]

Trotzdem brachte Eckert aufgrund seiner kritischen Anmerkungen zum derzeitigen Stand der thematischen Kolonialkarten auf dem dritten Deutschen Kolonialkongress im Jahre 1910 die Resolution durch, einen preiswerten und möglichst laufendgehaltenen Wirtschaftsatlas der Schutzgebiete zur Verbreitung in *„den weitesten Kreisen unseres Volkes"* durch die Deutsche Kolonialgesellschaft anzufertigen. Dieser sollte *„ausser klaren und übersichtlichen Wirtschaftskarten auch gut verständliche Diagramme bringen und so ein vorzügliches Anschauungsmittel über Handel und*

**Abb. 15:** Verkleinerter Ausschnitt der „Niederschlagskarte von Deutsch-Südwestafrika" auf der topographischen Grundlage der sogenannten Kriegskarte (1:800 000) sowie rund 90 Beobachtungsstationen mit zumeist 4–10jährigen Mitteln, entworfen von Emil Ottweiler im Maßstab von 1:3 Millionen (Quelle: MadDS 1907, Karte 1)

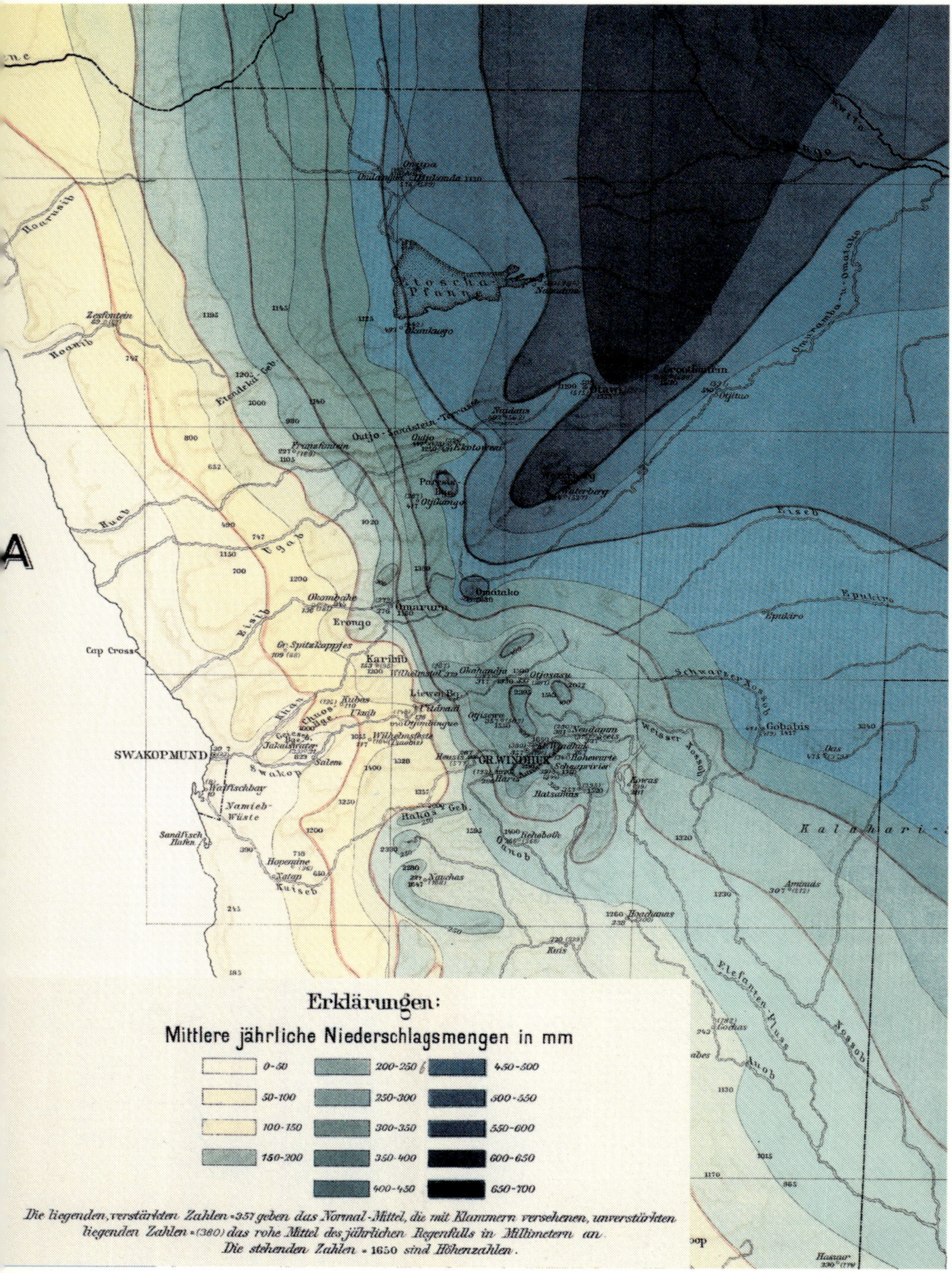
Erklärungen:
Mittlere jährliche Niederschlagsmengen in mm
0-50
50-100
100-150
150-200
200-250
250-300
300-350
350-400
400-450
450-500
500-550
550-600
600-650
650-700
Die liegenden, verstärkten Zahlen = 357 geben das Normal-Mittel, die mit Klammern versehenen, unverstärkten liegenden Zahlen = (360) das rohe Mittel des jährlichen Regenfalls in Millimetern an.
Die stehenden Zahlen = 1650 sind Höhenzahlen.
SWAKOPMUND
Cap Cross
Omaruru
Karibib
Erongo
Gr. WINDHUK
Gobabis
Rehoboth
Outjo
Waterberg
Grootfontein
Etoscha Pfanne
Kalahari
Swakop
Kuiseb
Ugab
Omatako
Epukiro
Zesfontein
Franzfontein
Okahandja
Walfischbay
Namib-Wüste
Sandfisch Hafen

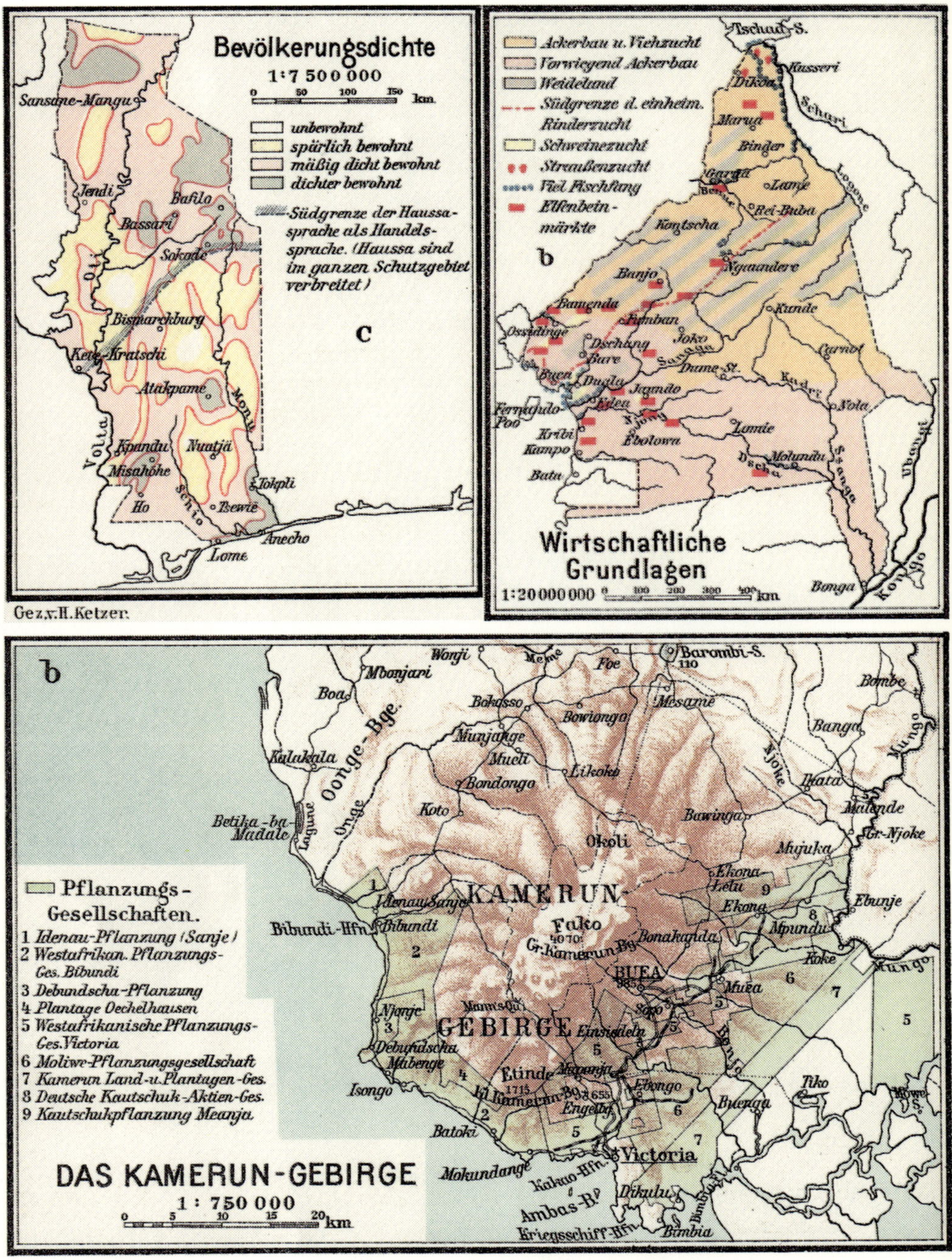


**Abb. 16:** Wirtschaftsgeographische Kartierungen von Togo und Kamerun im Entwurf von Max Eckert (Quelle: Eckert 1912, Karten S. 14c, 21b und 20b)

*Wandel unserer Kolonien"* werden.[162] Als Nachfolger des vorgenannten kleinen Atlasbandes erschien aufgrund seiner eigenen Anregung auf dem Deutschen Kolonialkongress bereits im Jahre 1912 ein auf Veranlassung der Deutschen Kolonialgesellschaft von MAX ECKERT selbst entworfener und bearbeiteter, gleichfalls „Wirtschaftsatlas der deutschen Kolonien" genannter thematischer Atlas auf der topographischen Grundlage des Kolonialkartographischen Instituts. Gemäß seiner zwei Jahre zuvor entwickelten Forderungen stellte dieser kolonialwirtschaftliche Atlas auf den einzelnen Kartenblättern in Abkehr von zuvor oft überfüllten thematischen Karten nur jeweils sachlich verwandte Wirtschaftsgüter wie etwa ausschließlich Mineralschätze, Kautschuk und Ölpflanzen sowie Nahrungs- und Genussmittel dar. Dieser große Wirtschaftsatlas enthielt 52 Kartenblätter und 9 Übersichtskarten zumeist im Maßstab von 1:5 Millionen sowie zahlreiche Nebenkärtchen und Diagramme für alle kolonialwirtschaftlichen Aspekte (Abb. 16 und 17). Dessen thematische Karten wurden auch in das bereits im Jahre 1914 weitgehend fertiggestellte, aber infolge des Ersten Weltkriegs erst im Jahre 1920 von Dr. HEINRICH SCHNEE herausgegebene Deutsche Kolonial-Lexikon übernommen.[163]

Den Schlußpunkt in der Reihe der nicht gerade zahlreichen thematischen Kolonialkarten setzte die vom Kolonialkartographischen Institut mitten im Ersten Weltkrieg für die MadDS 1917 vorwiegend wegen des Mangels an neueingehendem topographischem Material erarbeitete „Völkerkarte von Französisch-Äquatorialafrika" im Maßstab von 1:5 Millionen. Diese auf langwierigen und mühevollen Literaturauswertung beruhende Karte von MAX MOISEL nach einer Völkereinteilung von Dr. POUTRIN stellte die ethnographischen Verhältnisse der Gebiete im Osten und Süden des Schutzgebiets Kamerun dar[164], welche man im Rahmen eines erwarteten Siegfriedens bei der dann beabsichtigten Bildung eines geschlossenen zentralafrikanischen Kolonialreichs zu erwerben hoffte.

## 4.7. Kartographischer Arbeitsstand am Vorabend des Weltkriegs

Beim Ausbruch des Ersten Weltkriegs im Jahre 1914 stellte das umfassendste amtliche Kartenwerk von einheitlichem Charakter der „Große Deutsche Kolonialatlas" dar, welcher auf 35 Kartenblätter im Maßstab von 1:1 Million angelegt war, mit Ausnahme des kleinen Togo, welches im Maßstab von 1:500 000 zur Darstellung

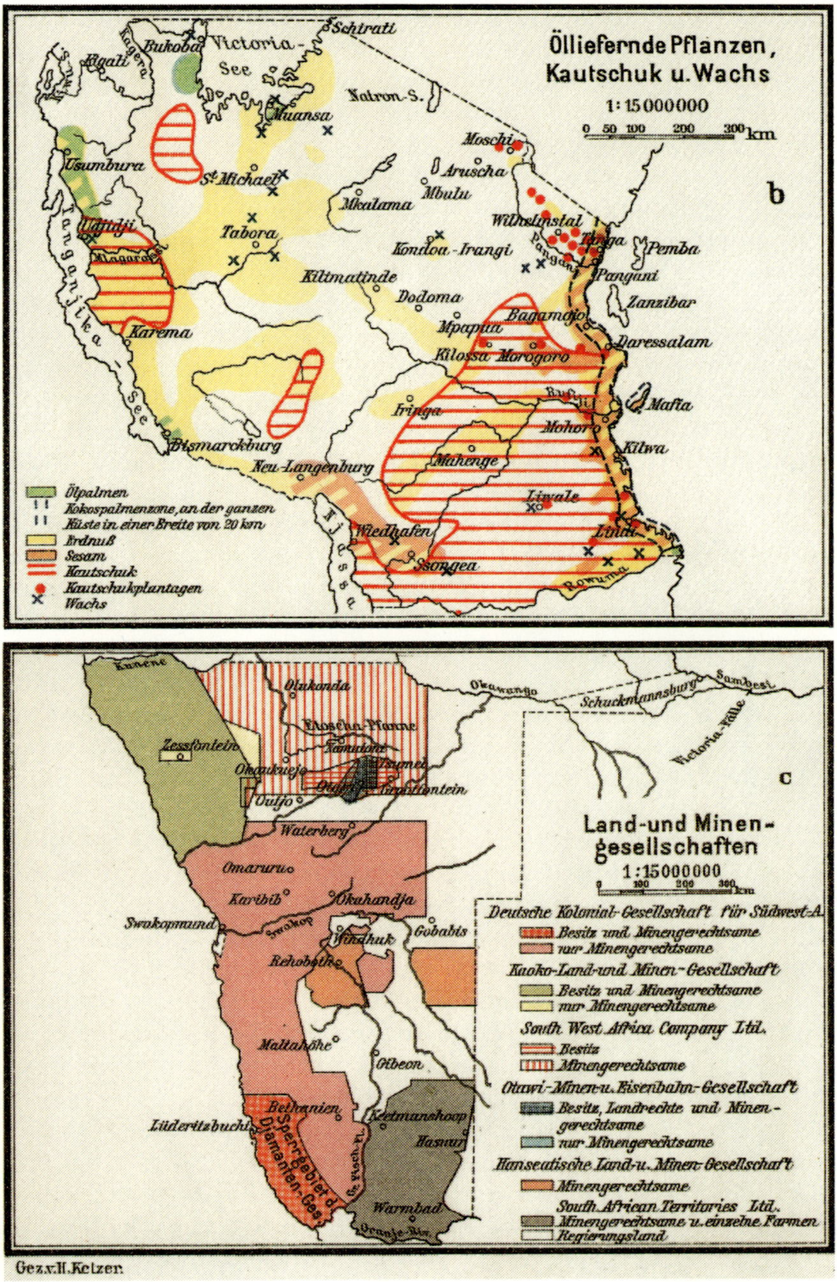


**Abb. 17:** Wirtschaftsgeographische Kartierungen von Deutsch-Ostafrika und Deutsch-Südwestafrika im Entwurf von MAX ECKERT (Quelle: ECKERT 1912, Karten S. 38 b und 30 c)

gelangte. Von diesem waren aber bis dahin nur 26 Kartenblätter erschienen, da aufgrund der Sonderverhältnisse in der Vermessung und Kartographie des Schutzgebiets Deutsch-Südwestafrika einer Bearbeitung jener Kartenblätter noch nicht näher getreten worden war. Die bis zu diesem Zeitpunkt erfolgten Lieferungen umfassten Togo (SPRIGADE) in zwei Blättern (1906–07) mit einer verbesserten Ausgabe des Südblatts in den MadDS 1908, Deutsch-Ostafrika (SPRIGADE und MOISEL) in neun Blättern (1903–12) und Kamerun (MOISEL) in der ersten Bearbeitung (1901) in sechs Blättern und in der zweiten Bearbeitung einschließlich Neu-Kameruns (1909–12) in zehn Blättern, welche durch die bedeutenden Gebietszuwächse im Rahmen des Marokko-Abkommen vom 4.11.1911 notwendig geworden war. Daneben enthielt dieses Hauptatlaswerk von SPRIGADE und MOISEL noch die gemeinsam hergestellten Karten der pazifischen Schutzgebiete in erster Bearbeitung (1902–04) und in zweiter Bearbeitung (1909–10) in verschiedenen Maßstäben.[165]

Von den im amtlichen Auftrag bearbeiteten topographischen Kartenwerken in den Maßstäben von 1:200 000 für Togo und 1:300 000 für Kamerun und Deutsch-Ostafrika lagen im Sommer 1914 die zehn Togo-Blätter seit dem Jahre 1908 in erster Auflage fertig vor (Abb. 18), und die Neubearbeitung des Blatts E 2 (Lome) stand unmittelbar bevor. Von den 31 Blättern samt drei Ansatzstücken des Kartenwerks zu Kamerun war das letzte kurz vor dem Krieg erschienen (Abb. 19), während die 29 Kartenblätter samt sechs Ansatzstücken zu Deutsch-Ostafrika bereits seit dem Jahre 1911 in erster Bearbeitung abgeschlossen waren (Abb. 20). Für dieses Schutzgebiet überarbeitete das Kolonialkartographische Institut bei Kriegsausbruch die Gebiete im Nordwesten und längs der Mittellandbahn von Dar-es-Salaam nach Udjiji am Tanganjikasee völlig neu. Neben den siebzig Blättern dieser drei Kartenwerke sowie den Südsee-Karten hatte die halbamtliche REIMERsche Kartographie seit Beginn der Beschäftigung mit den deutschen Schutzgebieten in kaum einem Vierteljahrhundert nach der Einschätzung ihrer beiden Leiter auch noch *„Hunderte von Sonderkarten“* angefertigt, welche überwiegend im Deutschen Kolonialblatt oder dessen wissenschaftlichen Beiheften, den MadDS und deren Ergänzungsheften, erschienen waren. *„Die Gründe für ihre Bearbeitung waren sehr verschiedener Art. Enweder reichten für besonders detailliert aufgenommene oder wirtschaftlich wichtige Gebiete die Maßstäbe der Spezialkarten nicht aus, oder die Karten dienten zur Erläuterung von Reiseberichten und -werken, oder als Protokollkarten für neue Grenzverträge, oder waren Eisenbahnkarten oder geologischer oder wirtschaftlicher Natur usw.“*[166]

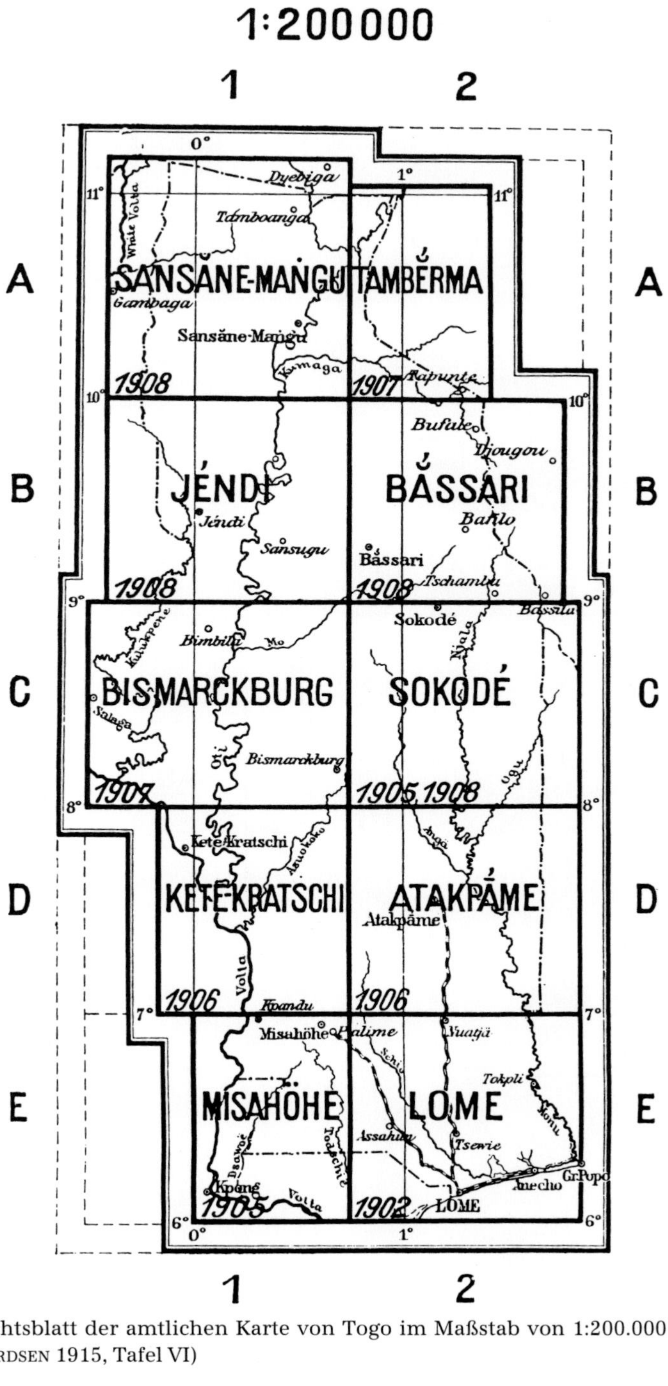


**Abb. 18:** Übersichtsblatt der amtlichen Karte von Togo im Maßstab von 1:200.000 (Quelle: MARQUARDSEN 1915, Tafel VI)

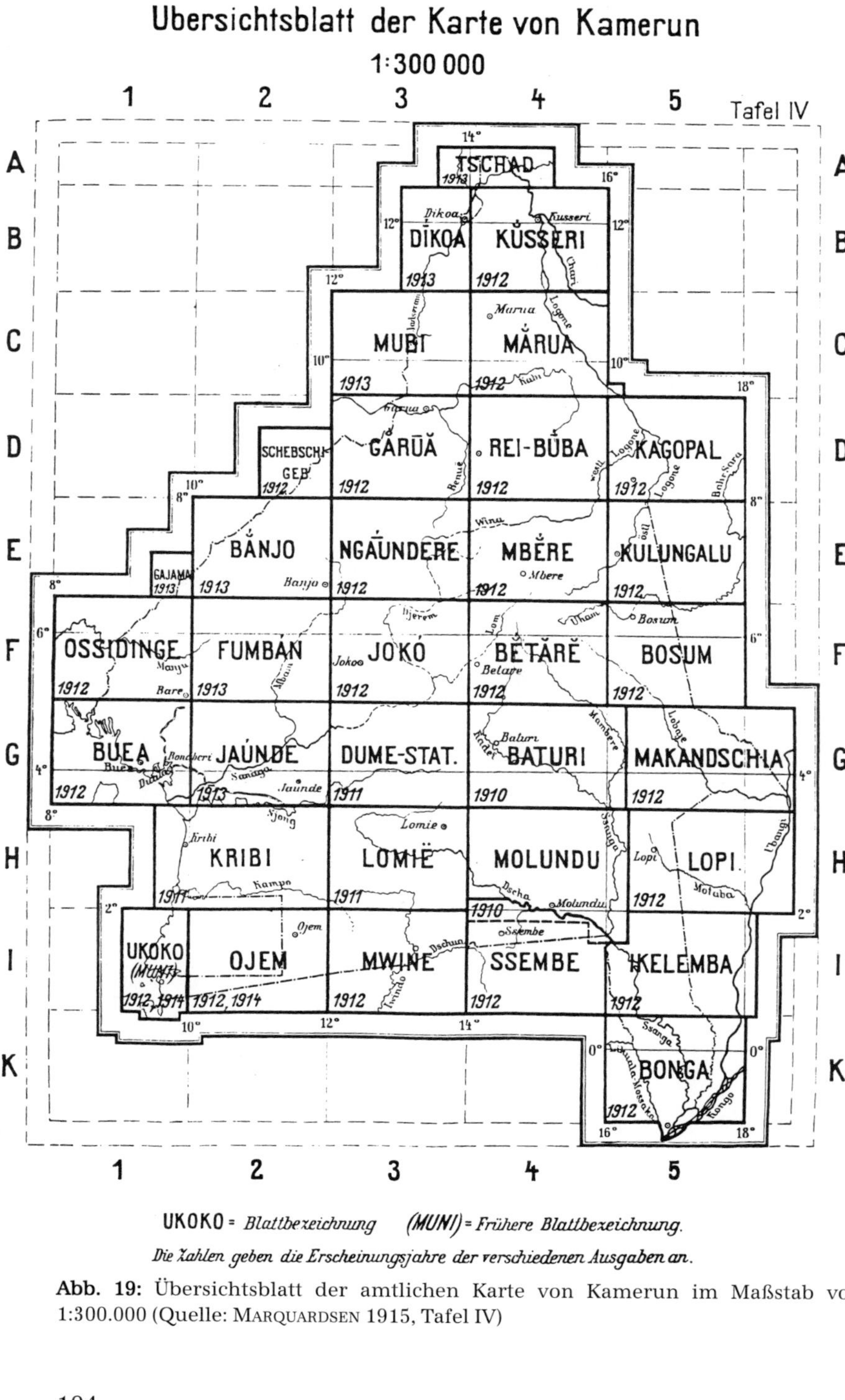


**Abb. 19:** Übersichtsblatt der amtlichen Karte von Kamerun im Maßstab von 1:300.000 (Quelle: Marquardsen 1915, Tafel IV)

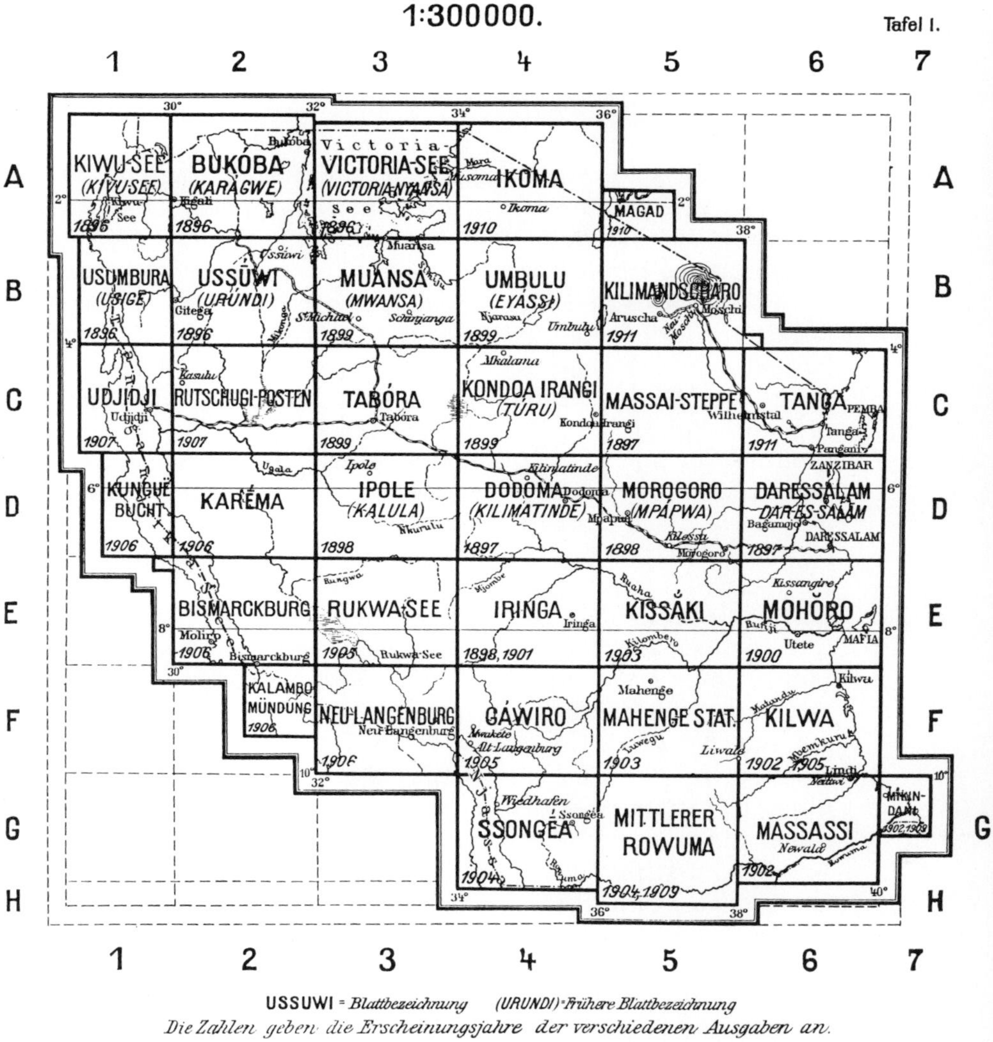


**Abb. 20:** Übersichtsblatt der amtlichen Karte von Deutsch-Ostafrika im Maßstab von 1:300 000 (Quelle: MARQUARDSEN 1915, Tafel I)

In seinem zwanzig Jahre nach dem erzwungenen Ende der deutschen Kolonialbetätigung verfassten Rückblick konnte WOLFGANG PILLEWIZER vom Berliner Reichsamt für Landesaufnahme im Jahre 1941 deshalb zu Recht darauf hinweisen, dass von allen nicht an das Mittelmeer stoßenden afrikanischen Kolonialgebieten einzig die ehemaligen deutschen Schutzgebiete bereits vor dem Ersten

Weltkrieg mit ihren Kartenwerken in den mittleren Maßstäben von 1:200 000 für Togo und 1:300 000 für Kamerun und Deutsch-Ostafrika einen jeweils einheitlichen und kolonialwirtschaftlich genügenden kartographischen Erschließungsstandard besaßen.[167] Nach den Worten von ERICH OBST war diese vom SPRIGADE-MOISELschen Tandem geleistete Arbeit eigentlich *„für zwei Menschen eine fast über ihre Kraft hinausgehende Lebensaufgabe, aber sie wurde bewältigt. Von der heldenhaften Ausdauer, mit der alle Schwierigkeiten und Widerstände überwunden und dem großen Ziele zugesteuert wurde, vermögen sich allerdings Fernerstehende kaum einen Begriff zu machen. Nur wer, wie der Verfasser dieser Zeilen, selbst einmal einige Monate lang das Schaffen dieser beiden stillen, selbstlosen Männer miterlebt hat, kann das recht würdigen, was hier zum Ruhme der deutschen Wissenschaft mit relativ geringen Geldmitteln und desto größerer Hingabe an die Sache geleistet wurde. Die Namen SPRIGADE und MOISEL werden mit goldenen Lettern in das Buch der deutschen Kolonialwissenschaft eingetragen werden.“*[168] Und auch die französische „Dépeche coloniale“ hatte in einem internationalen Vergleich bereits am 25.6.1908 in einem großen Leitartikel über die zu ihrer Zeit technisch fortschrittlichste und zugleich anschaulichste deutsche Kolonialkartographie eingeräumt, *„tous les coloniaux seront d'accord pour reconnaitre que notre cartographie coloniale est plus de dix fois retard sur la cartographie coloniale allemande ...“*[169]

Seit seiner Gründung im Jahre 1899 war das Kolonialkartographische Institut zwar über anderthalb Jahrzehnte formal ein Bestandteil des Verlags Dietrich Reimer gewesen, führte aber seine Arbeiten ausschließlich im Auftrag und auf Kosten der Kolonialverwaltung aus. Unmittelbar vor dem Ersten Weltkrieg beabsichtigte das Reichskolonialamt jedoch, diese eigentümliche Zwitterstellung zu beenden und die planmäßige Landesvermessung und Kartographie trotz der nicht gerade ermutigenden zehnjährigen südwestafrikanischen Erfahrungen auch in allen anderen Schutzgebieten allmählich der Preußischen Landesaufnahme zu übertragen.[170] Dies wäre – in welcher Form auch immer – praktisch auf eine Übernahme des Kolonialkartographischen Instituts durch den Großen Generalstab hinausgelaufen. Wenn auch der Ausbruch des Ersten Weltkriegs die Weiterverfolgung dieser Überlegungen unterbrach, bereiteten die Kampfhandlungen im Gegensatz zu manch anderen kolonialen Einrichtungen oder Veröffentlichungsorganen der Tätigkeit des Kolonialgeographischen Instituts keine Einschränkung oder gar ein Erliegen. Vielmehr wurden die nicht zu knapp auf Halde liegenden Rohmaterialien weiter bearbeitet und gezeichnet, wenn auch kriegsbedingt nur ausgewählt veröffentlicht. Daneben wurde die koloniale Landeskunde und Kartographie in den MadDS durch die tatkräftige Mitarbeit des neuen geographischen Referenten beim Reichskolonialamt, Dr. HUGO MARQUARDSEN, sogar auf die den deutschen Schutzgebieten benachbarten west- und zentralafrikanischen Kolonien ausgedehnt, da der Kriegsverlauf noch bis in das Jahr 1918 hinein immer wieder eine baldige Neuaufteilung Afrikas zu Deutschlands Gunsten in Aussicht zu stellen schien.[171]

## 5. Landeskundliche Kommission des Reichskolonialamts

Eine der nicht unmittelbar augenfälligen Schlüsselfiguren der deutschen Kolonialkartographie im letzten Vorkriegsjahrzehnt war Hans Meyer (1858-1929; Abb. 21) gewesen, welcher in Leipzig, Berlin und Straßburg Natur- und Staatswissenschaften studiert hatte. Bereits in den Jahren 1882–83 unternahm er eine Weltreise, über die er das erste seiner zahlreichen Bücher und Aufsätze veröffentlichte. Im Jahre 1884 trat er dann in das väterliche Verlagsunternehmen des in Leipzig ansässigen Bibliographischen Instituts ein, welches ihm zeitlebens finanzielle Unabhängigkeit und damit völlige Freiheit in der Verfolgung seiner Forschungsinteressen gestattete. Seit dem Jahre 1887 wandte Meyer sich insbesondere der Erforschung des Schutzgebiets Deutsch-Ostafrika zu, wo er noch im gleichen Jahre bei einem ersten Besteigungsversuch erst knapp unter dem Gipfel des Kilimandscharo umkehren musste und anschließend die Küstengebiete bereiste. Schon im folgenden Jahr führte seinen Begleiter Oscar Baumann und ihn eine zweite ostafrikanische Expedition in die Usambara-Berge, wo beide während des Araberaufstandes gefangengenommen und nur gegen ein hohes Lösegeld wieder freigelassen wurden. Wiederum ein Jahr später gelang ihm in Begleitung des österreichischen Bergsteigers Ludwig Purtscheller im nach Hassert fünfzigsten Anlauf eines Europäers am 6.10.1889 die Erstbesteigung des 5 895 m über NN erreichenden höchsten Punkts des zwei Kilometer weiten und dreihundert Meter tiefen Gipfelkraters des Kibo am Kilimandscharo, welchen er als richtigerweise vermuteten höchsten Punkt des Deutschen Reichs Kaiser-Wilhelm-Spitze taufte. Nach Besuchen auf den Kanarischen Inseln unternahm er im Jahre 1898 eine weitere Expedition zum Kilimandscharo, um diesmal besonders glaziale Beobachtungen anzustellen. Im Jahre 1903 bereiste er mit ähnlichen Interessen Ekuador, wo er sich vor allem auf den Chimborasso, den Cotopaxi und den Antisana konzentrierte. Im Jahre 1911 schließlich leitete er eine dreiköpfige Expedition durch das zentrale und nordwestliche Deutsch-Ostafrika. Der vermögende Geograph, Dr. phil. et. jur., Geheime Hofrat und Kolonialpolitiker stiftete bereits im Jahre 1910 der Berliner Universität eine geographische Professur,[172] bevor er selbst noch mitten im Ersten Weltkrieg im Jahre 1915 an der Univerität Leipzig den gleichfalls auf seine Stiftung zurückgehenden Lehrstuhl für Kolonialgeographie antrat und bis zum Jahre 1922 innehatte.

**Abb. 21:** HANS MEYER (1858-1929)
(Quelle: MEYER 1900, S. 408)

Jener HANS MEYER nun forderte am Vormittag des 10.10.1902 in einem Grundsatzreferat über die geographischen Grundlagen und Aufgaben der kolonialwirtschaftlichen Forschung vor dem Plenum des in den Räumlichkeiten des Berliner Reichstags erstmalig abgehaltenen Deutschen Kolonialkongresses, die bislang vorwiegend nebenamtlich von Forschungsreisenden, Schutztruppenoffizieren und Beamten geleistete geographische Erforschung der afrikanischen Schutzgebiete durch die Einrichtung einer einheitlichen und hauptamtlichen geographischen Landesaufnahme und Kartierung zu ergänzen. Zu deren Finanzierung richtete MEYER die Aufmerksamkeit des Plenums dabei vor allem auf den seit dem Jahre 1878 vom Reichstag in Höhe von 200 000 Reichsmark jährlich ausgeworfenen Afrikafonds, welcher zunächst zur Unterstützung der Bestrebungen der Afrikanischen Gesellschaft in Deutschland gedacht gewesen war. In den letzten Jahren sei dieser Afrikafonds für alle möglichen kolonialen Zwecke verwandt worden, aber nicht mehr in seiner ursprünglichen Bestimmung. Nach MEYER verwandte die Afrikanische Gesellschaft *„den Fonds lediglich für geographische Forschungen; aber sie verwandte ihn im idealen, internationalen Interesse. Seitdem haben wir unsere eigenen Kolonien erworben, an denen wir sehr reale Interessen haben und in immer weiterem*

*Masse nehmen müssen. Es wäre daher eine schöne Wendung, wenn fürderhin der Afrikafonds ausschliesslich für die deutsche geographische Forschung auf deutschem kolonialen Boden Verwendung fände. Den Gewinn davon wird nicht nur die Wissenschaft, sondern ebensowohl die deutsche Kolonialwirtschaft haben.*"

Bis in die 1880er Jahre hinein war die Afrikaforschung in der Tat von rein wissenschaftlichen Zielen in ganz selbstverständlicher internationaler Kooperation getragen gewesen. Diese Ära hatte OTTO KERSTEN (1839–1900), welcher im Jahre 1862 den Freiherrn CARL CLAUS VON DER DECKEN zum Kilimandscharo begleitet hatte, zutreffend als „metaphysischen Forschungszwecken" geweiht gesehen. Diese wurde in der Mitte der 1880er Jahre ziemlich abrupt von der kolonialen Sturm- und Drangperiode der politischen Aufteilung des afrikanischen Kontinents abgelöst, welche nach MEYER „*andre Aufgaben als wissenschaftliche zu lösen hatte und zahlreiche moderne Konquistadoren zeitigte, aber nur wenige Forscher. Die afrikanischen Interessen waren national geworden, nie ist mehr über Afrika und über Afrikanisches geredet und geschrieben worden als damals, aber die wissenschaftlich-geographische Landeskenntnis gewann nur sehr wenig dabei [...].*" Erst nachdem dieser „Wettlauf um Afrika" in den 1890er Jahren nach der Aufteilung allen Verteilbarens zu einem (vorläufigen) Ende gekommen war, setzte die geographische Erforschung wieder ein, nun aber zumeist beschränkt auf Spezialfragen innerhalb der mehr oder minder eng ausgefallenen Grenzen der nationalstaatlichen Kolonialgebiete. „*Und diesmal führte diese nationale Beschränkung der Forschung gerade bei uns zu einer so fruchtbaren Bereicherung und Vertiefung, dass sich die deutsche Afrikaforschung vom festen nationalen Boden wieder wie einst zu internationaler Bedeutung erhebt.*" Der damit verbundenen Forderung nach zweckentsprechender Wiederverwendung des seit einem Vierteljahrhundert alljährlich bewilligten beträchtlichen Reichszuschusses schloss sich in einem Diskussionsbeitrag nachdrücklich der Hallenser Geographieprofessor ALFRED KIRCHHOFF an, welcher das Plenum ebenfalls daran erinnerte, dass der Afrikafonds in den Zeiten der „*ideal-kosmopolitischen*" Erforschung des damals noch in jeder Hinsicht dunklen Erdteils ausschließlich der geographischen Forschung gewidmet gewesen war. Diese Bestimmung sei beim Eintritt in die praktische Kolonialpolitik mehr und mehr in Vergessenheit geraten. Wolle man aber ernsthaft die von HANS MEYER geforderte einheitliche wissenschaftliche Landeskunde der Schutzgebiete anstreben, so könne neben privater Spendenbereitschaft einzig der Afrikafonds dieser geographischen Forschung zukünftig sichere materielle Grundlage bieten.[173]

Aber erst zwei Jahre nach diesem MEYERschen Vorstoß setzte der die Kolonialabteilung des Auswärtigen Amts beratende wissenschaftlich, wirtschaftlich und propagandistisch besetzte Kolonialrat in seiner Sitzung vom 2.7.1904 auf Antrag der Mitglieder HANS MEYER, FERDINAND VON RICHTHOFEN und PAUL STAUDINGER eine Kommission unter dem Vorsitz der Exzellenz THEODOR VON HOLLEBEN und mit HANS MEYER als Berichterstatter ein, um zur Unterbreitung bei der Kolonialzentralverwaltung *„einen alle Zweige der Landeskunde umfassenden Plan zu einer einheitlichen landeskundlichen Erforschung der deutschen Schutzgebiete“* auszuarbeiten. In dem hierauf am 24.6.1905 unterbreiteten Kommissionsbericht wurde kritisch darauf hingewiesen, dass von den alljährlich vom Reichstag bewilligten Mitteln in Höhe von 200 000 Reichsmark *„zur Beihilfe der auf die Erschließung Zentralafrikas und anderer Länder gerichteten wissenschaftlichen Bestrebungen“* seit Mitte der 1890er Jahre etwa 60 Prozent zur Unterhaltung der Verwaltungsstationen im Schutzgebiet Togo verwandt worden seien, während man die dortigen tatsächlichen wissenschaftlichen Forschungen überwiegend aus dem ordentlichen Schutzgebietsetat von Togo bestritten habe. Auch von den der Forschung verbliebenen Geldmitteln sei ein unvertretbar großer Anteil nicht der geographischen, sondern der angewandten Forschung zu Gute gekommen, wie etwa die über zehn Jahre verteilten 88 000 Reichsmark für tropenmedizinische Untersuchungen in Togo, welches überhaupt in den letzten Jahren den Löwenanteil des Afrikafonds erhalten hatte.[174]

Für die Kolonialkartographie verblieben deshalb etwa im Jahre 1902 nur 28 270 Reichsmark für die Arbeit am Großen Deutschen Kolonialatlas, welche überdies seitdem zur Gänze vom Etat der Kolonialabteilung des Auswärtigen Amts übernommen worden war. Um den Afrikafonds wieder seiner ursprünglichen Bestimmung zuzuführen und eine geordnete geographische Erforschung der Schutzgebiete zu ermöglichen, schlug die Kommission dem Kolonialrat vor, diese Geldmittel für drei Ziele zu verwenden: Erstens die befristete Beiordnung von umfassend gebildeten landeskundlichen Fachleuten zu kolonialen Verwaltungsstationen, zweitens die Beteiligung eines geographischen Stabes bei Militär- oder Grenzexpeditionen und drittens die *„Aussendung besonderer geographischer Expeditionen zur Erforschung bestimmter Gebiete einer Kolonie“*. Diese kostpieligste Forschungsmethode veranschlagte die Kommission bei einer einjährigen Forschungsreise zweier Geographen auf ungefähr 50 000 Reichsmark.

Da es *„keiner näheren Begründung“* bedürfe, dass die Organisation dieser landeskundlichen Erforschung der Schutzgebiete nicht in die kaum sachverständigen *„Hände von Verwaltungsbeamten allein“* gelegt werden könne, empfahl die Berichtskommission dem Kolonialrat am 24.6.1905 zur Beschlussfassung, dass dieser aus seiner Mitte heraus orts- und sachverständige Fachleute in eine ständige Kommission wählen sollte. Jene habe mit bedarfsweise anzuhörenden externen Sachverständigen *„einen alle Zweige der Landeskunde umfassenden Plan zur landeskundlichen Erforschung unserer Schutzgebiete“* auszuarbeiten und bei dessen Ausführung die Kolonialverwaltung zu beraten.[175] Diese Vorlage wurde in der Sitzung des Kolonialrats am 29.6.1905 einstimmig angenommen und unter dem Vorsitz von HANS MEYER eine ständige Landeskundliche Kommission eingerichtet. Die sechs Mitglieder dieser Kommission waren neben MEYER die seinerzeitigen Kolonialratsmitglieder THEODOR VON HOLLEBEN, FERDINAND VON RICHTHOFEN, GEORG SCHWEINFURTH, PAUL STAUDINGER und ERNST VOHSEN. Für den ausscheidenden VON HOLLEBEN rückte Berghauptmann KARL SCHMEISSER nach sowie als Geographen jeweils durch den Tod des Vorgängers ALFRED KIRCHHOFF für VON RICHTHOFEN und ALBRECHT PENCK für KIRCHHOFF. Bei der Auflösung des Kolonialrats im Jahre 1906 blieb die Landeskundliche Kommission fortbestehen und wurde mit ihren bisherigen Mitgliedern in eine ständige Kommission des neugebildeten Reichskolonialamts umgewandelt. Dabei wurden von amtlicher Seite zwei Vertreter in sie entsandt, darunter der geographische Referent und Geheimrat Dr. ALEXANDER VON DANCKELMAN. Damit bestand die Landeskundliche Kommission Ende 1910 aus acht Mitgliedern. Deren Sitzungen fanden je nach Umfang und Dringlichkeit der zu beratenden Angelegenheiten etwa alle zwei Monate in Berlin statt,[176] und dort nicht selten in VOHSENS Firmenbüro, da dort nach der Erinnerung des Kommissionsmitglieds STAUDINGER *„die notwendigen Karten in nächster Nähe waren und gewisse Rückfragen gleich dort erledigt werden konnten.“*[177]

Im Mittelpunkt des Interesses der von der Persönlichkeit HANS MEYERS geprägten Landeskundlichen Kommission stand die Erforschung der deutschen Schutzgebiete im Sinne von dessen sogenannter „kausativer Geographie“, welche nicht nur Beschreibung von Land und Leuten sein wollte, *„sondern die den großen ursächlichen Zusammenhang aller Erscheinungen eines Erdraumes erkennen und zu lebendiger Anschauung bringen will. Sie will zeigen, wie aus der Erdlage und dem Aufbau eines Landes sich sein Klima erklärt, wie das Klima und der Boden zusammen den Pflanzenwuchs bestimmen, wie durch diese drei Faktoren die Tierwelt bedingt ist, und wie sie alle zusammen die physische und großenteils auch die psychische Eigenart des Menschen beeinflussen.*

*Die Nachwirkungen geschichtllicher Vorgänge werden dabei nicht außer Acht gelassen. Es sind also die Disziplinen der Topographie mit Kartographie, der Geologie, der Meteorologie, der Gewässerkunde, der Botanik, der Zoologie und der Völkerkunde, mit ihren verschiedenen Unterabteilungen, die sich zur geographischen Erforschung eines Landes vereinigen.*" Nur aus der Zusammenschau dieser gegenseitigen Verflechtungen ergab sich für HANS MEYER die geographische Einschätzung der kolonialwirtschaftlichen Möglichkeiten der Schutzgebiete und damit die Vorbedingung jedweder praktischer Kolonisationsarbeit.

Das so verstandene Ziel suchte die Landeskundliche Kommission je nach Sachlage auf dreierlei Wegen zu erreichen:
„*1. Aussendung von allseitig geschulten Geographen in selbständigen Expeditionen oder in Angliederung an Grenzkommissionen, an militärische Unternehmungen und dergleichen.*
*2. Aussendung von speziellen Fachmännern der Geologie, der Botanik, Zoologie, Völkerkunde usw., deren Untersuchungen uns einen Teil der geographischen Beschaffenheit eines Gebietes, diesen aber um so gründlicher und im ursächlichen Zusammenhang mit andern Erscheinungen dieses Erdraumes, kennen lehren.*
*3. Unterstützung anderer, nicht durch Ausgesandte der Kommission ausgeführter landeskundlicher Arbeiten durch Zuschüsse für die Ausführung selbst oder für die Veröffentlichung ihrer Ergebnisse.*"[178]

Um das hierdurch in beträchtlich vergrößertem Umfange zu erwartende landeskundliche Material auch in geeigneter Weise veröffentlichen zu können, beantragte die Landeskundliche Kommission beim Reichskolonialamt erfolgreich, die wissenschaftlichen Beihefte des amtlichen Deutschen Kolonialblatts, die MadDS, in einem vom Oktav zum Großquart vergrößerten Format herauszugeben und auch mit vermehrten Bildtafeln und Kartenbeigaben größeren Formats versehen. Darüber hinaus konnte die Einrichtung von Ergänzungsheften für umfangreiche monographische Untersuchungen ab dem Jahre 1908 durchgesetzt werden. Alle diese vermehrten redaktionellen Arbeiten übernahm FREIHERR VON DANCKELMAN noch zusätzlich zu seinem ohnehin schon umfangreichen Ressort. Bei der Auswahl der regionalen Expeditionsziele bevorzugte die Landeskundliche Kommission in Fühlungnahme mit Geographischen Instituten, naturkundlichen Museen und wissenschaftlichen Gesellschaften nach MEYER zunächst jene Landschaften, welche „*der näheren Erforschung am meisten bedürftig*" waren, und suchte sodann „*geeignete Männer und Kräfte zur Ausführung der Kommissionspläne*". Infolge einer Verschlechterung der

Finanzlage des Reichs wurde der Afrikafonds vom Reichstag im Jahre 1909 vorübergehend um 50 000 Reichsmark auf 150 000 Reichsmark gekürzt,[179] aber seit dem Jahre 1913 wieder auf die alte Höhe von 200 000 Reichsmark gebracht.[180]

Gemäß des Tätigkeitsberichts ihres Vorsitzenden vor dem im Oktober 1910 abgehaltenen dritten Deutschen Kolonialkongress hatte die Landeskundliche Kommission in fünfjähriger Wirksamkeit bereits sechs große Expeditionen selbst entsandt und bis zur Veröffentlichung der Untersuchungsergebnisse organisatorisch und finanziell unterstützt sowie darüber hinaus am Zustandekommen weiterer Expeditionen Dritter in mehr oder minder großem Umfang mitgewirkt. *„Die größte und ergebnisreichste dieser Unternehmungen ist die ostafrikanische Expedition seiner Hoheit des Herzogs Adolf Friedrich zu Mecklenburg, die vom Frühjahr 1907 bis Sommer 1908 Ost- und Zentralafrika bereist hat und speziell im Nordwesten Deutsch-Ostafrikas, in Karagwe, Ruanda, am Kiwusee und im Kirungavulkangebiet landeskundliche Forschungen ausgeführt hat. Nicht weniger als 6 Fachmänner der Landeskunde, ein Topograph (Oberleutnant Weiss), ein Geolog (Dr. Kirschstein), ein Botaniker (Dr. Mildbraed), ein Zoolog (Dr. Schubotz), ein Mediziner (Dr. v. Raven), und ein Ethnograph (Dr. Czekanowski) waren an dieser Expedition beteiligt, und die Resultate an Beobachtungen sowohl wie an Sammlungen sind glänzend.“* Hier hatte die Kommission den Forschungsplan auf weitere Teile des ostafrikanischen Schutzgebiets ausgedehnt und insbesondere zur Mitnahme des Geologen sowie für die Ergebnisveröffentlichung in sieben Bänden einen erheblichen Zuschuss des Reichskolonialamts bewirkt. Neben der bereits im Jahre 1909 vom Herzog verfassten allgemeinen Reiseschilderung unter dem Titel „Ins innerste Afrika“ konnten so sieben wissenschaftliche Ergebnisbände erscheinen und auch drei großformatige Spezialkarten des nordwestlichen Grenzgebiets von Deutsch-Ostafrika in erstmalig erfolgreicher und gleich weiträumiger deutsch-kolonialer photogrammetrischer Aufnahme von Oberleutnant Max Weiss ausgearbeitet werden.

In diesem Sinne wirkten auch besondere Zuschüsse wie etwa jener des Reichskolonialamts auf Befürwortung der Landeskundlichen Kommission, welcher es im Jahre 1908 dem Geographen

**Abb. 22**: Verkleinerter Ausschnitt der „Vegetationskarte der von dem Botaniker Ledermann durchreisten Gebiete Kameruns“ im Bereich des Adamaua-Gebirges südlich von Garua im Maßstab von 1:1 Million in der Zeichnung von W. Rux auf topographischer Grundlage der Moiselschen Karte von Kamerun im „Großen Deutschen Kolonialatlas“ im gleichen Maßstab (Quelle: MadDS 1912, Karte 3)

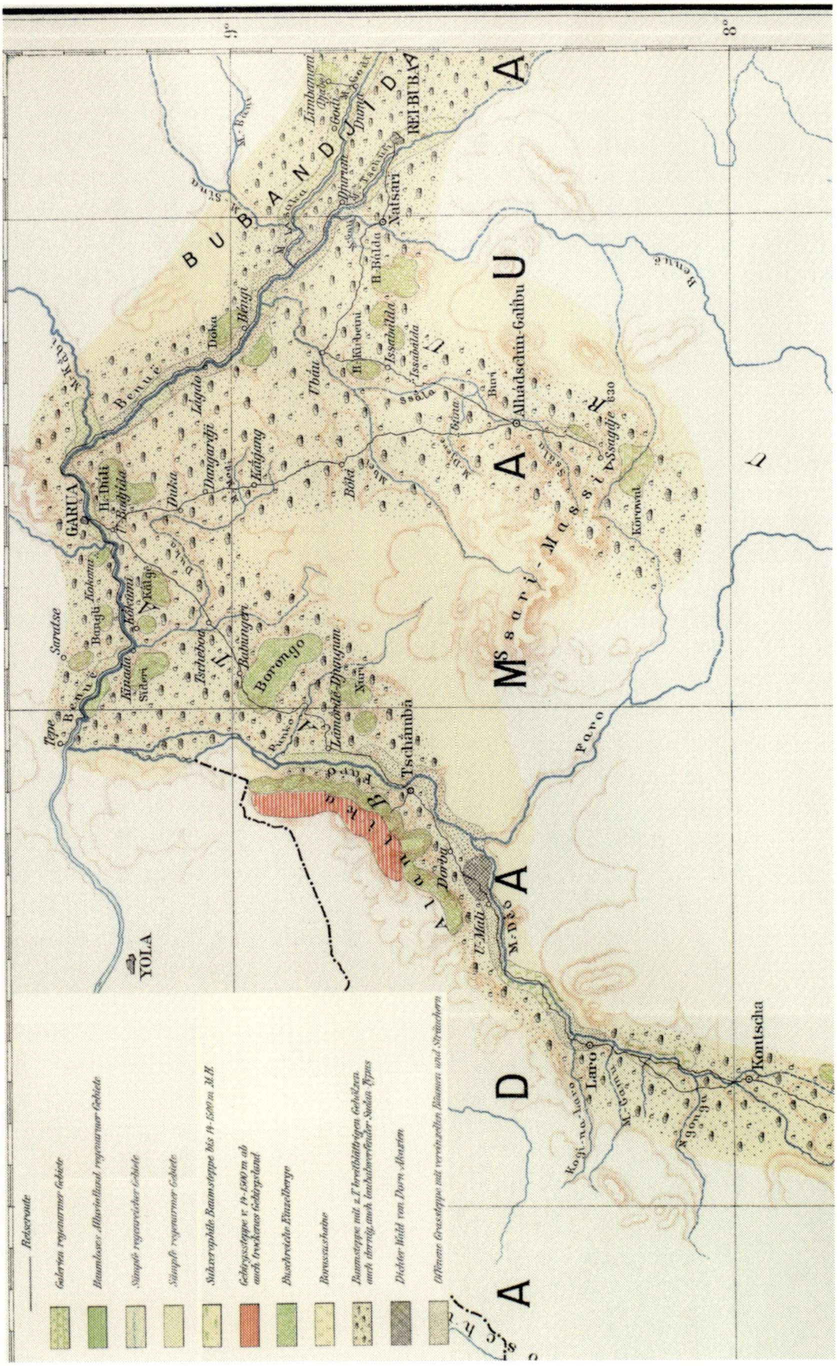
GARUA
YOLA
Tschamba
Kontscha
Borongo
Natsari
Laro
Benue
Faro
B U B A N D J I D A
A D A M A U A
Alhâdschin-Galibu
Reiseroute

Prof. Dr. Carl Uhlig ermöglichte, eine zweiblätterige Karte des von ihm bereisten Ostafrikanischen Grabens *„in großer Feinheit auszuführen"* und mit dem ersten Teil seiner wissenschaftlichen Reiseergebnisse auf Kosten des Reichskolonialamts im Jahre 1909 als zweites Ergänzungsheft der MadDS zu veröffentlichen.[181] Nachdem das Hauptaugenmerk der Landeskundlichen Kommission in den ersten fünf Jahren zunächst Deutsch-Ostafrika und Kamerun sowie dem pazifischen Kaiser-Wilhelm-Land gegolten hatte, beabsichtigte man ab dem Jahre 1911 eine verstärkte Berücksichtigung der Schutzgebiete Togo und Deutsch-Südwestafrika, so dass alle deutschen Überseebesitzungen reihum Schwerpunkte bilden konnten. Der gelegentlich geäußerten *„absprechenden Kritik von Vertretern spezieller Fachwissenschaften, die in Verkennung des Inhalts und des Zwecks der landeskundlichen Forschung die Interessen ihrer besondern Wissenschaftszweige durch die Landeskundliche Kommission nicht genügend gepflegt oder ganz vernachlässigt wähnen,"* hielt Meyer im Jahre 1910 entgegen, dass für die Kommissionszwecke aus den Mitteln des Afrikafonds in jedem Jahr „stets weniger als die Hälfte für ihre Expeditionen und Veröffentlichungen gebraucht" werde. Somit stand der größere Teil des Fonds den übrigen Disziplinen wie der Meteorologie, der Botanik, der Zoologie, der Medizin, dem Veterinärwesen sowie der Erforschung einheimischer Rechtsgebräuche und Sprachen zur Verfügung.[182]

Gegen Ende des Jahres 1913 gehörten der hinter den Kulissen somit sehr einflussreichen Landeskundlichen Kommission folgende zehn vorwiegend geographische Mitglieder an: Prof. Dr. Hans Meyer (Vorsitzender), Prof. Dr. Augustin Krämer, Prof. Dr. Alexander von Danckelman, Prof. Dr. Albrecht Penck, Prof. Dr. Georg Schweinfurth, Berghauptmann Karl Schmeisser, Privatgelehrter Paul Staudinger und Konsul a. D. Ernst Vohsen sowie als Vertreter des Reichskolonialamts der Geheime Oberregierungsrat Kalkmann und Dr. Hugo Marquardsen als Amtsnachfolger von Danckelmans seit Ende 1911.[183] An selbständigen Expeditionen hatte die Landeskundliche Kommission beim Reichskolonialamt bis zum Ausbruch des Ersten Weltkriegs insgesamt acht große Forschungsreisen vorbereitet, durchgeführt und deren Ergebnisse in angemessener Form auswerten lassen:

1906 Geographen Dr. Fritz Jaeger & Eduard Oehler
Abflussloses Vulkangebiet zwischen Kilimandscharo und Victoriasee (Deutsch-Ostafrika)
Völkerkundler Prof. Dr. Karl Weule
Völkerkundliche Studien im Hinterland von Lind (Deutsch-Ostafrika)

1907 Geographen Prof. Dr. Kurt Hassert & Prof. Dr. Franz Thorbecke
Erforschung von Kamerun- und Manenguba-Gebirge (Kamerun)
1908 Botaniker Ledermann/Zoologe Riggenbach
Küstengebiet von Südkamerun sowie Manenguba, Banjo, Tibati, Garua und Sari-Gebirge (Kamerun; Abb. 22)
Geograph Prof. Dr. Karl Sapper & Völkerkundler Dr. Georg Friederici
Neu-Hannover, Neu-Mecklenburg, Buka und Bougainville (Südsee)
1909 Geograph Prof. Dr. Leonhard Schultze & Geologe Artur Stolle/Arzt Kopp
Westliches Kaiser-Wilhelm-Land und Kaiserin-Augusta-Fluss (Neu-Guinea)
1911 Geograph Prof. Dr. Hans Meyer (auf eigene Kosten)
Zwischenseengebiet (Deutsch-Ostafrika)
1912/13 Geologe Artur Stolle
Einzugsgebiet des Kaiserin-Augusta-Flusses (Neu-Guinea)

Die Ergebnisse dieser Expeditionen wurden zunächst in den MadDS nebst den eigens hierfür eingeführten Ergänzungsheften, aber auch in eigenen Monographien und in anderen Fachzeitschriften veröffentlicht.[184]

Im Jahre 1914 noch kurz vor dem Ausbruch des Ersten Weltkriegs entsandte die Landeskundliche Kommission des Reichskolonialamts die beiden Geographen Fritz Jaeger und Leo Waibel zur Erforschung der noch kaum bekannten Landschaften um die Etosha-Pfanne und des Kaokovelds nach Deutsch-Südwestafrika. Während sie ihre geographischen Forschungen und kartographischen Aufnahmen an der Etosha-Pfanne noch einigermaßen abschließen konnten, wurden beide bei Kriegsausbruch bis zur Kapitulation im Juli 1915 als Soldaten in die Schutztruppe eingezogen. In dem bis zum Friedensschluss im Jahre 1919 nachfolgenden Zwangsaufenthalt im Lande gestatteten die südafrikanischen Besatzungstruppen Jaeger und Waibel zwar die Fortsetzung landeskundlicher Forschungen im weißen Farmgebiet, ließen beide aber nicht in ihr ursprünglich vorgesehenes zweites Arbeitsgebiet im Kaokoveld. Nach der Rückkehr in die Heimat erschwerten dann der zwischenzeitliche Untergang des Kolonialkartographischen Instituts und die Sorgen der Inflationszeit die Veröffentlichung des Haupteils ihres während des unfreiwillig langen Aufenthaltes in Südwestafrika gesammelten geographischen Materials in textlicher wie noch mehr in kartographischer Form.[185]

# 6. Kartographie der Schutzgebiete Togo und Kamerun

Der erste Sitz des Gouvernements von Togo befand sich in Bagida (Abb. 23), wo auch der erste dortige Schutzvertrag am 5.7.1884 durch den von BISMARCK entsandten Forschungsreisenden in Sahara wie Sudan und nunmehrigen Reichskommissar Dr. GUSTAV NACHTIGAL (1834–85) geschlossen worden war. Die Schutzgebietsverwaltung zog aber bereits zwei Jahre darauf die schmale Küstenfront entlang westwärts zunächst nach Sebe und schließlich im Jahre 1897 weiter nach Lome.[186] Dieses kleinste afrikanische Schutzgebiet, welches nach dem Abschluss der Grenzabsteckungen bei nur 120 km Küstenlänge eine nördliche Erstreckung ins Binnenland von rund 560 km mit zusammen etwa 87 200 km$^2$ aufwies, wurde zu Anfang des Jahres 1913 von geschätzt einer Million Einheimischen und genau gezählt nur 368 Europäern bewohnt. Von den darunter befindlichen etwa 300 erwachsenen Männern stand mit 94 ein Drittel im Dienste des Gouvernements, und mit 76 ein weiteres Viertel waren missionierende Geistliche. Wichtigste Ausfuhrgüter der hier bei nur 8 weißen Pflanzern und 66 weißen Händlern verhältnismäßig weit entwickelten Kolonialwirtschaft waren unmittelbar vor dem Ersten Weltkrieg ganz überwiegend die Kerne und das Öl der Palmen sowie ergänzend Kautschuk, Mais und Baumwolle.[187] In der Verwaltung des kleinen Schutzgebiets waren im Jahre 1912 beim Fehlen einer eigenen Schutztruppe und nur sieben weißen sowie rund 500 einheimischen Polizisten als hauptamtlich vermessungstechnisches Personal nur jeweils ein Landmesser und ein Katasterzeichner tätig.[188]

Trotz der geringen Größe von Togo konnte PAUL SPRIGADE das unter seiner Leitung bearbeitete amtliche Kartenwerk im Maßstab von 1:200 000 in zehn Blättern nach der Auswertung von 891 Routenaufnahmen von 54 Aufnehmenden, welche in 1 925 Blatt auskonstruiert und mit 60 fertigen Manuskriptkarten und -skizzen sowie 227 veröffentlichten Karten und 349 astronomisch festgelegten Punkten aufgrund von Ortsbestimmungen, Theodolitzügen oder Triangulationen der Grenzexpeditionen verglichen worden waren, erst nach 15-jähriger Arbeit im Jahre 1908 endlich abschließen (Abb. 24). Damit war Togo gemäß einer Übersicht der kolonialkartographischen Fortschritte für den Deutschen Kolonialkongress des Jahres 1910 aus der Feder von PAUL SPRIGADE und MAX MOISEL *„die erste der deutschen Kolonien, deren Kartographie zu einem gewissen erstmaligen Abschluss gekommen ist. Einen Stillstand* *jedoch gibt es in der kolonialen Aufnahmetätigkeit nicht, und gewöhnlich ist bei dem fortwährenden Einströmen neuen Materials die Karte schon bei ihrem Erscheinen mehr oder weniger veraltet. So ist denn auch bei Togo mit der Neubearbeitung der Küstensektionen der Karte 1:200 000 bereits begonnen worden.*" Entsprechend der fortgeschrittenen kolonialwirtschaftlichen Entwicklung dieser südlichen Landesteile und der detaillierten Vermessungen der Landkommission hatte das Kolonialkartographische Institut etwa für die Umgebungen der Bezirksstationen Misahöhe (1902) und Atakpame (1905; Abb. 25) großmaßstäblichere Karten im Maßstab 1:100 000 und die Landschaften am Fluss Agu sogar eine Karte im Maßstab von 1:50 000 anfertigen können. Neben dem überaus reichen neuen Material der deutsch-französischen Grenzkommission zur Aufnahme der Ost- und Nordgrenze in den Jahren 1908–09 hatte diese aufgrund des für die deutschen Schutzgebiete erstmaligen Einsatzes der sehr genauen telegraphischen Längenübertragung die nach SPRIGADE und MOISEL kartographisch gelinde „*verblüffende Tatsache*" gezeitigt, „*dass das ganze Schutzgebiet zirka 2 ½ Bogenminuten im Gradnetz westlicher liegt.*"[189] Daneben waren bereits in den Jahren 1906–07 zwei Kartenblätter im kleineren Maßstab von 1:500 000 im Rahmen des Großen Deutschen Kolonialatlas erschienen.

Wie in Togo war auch an der Küste von Kamerun der Errichtung der deutschen Schutzherrschaft eine bereits jahrzehntelange Niederlassung von hanseatischen Kaufleuten in Form von Faktoreien vorausgegangen. Nachdem diese bis Mitte der 1880er Jahre den Küstenhandel unter ihre Kontrolle gebracht hatten, erfolgte Mitte Juli 1884 der Abschluss von Schutzverträgen mit den Küstenstämmen durch den von der Togoküste in erfolgreichem Wettlauf mit einem britischen Beauftragten herbeigeeilten Reichskommissar Dr. GUSTAV NACHTIGAL. Dieser konnte so am 12.7.1884 feierlich die Reichsflagge im bedeutendsten Hafenort Duala hissen. Das schon bald darauf in diesem tropisch-feuchten Hafenort residierende Gouvernement wich jedoch im Jahre 1901 aus gesundheitlichen Gründen in das hoch gelegene Buea an der Flanke des Kamerunvulkans aus.

Der Name des Schutzgebiets Kamerun leitete sich jedoch nicht von diesem Vulkan ab, sondern von dem unscheinbar kurzen Rio dos Camaroes (port.: Krabbenfluss), welcher in den am weitesten ostwärts in den afrikanischen Kontinent vordringenden Teil des Golfs von Guinea mündet. Ausgehend von dem hier zuerst unter deutsche Kolonialherrschaft gestellten schmalen Küstenstreifen breitete sich das Schutzgebiet in nur wenigen Jahren fächerförmig in

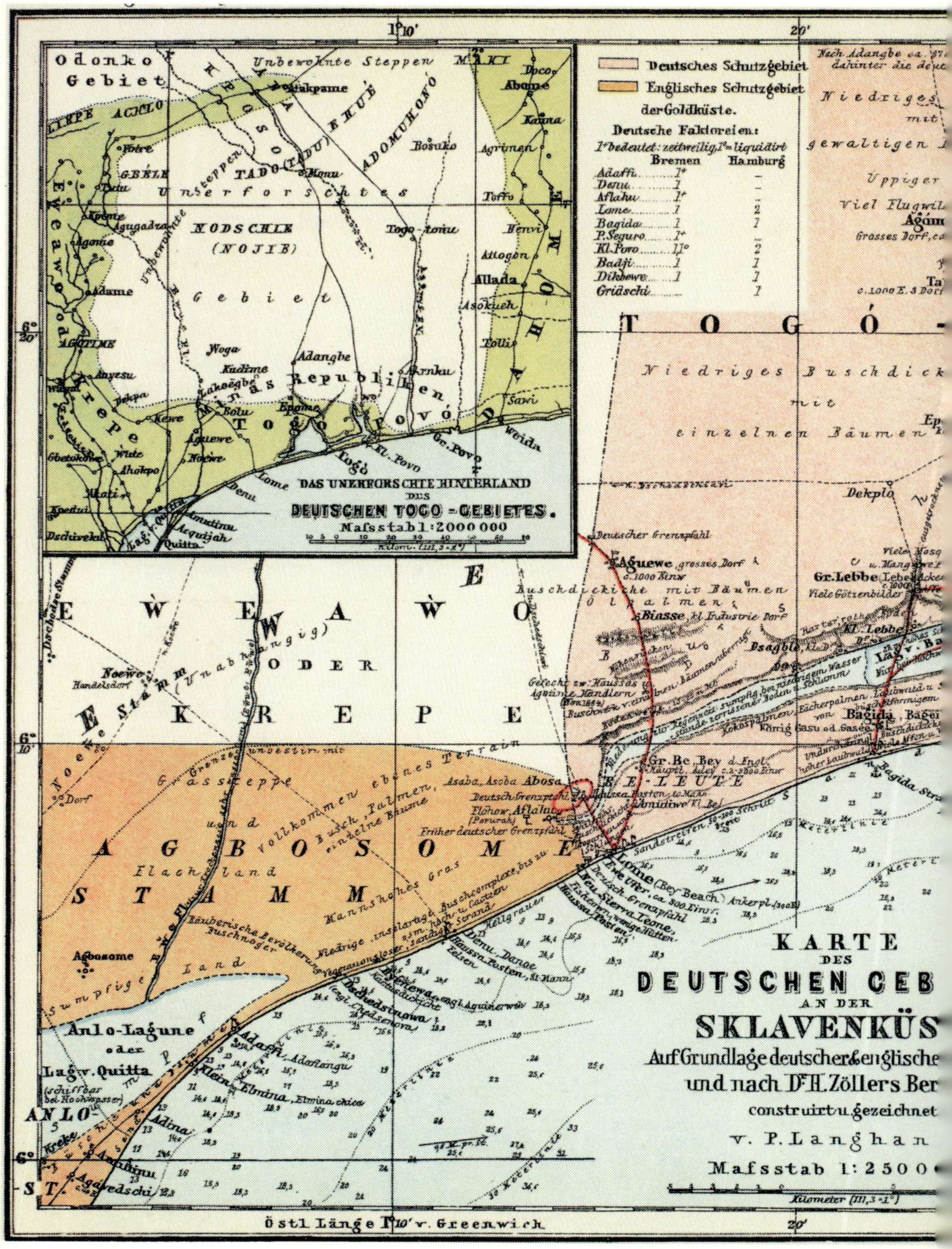
DAS UNERFORSCHTE HINTERLAND DES DEUTSCHEN TOGO-GEBIETES.
Mafsstab 1:2000 000
Deutsches Schutzgebiet
Englisches Schutzgebiet der Goldküste.
Deutsche Faktoreien:
KARTE DES DEUTSCHEN GEB AN DER SKLAVENKÜS
Auf Grundlage deutscher & englische
und nach Dr. H. Zöllers Ber
construirt u. gezeichnet
v. P. Langhan
Mafsstab 1:2500
Östl. Länge 1° 10' v. Greenwich
T O G O
E W E W A W O
O D E R
K R E P E
A G B O S O M E
S T A M M
Anlo-Lagune
Lome

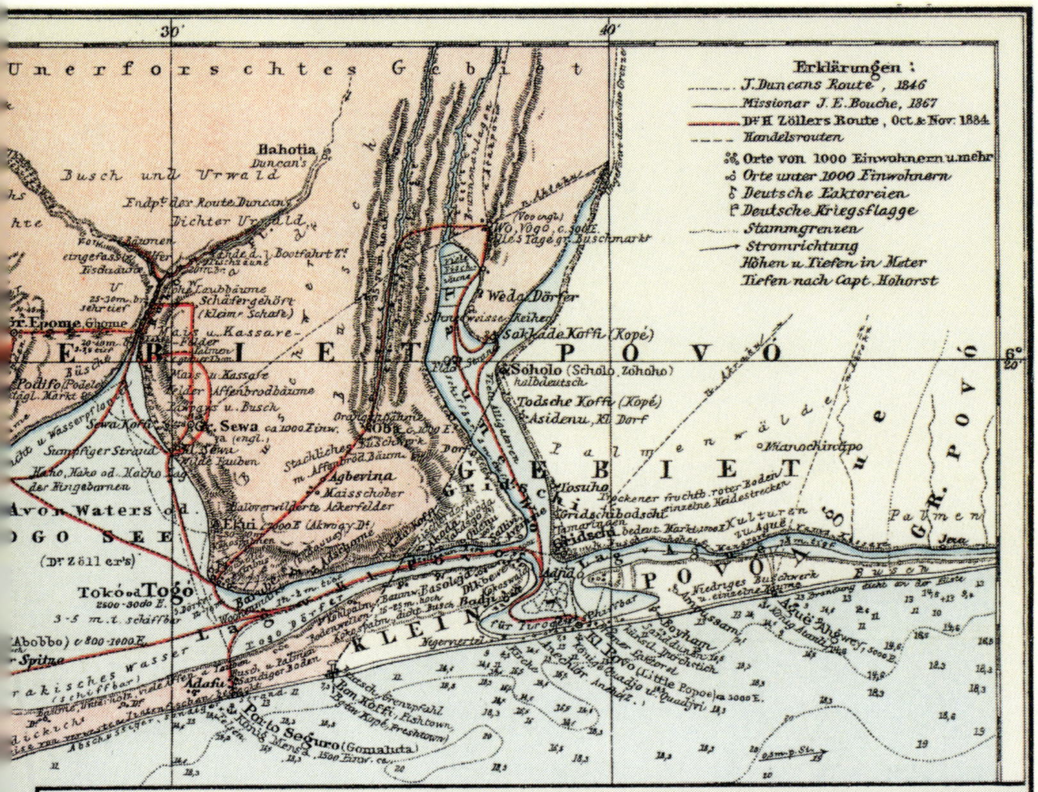


**Abb. 23:** Kartographischer Kenntnisstand der Küstenlandschaften des Schutzgebiets Togo im Jahre 1885 im Maßstab von 1:250 000 in einer Umzeichnung von PAUL LANGHANS nach Tafel 11 in PGM 1885 mit einer Nebenkartenskizze „Das unerforschte Hinterland des deutschen Togo-Gebietes“ im Maßstab von 1:2 Millionen. Quelle: PGM 1910, Tafel 57

Stand der Erforschung
des
Schutzgebietes Togo 1910
1 : 2.000.000
DAHOME
TOGO
GOLD KÜSTE
Übersicht der Küste
des
Deutschen Schutzge
TOGO
nach dem Stande der Kenntnis v
Von Paul Langhans
Maßstab 1 : 250.000
Östl. Länge 1°10' v. Greenwich
LOME
Chetschawi
Aguëwe
Agome
Atakpame
Abomey
Anecho
Gr. Popo
Keta Lagune
Tsewië
Dalawe
Lebega
Bagida

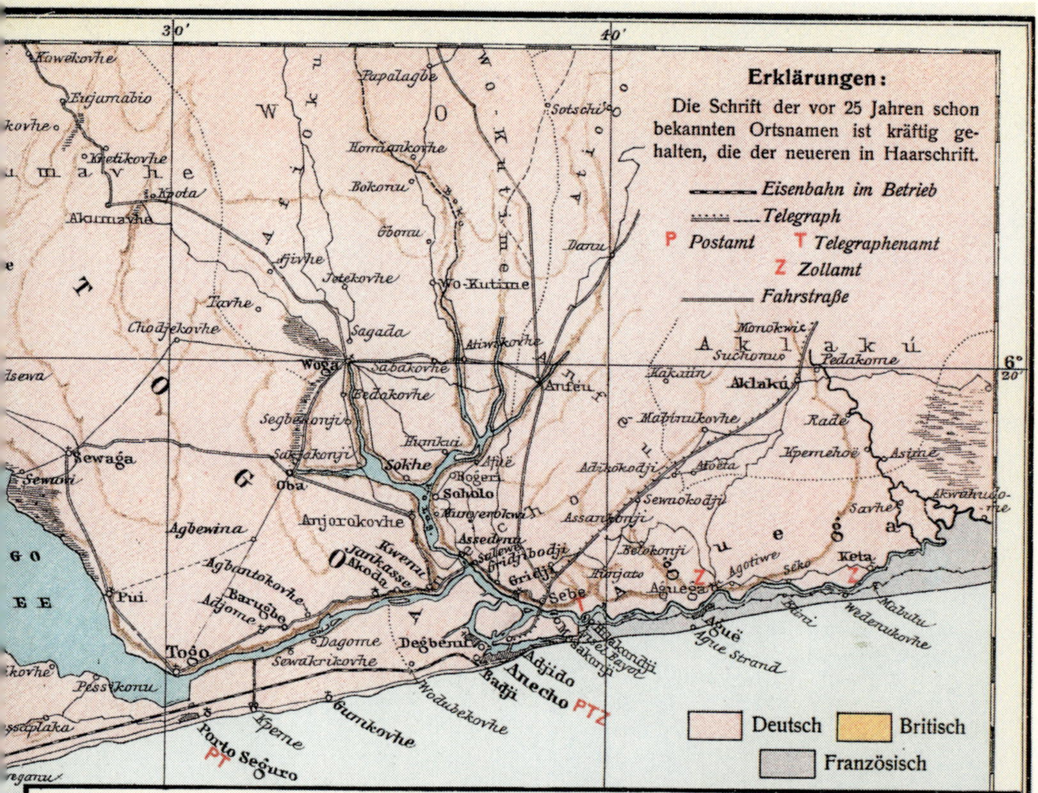


**Abb. 24:** Kartographischer Kenntnisstand der Küstenlandschaften des Schutzgebiets Togo im Jahre 1910 im Maßstab von 1:250 000 nach dem Entwurf von Paul Langhans in der Zeichnung von Carl Barich mit einer Nebenkarte „Stand der Erforschung des Schutzgebietes Togo 1910" im Maßstab von 1:2 Millionen (Quelle: PGM 1910, Tafel 58)

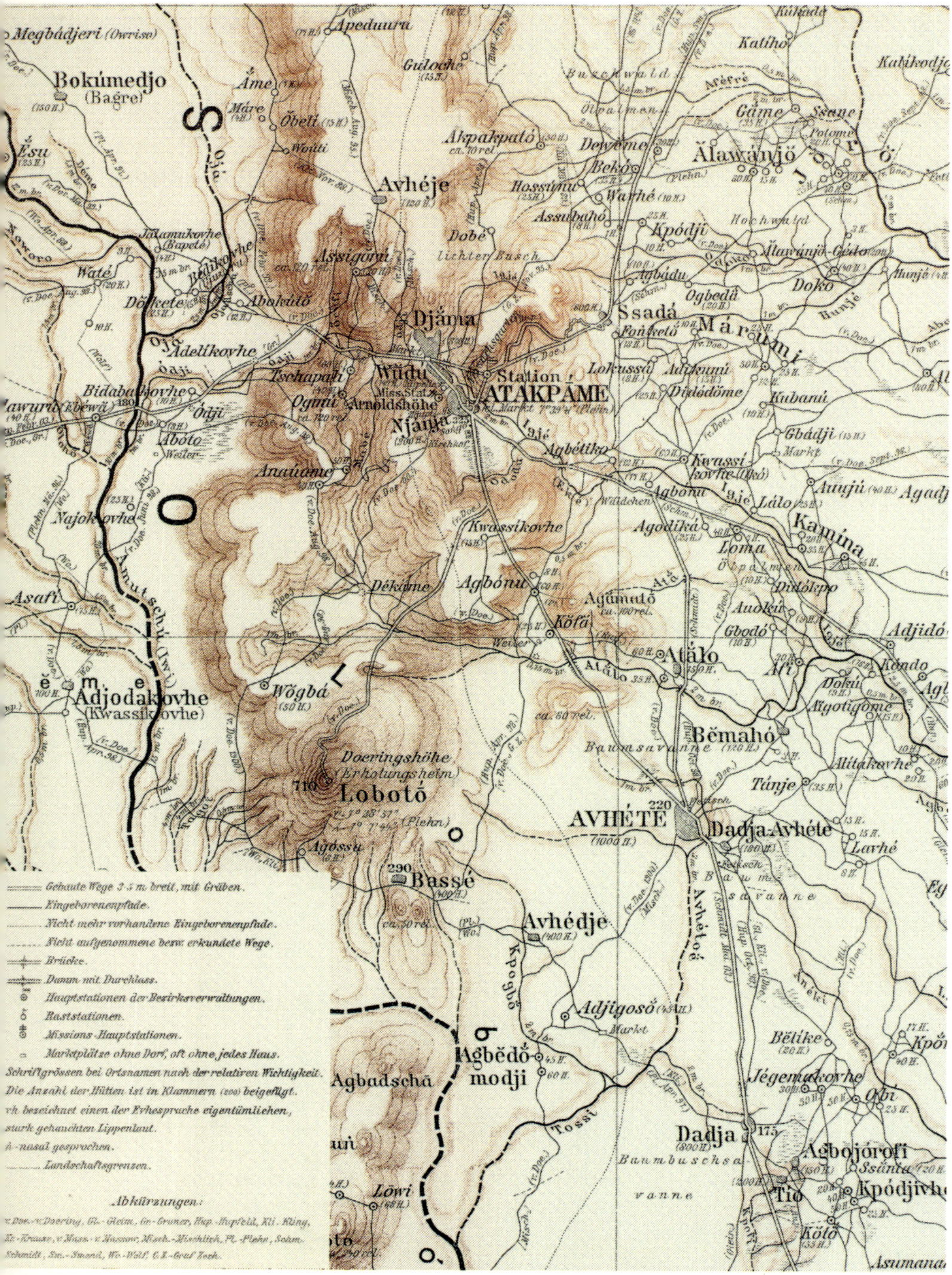
Bokúmedjo
(Bagre)
Avhéje
Djáma
Station
ATAKPÁME
Wúdu
Arnoldshöhe
Njánja
Adjodakovhe
(Kwassikovhe)
Doeringshöhe
(Erholungsheim)
Lobotó
Bassé
Avhédje
AVHÉTE
Dadja-Avhéte
Bĕmahó
Agbĕdŏ
modji
Agbadschá
Dadja
Agbojórofi
Kpódjivhe
Kamina
Átálo
Ssadá
Ălawánjŏ
Gebaute Wege 3-5 m. breit, mit Gräben.
Eingeborenenpfade.
Nicht mehr vorhandene Eingeborenenpfade.
Nicht aufgenommene bezw. erkundete Wege.
Brücke.
Damm mit Durchlass.
Hauptstationen der Bezirksverwaltungen.
Raststationen.
Missions-Hauptstationen.
Marktplätze ohne Dorf, oft ohne jedes Haus.
Schriftgrössen bei Ortsnamen nach der relativen Wichtigkeit.
Die Anzahl der Hütten ist in Klammern (200) beigefügt.
Abkürzungen:

einem von Nordosten bis Osten reichenden Achtelkreis weit in das Hinterland aus. Bis zum Jahre 1911 umfasste es rund 493 600 $km^2$, bevor es durch das deutsch-französische Marokko-Abkommen vom 4.11.1911 vermittels französischer Territorialkompensationen für deutsche Zugeständnisse in Marokko im Osten und Süden beträchtlich um das sogenannte Neukamerun auf schließlich rund 797 400 $km^2$ vergrößert wurde. Die kolonialwirtschaftliche Inwertsetzung und auch die landeskundliche Aufnahme erheblich erschwerend und verlangsamend, bedeckte das Schutzgebiet Kamerun an der nur 320 km langen Küste sowie von Süden bis in die Landesmitte ein dichter tropisch-äquatorialer Regenwald. An diesen schlossen sich nach Norden Grashochländer bis hin zum Becken des Tschadsee an, welches aber bereits zum trockenen Gürtel der Sudanländer gehört.[190]

Die einheimische Bevölkerung wurde kurz vor dem Ersten Weltkrieg auf rund dreieinhalb Millionen Menschen geschätzt, zu denen noch im Jahre 1897 nur 230 Weiße, davon 157 Deutsche, und auch im Jahre 1913 erst 1 871 Weiße hinzukamen, davon 1 560 Männer, 230 Frauen und 81 Kinder und Jugendliche unter 15 Jahren. Entsprechend der weithin unzugänglichen Landesnatur entwickelte sich das Kameruner Verkehrswegenetz nur sehr langsam. Bis zum Jahre 1907, in welchem erstmals ein längerfristiges Wegebauprogramm vorgelegt wurde, gab es außer der kurzen sogenannten Kakaobahn der Westafrikanischen Pfanzungsgesellschaft am Kamerunberg von Victoria nach Soppo noch keine Eisenbahn und auch nur eine einzige ausgebaute Straße, welche gleichfalls am Kamerunberg von Victoria nach Buea führte, sowie einen Karrenweg vom Hafenort Kribi nach Jaunde in der Mitte Kameruns. Alle übrigen Wege im Schutzgebiet waren in den langen Monaten der tropischen Regenzeiten praktisch kaum passierbar. An dieser schlechten Verkehrserschließung änderten auch die bis zum Kriegsausbruch fertiggestellten kurzen Sticheisenbahnen im Küstenbereich wenig. Die nahezu ausschließlich küstennahe Plantagenwirtschaft führte vor allem Kautschuk, Palmkerne und -öle sowie Kakao und Hölzer aus, welche größtenteils über den ältesten und wichtigsten Handels- und Hafenplatz Duala verschifft wurden. Im übrigen gehörte fast die ganze deutsche Kolonialzeit hindurch nur ein kleiner Teil des Schutzgebiets zum Einzugsbereich des deutschen Küstenhandels, während der weitaus größte Teil des

**Abb. 25:** Verkleinerter Ausschnitt der Karte „Die Umgebung der Station Atakpame“ in der Mitte von Togo im Maßstab von 1:100 000 im Entwurf von Paul Sprigade und der Zeichnung von G. Thomas (Quelle: MadDS 1905, Karte 2)

Binnenlandes vom traditionellen Handelssystem der Haussa-Völker beherrscht wurde, welches, soweit überhaupt, über das Flusssystem des Niger-Benue mit der dortigen British Niger Company an die europäischen Kolonialwirtschaft angeschlossen war.[191]

In der Zentral- und der Lokalverwaltung des Schutzgebiets Kamerun waren im Jahre 1912 ohne die Schutztruppe insgesamt nur 217 Beamte beschäftigt, darunter als hauptamtliches vermessungstechnisches Personal anhängig bei verschiedenen Lokalverwaltungen jeweils nur 5 Landmesser und 5 Katasterzeichner.[192] Deren Hauptaufgabe bestand in der Grundbuchführung und Katastervermessung der küstennahen Hauptorte und Plantagen. Ihre Vermessungstätigkeit hatte im dort besonders regenreichen Klima mit sehr großen Schwierigkeiten zu kämpfen. Triangulationen erwiesen sich an den mit dichtem Regenwald bestandenen Abhängen des Kamerungebirges als unmöglich, sodass, wenn auch nur mit äußerster Mühe, an deren Stelle Polygon- und Bussolenzüge treten mussten.[193]

Angesichts der sogar für deutsche Kolonialverhältnisse überaus kleinen Zivilverwaltung lag in Kamerun, ungleich stärker als in Deutsch-Ostafrika und Deutsch-Südwestafrika, vor allem jenseits der Küstenniederung die Verwaltung und landeskundliche Erforschung nahezu ausschließlich in der Hand der erst im Jahre 1895 gebildeten hiesigen Schutztruppe. Deren Stärke betrug im Jahre 1912 aber auch nur 175 weiße Offiziere und Unteroffiziere sowie 1 550 Einheimische in 12 weit und dünn über das riesige Schutzgebiet verteilten Kompanien. Der Aufbau lokaler Verwaltungsstellen erfolgte entsprechend der nur schleppend fortschreitenden Landeserschließung. Noch Ende 1897 musste Paul Langhans einräumen, *„die deutsche Verwaltung, Handels- und Missionsthätigkeit ist noch immer an die Küste gebunden."* Ein großer Teil des Schutzgebiets jenseits der Küstenregion und insbesondere Neu-Kamerun war noch beim Ausbruch des Ersten Weltkriegs politisch und wirtschaftlich erst derart oberflächlich befriedet und erschlossen, dass über die Hälfte von Kamerun im Jahre 1914 noch unter Militärverwaltung stand.[194]

Von den beiden westafrikanischen Schutzgebieten Togo und Kamerun war vor deren Erwerbung lediglich der Norden des letzteren bereits in länderkundlich und kartographisch fruchtbringender Weise bereist worden, *„und zwar waren es gerade die hervorragendsten unserer Afrikaforscher,"* so Richard Kieperts stolze Aufzählung, *„Heinrich Barth 1851 und 1852, Vogel 1854, Rohlfs 1866, Nachtigal 1872 und Flegel 1882–1884."*[195] Insbesondere vom südlichsten Abstecher Heinrich Barths während seiner großen trans-

**Abb. 26:** Übersichtsskizze des BARTHschen Vorstoßes in die Landschaft Musgo und zu den Tuburi-Sümpfen im Süden des Tschadsee von AUGUST PETERMANN mit Darstellung der zeitgenössischen Kenntnis der orohydrographischen Elemente des Großraums von Nordkamerun (Quelle: PGM 1857, Tafel 7)

saharischen Expedition, welcher den Entdeckungsreisenden bis hinab in die Landschaft Musgo und zu den Tuburi-Sümpfen führte, beide im hohen Norden des späteren deutschen Schutzgebiets Kamerun, findet sich aus der Hand von AUGUST PETERMANN neben

**Abb. 27:** Verkleinerter Ausschnitt der von AUGUST PETERMANN entworfenen und gezeichneten „Karte der Route von Kukaua nach Mussugu“ im Maßstab von 1:800 000 nach der Routenaufnahme von HEINRICH BARTH vom November 1851 bis Januar 1852 (Quelle: Barth 1857, Blatt No. 11).

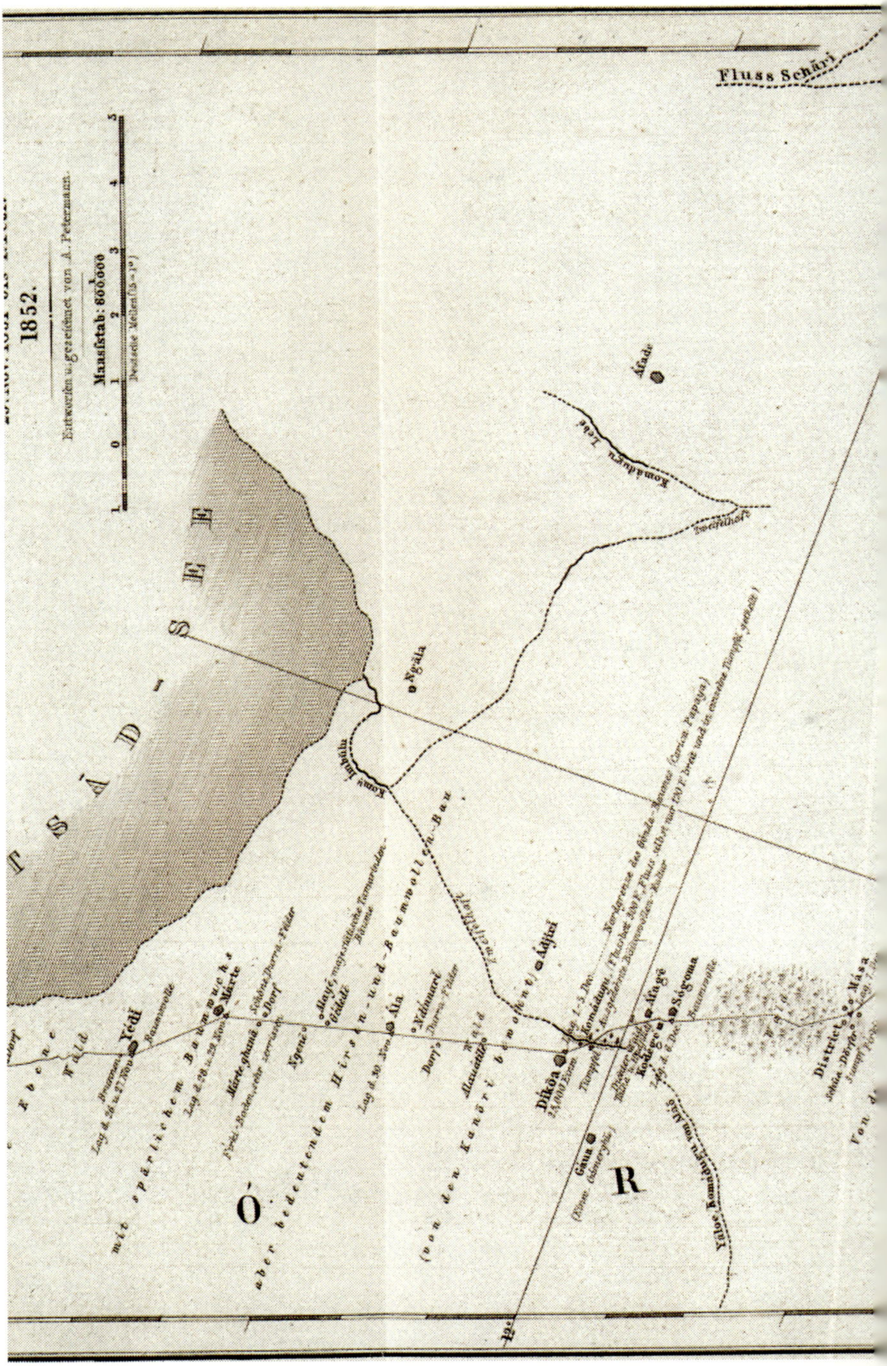

1852.
Entworfen u. gezeichnet von A. Petermann.
Maasstab: 800000
Deutsche Meilen (15 = 1°)
TSÂD - SEE
Fluss Schâri
Âfade
Ngála
Dikōa
Yedi
Márte
Ádjiri
Ó
R

L Ó G O N E
Fl. von Logone
Kárnak Logone
MÁNDARA
Woloďje,
District
Grosse Wildniss von den Fulbe Fili óbádje genannt,
hauptsächlich bedeckt von dichtem Wald, mit grossen Elephanten- u. Giraffen-Heerden
hie und da Wiesen-Flächen, die von den wandernden Fulbe mit
ihren Rindern besucht werden. Reis wächst wild

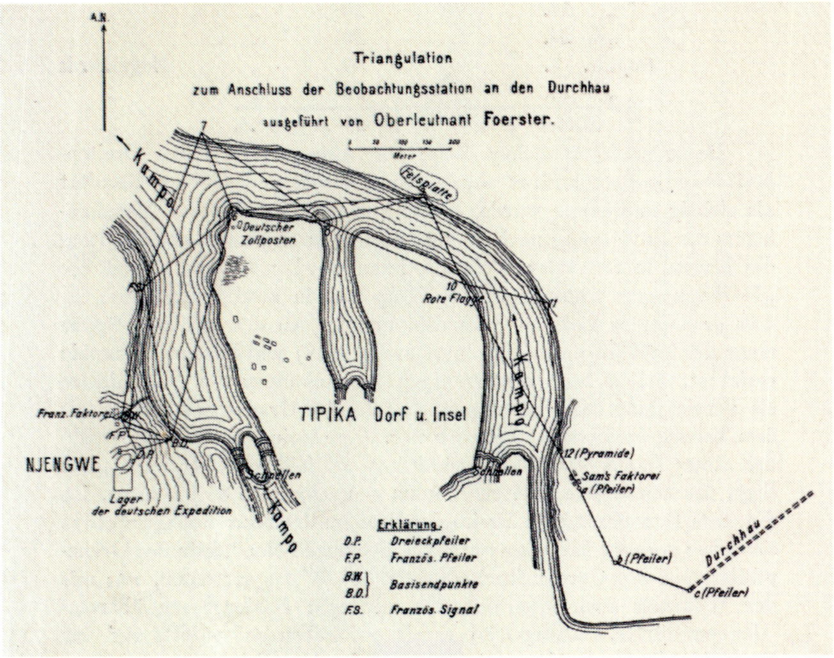


**Abb. 28:** Skizze des Triangulationsanschlusses der astronomischen Beobachtungsstation der deutschen Grenzexpedition an den Grenzdurchhau durch den Regenwald im Rahmen der Absteckung der deutsch-französischen Kolonialgrenze in den Jahren 1900–02 im Südwesten des Schutzgebiets Kamerun am Fluss Campo (Quelle: AMBRONN 1906, S. 195)

einer Übersichtsskizze in dessen Mittheilungen (Abb. 26) auch eine klassische Routenkonstruktion in dem gleichfalls im Jahre 1857 erschienenen mehrbändigen BARTHschen Reisewerk (Abb. 27). Aber auch in den folgenden drei Jahrzehnten deutscher Kolonialherrschaft beruhte die hiesige Vermessungstätigkeit und Kartographie bis zum Ersten Weltkrieg weit überwiegend auf Routenaufnahmen. Hinzu traten als Kameruner Besonderheit sogenannte Erkundungsaufnahmen, welche vor allem dazu dienen sollten, für die Durchführung einer Trennung von Kronland und Reservaten für die einheimische Bevölkerung entlang der allmählich entstehenden modernen Straßenwege und Bahnstrecken ausreichende kartographische Unterlagen zu erstellen. Gleichzeitig bemühte man sich, diese Erkundungsaufnahmen auch topographisch soweit auszuwerten, dass aus ihnen der kolonialwirtschaftliche Wert des aufgenommenen Gebiets zu ersehen war. Eine weitere Eigenart dieses Schutzgebiets bildete der Umstand, dass infolge des entlang der Küste breit entwickelten und für jedwede zeitgenössische Vermessungsverfahren sehr unzugänglichen tropischen Regenwalds, das offenere aber kaum kolonialwirtschaftlich genutzte Binnenland in weiten Teilen kartographisch besser bekannt war als manche Küstenstriche mit ihrer Plantagenwirtschaft.

In geodätischer Hinsicht lieferten die verschiedenen Grenzexpeditionen die bemerkenswertesten Ergebnisse, welche in Kamerun in besonders abgelegenem und schwierigem Gelände nicht nur astronomische Aufnahmen durchführten, sondern auch ganz wesentliche Beiträge zur landeskundlichen Erforschung dieser entlegenen Teile des Schutzgebiets leisteten. Neben dem erst seit dem Jahre 1910 erschienenen amtlichen Kartenwerk sind in Kamerun lediglich die aufgrund der langen und zudem oft veränderten Überlandgrenzen sehr zahlreichen und hochwertigen Karten der Grenzexpeditionen zu nennen, welche sämtlich auf der Grundlage eigens gemessener astronomischer Punkte, Triangulationen, Wegeaufnahmen, Theodolitzügen usw. entstanden (Abb. 28). Diese Grenzkarten wurden zumeist in den Maßstäben 1:200 000, wie etwa bei der Ostkamerun-Grenzexpedition des Jahres 1910 und der Kongo-Lobaje-Grenzexpedition des Jahres 1913, oder 1:100 000, wie etwa bei der Südkamerun-Grenzexpedition des Jahres 1909 gezeichnet. Diese Karten enthielten neben der Grenzlinie viele weitere wichtige Aufnahmen, wie etwa die Topographie, Bodenbeschaffenheit und Vegetation. *„Leider war das Gebiet naturgemäß recht schmal und dem Grenzverlauf folgend“*, so Finsterwalder und Hueber, *„und erfaßte nicht immer wirtschaftlich wichtige Landstriche.“*[196]

Auch in diesem in vielerlei Hinsicht unzugänglichsten afrikanischen Schutzgebiet war gerade in den letzten Jahren erst die Kolonialverwaltung auch in entlegenere Binnenlandgebiete vorgedrungen und hatte dabei eine Reihe von brauchbaren Routenaufnahmen im Kameruner Regenwald beigesteuert. Dazu kam noch, dass gleichzeitig nahezu sämtliche Grenzen dieses Schutzgebiets nicht nur großzügig topographisch durch Grenzexpeditionen aufgenommen, sondern durch diese auch zahlreiche Festpunkte geodätisch oder astronomisch bestimmt worden waren. Diese Ergebnisse zusammengenommen brachten derart umfangreiche neue Erkenntnisse, dass die von Moisel im Jahre 1901 im Großen Deutschen Kolonialatlas in sechs Blättern veröffentlichte Karte von Kamerun im Maßstab 1:1 Million völlig neu bearbeitet werden musste.

**Abb. 29:** Verkleinerter Ausschnitt der Karte auf der Grundlage des kartographischen Kenntnisstandes fünfzig Jahre nach dem Durchzug von Heinrich Barth vom nordwestlichen zum südöstlichen Ausschnittrand (Quelle: MadDS 1905, Karte 3)

14°
12°
11°
DEUTSCH-
BORNU
RESIDENT
Bulgua
Dikoa
Mandara
MADA
Marua
Mindif
Gasaua
Miskin
Girwidig

16°
DER DEUTSCHE LÓGÓNE
UND SEINE NACHBARGEBIETE.
Auf Grundlage der bisher unveröffentlichten Aufnahmen
bezw. astronomischen Ortsbestimmungen
von
Oberlt. v. Bülow (1902-1903), Oberlt. Dominik (1902-1903),
Hptm. Glauning (1902-1904), Oberlt. Marquardsen,
Lt. Schultze, Lt. v. Stephani, Oberlt. Strümpell
und Lt. Schipper (1903-1904)
und des gesamten veröffentlichten Materials
konstruiert u. gezeichnet
von
M. MOISEL.
Maßstab 1:750000
Kilometer
Erklärungen:
Grenze des Schutzgebietes
Stammes- bezw. Sultanatsgrenzen
Lagerplätze, deren Breiten bestimmt wurden.
wichtige trigonometrische Signale der Yola-Tschadsee-Grenzexpedition.
Abkürzungen:
Fort-Lamy
Fort-de-Cointet
Mándschafa
Gandom
Bugumán
Miskin
Mòrnao
Buduğúr
Bongor
Busch wald
Grasland
MUSGU
AUA - BORNU

Die gegen Ende des ersten Jahrzehnts des 20. Jahrhunderts endlich in hinreichender Anzahl bekannten Festpunkte im Landesinnern ermöglichten es dem Kolonialkartographischen Institut im Jahre 1910 überhaupt erst, auch an die von Max Moisel lange vorbereitete und überfällige Herausgabe des Kartenwerks im Maßstab 1:300 000 in 20 Blättern mit vier Ansatzstücken heranzugehen. *„Welche Unsumme von vorbereitender, stiller Bureauarbeit, von der die Oeffentlichkeit nichts erfährt, für eine derartige Karte aufgewendet werden muss, ehe an die definitive Zeichnung gedacht werden kann, dürfte daraus hervorgehen, dass für Kamerun 724 Routenaufnahmen und Vermessungen verschiedenster Art, von 210 Aufnehmern herrührend, vorlagen, die erst aus den Feldbüchern in Kartenform übertragen, d. h. konstruiert werden mussten. Und das ergab eine Summe von 4 492 Blättern (46×60 cm).“* Ein Teil dieser Vorarbeiten konnte zuvor jedoch bereits in Form von Spezialkarten veröffentlicht werden, so etwa die Karte der deutschen Logone-Länder im Maßstab 1:750 000 (Abb. 29).[197]

Diese Karte erschien in den MadDS 1905 unter dem ebenso umständlichen wie vollständigen Titel: „Der deutsche Lŏgŏne und seine Nachbargebiete. Auf Grundlage der bisher unveröffentlichten Aufnahmen bezw. astronomischen Ortsbestimmungen von Oberlt. v. Bülow (1902–1903), Oberlt. Dominik (1902–1903), Hptm. Glauning (1902–1904), Oberlt. Marquardsen, Lt. Schultze, Lt. v. Stephani, Oberlt. Strümpell und Lt. Schipper (1903–1904) und des gesamten veröffentlichten Materials konstruiert u. gezeichnet von M. Moisel Maßstab 1:750 000“. Hierzu erschienen aus der Feder von Max Moisel „Begleitworte“. Darin fasste der Kartograph in einer sechsseitigen Übersicht die seinerzeitigen politischen Verhältnisse im Norden des Schutzgebiets zusammen und gab auf drei Seiten als *„auf der Karte zur Darstellung kommende neue topographische Arbeiten“* folgende Routenaufnahmen und Kartenquellen an:

| | | |
|---|---|---|
| Oberleutnant Siegfried von Bülow | 11 | Routenaufnahmen der Jahre 1902–1903 |
| Oberleutnant Hans Dominik | 2 | Routenaufnahmen der Jahre 1902–1903 |
| Hauptmann Hans Glauning | 2 | Routenaufnahmen des Jahres 1902 |
| Leutnant Schipper | 6 | Routenaufnahmen und Pläne der Jahre 1903–1904 |
| Oberleutnant Stieber | 1 | Routenaufnahme des Jahres 1904 |
| Oberleutnant Kurt Strümpell | 10 | Routenaufnahmen der Jahre 1903–1904 |

Daneben enthielt dieses Kartenblatt zahlreiche größere und kleinere Routen der Yola-Tschadsee-Grenzexpedition aus den Jahren 1903–04, an welcher deutscherseits Hauptmann Hans Glauning, Oberleutnant Hugo Marquardsen, welcher Ende 1911 nach zwischenzeitig erfolgtem Ausscheiden aus der Schutztruppe und Promotion über Hydrogeomorphologie der Sudanländer der Nachfolger des Freiherrn von Danckelman als geographischer Referent des Reichskolonialamts wurde, sowie die Leutnants Franz von Stephani und Arnold Schultze teilgenommen hatten. Ergänzend wurden noch 23 veröffentlichte Karten deutschen, französischen und britischen Ursprungs bis zurück auf das Jahr 1823 herangezogen.[198]

Tatsächlich stellte dann das Jahr 1910 für die Kartographie von Kamerun den späten, aber endgültigen Durchbruch dar, da seinerzeit die Herausgabe des Kartenwerks im Maßstab von 1:300 000 begann, welches die bereits kurz nach Erscheinen veralteten sechs Kartenblätter in dem seit dem Jahre 1901 veröffentlichten Großen Deutschen Kolonialatlas nach und nach ersetzte[199]. Dieses amtliche Kartenwerk des Kolonialkartographischen Instituts erschien unter der Leitung von Max Moisel zunächst in 20 Blättern mit 3 Ansatzstücken und wurde nach dem Marokko-Abkommen vom 4.11.1911 auf 31 Blätter erweitert. Dieses in nur fünf Jahren abgeschlossene Kartenwerk, dessen letztes Blatt noch im Sommer 1914 erschienen war, verarbeitete am Ende rund 790 auf über 5 100 Blättern auskonstruierte Routenaufnahmen hauptsächlich in den Maßstäben 1:75 000 und 1:37 500 sowie über 970 astronomische oder geodätische Ortsbestimmungen. Allein das Blatt Garua aus dem Jahre 1912 war aus 61 Routenaufnahmen, 44 privaten astronomischen Ortsbestimmungen und 105 amtlichen geodätischen Positionsbestimmungen der deutsch-britischen Yola-Cross-River- und Yola-Tschadsee-Grenzexpeditionen aufgebaut.[200]

Die über zehnjährige Meisterarbeit von Max Moisel und seinen Mitarbeitern ist dabei vor allem darin zu sehen, dass fortlaufend hereinkommendes Aufnahmematerial eingearbeitet und dabei in der Würdigung von Hans Meyer *„die Routen und astronomisch festgelegten Fixpunkte eingetragen und eingerenkt und alles zu einer technisch wie künstlerisch erstklassigen Riesenkarte von wunderbarer Einheitlichkeit“* einfühlsam zusammengebaut zu haben. Um dies aber überhaupt erst im Kartenbild leisten zu können, musste der bislang aufgrund von Eindrücken aus zweiter Hand arbeitende Kartograph *„selbst ein Stück des Landes sehen“* und dessen Oberflächenformen studieren. Diesen immer wieder selbst bekundeten Lebenshöhepunkt ermöglichte Moisel 1907/08 eine von der Deutschen Kolonialgesellschaft unterstützte halbjährige Studienreise im Auftrag des Reichskolonialamtes nach Mittelkamerun, welches er von Duala über Buea, Ninong, Mbo, Dschang und Mamenda bis Nansso durchzog und damit *„ein großes Stück des randlichen Waldgebietes, der nordwestlichen Hochländer und des inneren Graslandes"* kennenlernte.[201]

Während das im Jahre 1908 abgeschlossene Kartenwerk von Togo auf nicht weniger als 891 auskonstruierten Routenaufnahmen beruhte, welche an 349 astronomisch oder geodätisch bestimmten Punkten festgemacht worden waren, schlug sich die erhebliche Erschwernis einer kartographischen Aufnahme im Urwald von Kamerun auch deutlich in dessen Kartenbild nieder. Hier beruhte nämlich trotz einer zigfach größeren Fläche dieses Schutzgebietes das amtliche Kartenwerk auf insgesamt nur wenig mehr als doppelt so vielen Routenaufnahmen und nur Dank der hier besonders zahlreichen Grenzexpeditionen immerhin auf 970 astronomisch oder geodätisch bestimmten Festpunkten in zudem sehr ungleicher räumlicher Verteilung.[202] Neben dieser Fleißleistung MOISELS und seiner Mitarbeiter erschienen in den Jahren 1901–12 in dem kleineren Maßstab von 1:1 Million lediglich noch die besagten zehn Kartenblätter sowie im Jahre 1913 im Maßstab von 1:2 Millionen ein Kartenblatt Kamerun mit Togo, welches eine kartographietechnisch interessante Höhenschichtenkarte darstellte.[203]

Vor diesem Hintergrund stellte es eine besondere Leistung dar, in den letzten Jahren vor dem Ausbruch des Ersten Weltkriegs überhaupt ein vollständiges Kartenwerk des Schutzgebiets Kamerun im Maßstab von 1:300 000 herauszugeben. Angesichts der genannten Schwierigkeiten war es jedoch klar, dass nicht alle der 34 Kartenblätter bei durchgehender Vermittlung eines Überblicks mit den wichtigsten Angaben gleich gut ausgearbeitet sein konnten. So fehlte auf manchen dieser Blätter beispielsweise die sonst so hervorstechende Reliefdarstellung, und auch die Lagerichtigkeit ließ aufgrund der zahlreichen Routenaufnahmen bei streckenweise sehr wenigen astronomischen Festpunkten sehr zu wünschen übrig. Schon damals gelangte in Kamerun die herkömmliche Routenkartographie an ihre Grenzen, da hier nach der Einschätzung von FINSTERWALDER und HUEBER bereits am Vorabend des Ersten Weltkriegs *„das aus mehreren hundert Routen bestehende Netz mit der Zeit solche Spannungen aufwies, daß das Einfügen neuer Routen ziemliche Schwierigkeiten verursachte."*[204]

# 7. Schutzgebiet Deutsch-Ostafrika

Seit der Mitte des 19. Jahrhunderts wandte sich das allgemeine Interesse - vor allem durch die von Missionaren mitgebrachte Kunde von Schneebergen am Äquator, das britische Forscher zunehmend umtreibende immer noch unglöste Rätsel der Quellen des Nils sowie die Aufsehen erregenden Reisen des DAVID LIVINGSTONE - allmählich auch und schließlich sogar überwiegend dem östlichen Afrika zu. Den seinerzeit aber im Gegensatz zu Westafrika und der Sahara noch abenteuerlich verworrenen, weil weitgehend auf Hörensagen beruhenden landeskundlichen Wissensstand über das Hinterland der Küste des Indischen Ozeans fasste AUGUST PETERMANN im Jahre 1856 in der ersten großen Arbeit über jenen Teil des Kontinents für seine Mittheilungen in der Form einer Kartenskizze im Maßstab von 1:5 Millionen (Abb. 30) zusammen. Darauf verschwammen die gerüchteweise an der Küste vernommenen Nachrichten von riesigen Süßwasserflächen im Innern des Kontinents im wortwörtlichsten Sinne zu einem einzigen monströsen Gebilde mit einer Erstreckung vom Äquator über elf Breitengrade südlich, wobei offensichtlich nur über den im Wurmfortsatz zu erahnenden Njassasee einige genauere Kenntnisse zu Grunde lagen. Aber bereits die erste nicht zuletzt durch die PETERMANNsche Kartenskizze herausgeforderte Entdeckungsexpedition der beiden Briten RICHARD BURTON und JOHN SPEKE in den Jahren 1857–58 klärte die hydrologischen Großverhältnisse im Innern von Ostafrika grundsätzlich, indem diese die zuverlässige Kunde von nunmehr drei großen Seen anstelle des gigantischen einen - nämlich des Victoria-, Tanganjika- und Njassasees, mit zurückbrachte (Abb. 31).

Jener bis zu Beginn der 1880er Jahre abseits der Küstengebiete und wichtigsten Karawanenstraßen immer noch weitgehend nur in den gröbsten Zügen kartographisch entschleierte Teil von Ostafrika wurde dann im kolonialen „Wettlauf um Afrika" weder von einem Kaufmann noch von einem Reisenden als sowohl nach Fläche als auch nach Einwohnerzahl weitaus größtes Schutzgebiet für das Deutsche Reich erworben, sondern in einem energischen

**Abb. 30** (folgende Seiten): Stark verkleinerte Gesamtwiedergabe der Kartenskizze der orohydrographischen Großverhältnisse im Innern von Ostafrika in der Zeichnung von AUGUST PETERMANN vor allem auf der Grundlage von Erkundigungen der deutschen Missionare JAKOB ERHARDT und JOHANN REBMANN bei „zahlreichen Eingeborenen und muhamedanischer Reisenden" im Maßstab von 1:5 Millionen
(Quelle: PGM 1856, Tafel 1)

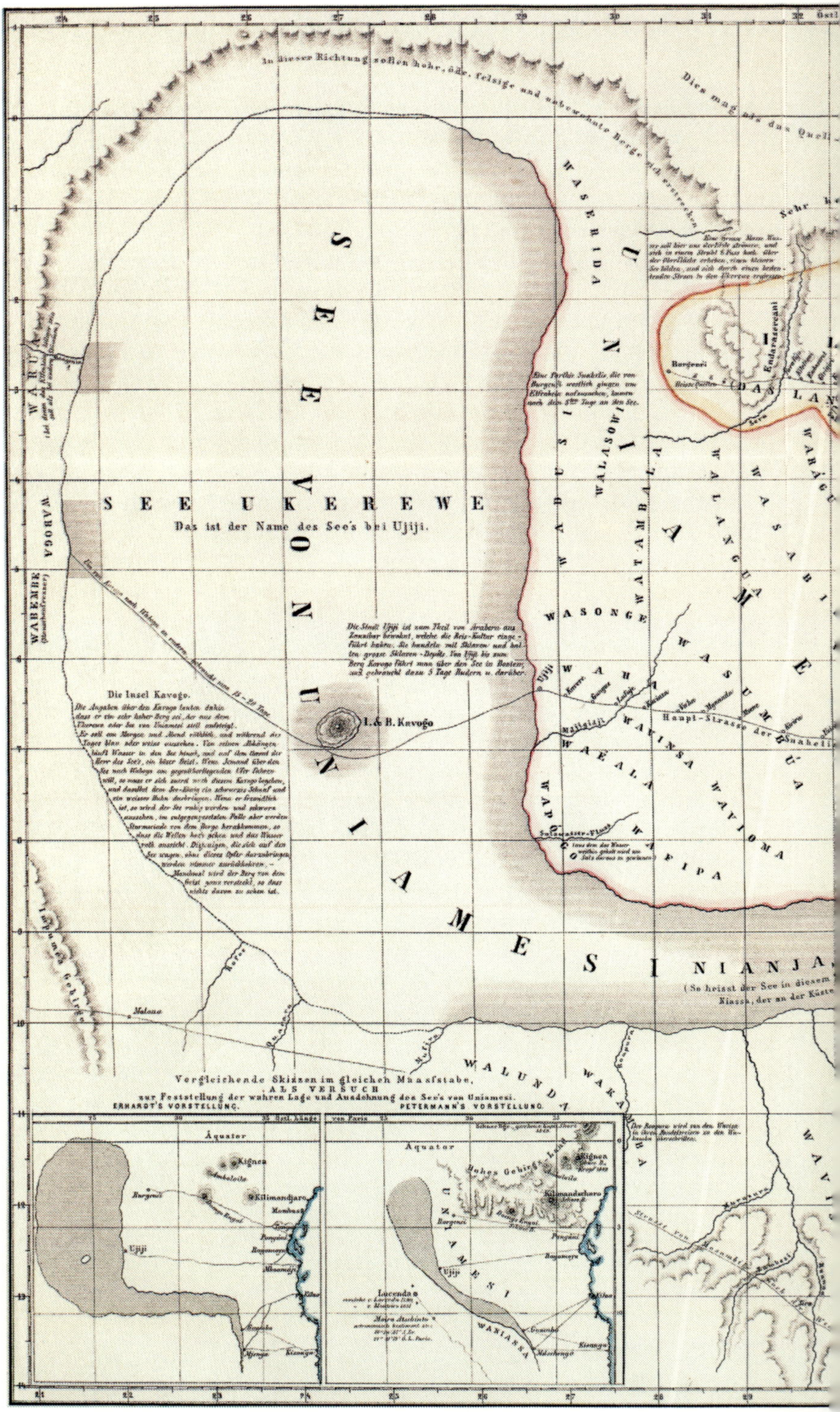
In dieser Richtung sollen hohe, öde, felsige und unbewohnte Berge sich erstrecken
Dies mag das Quell
SEE VON UNIAMESI
SEE UKEREWE
Das ist der Name des See's bei Ujiji.
NIANJA
Die Insel Kavogo.
I. & B. Kavogo
Ujiji
UNIAMESI
WASERIDA
WALASOWI
WATAMBALA
WASONGE
WALANGUA
WASABI
WASUMBUA
WAVINSA
WAFIPA
WAVIOMA
WAFIPA
WARUA
WABOGA
WABEMBE
Malona
WALUNDA
WAKAMBA
Haupt-Strasse der Suaheli
Vergleichende Skizzen im gleichen Maasstabe,
ALS VERSUCH
zur Feststellung der wahren Lage und Ausdehnung des See's von Uniamesi.
ERHARDT'S VORSTELLUNG.
PETERMANN'S VORSTELLUNG.
Äquator
Kignea
Kilimandjaro
Kilimandscharo
Burgenei
Mombasa
Pangani
Bagamoyo
Ujiji
Kiloa
UNIAMESI
WANIASSA
Lucenda
Hohes Gebirge, Land

SKIZZE EINER KARTE
eines Theils von
OST-u. CENTRAL-AFRIKA
MIT ANGABE DER
wahrscheinlichen Lage u. Ausdehnung
DES
SEE'S VON UNIAMESI,
nebst Bezeichnung der
GRENZEN u. WOHNSITZE DER VERSCHIEDENEN VÖLKER
sowie der
CARAVANEN-STRASSEN
nach dem Innern.
Gestützt auf die Angaben zahlreicher Eingebornen
und muhamedanischer Reisenden
und zusammengetragen
von
Jakob Erhardt
u. Johann Rebmann,
Missionaire der "Church Miss. Soc. of London"
in Ost-Afrika.
Nach J. Erhardt's Original und der Engl.
Küsten Aufnahme gezeichnet
von
A. Petermann.
DER INDISCHE OCEAN
KÜSTE
UKAMBANI
Kilimandjaro
Zingebar, Zanzibar
WAMAKUA

Abb. 31: Berichtigung des Kartenbilds vom Innern Ostafrikas durch die erstmalige Unterscheidung der tatsächlich vorhandenen zentralafrikanischen Großseen auf Grundlage der um genauere Erkundigungen ergänzten Entdeckungen der beiden britischen Reisenden Richard Burton und John Speke in den Jahren 1857–58 durch eine von August Petermann nach Captain Spekes Originalzeichnung entworfene und gezeichnete Karte im Maßstab von 1:7 Millionen (Quelle: PGM 1859, Tafel 15)

Alleingang des radikaldeutschen Kolonialpolitikers Dr. phil. CARL PETERS (1856–1918). Dieser hatte am 28.4.1884 nach KURTZE *„in einem bewußten Gegensatz"* zur behäbigen Szene der Kolonialpropagandisten in Berlin die kolonialpraktische Gesellschaft für deutsche Kolonisation gegründet. Nach dem Bekanntwerden der verschiedenen deutschen Kolonialerwerbungen entlang der afrikanischen Atlantikküste erwog die Gesellschaft im Sommer mehrere eigene Kolonisationsprojekte. Dabei wurden zunächst Gebiete in Argentinien und Angola ins Auge gefasst, jedoch bald wieder verworfen, als die Reichsregierung durchblicken ließ, dass sie Vorhaben in jenen Gebieten keinesfalls begünstigen werde. Daraufhin unterbreite Dr. PETERS am 16.9.1884 den Vorschlag, *„an der Ostküste Afrikas, Zanzibar gegenüber, in Usagara, falls dies nicht möglich, an einem anderen Punkt der Ostküste die Landerwerbung der Gesellschaft für Deutsche Kolonisation vorzunehmen."* Die Gesellschaft stimmte zu und beauftragte Endzwanziger Dr. CARL PETERS, Dr. KARL LUDWIG JÜHLKE und GRAF JOACHIM VON PFEIL mit der Ausführung der hierauf abzielenden Expedition, welche bereits im Oktober 1884 über den Suezkanal die Ausreise nach Ostafrika antrat[205].

## 7.1. Erwerbung, Verwaltung und Erschließung

Noch in den Monaten November und Dezember schloss die kleine Expedition der Gesellschaft für deutsche Kolonisation in den Landschaften Usagara, Useguha, Nguru und Ukami - zuerst am 23.11.1884 in Mbusine oder Petershöhe - mit schließlich zehn einheimischen Herrschern in rascher Folge insgesamt zwölf Verträge, worin diese alle ihre Privat- und Hoheitsrechte auf die Gesellschaft übertrugen. Im Gegensatz zu den übrigen afrikanischen Schutzgebieten erfolgten damit die ersten deutschen Erwerbungen in Ostafrika nicht an der Küste, sondern tief im Hinterland des sansibarischen Festlandshafens Pangani, welcher mit der übrigen Festlandsküste erst im Jahre 1890 in deutschen Besitz übergehen sollte.[206] Unmittelbar nach dem Abschluss dieser Unterwerfungsverträge kehrte Dr. CARL PETERS wieder nach Berlin zurück, wo der im Februar 1885 der Reichsregierung die abgeschlossenen Verträge mit der Bitte um die Schutzgewährung des Deutschen Reiches vorlegte. Das Auswärtige Amt erteilte daraufhin einen Tag nach der Beendigung der Berliner Kongo-Konferenz einen Schutzbrief für die Gebietserwerbungen der Gesellschaft.[207] Durch diesen den übrigen Mächten bekannt gemachten Schutzbrief verlieh KAISER WILHELM I. am 27.2.1885 *„Unsern Schutz für die Gebietserwerbungen der Gesell-*

*schaft in Ostafrika, westlich vom Reiche des Sultans von Zanzibar, außerhalb der Oberhoheit anderer Mächte"* und bestätigte, dass die durch die vorgelegten PETERSschen Verträge erworbenen Gebiete sowie später gegebenenfalls gemachte weitere Erwerbungen unter seinem kaiserlichen Schutz standen.[208] Mit diesem kaiserlichen Schutzbrief übernahm das Deutsche Reich in den vier genannten Landschaften auf einen Schlag die nominelle Oberhohheit über ein Gebiet von schätzungsweise 140 000 km$^2$.[209] Zur kolonialwirtschaftlichen Verwertung dieses gewaltigen Landbesitzes gründete die Gesellschaft für deutsche Kolonisation als kommerziellen Arm die Deutsch-Ostafrikanische Aktiengesellschaft (DOAG). Zwischen dieser und der Reichsregierung kam es nach der Erteilung des Schutzbriefs Ende Februar 1885 zwar nicht formell, so doch tatsächlich zu einer politischen Arbeitsteilung. Während sich Reichskanzler VON BISMARCK gegenüber dem Sultan von Sansibar und den europäischen Kolonialmächten mit den Mitteln der Diplomatie schützend vor die DOAG stellte und es verstand, dieser eine weite Interessensphäre freizuhalten, suchte die Gesellschaft nach KURTZE *„mit viel Geschick auf einer Anzahl von Expeditionen die Erwerbung von Territorien auf Kosten der unabhängigen Negerhäuptlinge des Innern"* nach allen Richtungen hin zu erweitern.[210]

Trotzdem wurde es aber immer offensichtlicher, dass der Versuch der DOAG, eine hinreichend geregelte Verwaltungsstruktur zu schaffen, angesichts der riesigen Ausdehnung der Gebietserwerbungen und der schwachen Kapitalbasis bei fehlenden eigenen laufenden Einnahmen zum Scheitern verurteilt sein würde. Als gegen das Bestreben der DOAG zur Einnahmeverbesserung durch die Pachtung des sansibarischen Festlandzolls im Jahre 1888 der sogenannte Araberaufstand ausbrach, konnten nur dank des Beispringens der Reichsmarine zumindest die beiden unterdessen vom Sultan von Sansibar zunächst gepachteten Küstenplätze Bagamojo und Dar-es-Salaam gehalten werden.[211] Der Reichskanzler VON BISMARCK hatte dem zum Zwecke der Niederschlagung des Araber-Aufstands und der Wiederherstellung geordneter Verhältnisse im ostafrikanischen Schutzgebiet zum Reichskommissar ernannten Hauptmann und Afrikareisenden HERMANN WISSMANN (1853–1905) bei der Übergabe der Instruktionen für dessen eilig angeworbene Söldnertruppe lediglich die folgenden aufschlussreichen Worte mit auf den Weg gegeben: *„Ich bin nicht der Kaiserliche Hofkriegsrat in Wien, und Sie sind Tausende von Meilen entfernt; stehen Sie auf eigenen Füßen. Ich gebe Ihnen nur immer wieder den einen Auftrag: Siegen Sie!"* Nachdem die sogenannte Wissmann-Truppe am 3.5.1889 in Bagamojo gelandet war, gelang es deren Anführer, durch militärische Aktionen und diplomatische Bemühungen, binnen weniger Wochen das gesamte ostafrikanische Küstenland aus deutscher Sicht zu befrieden.[212] Nach der damit bereits tatsächlich stattgehabten Verschiebung der Verwaltungsherrschaft von der DOAG hin zum Reich, gab diese Gesellschaft ihre schutzbrieflichen Hoheitsrechte an dem durch das deutsch-britische Abkommen vom 1.7.1890 in seine endgültige Gestalt gekommenen Schutzgebiet schließlich zum 1.1.1891 auch nominell dem Deutschen Reich zurück.[213] Hierzu bemerkte die Reichsregierung im amtlichen „Deutschen Kolonialblatt“ lakonisch, dass *„die Periode des Flaggenhissens und Vertragschließens“* nun vorüber sei und die Nutzbarmachung des Erworbenen in *„ernster und unscheinbarer Arbeit“* voraussichtlich das nächste halbe Jahrhundert beanspruchen werde.[214]

Seit dem 1.1.1891 unterstand die Schutzgebietsverwaltung also auch in Deutsch-Ostafrika wie bereits in den übrigen afrikanischen Schutzgebieten einem vom Kaiser ernannten Gouverneur mit Sitz in Dar-es-Salaam. Dabei war zunächst vorgesehen worden, nur den Küstenbereich in Verwaltung zu nehmen und das Landesinnere später Schritt für Schritt zunächst zu erforschen, dann zu erschließen und schließlich in die Zivilverwaltung zu überführen. Dementsprechend wurden die Küstengebiete im Jahre 1891 in die fünf Bezirke Pangani, Bagamojo, Dar-es-Salaam, Kilwa und Lindi eingeteilt, denen ein Bezirkshauptmann und ab 1893 ein Bezirksamtmann vorstanden, während das Innere zunächst mit Hilfe von Militärstationen erschlossen wurde. Dort wurde so verfahren, dass man Gebiete unter der Verwaltung von Militärstationen, welche soweit unter deutsche Herrschaft gebracht worden waren, dass dort mit Aufständen nicht mehr zu rechnen war, in zivile Bezirksämter umwandelte. Bis zum Jahre 1903 waren auf diese Weise bereits 12 zivile neben 16 militärischen Verwaltungsbezirken entstanden. Die weitere Ausdehnung der Zivilverwaltung vollzog sich aber aufgrund der zahlreichen kleineren und der großen Erhebung des Maji-Maji-Aufstands in den Jahren 1905-07 nur langsam. Im Jahre 1914 bestanden aber im Schutzgebiet Deutsch-Ostafrika neben 19 Bezirksämtern nurmehr zwei Militärstationen (Mahenge und Iringa) sowie in der Nordwestecke die drei Residenturen zwecks indirekter Verwaltungseinwirkung zur Vorbereitung der Einführung einer ordentlichen örtlichen Kolonialverwaltung in Bukoba, Ruanda und Urundi.[215] Eines der Grundprobleme der deutschen Kolonialherrschaft in Deutsch-Ostafrika war der notgedrungene und vielfach von vornherein zum Scheitern verurteilte Versuch, riesige und weithin unzugängliche überseeische Land- und Menschenmassen mit einer nur sehr kleinen Schar von Kolonialbeamten verwalten und kolonialwirtschaftlich entwickeln zu wollen. So standen den Lokalverwaltungen des bald eine Million Quadratkilometer großen und von mehreren Millionen Einheimischen bevölkerten Schutzgebiets selbst zum Zeitpunkt ihrer größten Entfaltung am Vorabend des Ersten Weltkriegs insgesamt nur 79 leitende Administratoren zur Verfügung.[216] Ohne Mitwirkung oder gar gegen den entschiedenen Widerstand vorgefundener einheimischer Herrschaftsstrukturen und traditioneller Führer war daher Deutsch-Ostafrika, wie übrigens auch die anderen afrikanischen Schutzgebiete, nicht wirklich flächendeckend zu regieren.

Noch Anfang der 1890er Jahre war lediglich die Küste mit einer Kette von Stationen gesichert, während im Innern nur an der Hauptkarawanenstraße über Tabora zum Tanganjikasee, im Norden am Kilimandscharo und am Victoriasee befestigte Plätze das beginnende Ausgreifen der deutschen Herrschaft verkörperten. Bis Mitte der 1890er Jahre drang dann aber die neugeschaffene Schutztruppe, welche durch Reichsgesetz vom 22.3.1891 aus der WISSMANN-Truppe hervorgegangen war, aber auch im Hinterland überall hin vor und begann nach ihrer Festsetzung in zahlreichen neuen Stationen mit der Erschließung des riesigen Binnenlandes. In den nunmehr platzgreifenden geordneteren Verhältnissen gingen bis zur Jahrhundertwende zunächst die befriedeten und am weitesten entwickelten Küstenstationen von der Militär- in die Zivilverwaltung über, während im kaum bekannten und unruhigen Innern die zunächst 31 und zuletzt auch nur 73 Offiziere der in 24 Kompanien gegliederten Schutztruppe noch auf Jahre hinaus sowohl den Ansprüchen als Truppenführer als auch denjenigen des immer intensiveren Verwaltungsdienstes zu obliegen hatten.[217]

Besonders bemerkenswert war, dass zahlreiche Offiziere der Schutztruppe neben ihren vielfältigen militärischen und zivilen Dienstpflichten noch die Zeit und das Interesse für eine wissenschaftliche Betätigung aufbrachten. Ein Hauptteil der ethnographisch-landeskundlichen Aufsätze und Monographien der umfangreichen zeitgenössischen Kolonialliteratur ging auf aktive und ehemalige Schutztruppenoffiziere, wie etwa die für ihre Verdienste geadelten HERMANN VON WISSMANN und TOM VON PRINCE sowie BECKER, VON PERBANDT, WILHELM LANGHELD, AUGUST LEUE, GEORG RICHELMANN, FRIEDRICH FÜLLEBORN, HEINRICH FONCK und FRANZ STUHLMANN zurück. Einen verständlicherweise besonders breiten Raum innerhalb dieser wissenschaftlichen Tätigkeit von Offizieren der Schutztruppe nahmen topographische Aufnahmen ein. Bei den Vermessungsarbeiten an den Rändern des Schutzgebiets Deutsch-Ostafrika hatte sich neben anderen Offizieren vor allem der Leiter von vier Grenzvermessungsexpeditionen, der brasiliendeutsche Major GASTON SCHLOBACH, besonders verdient gemacht. So konnte ERNST NIGMANN in seiner im Jahre 1910 entstandenen Geschichte der ostafrikanischen Schutztruppe mit Recht darauf verweisen, abgesehen *„von einigen Routenaufnahmen wissenschaftlicher Reisenden verdanken wir die heutige Karte von Deutsch-Ostafrika fast ausschließlich dem Fleiße und der freiwilligen Mühewaltung der Schutztruppenoffiziere, die jederzeit und auch unter den schwierigsten Umständen ihre Marschlinien und das Seitengelände mit Kompaß und Uhr kartographisch festgelegt haben. [...] So ist durch ausdauerndes Befolgen einer einfachen Methode hauptsächlich dank dem Fleiß und der Energie der Schutztruppenoffiziere ein Ergebnis gezeitigt, dem die übrigen Kolonialmächte nichts Ähnliches gegenüberzuhalten vermögen.“* Bis einschließlich des Jahres 1910 waren auf diese Weise durch die Schutztruppe trotz der skizzierten logistischen und personellen Engpässe in großenteils schwierigem Gelände neben zahlreichen großmaßstäblichen Spezialaufnahmen vorwiegend militärischen Charakters folgende für die allgemeine Kartographie wichtige Aufnahmen geleistet worden: *„An den Grenzen sind 36 000 qkm trigonometrisch vermessen und kartographiert“* und *„eine militärische Operationskarte der Kolonie - Übersicht der Wege, Verpflegung, Wasservorkommen, Bevölkerungsdichte usw. - 1:1 000 000 in 8 Blatt ist gleichfalls erschienen.“*[218]

Noch kurz vor der Jahrhundertwende schätzte PAUL LANGHANS die einheimische Bevölkerung des Schutzgebiets sehr zurückhaltend auf nur rund 3 Millionen Menschen, wozu lediglich ungefähr 1 000 Weiße kamen, davon rund 650 Deutsche. Diese lebten seinerzeit zu zwei Dritteln (635) an der Küste, vornehmlich in den Bezirken Dar-es-Salaam (293) und Tanga (174), und nur zu einem Drittel (ca. 360) an der Südküste oder gar im weiten Binnenland. Damals beschränkte sich die kolonialwirtschaftliche Verwertung, welche vorwiegend in der Plantagenpflanzung von Kokospalmen, Kaffee und Kakao sowie auch Gewürzen, Kautschuk und Baumwolle bestand, räumlich im wesentlichen auf das nordöstliche Küstenland mit den dahinter gelegenen Usambara-Bergen. Hauptausfuhrgüter nach Sansibar und Übersee waren vor der Jahrhundertwende, etwa im Jahre 1896, mit rund 4 Millionen Reichsmark wertmäßig zunächst Elfenbein, gefolgt von Kautschuk, Kopra, Hirse und Sesam. Wertmäßig wichtigste Güter der Einfuhr mit rund 8,5 Millionen Reichsmark im gleichen Jahre waren zu allererst Baumwollwaren, welche allein mit rund 4 Millionen Reichsmark die Hälfte ausmachten, in weitem Abstand gefolgt von Reis, Spirituosen und anderen Waren. Im Jahre 1897 waren im Schutzgebiet nur 14 europäische Handelsfirmen eingetragen, darunter die DOAG, welche neben ihrer Hauptniederlassung in Bagamojo noch weitere Faktoreien zumeist entlang der Küste in Dar-es-Salaam, Pangani, Tanga, Kiloa, Udjiji und Lindi unterhielt. Von den übrigen 13 Handelsfirmen hatten fünf ihren Sitz in Dar-es-Salaam, zwei in Tanga und je eine in Bagamojo, Pangani, Moschi, Mpapua, Kiloa, Tabora und in Lindi im Süden.[219] Selbst noch zwei Jahrzehnte später gab es bei Kriegsausbruch im ganzen Schutzgebiet nur neun Personen- und acht Lastkraftwagen sowie acht Kraftfahrräder, welche überwiegend auch erst für eine im August 1914 in Dar-es-Salaam geplante Ausstellung versuchsweise eingeführt worden waren. Der ersatzweise Gebrauch von Pferden oder Ochsenwagen, wie er etwa in Deutsch-Südwestafrika das Rückgrat des Transportwesens darstellte, kam im größten Teil Deutsch-Ostafrikas wegen der Tse-tse-Fliege nicht in Frage. *„Für Handelsgüter blieb das einzig zuverlässige Beförderungsmittel,“* so BOELL *„mit dem auch Schwierigkeiten des Geländes und der Jahreszeit noch am ehesten überwunden wurden, die Menschenkraft der Eingeborenen, der Träger [...].“ Noch bis zum Ersten Weltkrieg war Deutsch-Ostafrika damit das Land des Trägerverkehrs schlechthin.*[220]

Die einheimische Bevölkerung von Deutsch-Ostafrika betrug am Vorabend des Ersten Weltkriegs nach unterdessen durchgeführten amtlichen Zählungen und Schätzungen am 1.1.1913 ungefähr 7 645 000 Menschen. Diese Bevölkerung verteilte sich jedoch sehr ungleich im Schutzgebiet. Nahezu die Hälfte lebte entlang der Schutzgebietsgrenzen in den Bergländern von Ruanda-Urundi sowie in den Zwischenseenlandschaften vom Victoria-See im Norden über den Tanganjikasee bis zum Njassasee im Süden. Die weiße Bevölkerung von Deutsch-Ostafrika zählte am gleichen Stichtag genau 5 336 Menschen (3 536 Männer, 1 075 Frauen und 725 Kinder), davon 4 107 Deutsche. Von der erwachsenen weißen männlichen Bevölkerung waren zu diesem Zeitpunkt immerhin 882 Ansiedler, Farmer und Pflanzer sowie 551 Regierungsbeamte, 523 Kaufleute und Händler, 498 Geistliche und Missionare. Unter den Übrigen fanden sich als nahezu gleichstarke größte Berufsgruppen 355 Handwerker und Arbeiter sowie 352 Ingenieure und Techniker, aber nur 19 Ärzte und Arztgehilfen. Von der Nationalität stellten die Deutschen mit 4.107 bei weitem die Mehrheit der weißen Bevölkerung, gefolgt von den zumeist farmenden 321 sogenannten Kolonialbriten, vor allem Buren, sowie den vorwiegend im Handel tätigen 208 Griechen. Die meisten Weißen wohnten dabei in den beiden nördlichen Küstenbezirken Dar-es-Salaam (1 053) und Tanga

(581) sowie den drei nördlichen Hochland- und Gebirgsbezirken des Kilimandscharo und der Usambara-Berge in Aruscha (500), Moschi (467) und Wilhelmstal (423). Hier lag neben dem administrativen Zentrum Dar-es-Salaam der farm- und plantagenwirtschaftlich wertvollste Teil des Schutzgebiets.[221]

Deutsch-Ostafrika war mit rund 991 000 km$^2$ (einschließlich der anteiligen Binnenseeoberflächen) das flächenmäßig größte deutsche Schutzgebiet. In der Gestalt eines großen Vierecks grenzte es im Osten an den Indischen Ozean mit den beiden vorgelagerten britischen Inseln Sansibar und Pemba; im Süden durch den Lauf des Rovuma an das portugiesische Moçambique; im Westen durch den Njassasee an British-Nyassaland, die Landbrücke zwischen Njassa- und Tanganjikasee an British-Nyassaland und British-Central Africa, den Tanganjikasee, den Lauf des Russissi, den Kiwusee und die Virungavulkane an den Kongo-Freistaat (ab 1908: Belgisch-Kongo) und im Norden mit einer meistenteils schnurgeraden Grenzlinie vom Indischen Ozean über den Kilimandscharo zum Victoriasee an British East Africa und jenseits desselben etwa entlang des 1° südlicher Breite bis zu den Virungavulkanen an British-Uganda. Die äußersten Punkte des Schutzgebiets lagen im Westen am Russissi bei 28° 38' 5'' östlicher Länge; im Süden am Rovuma bei 49° 7'' südlicher Breite; im Osten beim Kap Delgado bei 11° 47' und im Norden auf einer kleinen Halbinsel im Victoriasee bei der Mündung des Kagera bei 0° 59' 2'' südlicher Breite.[222] Aufgrund einer Ende 1913 in der Geodätischen Abteilung des Reichskolonialamts vorgenommenen Ausmessung des Flächeninhalts des Schutzgebiets auf dem bis dahin abgeschlossenen Kartenwerk im Maßstab von 1:300 000 sowie unter Benutzung der Originalzeichnungen und der vorläufigen Drucke der seinerzeit schwebenden Neubearbeitung wurde vom Landmesser Heinrich Böhler ein Flächenwert von 997 145 km$^2$ mit einem Messfehler von ungefähr ± 200 km$^2$ ermittelt. In dieser ausgemessenen Fläche waren neben den zugehörigen Inseln im Indischen Ozean, insbesondere Mafia, sowie lagunenartige Meeresteile, sofern diese nicht ausgesprochen offene Buchten und Häfen wie etwa bei Dar-es-Salaam darstellten, auch mit zusammen 57 000 qkm die deutschen Anteile an den großen Binnenseen enthalten.[223] Dem Landmesser Böhler war hierbei jedoch der Fehler unterlaufen, dass er entgegen dem ausdrücklichen Wortlaut des deutsch-britischen Abkommens vom 1.7.1890 einen völkerrechtlich nicht vorhandenen deutschen Anteil an der Oberfläche des Njassasee einrechnete. Zieht man die hierfür irrtümlich veranschlagten 5 640 km$^2$ von dem errechneten Flächeninhalt des Schutzgebiets ab, so verblieb eine Oberfläche von Deutsch-Ostafrika von immer noch gewaltigen 991 555 $km^2$ (± 200 $km^2$).

## 7.2. Anfänge der topographischen Aufnahme und der Kartographie

Selbst auf dem Höhepunkt der Verwaltungseinwirkung waren noch im Jahre 1912 in der Administration dieses riesigen Schutzgebiets mit ungefähr der doppelten Größe des deutschen Kaiserreichs ohne die Schutztruppe insgesamt nur 466 Beamte beschäftigt, darunter als hauptamtlich vermessungstechnisches Personal anhängig bei verschiedenen Lokalverwaltungen jeweils 11 Landmesser und 11 Katasterzeichner.[224] Um die Erforschung und kolonialwirtschaftliche Erschließung des riesigen Schutzgebiets trotz der ungünstigen fiskalischen und administrativen Rahmenbedingungen voranzutreiben, wurde bereits im Jahre 1893 beim Gouvernement eine eigene Abteilung für Landeskultur und Landesvermessung unter der Leitung des der Schutztruppe beigetretenen Forschungsreisenden Dr. Franz Stuhlmann (1863–1928) eingerichtet. Nicht zuletzt durch seine eigenen Aufnahmen und Anregung anderer Schutztruppler wurde die topographische Erforschung des Schutzgebiets derart intensiviert, dass Deutsch-Ostafrika beim Ausbruch des Ersten Weltkriegs das am besten kartographisch aufgenommene aller afrikanischen Schutzgebieten des Deutschen Reiches war.[225] Dem bis zur Auffindung der südwestafrikanischen Diamanten im Jahre 1908 wichtigsten Schutzgebiet galt überhaupt während der gesamten deutschen Kolonialbetätigung das Hauptaugenmerk der länderkundlichen Erforschung und damit auch der kartographischen Entschleierung. Den Anstoß zu dieser Bevorzugung gegenüber den übrigen afrikanischen Schutzgebieten mag man bis zu den Berichten deutscher Missionare zurückverfolgen, welche von ihren ostafrikanischen Reisen dem interessierten Europa durch Hörensagen die Kunde von einem riesigen See im Innern brachten. Die daraufhin in den Jahren 1857–59 von den Briten Richard Francis Burton und John Hanning Speke unternommene erste erfolgreiche Entdeckungsreise in dieses Innere elektrisierte die Zeitgenossen nicht nur durch die Klärung des Verlaufs des Nils, sondern vielleicht noch mehr durch die Verwandlung des einen in gleich mehrere große Seen.[226]

Aufgrund der Fülle des seit Beginn der 1890er Jahre in Berlin bereits vorliegenden und beständig stärker weiter einlaufenden topographischen Aufnahmematerials gab die Kolonialabteilung des

Auswärtigen Amts im Jahre 1894 dem kartographischen Bureau der Firma Dietrich Reimer den Auftrag zur Herstellung eines ganz Deutsch-Ostafrika abdeckenden großmaßstäblichen Kartenwerks. Dessen Titel sollte lauten: „Karte von Deutsch-Ostafrika in 30 Blatt und 9 Ansatzstücken im Massstabe von 1:300 000. Konstruiert und gezeichnet unter Leitung von Dr. Richard Kiepert. Im Auftrage und mit Unterstützung der Kolonial-Abteilung des Auswärtigen Amtes herausgegeben durch die Geographische Verlagshandlung Dietrich Reimer (Ernst Vohsen), Berlin". Und bis zum Ende des Jahres 1896 waren bereits zehn Kartenblätter und ein Ansatzstück (A 1-3, B 1-4, C 3-4 und D 5-6) erschienen sowie die beiden Blätter C 5 Massaisteppe und D 4 Kilimatinde weitgehend erarbeitet, welche allerdings sämtliche in der nördlichen Hälfte des Schutzgebiets lagen. Als nächstes sollte aber aufgrund des zahlreichen vorliegenden neuen Materials das südöstliche Dreieck zwischen dem Njassasee, dem Rovuma und der südlichen Küste bis hinauf zum Rufidji in Angriff genommen werden.[227] Jener Zufluss an topographischen Aufnahmen von Zivilbeamten und Schutztruppenoffizieren allein aus diesem Schutzgebiet belief sich etwa im Berichtsjahr 1905/06 auf elf mehr oder minder umfangreiche Einsendungen,[228] deren fortlaufender Eingang nicht selten die erneute Überarbeitung bereits nahezu abgeschlossener Kartenblätter erforderte und somit den Abschluss des Kartenwerks deutlich verzögerte.

Insbesondere der Norden des Schutzgebiets Deutsch-Ostafrika war und blieb aufgrund seines weiten steppenhaften Charakters mit die topographische Aufnahme nur selten behindernden Wäldern sowie den zahlreichen hoch aufragenden und zum Teil vergletscherten Vulkanen vom Kilimandscharo im Osten bis zu den Virungavulkanen im Westen und den großen Bruchstufen das verlockendste Forschungsfeld für Forschungsreisende mit topographischen Interessen. Aus diesem Grunde wurden jene Landesteile auch großmaßstäblich im Umfang von etwa 100 000 $km^2$ kartographisch aufgenommen und ganz wesentlich hier die kolonialen Aufnahmemethoden von der einfachen linienhaften Routenaufnahme zu einem flächenhaften topographischen Aufnahmeverfahren weiterentwickelt.

Für die geographisch interessierten Forschungsreisenden galt nach Wolfgang Pillewizers Überblick über die kartographische Erschließung von Deutsch-Ostafrika, dass diese versuchten, *„nicht allein ihren Reiseweg mittels Uhr und Kompaß festzuhalten, sondern sich auch bemühten, möglichst viel von dem zu beiden Seiten der Route liegenden Gelände mit zu erfassen."* Einen guten Eindruck von diesem Bestreben vermittelt etwa eine Routenaufnahme

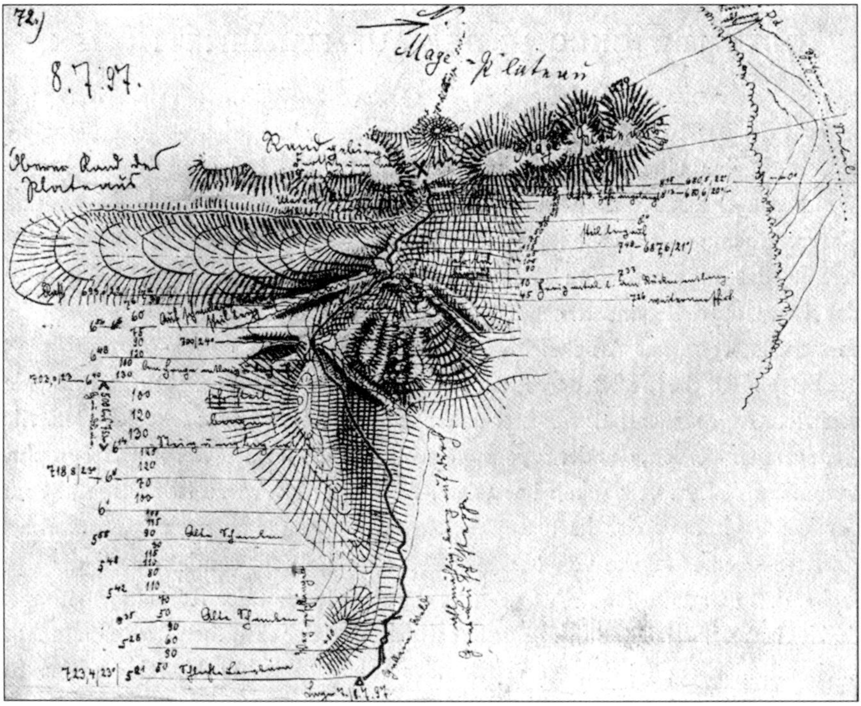


**Abb. 32:** Verkleinerte Seite aus einem Routenbuch des Schutztruppenoffiziers Georg von Prittwitz und Gaffron mit einer vorläufigen Konstruktionsskizze samt Peilungen eines Teils der Tagesmarschstrecke des 8.7.1897 auf dem Weg von Mohorro nach Iringa (Quelle: Pillewizer 1941, S. 148)

des sich allmählich vom reinen Schutztruppenoffizier zum Geographen wandelnden Georg von Prittwitz und Gaffron aus dem Jahre 1897 vom Innern Deutsch-Ostafrikas (Abb. 32). *„Anschaulich wirkt die bereits während des Marsches entworfene Geländedarstellung, und die systematische Eintragung der Kompaßablesungen, Uhrzeiten, Aneroid- und Temperaturmessungen ist als vorbildlich zu bezeichnen [...]“*. Auch die von Max Moisel auf dieser Grundlage im Berliner Kolonialkartographischen Institut angefertige Auskonstruktion dieser Routenaufnahme (Abb. 33) vermittelt die Güte der im Routenbuch niedergelegten Aufnahmen, Geländeskizzen und Fernpeilungen weithin sichtbarer Höhenmarken von verschiedenen Standpunkten. Dabei waren bei Routenaufnahmen ja gerade diese letzteren das nicht in jedem Gelände einsetzbare einzige Mittel, um Geländeformen abseits des begangenen Wegs topographisch erfassen zu können. Neben dem Vorhandensein von Höhen-

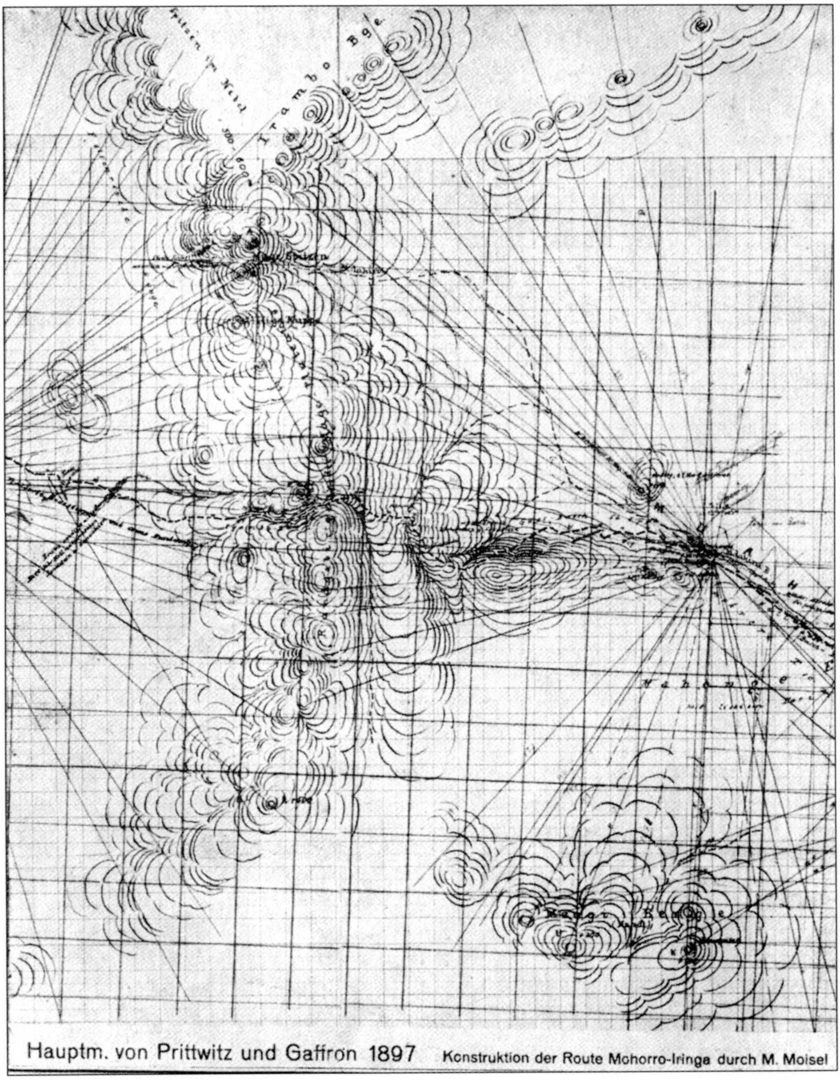


**Abb. 33:** Verkleinerter Ausschnitt der zum Gegenstand der Abb. 36 durch MAX MOISEL angefertigten Originalauskonstruktion der PRITTWITZschen Routenaufnahme (Quelle: PILLEWIZER 1941, S. 149)

zügen oder Bergen durften natürlich auch Witterungsbedingungen oder Vegetationsformen wie hohes Steppengras oder dichter Regenwald den für Fernpeilungen notwendigen freien Überblick nicht beeinträchtigen.[229]

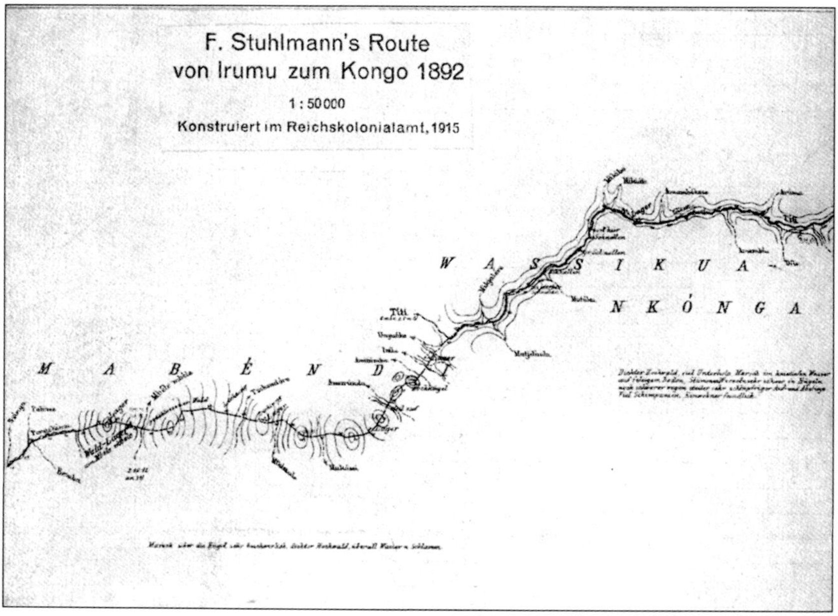


**Abb. 34:** Verkleinerter Ausschnitt eines Blatts der Originalauskonstruktion einer Routenaufnahme von Franz Stuhlmann aus dem Jahre 1892 von Irumu zum Kongo im Maßstab von 1:50 000 (Quelle: Pillewizer 1941, S. 150)

War der Forschungsreisende hierin entweder verhindert oder gar ungeübt, konnte die auf seinen Aufzeichnungen beruhende Kartenkonstruktion dann *„nur die Linie des Reisewegs, nebst einigen Angaben über dicht am Weg liegende Geländeeinzelheiten, überschrittene Wasserläufe und Vegetations- sowie Siedlungsverhältnisse“* wiedergeben. Ein gutes Beispiel für eine solchermaßen erschwerte topographische Aufnahme im zentralafrikanischen Urwald stellt etwa die erst im Jahre 1915 erfolgte Auskonstruktion des Reisewegs von Dr. Franz Stuhlmann von Irumu zum Kongo aus dem Jahre 1892 dar (Abb. 34), zu deren hier wiedergegebenem Teil der Reisende in seinem Routenbuch auch die damit verbundenen Strapazen erhellend lakonisch anmerkte: *„Dichter Hochwald, viel Unterholz, Marsch im knietiefen Wasser auf felsigem Boden, Stämmen und Wurzeln sehr schwer, in Hügeln noch schwerer wegen steiler, sehr schlüpfriger Auf- und Abstiege; viel Schimpansen, Einwohner feindlich.“*[230] Im Zeitalter vor der Einführung der im Ersten Weltkrieg entwickelten Luftbildkartographie waren solch beschwerliche Routenaufnahmen das einzige Mittel, unübersichtliches Gelände wie etwa dichten Urwald hinreichend topo-

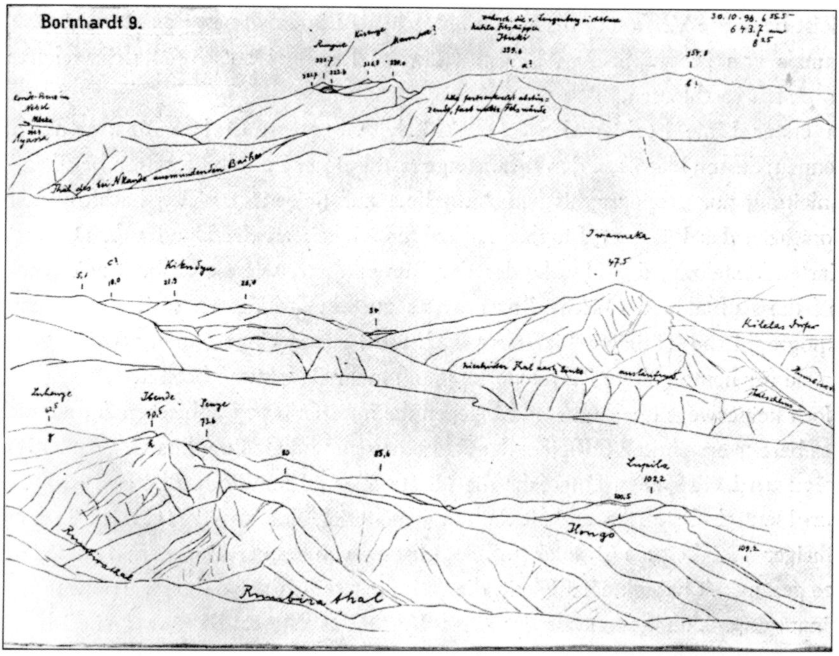


**Abb. 35:** Panoramazeichnungen des Ukinga-Gebirges mit magnetischen Peilzahlen markanter Gipfel durch den Bergassessor WILHELM BORNHARDT vom 30.10.1896 bei der Bezirksamtsstation Langenburg am Njassasee (Quelle: PILLEWIZER 1941, S. 151)

graphisch zu erfassen, da die übrigen terrestrischen Aufnahmeverfahren von der Triangulation über die Messtischaufnahme, die Tachymetrie bis hin zur erdgebundenen Photogrammetrie mit noch größeren Schwierigkeiten zu kämpfen hatten.

In offenen Steppenlandschaften wie dem überwiegenden Teil von Deutsch-Ostafrika war es dem Forschungsreisenden hingegen leicht möglich, das weit überblickbare Gelände kartographisch zu erfassen. Hierzu bediente man sich von günstigen Übersichtspunkten aus der Zeichnung von sogenannten Rundpanoramen (Abb. 35), in welche alle im Umkreis wahrnehmbaren Landmarken mit ihren magnetischen Peilungszahlen eingetragen wurden. Die regelmäßige Vornahme solcher Rundpeilungen ergab eine das durchzogene Gelände überdeckende magnetische Triangulation, welche die angeschnittenen Punkte mit einer größeren Lagesicherheit wiedergaben, als sie durch bloße Routenaufnahmen mit gelegentlichen Fernpeilungen allein erreicht werden konnte. Idealerweise konnten die Panoramazeichnungen von derart ausgerüsteten Forschungsreisenden auch zur Erleichterung der späteren Geländezeichnung durch den Kartographen mittels photographischer Aufnahmen ergänzt werden. Eine gewöhnliche Routenaufnahme wurde schließlich noch durch barometrische Höhenmessungen mittels Aneroid und Siedethermometer ergänzt sowie, wenn irgend möglich, durch gelegentlich vorgenommene astronomische Ortsbestimmungen zumindest nach der geographischen Breite versteift. Als wichtigste deutschsprachige Anleitung zu solch einfach auszuführenden Geländeaufnahmen können die kurzen Winke des österreichischen Geographen OSCAR BAUMANN gelten, welche zur gefälligen Nachahmung im Jahre 1894 in den MadDS veröffentlicht worden waren und diesem Buch als Anhang Nr. 2 im Wortlaut beigegeben sind.

## 7.3. Herausragende Einzelkarten

Die topographische Aufnahme wie auch die hierauf beruhende Kartographie des Schutzgebiets Deutsch-Ostafrika lebte zu wesentlichen Teilen von herausragenden Leistungen einzelner Persönlichkeiten. Der charakteristischerweise über lange Jahre der hiesigen Schutztruppe angehörende GEORG VON PRITTWITZ UND GAFFRON (1861–1917) erbrachte dabei unzweifelhaft den größten individuellen Beitrag für die Kartographie jener riesigen Landmasse zwischen Indischem Ozean und den großen Seen. Ungefähr die Hälfte der 36 Kartenblätter des amtlichen Kartenwerks im Maßstab von 1:300 000 enthält topographisches Aufnahmematerial, welches dieser langjährige Schutztruppenoffizier und Bezirkschef von Bismarckburg am Tanganjikasee weit über seine dienstlichen Verpflichtungen hinaus zusammengetragen hatte. Von besonderer Bedeutung waren dabei seine von den MadDS 1910 veröffentlichten Aufnahmen im Gebiet der Massai südlich des Kilimandscharo sowie die bereits im Jahre 1900 an gleicher Stelle veröffentlichten Aufnahmen der Utschungwe-Berge im südlichen Deutsch-Ostafrika. Deren mit einer sehr anschaulichen Geländedarstellung versehene Karte bewies in den Worten PILLEWIZERS, *„daß bei entsprechender Anlage der Feldarbeiten auch mit den einfachen Methoden der Routenaufnahme eine recht vollständige topographische Erfassung des Forschungsgebietes möglich ist.“*[231]

Bereits vor der Jahrhundertwende hatte sich als weiterer Schutztruppenoffizier KARL HERRMANN (1863–19 ?) mit besonderer Hingabe der topographischen Aufnahme gewidmet. Ganz wesentlich seiner Tätigkeit verdankte das Kolonialkartographische Institut das erste sichere topographische Rohmaterial der Landstriche zwischen

Tanganjika- und Njassasee, weiter Teile der Bergländer von Ruanda-Urundi, der Landschaften zwischen Kagera und Victoriasee sowie von dessen Insel Ukerewe. HERRMANN bestach dabei durch eine außergewöhnliche Fähigkeit zur zeichnerischen Erfassung von Landschaftsformen. Dazu konstruierte er seine Aufnahmen selbst aus und lieferte nach Berlin bereits eigenhändige Rohzeichnungen seiner Karten. Schöne Beispiele dieser Kunstfertigkeit stellen die Aufnahmen der Ufer des Kiwusees auf Blatt A1 des Kartenwerks und der Gebiete westlich des Viktoriasees im Jahre 1899 in den MadDS dar. Auch verwandte Hauptmann HERRMANN bei der Anfertigung seiner Rohkarten an Stelle der bis dahin üblichen einfachen Geländedarstellung mittels Schummerung oder Formlinien für die ostafrikanische Kolonialkartographie zum ersten Mal die sogenannten Schätzungsisohypsen. Dieses Verfahren wurde etwa gleichzeitig von ERNST KOHLSCHÜTTER für seine allerdings erst nach beinahe zehnjähriger Bearbeitung im Jahre 1908 in den MadDS erschienene bahnbrechend neue Karte des Ukinga-Gebirges am Njassasee angewandt und dann allgemein empfohlen, da es hierdurch erstmals gelang, die Neigungsverhältnisse von Berghängen kartographisch naturgetreu darzustellen. *„Die Verwendung von Formlinien und Schummerung führte nämlich manchmal dazu,“* so WOLFGANG PILLEWIZER in seiner Skizze der kartographischen Erschließung von Deutsch-Ostafrika, „die Steilheit von Hängen oder die Höhe von Landstufen zu über*treiben, besonders dann, wenn nur mangelhafte Höhenbestimmungen vorlagen.*“ Ein anschauliches Beispiel für diese Problematik stellt etwa der Ausschnitt des vor allem auf BAUMANNschen Aufnahmen fußenden ersten kartographischen Versuchs des Blattes B4 Evássi (Abb. 36) der amtlichen „Karte von Deutsch-Ostafrika“ im Maßstab von 1:300 000 aus dem Jahre 1894 dar.[232]

Bereits um die Jahrhundertwende zeigte sich dergestalt auf breiter Front das Bemühen, von den nur für eine erste Übersicht genügenden Routenaufnahmen wegzukommen und an deren Stelle verstärkt Methoden der modernen heimischen Landesvermessung zur Gewinnung einer wesentlich größeren Anzahl von horizontal lagegenau eingemessenen Punkten auszuprobieren. Das tat schon OSCAR BAUMANN, welcher in seinen im Jahre 1894 veröffentlichten Winken für die topographische Aufnahme auf Reisen die Ausführung trigonometrischer Rundsichten unter Zuhilfenahme graphischer Triangulationen mittels Mess- oder Peiltisch empfahl (siehe Anhänge Nr. 1 und 2). Diese sollten einen Ersatz für die auch gebräuchlichen magnetischen Rundpeilungen zu Übersichtspunkten hin sein, wie dies etwa das Peilblatt des Hauptmanns VON PRITTWITZ

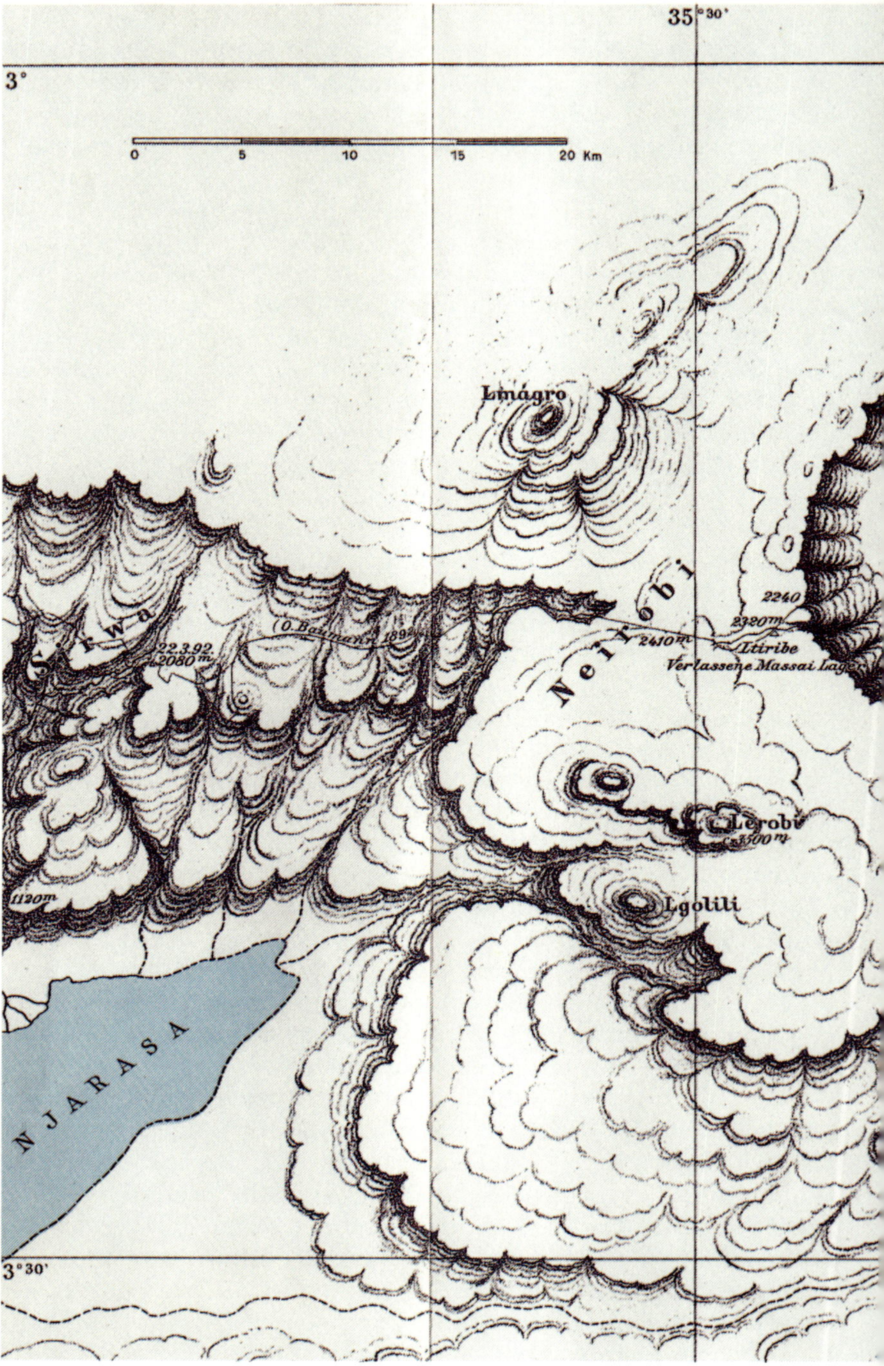
35°30'
3°
0 5 10 15 20 Km
Lmágro
Neirobi
2240
2320m
2410m
Ltiribe
Verlassene Massai Lag
22.3.92.
2080m
Lerobi
Lgolili
1120m
NJARASA
3°30'

**Abb. 36:** Verkleinerter Ausschnitt des Blatts B4 Evássi der amtlichen „Karte von Deutsch-Ostafrika“ im Maßstab von 1:300 000 in der Ausgabe 1894, eines der ersten erschienenen Blätter dieses Kartenwerks, mit infolge nur weniger zugrunde liegender Routenaufnahmen roher Geländedarstellung um den Ngorongoro-Krater (Quelle: PILLEWIZER 1941, Beilage IV)

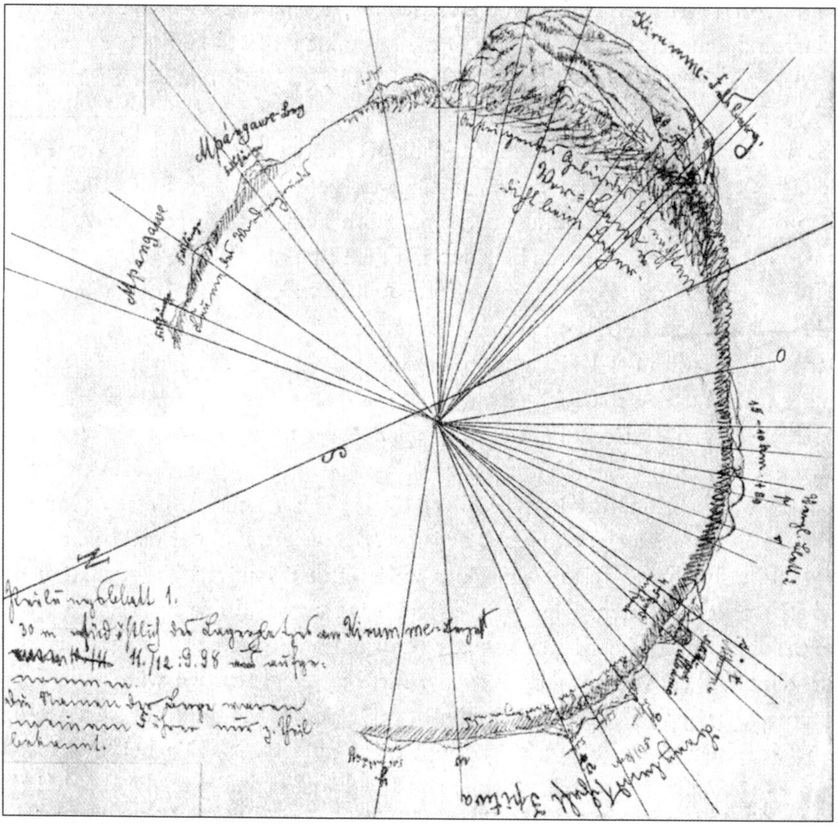

**Abb. 37:** Peilblattaufnahme des Schutztruppenoffiziers Georg von Prittwitz und Gaffron vom 11./12.9.1898 (Quelle: Pillewizer 1941, S. 155)

und Gaffron aus dem Jahre 1898 darstellt (Abb. 37). Dabei sind die Peilstrahlen auf dem nach dem magnetischen Norden hin orientierten Peiltischblatt mit dem Diopterlineal gezogen. Gelegentlich seiner im Jahre 1911 im Ergänzungsheft 4 der MadDS erschienenen Landeskunde des „Hochlands der Riesenkrater" schätzte Fritz Jaeger die erreichbare Genauigkei einer solchen Diopterpeilung auf ein Zwanzigstel Grad, diejenige der herkömmlichen Kompasspeilung aber bestenfalls auf nur ein Zehntel Grad. In der praktischen Anwendung topographischer Aufnahme wurden jedoch in den Jahren bis zum Ersten Weltkrieg keine solche graphischen Triangulationen im größeren Umfang ausgeführt. Auch Baumann und von Prittwitz und Gaffron selbst beschränkten sich darauf, diese nur gelegentlich neben der weiterhin beherrschenden einfachen Routenaufnahme anzuwenden.

Die erste größere Triangulation der deutschen Schutzgebiete mit dem graphische Peiltisch wurde von dem Geologen Heinrich Lent (1863–94) im Jahre 1893 am Kilimandscharo begonnen. Infolge seines baldigen Todes blieben dessen Vorarbeiten zwar kartographisch unausgeführt, wurden jedoch für spätere Vermessungen an diesem Massiv herangezogen.[233] In den Folgejahren konzentrierte das Gouvernement die Triangulation und die zugehörige topographische Feinaufnahme insbesondere auf den kolonialwirtschaftlich für die Anlage von Plantagen und die weiße Ansiedlung wichtigsten Teil des Schutzgebiets, die Usambara-Berge. Diese bei Kriegsausbruch Mitte 1914 durch amtliche wie private Landmesser nahezu abgeschlossenen Aufnahmearbeiten waren im Landmesserbüro des Reichskolonialamts in Berlin berechnet und schließlich auch zeichnerisch ausgewertet worden. Das umfassendste Ergebnis neben der grundlegenden Katastererstaufnahme stellte die Karte von Usambara und dem Küstengebiet im Maßstab 1:100 000 in vier Kartenblättern dar, welche natürlich beim Verlag Dietrich Reimer erschienen war[234].

In den Jahren 1898–99 hatte der hervorragende Vermessungsfachmann Ernst Kohlschütter (1870–1942) als Astronom an der deutsch-britischen Grenzkommission zwischen dem Njassa- und dem Tanganjikassee teilgenommen. Im Anschluss hieran unternahm er in den Jahren 1899–1900 im Auftrag der Königlichen Gesellschaft der Wissenschaften zu Göttingen als wissenschaftlicher Leiter gemeinsam mit Oberleutnant Hans Glauning von der Schutztruppe eine geophysikalische und geodätische Expedition quer durch das Schutzgebiet Deutsch-Ostafrika vom Njassa- zum Tanganjikasee und weiter über Tabora zum Ostafrikanischen Graben und dann über den Kilimandscharo und die Usambara-Berge zur Küste des Indischen Ozeans bei Pangani. Die bei dieser ersten äquatornahen geophysikalischen Forschungsreise eigens entlang markanter Bruchlinien und Gräben gewonnenen Erkenntnisse zu Schwankungen der Erdschwerkraft durch die Beobachtung von Pendelbewegungen, weshalb dieses Unternehmen gemeinhin als „Pendelexpedition" bezeichnet wurde, erbrachten fundamentale Erkenntnisse über den Aufbau und die Dichte der Erdrinde sowie zur Gestalt der Erdkugel. Von den daneben entstandenen zahlreichen hochgenauen astronomischen Ortsbestimmungen und verlässlichen Höhenmessungen quer durch Deutsch-Ostafrika begrüßten Sprigade und Moisel als deren kartographisch wirksamste Leistung aber zweifellos die *„fortlaufende Kette astronomisch bestimmter Fixpunkte quer durch das ganze Schutzgebiet."*[235]

**Abb. 38:** Verkleinerter Ausschnitt der autographierten „Originalkarte des Nord-Ost-Ufers des Nyassa-Sees" in der nach eigenen Aufnahmen vom Januar und Februar 1893 durch Hermann von Wissmann selbst erstellten Zeichnung unter der Redaktion von Bruno Hassenstein im Maßstab von 1:600 000 mit dem Ausschnitt einer Nebenkartenskizze des Konde-Lands im Maßstab von 1:2 Millionen nach gleichzeitig gemachten Routenaufnahmen des von Wissmannschen Adjutanten Theodor Bumiller (Quelle: PGM 1893, Tafel 14)

Eine erste geophysikalische Auswertung der 35 gemessenen Schwere-Stationen durch Kohlschütter im Jahre 1911 ergab aufgrund der allgemeinen isostatische Reduktion auf den küstenfernen Stationen Massenüberschüsse, die auf den höheren Plateaus +70 mgl betrugen, wohingegen diese für die mittleren Plateaus verschwanden. Die Gräben des ostafrikanischen Grabensystems zeigten entsprechende Massendefizite. Da also an den Bruchspalten kein isostatisches, sondern ein elastisches Gleichgewicht festgestellt wurde, waren damit die vielen beobachteten Erdbeben in Ostafrika erklärt.[236] Nachdem Kohlschütter im Anschluss einige Jahre als Astronom im Reichsmarineamt gewirkt und schon vor dem Ersten Weltkrieg an der Berliner Friedrich-Wilhelms-Universität als Privatdozent Geodäsie und Nautik gelehrt hatte, wurde er im Jahre 1922 dort ordentlicher Professor und zugleich Direktor des Preußischen Geodätischen Instituts. Als solcher verschaffte er dieser Einrichtung einen derartigen Weltrang, dass zahlreiche ausländische Geodäten und Astronomen hier zumindest einen Teil ihrer Ausbildung absolvierten.

War schon die Pendelexpedition eine in ihrer Art einmalige Veranstaltung in der vermessungstechnischen Erschließung der deutschen Schutzgebiete, so muss in vielerlei Hinsicht Ähnliches von der dabei durch Kohlschütter gleichsam nebenher durchgeführten Aufnahme des Ukinga- oder Livingstone-Gebirges am Nordostufer des Njassasees gelten. Jener entlegene südwestliche Teil des Schutzgebiets war in gleichsam konkurrierender kolonialkartographischer Bearbeitung erstmals nur fünf Jahre zuvor zunächst im Jahre 1893 durch Hermann von Wissmanns Dampferexpedition zur Niederwerfung des arabischen Sklavenhandels am und über den Njassasee vom Schiff aus für Perthes (Abb. 38) und im folgenden Jahre 1894 zumindest an dessen Nordspitze durch die unter anderem aus dem gleichen Grund quer durch das Schutzgebiet zu diesem See abgegangene Njassaexpedition des Gouverneurs von Schele für Reimer (Abb. 10), beide Male noch in notgedrungen sehr roher Geländedarstellung, aufgenommen worden.

Die Kohlschüttersche Aufnahme im Jahre 1899 nun erfolgte vermittels einer sogenannten ungeschlossenen Triangulation, d. h. einer Dreiecksmessung, bei der keine oder nur wenige geschlossene Dreiecke beobachtet wurden und die gemessenen Richtungen in großer Zahl regellos durcheinanderlaufen. *„Von seiten eines Vermessungsfachmanns wurde damit gezeigt,“* so Pillewizer, *„daß die Genauigkeit einer solchen Dreiecksmessung für topographische Arbeiten in den Kolonien ausreicht. Mit der Triangulation verband* Kohlschütter *eine Meßtischaufnahme, wobei das Gelände von*

*Übersichtsstandpunkten aus zwischen die Dreieckspunkte an Ort und Stelle einkrokiert wurde. Die Geländedarstellung erfolgte mit Hilfe gleichabständiger Schätzungsisohypsen.“* Dieses von KOHLSCHÜTTER erfolgreich am Beispiel des Ukinga-Gebirges erstmalig angewandte neuartige Aufnahmeverfahren beeinflusste in der Folge die topographische Aufnahmetätigkeit vieler geographischer Reisender. Zwar blieb nach wie vor die einfache Routenaufnahme ihre kartographische Hauptarbeitsgrundlage, jedoch war nun auch ein schnelles und nicht zu schwieriges Verfahren bekannt, eine hinreichend genaue flächenhafte Erfassung der Reisegebiete zu ermöglichen - soweit diese von Übersichtspunkten aus übersehen werden konnten.[237] Das so gewonnene kartographietechnisch hochinteressante Ergebnis erschien aber leider erst mit fast zehnjähriger Verzögerung in den MadDS 1908 (Abb. 39) unter dem seinerzeit üblich sperrigen Titel: „Das Ukinga-Gebirge. Auf Grundlage der Triangulation und der Meßtischaufnahmen Dr. KOHLSCHÜTTERS und ergänzt durch die Routenaufnahmen von Bergassessor BORNHARDT, Bergassessor Dr. DANTZ, Hptm. ENGELHARDT, Oberl. GLAUNING, Botaniker GOETZE, Hptm. v. KLEIST, Hptm. NIGMANN, Hptm. v. PRITTWITZ u. GAFFRON, Hptm. RAMSAY, Leutn. STADLBAUR, Bezirksamtmann ZACHE, Bezirksamtssekretär ZENCKE. Neu gezeichnet v. H. WEHLMANN unter der Leitung von M. MOISEL. 1:100 000“.

Das Kartenblatt wurde begleitet von einer siebenseitigen Erläuterung über die gleichsam beiläufig durchgeführte *„Triangulation und Meßtisch-Aufnahme des Ukinga-Gebirges sowie allgemeine Bemerkungen über koloniale topographische Karten“* aus der Feder ERNST KOHLSCHÜTTERS. Danach verdankte diese Karte *„ihre Entstehung dem Zusammentreffen mehrerer Umstände. Anfänglich beabsichtigte ich nur ein kleines Stück um Alt-Langenburg herum aufzunehmen, um die Grundlagen für die topographische Reduktion der in Langenburg ausgeführten Erdschweremessungen zu bekommen. Als dann bei der Vorexpedition in das Livingstone-Gebirge die zur Zeitübertragung bestimmten Uhren infolge des Zurückbleibens ihres Trägers stehen geblieben waren, und eine astronomische Längenbestimmung somit unmöglich geworden war, entschloß ich mich schnell, während des Vormarsches eine flüchtige Triangulation durchzuführen, um die Länge der geplanten zweiten Pendelstation trigonometrisch zu bestimmen. Da dieser Vormarsch wegen des dauernden Trägermangels nur in langsamem Tempo und etappenweise ausgeführt werden konnte, kam mir der Gedanke, den Versuch zu unternehmen, die in der Nähe von Langenburg begonnenen Meßtischaufnahmen ebenfalls weiter fortzusetzen, um durch die topographische Festlegung des Geländes um die*

**Abb. 39:** Verkleinerter Ausschnitt der auf Triangulationen und Messtischaufnahmen von Ernst Kohlschütter sowie Routenaufnahmen anderer Reisender beruhenden Karte „Das Ukinga-Gebirge" im Maßstab von 1:100 000 (Quelle: MadDS 1908, Karte 1)

*trigonometrischen Festpunkte herum diese für die Zukunft und fernere Aufnahmen zu erhalten und überhaupt wiedererkennbar und benutzbar zu machen. Der langsame Marsch ermöglichte das Unternehmen, das im allgemeinen als geglückt bezeichnet werden kann. Diese gleichsam zufällige Entstehungsweise der Karte 1 sowie mein Gebundensein an die Marschroute der Karawane verhinderte das Arbeiten nach einem bestimmten Plane und machte es mir unmöglich, meine Schritte dahin zu lenken, wo es für die Herstellung der Karte am günstigsten gewesen wäre. Die vorhandenen Ungleichmäßigkeiten finden dadurch ihre Erklärung. Wenn trotzdem keine eigentlichen Lücken entstanden sind, so verdanke ich das dem gebirgigen Charakter der Gegend, die es mir in den meisten Fällen ermöglichte, von irgend einem Punkte unseres Weges aus Einblick in jedes Tal und einen Überblick über alle orographischen Gliederungen zu gewinnen. Für die stark zerschluchteten Teile des Landes kann nur eine solche Aufnahmeart in Frage kommen, da die gebräuchlichen Routenaufnahmen hier wegen der Terrainschwierigkeiten zu unsicher werden. Ich habe deshalb von einer solchen auch ganz abgesehen, und die auf der Karte angegebene rote Linie stellt daher nur in ungefähren Umrissen meinen Weg dar.*“[238]

Grundsätzlich erfuhr diese Karte dass ihr gebührende große Lob, da ihre besondere vermessungstechnische Güte im direkten Vergleich mit dem trotz Mitnutzung von deren triangulatorischer Grundlage bereits im Jahre 1905 erschienenen Blatt F4 Gáwiro (Abb. 40) der amtlichen „Karte von Deutsch-Ostafrika“ im Maßstab von 1:300 000 hervortritt. Diedem Lob schloss sich auch Erich Obst mit dem Herausstreichen eines *„sehr exakten und durch Anwendung von Formenlinien und Schummerung außerordentlich plastisch wirkenden Kartenbilds des nordöstlichen Njassarandes“*[239] ausdrücklich an, während aber Max Eckert hier wie später bei Uhligs Karte die Verwendung sogenannter Schätzungs- oder Gefühlsisohypsen kritisierte, welche dem ungeschulten Betrachter die Genauigkeit einer tatsächlich ausgemessenen Isohypse vorspiegelten. *„Die sogenannten Schätzungs-, Gefühlsisohypsen sind ganz allgemein nur Formenlinien,“* so Eckert zusammenfassend, *„die am besten Geländekurven genannt werden. Geländekurven sind also Höhenlinien, die das Terrain in seiner richtigen Form allgemein widerspiegeln, die aber nicht eindeutig festgelegt sind.“* Trotzdem stellte diese Kohlschüttersche Aufnahme auch nach Eckerts Urteil eine der bedeutendsten Kolonialkarten sowohl in wissenschaftlicher wie in topographischer Hinsicht dar. Bei dieser mit Theodolit und Messtisch erfolgten unorthodoxen Aufnahme

**Abb. 40:** Verkleinerter Ausschnitt des zum 31.12.1904 abgeschlossenen Blatts F4 Gáwiro der amtlichen „Karte von Deutsch-Ostafrika" in Bearbeitung von MAX MOISEL und Zeichnung von H. WEHLMANN im Maßstab von 1:300 000 (Quelle: MadDS 1905, Karte 1)

hatte KOHLSCHÜTTER der vor Ort erfolgten graphischen Zeichnung der Geländeformen bis in die topographischen Einzelheiten eine außerordentliche Sorgfalt zuteil werden lassen. Nach seinen eigenen Worten lag bei dieser Aufnahme das Schwergewicht aber weniger in der Aufnahme jedes Details, sondern vielmehr in einer gleichmäßig dicht und schematisch erfolgenden Geländeaufnahme, bei welcher der Willkür des Aufnehmenden so wenig wie möglich Spielraum gelassen wurde.[240] Bei der topographischen Aufnahme suchte er also nicht, wie bei Routenaufnahmen sonst üblich, die größtmögliche Detailgenauigkeit, sondern die Treue zu den Geländegroßformen. Auf diese Weise gelang ihm in wenigen Wochen die topographisch recht zuverlässige Aufnahme eines Gebietes von etwa 2 900 $km^2$ durch lediglich 400 festgelegte Punkte, was ein ansprechendes Kartenbild von nur einem Festpunkt auf je 7,2 $km^2$ erbrachte. *„Freilich, um solche Karten in kurzer Zeit anzufertigen, muß man eben die Kenntnisse und Fertigkeiten eines KOHLSCHÜTTERS besitzen."*[241]

Nach der Jahrhundertwende wandte sich das Interesse der geographischen Forschung insbesondere den Landschaften zwischen dem Kilimandscharo und dem Victoriasee zu, wobei zwischen den Savannen der Massaisteppe im Osten und der Serengeti im Westen ein vulkanisches Hochland gelegen ist. Ein solch offenes Gelände eignete sich hervorragend sowohl für topographische Aufnahmen als auch Dreiecksmessungen großen Stils. Als erster ist hier der Geograph CARL UHLIG (1872–1938) zu nennen, welcher seine Aufnahmeergebnisse in zwei Kartenblättern im Maßstab 1:150 000 für das Gebiet der Ostafrikanischen Bruchstufe zwischen 1° 40' und 4° südlicher Breite im Ergänzungsheft 2 der MadDS im Jahre 1909 veröffentlichte (Abb. 41), wobei nach PILLEWIZER *„sehr eingehende Wegaufnahmen [...] durch das feste Netz einer wenn auch primitiven Triangulation gesichert werden konnten."*[242] Gelegentlich seiner Vorbehalte gegenüber den Schätzungsisohypsen der KOHLSCHÜTTERschen Ukinga-Karte kritisierte MAX ECKERT auf dem Kolonialkongress des Jahres 1910 ähnliches an der großmaßstäblichen UHLIGschen zweiblättrigen Karte der ostafrikanischen Bruchstufe. Ihm erschien deren Verzicht auf die im Kolonialkartographischen Institut sonst übliche und plastischer wirkende Bodenschummerung zugunsten ausschließlicher Geländekurven der wahren Geländenatur nur auf den ersten Blick gerechter zu werden: *„Wenn auch die Geländekurven auf UHLIGS Karten wie natürliche Formenlinien wirken, so hat trotzdem die scharf und bestimmt gezeichnete Geländekurvenlinie, wie sie uns auf der UHLIGschen Karte entgegentritt, etwas Bedenkliches an sich; sie wird nur bei den Eingeweihten und den nicht allzu häufig gesäten Sachkennern richtig beurteilt. Die überwiegende Mehrzahl der Betrachter hält diese Linien schlankweg für Isohypsen, also für solche Linien, die gestatten, jeden Punkt des Terrains nach allen drei geographischen Koordinaten zu bestimmen. Das ist schlechterdings bei den Kurven auf UHLIGS Karte nicht möglich."* Zwar erläutere UHLIG zu dieser Karte vorsichtig, dass das Gelände in Gefühlsisohypsen, die Höhenunterschiede von „etwa 30 m" bedeuteten, zur Darstellung gelange, was aber methodologisch sehr bedenklich sei, zumal da die Herstellung dieser Karte *„eine Unsumme von Arbeit gekostet hat, die in* *keinem Verhältnis zum Werte der Karte steht.*" Deren unbeschadet wichtiger Inhalt wäre billiger und besser in einer Karte kleineren Maßstabes bis zu etwa 1:500 000 und in herkömmlicher Geländeschummerungsmanier darzustellen gewesen. *„Und werden einfache Geländekurven angewandt, - die Herstellung der Karte wird dadurch etwas billiger als mit der Bogenschummerungsmanier -, so soll in der Legende zur Karte klar vermerkt werden: Terraindarstellung in Geländekurven, nicht Isohypsen"*, genau wie dies etwa auf der VON PRITTWITZschen Karte des Massaireservats und der JAEGERschen vom „Hochland der Riesenkrater" geschehen sei.[243]

An der Expedition zur Ostafrikanischen Bruchstufe im Jahre 1904 hatte als Mitarbeiter von CARL UHLIG auch der Geograph FRITZ JAEGER (1881–1966) teilgenommen und dabei das westlich anschließende vulkanische Hochland kennengelernt. Zur genaueren Erforschung wurde JAEGER im Jahre 1906 von der Landeskundlichen Kommission erneut ausgesandt und veröffentlichte seine dabei gewonnenen Forschungsergebnisse über das von ihm sogenannte „Hochland der Riesenkrater" und die umliegenden Hochländer im Jahre 1911 im Ergänzungsheft 4 der MadDS. Als eine der wichtigsten Aufgaben seiner Expedition hatte JAEGER es angesehen, die Grundlagen einer topographischen Karte zu schaffen, welche bereits von vornherein nicht überwiegend auf Routenaufnahmen beruhen sollte. Hierzu führte er eine ausgedehnte Triangulation mit dem Peiltisch durch, welche sich zur notwendigen Maßstabsbestimmung auf die Messung einer Basis im Krater des Ngorongoro stützte. Der Hauptwert der JAEGERschen Aufnahme lag dabei neben der Schaffung eines festen Dreiecksnetzes vor allem in der gleichzeitig durchgeführten flächenhaften topographischen Geländeaufnahme nach einem vereinfachten Messtischverfahren. Vor allem auf den JAEGERschen Aufnahmen beruhte die erst im Jahre 1915/16 erfolgte, aber nicht mehr veröffentlichte Neubearbeitung des Blatts B4 Umbulu (früher: Eyássi; Abb. 42) des amtlichen Kartenwerks im Maßstab von 1:300 000. Gerade ein Vergleich der Geländedarstellung in den beiden Kartenausschnitten aufgrund der Routenaufnahmen von BAUMANN und anderen Forschungsreisenden im Jahre

**Abb. 41:** Verkleinerter Ausschnitt des südlichen Blatts der Karte „Die Ostafrikanische Bruchstufe von 1° 40 bis 4° südl. Breite" im Bereich des Ngorongoro-Kraters mit Geländedarstellung in sogenannten „Gefühlsisohypsen" in ungefährem 30-m-Abstand im Maßstab von 1:150 000 in von MAX MOISEL unterstützter Bearbeitung durch CARL UHLIG und Zeichnung durch mehrere Mitarbeiter des Kolonialkartographischen Instituts unter Verwendung weiterer veröffentlichter und unveröffentlichter Aufnahmen (Quelle: UHLIG 1909)

L o o l m o t i
Old.Was.
Olongowein
H
O
Nambidiró
Old.Lolgarjo
Nariro
Nalegeleń
Lemunge
Nalemeregesch.
Oldjoro Njuki
N g o r ó n g o r o
See
zeitweise
ausgetrocknet
Lootmangi
Olgeturianj
Lager Muituni
B u s c h s t e p p e
G r a s s t e p p e
m i t w e n i g
u n b

Namaso
Uhlig Gipfel
Hettner Gipfel
Loomalasin
HLAND
Lolgarja
Ingorigaisch
Old. Elongo
Loburu
Olbandira Krater
Kl. Krater
Krater Ruine
Margaso
Esilinjande
Mivirumi
vermutlich
bewaldet
Gebiet
Erklärungen:
Siedlung
verlassene Siedlung
Lagerplatz
W Wasserstelle
Grenzpfeiler und Landesgrenze
dauernde / periodische Wasserführung
nach ✓ und λ festgelegte Punkte
Das Terrain in „Gefühlsisohypsen," die Höhenunterschiede von etwa 30m bedeuten.
Kleinere steile Böschungen.
Felsen
aufgenommene / nicht aufgenommene Routen von Uhlig und Jaeger
fremde Routen
fremde Routen, die nur annähernd festliegen
Wald. Mit derselben Signatur sind einzelne Bäume bezeichnet, mit Ausnahme der
Schirmakazien oder verwandten Formen.
Old. - Berg
ṅ gutturat gesprochen, wie ng in „Enge."
ng immer wie n + g, wie ng in „Kongo."
s scharf, wie ss in „hassen."
1234 Trigonometrisch, sowie durch Quecksilberbarometer oder durch Siedethermometer bestimmte Höhen und Kohlschütters Höhen.
1421 Mit Hülfe der Aneriode zwischen den vorstehenden interpolierte Höhen.
2386 geschätzte Höhen
Höhen in Metern.
Für die Höhenzahlen auf britischem Gebiet vergl. den Text.

Lemágrut
Baumann-
Hochland
Grassteppe
Wassertümpel
Ssadiman
Malanja
Ololbolong
Magad
1720
Siedentopfs-Farm
Nalegeleng
Oltiribe
Olgeleriani
Matieki
Loirobi
Ngaroni
Ssendeo
Laubbusch
Loiwuko
Neigibo
Schilf
Sanddünen
ARASA
früher Luwilo
Loldúka
Grasland
Baumsavanne
Akazienwald
3130
2860
2320
2510
2290
2250
2080
2460
2370
1700
1530
1410
1300
1280
1290
1330
1250
2030
2250
2010
1800
1750
2240
2280
2460
2220
1430
1310
1160
1280
1120
1100
1070
1210
1230
1340
1260
ca. 1600
ca. 2830

Olossirwa
Namassa
Loolmalassin
Uhlig-Gipfel 3570
Nanbidiro
Grasland
Guter Wald
Loburu
Olbandira-Krater
Old.-Loldurogo
Margassa
1080 Erigiri
Essilinjande
Naibor-Ejjuk
Kandelaber-Euphorbien
u. Baobabs
Busch u. Baumsavanne
Miwirumi
Olossidet
Oldjoto 1060
Oldonjo-Lenduroto
ca.1700
Oldonjo-Dili
Manjara
Ngabobag
ca.1630
Salz
Grassteppe

**Abb. 42:** Verkleinerter Ausschnitt der im Jahre 1916 fertig gestellten und infolge des Weltkriegs nicht mehr veröffentlichten Neubearbeitung des Blatts B4 Umbulu (früher: Eyássi) der amtlichen „Karte von Deutsch-Ostafrika" mit der Umgebung des Ngorongoro-Kraters im Maßstab von 1:300 000 (Quelle: PILLEWIZER 1941, Beilage V)

1894 (Abb. 36) und der durch trigonometrische Festpunkte versteiften flächenhaften Messtischaufnahme JAEGERS im Jahre 1915/16 lässt den großen kartographischen Fortschritt in Deutsch-Ostafrika binnen nur zweier Jahrzehnte überaus deutlich werden.[244]

Im Anschluss an die Arbeiten von CARL UHLIG und FRITZ JAEGER wurde der Geograph ERICH OBST (1886-1981) ausgesandt, welcher den weiteren südlichen Verlauf des Ostafrikanischen Grabens klären und dessen Gebiet topographisch aufnehmen sollte. Die Ergebnisse dieser Expedition in das abflusslose Rumpfschollenhochland des nordöstlichen Deutsch-Ostafrika erschienen im Band 29 der Mitteilungen der Geographischen Gesellschaft in Hamburg mit einer zweiblättrigen Karte im Maßstab von 1:300 000 im Jahre 1915. Als Aufnahmemethode hatte OBST dabei angesichts der außerordentlich flachen und einförmigen Geländeform ein durch zahlreiche Fernpeilungen ergänztes verdichtetes Routennetz der Messtischaufnahme vorgezogen. Dabei erreichte die Gesamtlänge aller begangenen Routen zwischen Januar 1911 und März 1912 ungefähr 2 500 Kilometer mit tausenden von Fernpeilungen, zahlreichen Panoramazeichnungen, 218 Siedepunktbestimmungen sowie zahlreichen Aneroidmessungen und photographischen Aufnahmen.[245]

## 7.4. Entwicklung des Kartenbilds vom Kilimandscharo

Eine ganz besondere Anziehungskraft auf Forschungsreisende übte seit seiner recht späten Entdeckung in der Mitte des 19. Jahrhunderts der Kilimandscharo aus. Dieses gewaltig aus der ungefähr 1 000 m über NN gelegenen ostafrikanischen Steppe über beinahe fünf Kilometer aufragende und vergletscherte Vulkanmassiv dicht unter dem Äquator war erst im Jahre 1848 von den beiden deutschen Missionaren JOHANN LUDWIG KRAPF und JOHANN REBMANN entdeckt worden. Unmittelbar nach dessen im Jahre 1886 erfolgten Erwerbung für Deutsch-Ostafrika setzten die Versuche zur kartographischen Erschließung des eine Fläche von etwa 4 500 km$^2$, davon etwa 700 km$^2$ der nordöstlichen Abhänge auf dem Gebiet des britischen East Africa Protectorate (= Kenia), bedeckenden Kilimandscharo-Massivs ein, welche in mancher Hinsicht die Entwicklung der kolonialen Aufnahmemethoden vorantrieben. Den kartographischen Grundstein legten aber bereits in den Jahren 1861 und 1862 zwei Expeditionen des Freiherrn CARL CLAUS VON DER DECKEN (1833-65), aus deren Routenaufnahmen der Begleiter der zweiten Expedition, der Botaniker Dr. OTTO KERSTEN (1839-1900), mit der zweibändigen Nachlassveröffentlichung im Jahre 1869 auch eine mit 1:500 000 sehr kleinmaßstäbliche, dafür aber schon mehrfarbige Karte über „Das Gebiet des Schneeberges Kilima-Ndscharo" in der Zeichnung durch BRUNO HASSENSTEIN herausgab.[246]

Die erste brauchbare topographische Karte des Kilimandscharo ging dann auf die erste Expedition des Leipziger Geographen HANS MEYER im Jahre 1887 zurück (Abb. 43), noch bevor ihm zwei Jahre darauf im dritten Anlauf die Erstbesteigung des höchsten Kraterrandgipfels gelang, welcher später den Namen Kaiser-Wilhelm-Spitze erhielt (Abb. 44). Die dabei gemachten und durch Fernpeilungen mittels Theodolit und Kompass sowie Breitenbestimmungen ergänzten Aufnahmen, nach denen MEYER die Höhe des Massivs noch recht grob auf etwa 6 010 m über NN schätzte, wurden unter Heranziehung der Routenaufnahmen von OSCAR BAUMANN und weiterer Forschungsreisender noch in Perthes' Geographischer Anstalt in Gotha durch PETERMANNS kartographischen Meisterschüler BRUNO HASSENSTEIN auskonstruiert und in Petermanns Mitteilungen im Jahre 1893 im Maßstab von 1:350 000 als „Spezialkarte des Kilima-Ndscharo- und des Meru-Gebietes" veröffentlicht. Wie bei dieser insgesamt doch recht dürftigen Grundlage kaum verwunderlich, wies diese Karte (Abb. 45) noch manche nur unsicher erfasste Gebiete und einige Fehler auf, letztere vor allem beim Shira-Kamm und im Bereich der Gipfelgletscher. *„Die wichtigsten Geländeeigenheiten des Massivs, nämlich seine Gliederung in Basisgebirge und Gipfelzone und seine radiale Zertalung werden"*, so WOLFGANG PILLEWIZER, *„durch eine plastische Schummerung jedoch gut herausgearbeitet."* Darüber hinaus hatte man nun die Erfahrung gewonnen, dass eine überwiegend auf Routenaufnahmen gestützte Geländeaufnahme kein zuverlässiges großmaßstäbliches Kartenbild des Kilimandscharo-Massivs erbringen werde, sondern dass dieses nach seinerzeitigem Kenntnisstand der Aufnahmemethoden nur eine ordentliche Triangulation erreichen könne. Diese erschien möglich, als die deutsche Kolonialverwaltung im Jahre 1891 durch die Anlage der Station Moschi zunächst im Süden der fruchtbaren und dicht bevölkerten Abhänge des gewaltigen Vulkankegels allmählich Fuß fasste (Abb. 46). Die hierauf durch den jungen Geologen HEINRICH LENT im Jahre 1893 begonnene und für zukünftige topographische Arbeiten richtungsweisende Peiltisch-Triangulation blieb jedoch unvollendet, da dieser bereits am

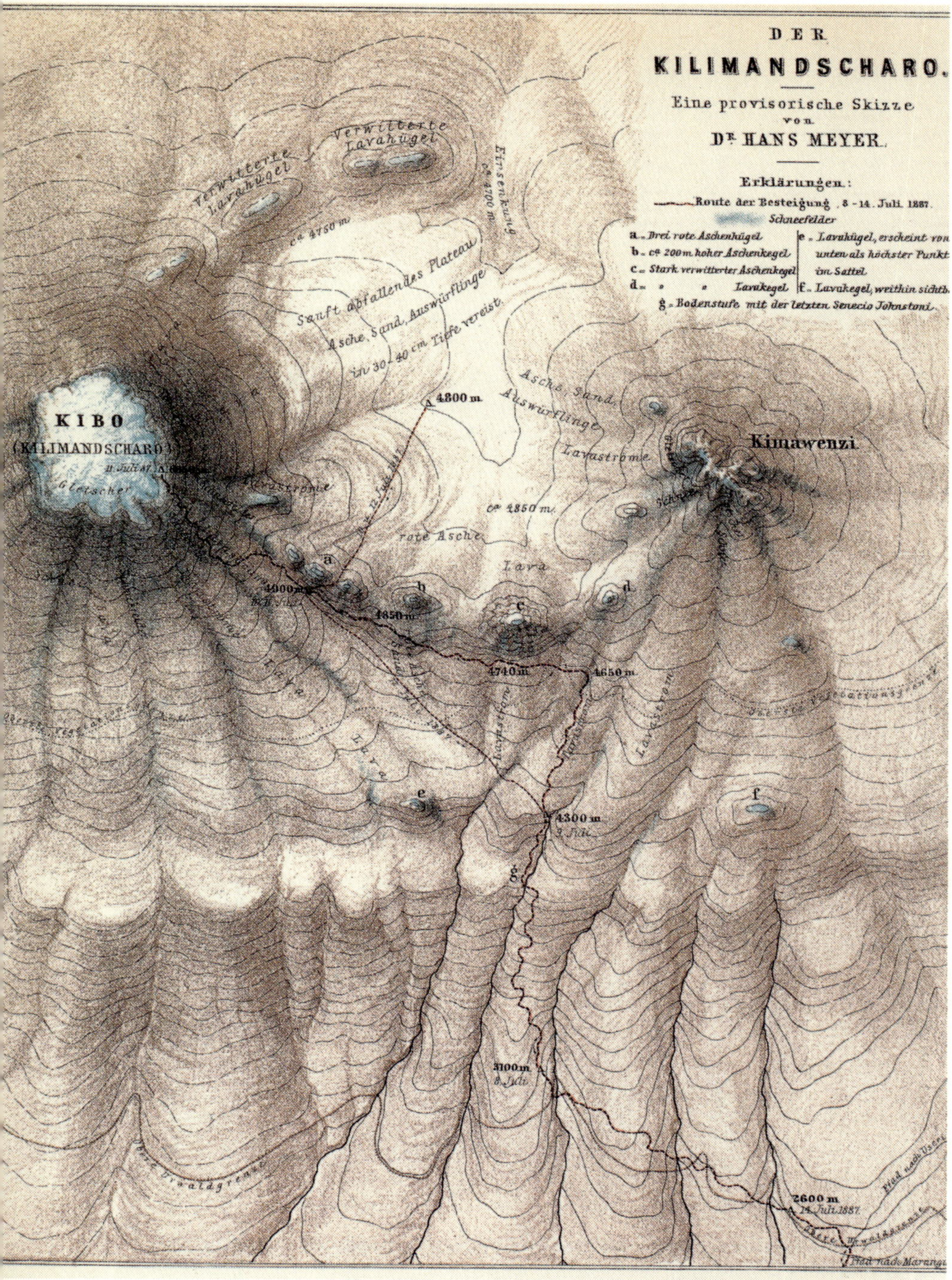
DER
KILIMANDSCHARO.
Eine provisorische Skizze
von
DR. HANS MEYER.
Erklärungen:
Route der Besteigung. 8 - 14. Juli 1887.
Schneefelder
a. = Drei rote Aschenhügel
b. = cª 200 m hoher Aschenkegel
c. = Stark verwitterter Aschenkegel
d. = " " Lavakegel
e. = Lavahügel, erscheint von unten als höchster Punkt im Sattel
f. = Lavakegel, weithin sichtb.
g. = Bodenstufe mit der letzten Senecio Johnstoni
KIBO
(KILIMANDSCHARO)
Gletscher
Kimawenzi
Verwitterte Lavahügel
Verwitterte Lavahügel
Sanft abfallendes Plateau
Asche, Sand, Auswürflinge
in 30-40 cm Tiefe vereist
Asche, Sand, Auswürflinge
Lavaströme
4800 m.
cª 4850 m.
rote Asche
Lava
4000 m.
4850 m.
4740 m.
4650 m.
4300 m.
3100 m.
2600 m.
14. Juli 1887.

25.9.1894 bei der Geländearbeit von Einheimischen ermordet wurde.[247]

In Fortführung des LENTschen Ansatzes und unter Nutzung von dessen fragmentarischer Hinterlassenschaft unternahm HANS MEYER im Jahre 1898 auf einer weiteren Expedition eine Triangulation mittels Kompaß- und Diopterpeilungen, wobei er zwischen die Dreieckspunkte großmaßstäbliche Routenaufnahmen einpasste. Das Ergebnis war eine nun in Berlin im neu gegründeten Kolonialkartographischen Institut erfolgte Kartenkonstruktion (Abb. 47), welche als Spezialkarte im Maßstab von 1:100 000 seinem bei Dietrich Reimer im Jahre 1900 erschienenen Werk „Der Kilimandjaro" beigegeben worden war. Diese Karte basierte in der Geländedarstellung auf zahlreichen barometrischen Höhenmessungen sowie Panoramazeichnungen und Photographien, wobei das Kartenbild durch ein aufgrund von Schummerung und Felszeichnung sehr plastisches Relief mit ins Auge springender radialer Zertalung des Vulkanmassivs überzeugte. Nach dem Urteil PILLEWIZERS war es aber *„wieder der Westteil des Gebirges mit dem Schirakamm, dessen Darstellung auf wenig sicherer Grundlage zu beruhen scheint, denn spätere Aufnahmen haben gerade dort wesentliche Änderungen der Karte ergeben."*[248] Trotzdem war damit eine hinreichende Übersichtskartierung des Kilimandscharo erreicht worden, welche nach der Jahrhundertwende ihre Fortsetzung in Spezialkartierversuchen der Hochregion fand.

Hierzu zählte als erste FRITZ JAEGERS im Jahre 1906 erfolgte Aufnahme der stark vergletscherten Westflanke des Kibogipfels mittels einer durch Deklinationsstörungen sehr erschwerten magnetischen Triangulation. Die Auskonstruktion des Dreiecksnetzes gelang erst durch das Ausmessen von Winkeln auf photographischen Aufnahmen des Begleiters EDUARD OEHLER. Diese schließlich auch bildeten die wichtigste Grundlage der insbesondere glaziologisch wertvollen Geländedarstellung auf der „Kartenskizze des westlichen Kibo" im Maßstab von ungefähr 1:40 000, welche im Jahre 1909 in den MadDS erschien. Vor dem Hintergrund der solchermaßen schwierig gewonnenen Karte erklärte JAEGER, dass zukünftige Höhenkartierungen am Kilimandscharo nur photogrammetrisch unter Zugrundelegung einer regelgerechten Triangulation hergestellt werden könnten. Bevor es jedoch dazu kommen sollte, wurde

**Abb. 43:** Kartenskizze der Hochregion des Kilimandscharo-Massivs mit den Vulkankegeln Kibo und Mawenzi von HANS MEYER nach Beobachtungen während seines den Kraterrand des Kibo erreichenden ersten Besteigungsversuchs im Juli 1887 in der Bearbeitung von BRUNO HASSENSTEIN und autographiert von C. SCHMIDT ohne Maßstabsangabe (Quelle: PGM 1887, Tafel 19)

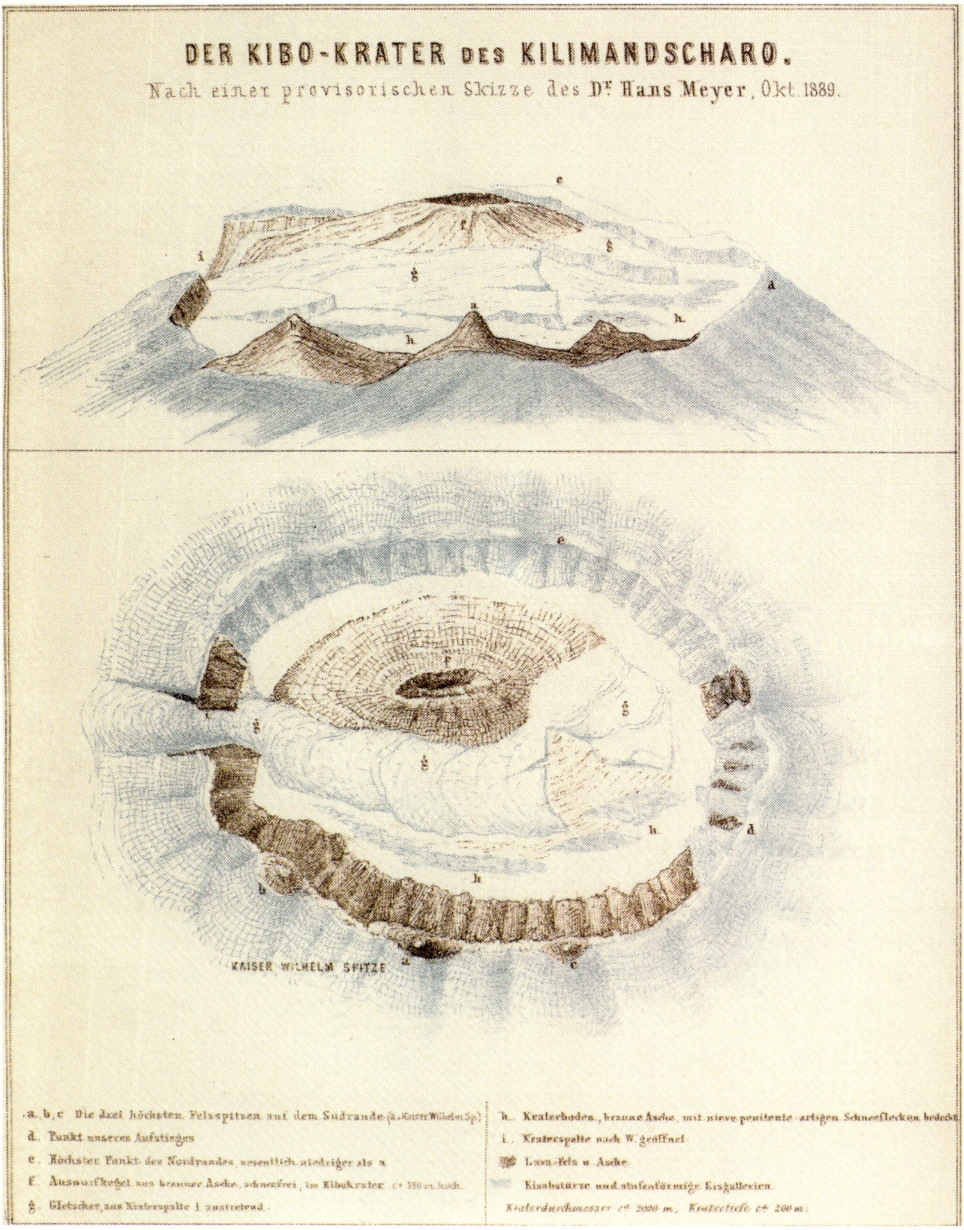


**Abb. 44:** Panoramaskizze und Aufsichtsskizze des Gipfelkraters des Kibo von Hans Meyer mit dem von ihm und Ludwig Purtscheller im Oktober 1889 erstiegenen höchsten Kraterrandgipfel, der seinerzeitigen Kaiser-Wilhelm-Spitze und des heutigen Uhuru (= Freiheit) Peak, in der Mitte des Bildvordergrunds der oberen Skizze (Quelle: PGM 1890, Tafel 2)

im Jahre 1911 alles bis dahin vorliegende topographische Aufnahmematerial vom Kolonialkartographischen Institut zu einer Neuausgabe des Blatts B 5 „Kilimandscharo“ des amtlichen Kartenwerks im Maßstab von 1:300 000 verarbeitet[249] (Abb. 48). Wie der Ausschnitt aus der achtfarbigen Karte zeigt, gelang den Kartographen aufgrund hinreichend zuverlässiger Aufnahmen und der engen Zusammenarbeit mit den Forschungsreisenden eine meisterhafte Geländedarstellung, welche im Gegensatz zu den bislang unvermeidlichen Schraffen und Schummerungen zur Böschungsdarstellung bereits regelrechte Höhenlinien aufwies.

Den krönenden Abschluss der topographischen Aufnahmen am seinerzeit höchsten Berg des Deutschen Reichs bildete im Jahre 1912 die stereophotogrammetrische Aufnahme der Hochregion durch den von Eduard Oehler begleiteten Geographen Fritz Klute (1885–1952). Dieser hatte im Jahr zuvor in seiner Heimatstadt Freiburg über die Glazialmorphologie des Schwarzwalds promoviert und war nun zur ersten seiner später zahlreichen Expeditionen aufgebrochen, welche ihn zum vergletscherten Kilimandscharo brachte. Oehler und Klute nahmen hier vorwiegend über die Hochregionen des Kilimandscharo verteilt an 63 Festpunkten trigonometrische Bestimmungen vor, welche sowohl an mehrere der zwanzig Jahre alten Peilpunkte von Lent als auch an einige Gipfel anschlossen. Diese Festpunkte dienten sodann als Stationen für die Verbindung von 74 Standlinien, entlang welcher mit einem erst im Vorjahr entwickelten Orel-Zeissschen Photo-Theodolit 9×12 cm stereophotogrammetrische Aufnahmen angefertigt wurden. Bei der heimischen Auswertung wurden nach der Berechnung der genauen Lage und Höhe der trigonometrischen Festpunkte auf den stereophotographischen Platten über 2 000 Punkte ausgemessen und unter Verwendung eines Stereokomparators die Höhenlinien mit bislang in der deutschen Kolonialkartographie ungekannter Wirklichkeitstreue interpoliert. Etwaige Lücken wurden mit Hilfe weiterer Photographien oder Feldskizzen ausgefüllt und auch älteres Kartenmaterial herangezogen (Abb. 49).

Beim Zeichnen der Karte im Kolonialkartographischen Institut, an welchem Klute wie so viele Forschungsreisende vor ihm *„zuerst gelegentlich, später dauernd“* mitarbeitete, wurde von einer

**Abb. 45 (S. 178/179):** Verkleinerter Ausschnitt der „Spezialkarte des Kilima-Ndscharo- und des Meru-Gebietes“ nach Routenaufnahmen, Theodolitmessungen und astronomischen Beobachtungen vornehmlich durch Ludwig von Höhnel 1887–89, Hans Meyer 1889 und Oscar Baumann 1890–91 in der Bearbeitung und Zeichnung von Bruno Hassenstein im Maßstab von 1:250 000 (Quelle: PGM 1893, Tafel 7)

Grasige Plate
mit ständigen Massai
KIB
Schira Kette
Kaiser Wilhelm Sp.
SCHIRA
Baumloses Grasland
KIBONGOTO
MADSCHAME
Boma d. Sultans
Komboko od. Kibongoto
Engibongoto d. Massai
NARUMA
KIBOSO
Ngare Ssukuta
hügelig, licht bewaldet
Steppe
Baumlose Savanne
Guter Weidegrund
Vorderer

Ngare Rongai
28. Juli
1410
Kimangelia Lager
Kimangelia
Kimangelia
Useri Lager
19-20 Juli
Useri
Ofele
Matschari
Kirua
Kenj
Koro
Mrao
Rombo
Rombo Lager
17. Juli
Tuschir
Kimbi
Bifurkation
Tsavo
Tsavo Sumpf
Tschala
Kratersee
TAVETA
Marago Taveta
Engl. Militärstation seit 1889
Makesa Hügel
Kirua
3°
S. Br.
50'
55'
5'
10'
15'
20'
25'

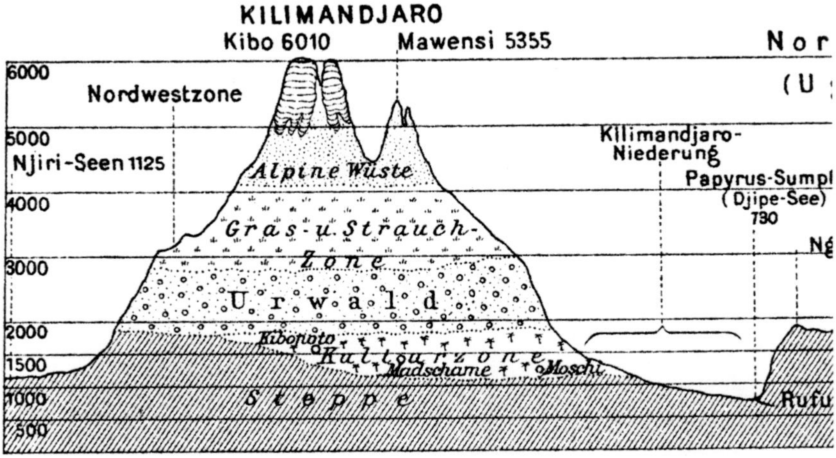


**Abb. 46:** Ausschnitt eines Höhenprofils durch das Kilimandscharo-Massiv ungefähr von Nordwesten nach Südosten mit Darstellung der höhenzonalen Vegetationsstufen durch Hans Meyer im Längenmaßstab von 1:1,8 Millionen mit zehnfacher Überhöhung (Quelle: Meyer 1900, nach S. 294)

Schummerung sowie dem Eintrag von Schraffen oder Felszeichnungen zum Zwecke der deutlichen Bewahrung der wissenschaftlichen Beobachtungen Abstand genommen.[250] Deren Ergebnisse konnte Klute infolge des Ersten Weltkriegs erst im Jahre 1920 zunächst in Buchform im Reimerschen Verlag und im folgenden Jahre auch gekürzt unter dem Aufsatztitel „Die stereophotogrammetrische Aufnahme der Hochregionen des Kilimandjaro" mit der Karte im Maßstab von 1:50 000 in der Zeitschrift der Gesellschaft für Erdkunde zu Berlin veröffentlichen (Abb. 50). Dank dieses aufwendigen Verfahrens war die auf dieser photogrammetrischen Grundlage entstandene Karte im Hinblick auf mathematische Zuverlässigkeit und Richtigkeit des Höhenlinienbilds allen Vorgängern weit überlegen. Lediglich in der Plastizität konnte sich infolge des Kluteschen Verzichts auf eine Schummerung das erst kurz zu-

**Abb. 47 (S. 181):** Verkleinerter Ausschnitt der „Spezialkarte des Kilimandjaro" nach Aufnahmen von Hans Meyer vor allem für die Hochregion sowie anderen Reisenden in Bearbeitung und Zeichnung von Paul Krauss im Maßstab von 1:100 0000 (Quelle: Meyer 1900)

**Abb. 48 (S. 182/183):** Verkleinerter Ausschnitt des am 1.4.1911 abgeschlossenen Blatts B5 Kilimandscharo der amtlichen „Karte von Deutsch-Ostafrika" mit dem durch achtfarbigen Druck besonders plastisch hervortretenden Massiv des Kilimandscharo in Konstruktion und Zeichnung von H. Nobiling im Maßstab von 1:300 000 (Quelle: Archiv des Justus Perthes Verlag Gotha)

KIBO
KRATER
MAWENSI
Hoher Tuffrücken
Roter Mittelhügel
Höchste Sp.
Nordfuß
Südostfuß
Liebert-Spitze

Kiembeljan
Kitenden
Lolotoni
Lagumischera
Endi
Nimbuligi,
Nangaroni
Olmoti
Lalgarjen
Nolekuwambi
Galuma-
Plateau
Noalamuliak
Schira
Kilimanjaro
Madschame
Kibohöhe
Schira
Olorungoti
Masama
Kidoro
Mboloti
Akmed-Mfui
Old-Elmoruok
Sudani
Salim-Akmed
Lemira
Leiwai
Levongo
Kikafu
Kikawasch
Lent-Gr
Felsblock
Nauzi

El Makuden
steppe
Gorogoibet
Bolinerok
Mosiati
El Boringojiluk
Endero
Lolaivan
Gararoongonu
Mirigai
Olaborauk
Olado
Angrsangen
Shoden
Longaria
Boma
Lesako
Loosoito
Kitulul
Krapfhgl.
Mawensi
Liebert-Sp.
Drillinge
Roter
Westl.
Lavahgl.
Wald-Krater
Mokele-Kr.
Rombo
Schimbi
Mamba
Marangu
Kilema
Ushiri
Mkuu
Maschari
Keni
Kerua
Mrau
Sangeo
Schingun
Lakelateti
Engero
Mbori
Dengia's
Usehara
Mbokomo
Lombeta
Kiwawe
Kirua
Sattel-Bg.
Rumu
Ugasi

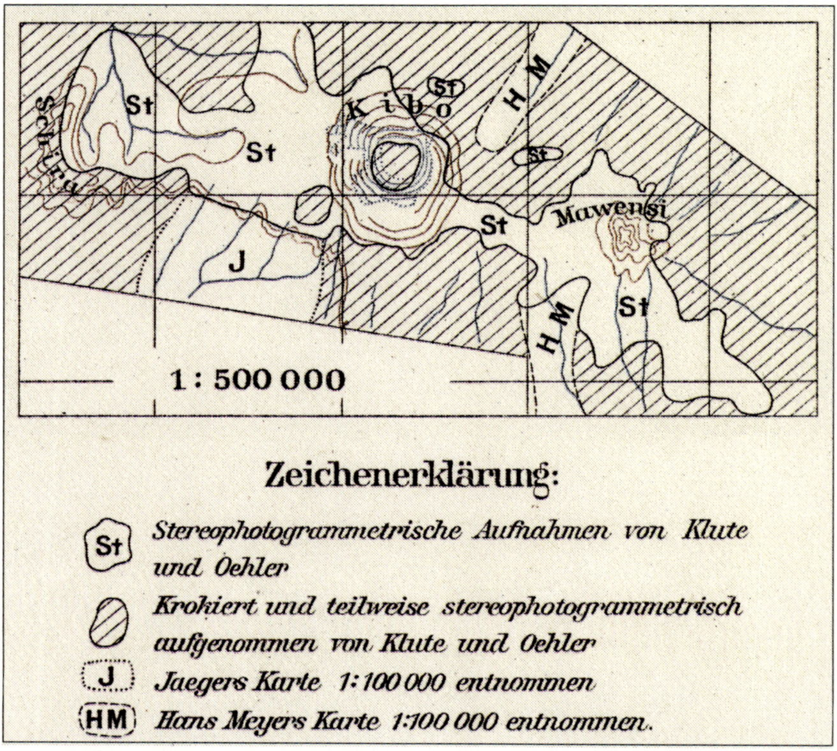


**Abb. 49:** Übersichtsskizze zur Blattabdeckung und Materialzusammensetzung der Karte der Hochregion des Kilimandscharo von FRITZ KLUTE und EDUARD OEHLER (Quelle: KLUTE 1921)

vor erstellte amtliche Kartenblatt behaupten. Nach dem Urteil von KLUTE war die von ihm so erfolgreich angewandte stereophotogrammetrische Geländeaufnahme der Messtischaufnahme gleich in dreifacher Hinsicht bei der Aufwendung von Zeit und Kosten sowie in der Genauigkeit deutlich überlegen. Neben der beträchtlichen Verringerung der besonders kostspieligen überseeischen Geländearbeit zugunsten der nachfolgenden intensiven Ausarbeitung im heimischen Büro konnte bei der Auskonstruktion mit Hilfe eines Stereoautographen jeder beliebige Punkt einer erhalten Höhenlinie ausgemessen werden, während bei der tachymetrischen Aufnahme nur einige wenige Punkte genau vermessen waren und auf deren Grundlage die Höhenlinien gefühlvoll interpoliert werden mussten.[251]

Da eine direkte stereophotogrammetrische oder trigonometrische Messung von unten infolge von Felsverdeckungen sich als

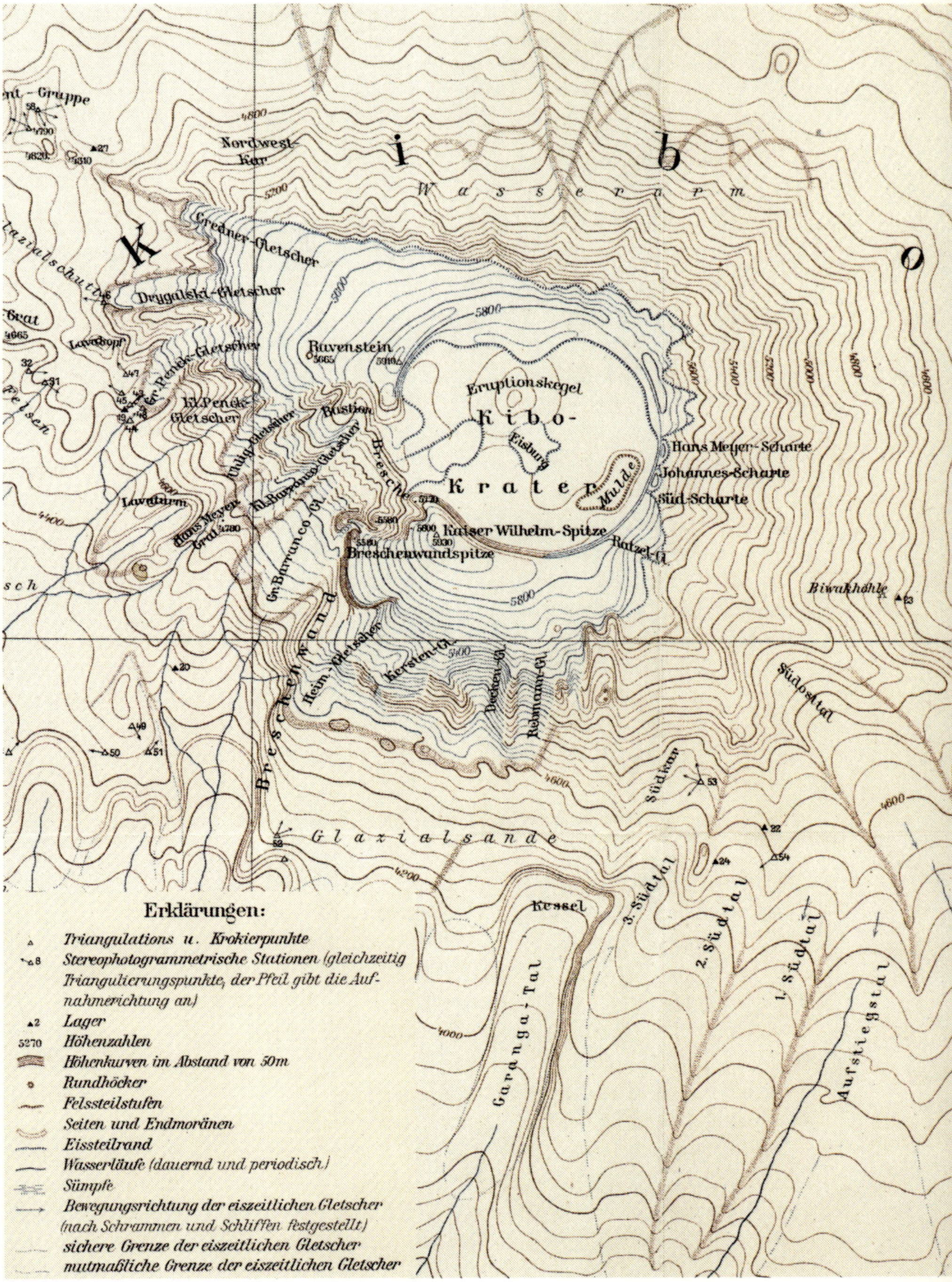
Nordwest-Kar
Credner-Gletscher
Drygalski-Gletscher
Lavakopf
Gr. Penck-Gletscher
Kl. Penck-Gletscher
Ravenstein
Bastion
Eruptionskegel
Kibo-Krater
Eisburg
Hans Meyer-Scharte
Johannes-Scharte
Süd-Scharte
Mulde
Kaiser Wilhelm-Spitze
Ratzel-Gl.
Breschenwandspitze
Bresche
Lavaturm
Hans Meyer-Grat
Gr. Barranco Gl.
Kl. Barranco-Gletscher
Uhlig-Gletscher
Breschenwand
Heim-Gletscher
Kersten-Gl.
Decken-Gl.
Rebmann-Gl.
Biwakhöhle
Südostal
Südkar
Glazialsande
Kessel
Garanga-Tal
3. Südtal
2. Südtal
1. Südtal
Aufstiegstal
Wasserarm
Erklärungen:
Triangulations u. Krokierpunkte
Stereophotogrammetrische Stationen (gleichzeitig Triangulierungspunkte, der Pfeil gibt die Aufnahmerichtung an)
Lager
Höhenzahlen
Höhenkurven im Abstand von 50m
Rundhöcker
Felssteilstufen
Seiten und Endmoränen
Eissteilrand
Wasserläufe (dauernd und periodisch)
Sümpfe
Bewegungsrichtung der eiszeitlichen Gletscher (nach Schrammen und Schliffen festgestellt)
sichere Grenze der eiszeitlichen Gletscher
mutmaßliche Grenze der eiszeitlichen Gletscher

**Abb. 50:** Verkleinerter Ausschnitt der „Karte der Hochregion des Kilimandscharo-Gebirges nach stereophotogrammetrischen Aufnahmen, flüchtigen Triangulationen u. Krokis“ von Fritz Klute und Eduard Oehler im Jahre 1912 unter Benutzung älterer Aufnahmen in Konstruktion und Zeichnung durch Fritz Schröder unter Leitung und Mitarbeit von Fritz Klute im Maßstab von 1:50 000 (Quelle: Klute 1921)

unmöglich erwiesen hatte, schätzte Klute die Höhe des nicht selbst zur Aneroidmessung bestiegenen höchsten Gipfels des Kraterrands des Kibo, nach eigenem Urteil vielleicht etwas zu hoch, auf 5 930 m. Aber bereits die am Nordostfuß des Massivs entlang arbeitende deutsch-britische Grenzkommission hatte im Jahre 1904–05 auf dem Krater einen Dreieckspunkt als höchste Erhebung angeschnitten, welcher mit 5 888 oder 5 892 m berechnet worden war[252] und damit näher an dem in allen heutigen Lexika und Karten angegebenen Gipfelhöhenwert von 5 895 m über NN gelegen. Eine im Jahre 1999 bekannt gewordene deutsch-tansanische Neuvermessung erbrachte aber nurmehr 5 891,77 m über NN. Gleichfalls gewährte erst die mittels einer Überfliegung des Kraterkessels im Jahre 1930 durch den Schweizer Walter Mittelholzer erhaltene Luftaufnahme des Kibogipfels nachfolgenden Kartographen einen Einblick in den Auswurfstrichter des Eruptionskegels, welcher sich in mehreren konzentrischen Terrassen zu einem tiefen Schlot absenkt, was weder der Erstbesteiger Hans Meyer noch nachfolgende Erkunder hatten sicher feststellen können.[253]

## 7.5. Erreichter kartographischer Arbeitsstand

Vor allem durch solche Spezialkartierungen entstanden nach und nach die Grundlagen des großen amtlichen Kartenwerks des Schutzgebiets, welches noch unter der Leitung von Richard Kiepert begonnen worden war und seit dem Jahre 1899 von Paul Sprigade und Max Moisel im Maßstab von 1:300 000 in 29 Kartenblättern mit 6 Ansatzstücken fortgeführt wurde. Dessen zwischen den Jahren 1896 und 1911 erschienene Kartenblätter verwandten über 750 Routenaufnahmen, welche auf mehr als 4 900 Blättern in den Maßstäben 1:75 000 und 1:37 500 auskonstruiert waren sowie 1 863 astronomische oder geodätische Ortsbestimmungen. Die Gebiete im Nordwesten des Schutzgebiets und entlang der Mittellandbahn lagen später auch in neuerer Bearbeitung vor, waren aber nur teilweise auch veröffentlicht worden. Nach Erich Obsts Einschätzung gehörten manche Blätter dieses Kartenwerks *„schon in der Erst-*

*bearbeitung zu den prächtigsten Kartenbildern, die überhaupt aus dem Gebiet des äquatorialen Afrika existieren, so die aus dem Jahre 1911 stammenden Blätter C6 Tanga (Usambaragebirge in Formenlinien und Schummerung) und B5 Kilimandscharo. Für die weiter abgelegenen Landschaften offenbart ein Vergleich zwischen der ersten und der zweiten Auflage den erstaunlichen Fortschritt in wissenschaftlicher und technischer Beziehung. Wir empfehlen vor allem eine Betrachtung des Blattes A1 Kiwusee in den beiden Ausgaben 1896 und 1914. Dort fast nur weiße Flächen, eine ganz rohe Seezeichnung und ein paar Vulkankegel in vager Schummerungsmanier; hier eine sehr detaillierte Situationszeichnung und eine Formenlinien und Schummerung verwendende Terraindarstellung von unübertrefflicher Plastik.*“[254] Die Fertigstellung des großen Kartenwerks im Maßstab 1:300 000 hatte sich gegen Ende gerade bei den politisch und kolonialwirtschaftlich so wichtigen vier Blättern Ikoma und Magad entlang der Serengeti-Grenze sowie Kilimandscharo und Tanga mit den Usambara-Bergen bedeutend verzögert, da hier die grundlegenden Ergebnisse der Grenzexpeditionen sowie der trigonometrischen Vermessungen und topographischen Feinaufnahmen der Usambara-Berge abgewartet wurden. Als diese letzten Blätter endlich erschienen, waren die zuerst herausgegebenen Blätter natürlich schon lange veraltet. Deshalb war bereits mit deren Überarbeitung begonnen worden, von welcher als erste in der zweiten Auflage vornehmlich aufgrund der jüngsten Ergebnisse der dortigen Grenzexpeditionen die Blätter Mittlerer Rowuma und Mikindani erschienen.[255]

Daneben kam in den Jahren 1903–1912 auf der Grundlage der Karten im Maßstab von 1:300 000 in den Lieferungen zum Großen Deutschen Kolonialatlas im kleineren Maßstab von 1:1 Million ein weiteres Kartenwerk heraus. Die hier angegebenen Höhen waren jedoch wie bei den Karten des Maßstabs 1:300 000 oft recht unsicher durch das Nebeneinander von absolut gemessenen (Barometerablesung mit Siedepunktbestimmug), absolut geschätzten und relativ geschätzten Höhen. Einen gewissen Wert besaß darüber hinaus noch die Übersichtskarte im Maßstab von 1:2 Millionen, welche es auch für die anderen deutschen Schutzgebiete gab, vor allem durch die in Form kleiner Hefte beigegebenen „Kartographischen Begleitworte“ von SPRIGADE und MOISEL.[256] Für großmaßstäbliche Karten wurde der Großteil der knappen verfügbaren Mittel und des Personals mit der Triangulation und topographischen Aufnahme der kolonialwirtschaftlich als besonders entwicklungsträchtig eingeschätzten Usambara-Berge befasst. Bereits im Jahre 1903 hatte das Gouvernement die Vermessung von West-Usambara kontraktlich an den Landmesser LANGE vergeben, welcher bis zum Jahre 1909, rund ein Jahr vor Abschluss der Arbeiten, gegen Rechnungsstellung von 289 000 Reichsmark genau 2 195 $km^2$ dieses Berglandes und damit kaum ein Viertelprozent der Gesamtoberfläche des Schutzgebietes großmaßstäblich trigonometrisch und topographisch aufgenommen hatte.[257] Ergänzt wurde diese aufwendige LANGEsche Arbeit durch eigene langjährige Feldarbeiten der Landmesser in den Vermessungsbüros des Gouvernements. Deren vereinigte Ergebnisse wurden nach SPRIGADE und MOISEL *„zum Zwecke der einstweiligen Benutzung durch Behörden und Interessenten sowie zum Zwecke von Ergänzungen und Berichtigungen, namentlich bezüglich der Wege und Ansiedlungen usw.“* in zehn Blättern in den Maßstäben von 1:25 000 und 1:50 000 zunächst nur vorläufig veröffentlicht, um schließlich in einer endgültigen vierblättrigen Karte im Maßstab von 1:100 000 zu erscheinen. Die fortschreitende kolonialwirtschaftliche Entwicklung drückte sich auch in beginnenden Flächenvermessungen der in Bildung begriffenen Eingeborenreservate, der immer umfangreicheren Grundbesitzkataster sowie der Herausgabe von Stadtplänen der beiden Häfen Dar-es-Salaam in 1:5 000 und Tanga in 1:2 500 aus.[258] Die hierfür etwa im Haushaltsjahr 1908/09 dem Schutzgebietsfiskus zu Buche schlagenden Vermessungskosten von rund 94 500 Reichsmark bei spärlichen rund 11 600 Reichsmark Einnahmen gingen nur zu rund 13 100 Reichsmark auf den gewöhnlichen Geschäftsbetrieb der beiden Vermessungsbüros Dar-es-Salaam und Tanga zurück. Dafür verschlangen aber besondere Vermessungsexpeditionen den Löwenanteil, darunter allein die mehrjährige LANGEsche in den Usambara-Bergen in jenem Haushaltsjahre alleine rund 53 300 Reichsmark.[259]

Angesichts der kostpieligen Aufwendigkeit der weiträumigen Kartenkonstruktion auf der Grundlage sowohl von Routenaufnahmen als auch trigonometrischer Aufnahmen wird auch verständlich, warum die kartographische Fortschreibung nach dem Übergang der deutschen Schutzgebiete in französische, britische und belgische Treuhandverwaltung praktisch bis über den Zweiten Weltkrieg hinaus zum Erliegen kam. So bildete noch drei Jahrzehnte nach dem Untergang der deutschen Kolonialkartographie im britischen Mandatsgebiet Tanganjika die in den 1890er Jahren von RICHARD KIEPERT begonnene Karte von Deutsch-Ostafrika im Maßstab von 1:300 000 in der britischen Ausgabe als Übersichtskarte im Maßstab von 1:250 000 das einzige vollständige Kartenwerk des Territoriums. Und dies, obwohl die zugrunde liegenden 36 Blätter der deutschen Ausgabe bereits in den Jahren zwischen 1897 und

1911 lediglich auf der Grundlage von 750 Routenaufnahmen und 1 863 astronomischen oder geodätischen Festpunkten konstruiert worden waren. Vor dem Zweiten Weltkrieg setzte lediglich Belgien in seinem vergleichsweise kleinen ostafrikanischen Mandatsgebiet Ruanda-Urundi, der Nordwestecke des alten Deutsch-Ostafrika, die kartographische Aufnahme mit einer guten sechsblättrigen Karte im Maßstab 1:200 000 mit Isohypsen im Abstand von 100 m sowie in einem Kartenblatt von 1:500 000 in Ausgaben in den Jahren 1928 und 1939 fort.[260] Der Vergleich des deutschen Kartenwerks im Maßstab von 1:300 000 mit der ein Vierteljahrhundert später aufgrund photogrammetrischer Aufnahmen erstellten belgischen Mandatskarte von Ruanda-Urundi im Maßstab von 1:200 000 aus dem Jahre 1937 offenbart, dass trotz aller erdenklichen aufgewandten Sorgfalt bei der Aufnahme und Auswertung einiger hundert Routen und ergänzt durch Messtischaufnahmen sowie bereits einzelne photogrammetrische Aufnahmen, vor allem in den Geländeteilen zwischen den Routenaufnahmen der deutschen Kartenblätter teilweise doch recht große Abweichungen auftraten. *„Trotzdem hat die englische Mandatsverwaltung“*, so noch mitten im Zweiten Weltkrieg FINSTERWALDER und HUEBER in stolzem Rückblick, *„das alte deutsche Kartenwerk für so gut befunden, daß sie dieses fast bis zum letzten Strich übernommen hat.“*[261]

# 8. Deutsch-Südwestafrika

Der Bremer Afrikahändler Adolf Lüderitz hatte bereits am 15.5. und 25.8.1883 die südwestafrikanische Bucht Angra Pequena und deren Umland mit umfangreichen Ausbeutungs- und Hoheitsrechten durch vertragliche Abtretungen des nächstwohnenden Nama-Stamms der Bethanier erworben und seither in Berlin wiederholt um die Gewährung von Reichsschutz gegen drohende ausländische Konkurrenten gebeten. Was dem langjährigen Drängen der literarischen Kolonialpropagandisten und den in Westafrika seit Jahrzehnten engagierten und wesentlich bedeutenderen hanseatischen Handelshäusern bis dahin nicht gelungen war, glückte gemäß dem eine Generation später hierüber immer noch verwunderten Kolonialhistoriker Zimmermann *„dem unbekannten Lüderitz. Das Auswärtige Amt trat seinem Gesuche näher.“*[262]

## 8.1. Erwerbung und Verwaltung

Nachdem im Januar 1884 das Kanonenboot „Nautilus“ einen günstigen Eindruck von dieser jungen Handelsniederlassung (Abb. 51) gewonnen hatte und Großbritannien auf entsprechende Nachfragen keine klaren eigenen Anrechte belegen konnte, entschloss sich Reichskanzler von Bismarck überraschend zum Handeln und sandte am 24.4.1884 sein berühmt gewordenes Telegramm, zugleich die Geburtsurkunde des deutschen Kolonialreichs, an den deutschen Generalkonsul in Kapstadt: *„Nach Mitteilungen des Herren Lüderitz bezweifeln die [britischen] Kolonialbehörden, ob seine Erwerbungen nördlich des Oranje Anspruch auf deutschen Schutz haben. Sie wollen amtlich erklären, daß er und seine Niederlassungen unter dem Schutz des Deutschen Reiches stehen.“*[263] Und ein Vierteljahr später verlas der daraufhin entsandte Kapitän zur See Herbig vor den feierlich im Geviert angetretenen Mannschaften der Kriegschiffe „Leipzig“ und „Elisabeth“ sowie in Gegenwart von Adolf Lüderitz am 7.8.1884 die nachgereichte förmliche kaiserliche Schutzerklärung: *„Seine Majestät der Kaiser haben mir befohlen [...] nach Angra Pequena zu gehen, um das dem Herren Adolf Lüderitz gehörige Territorium an der Westküste von Afrika unter den direkten Schutz seiner Majestät zu stellen. [...] Indem ich diesen Allerhöchsten Auftrag zur Ausführung bringe, hisse ich hiermit als äußeres Zeichen die kaiserliche deutsche Flagge, stelle somit das erwähnte Territorium unter den Schutz und die Oberherrlichkeit*

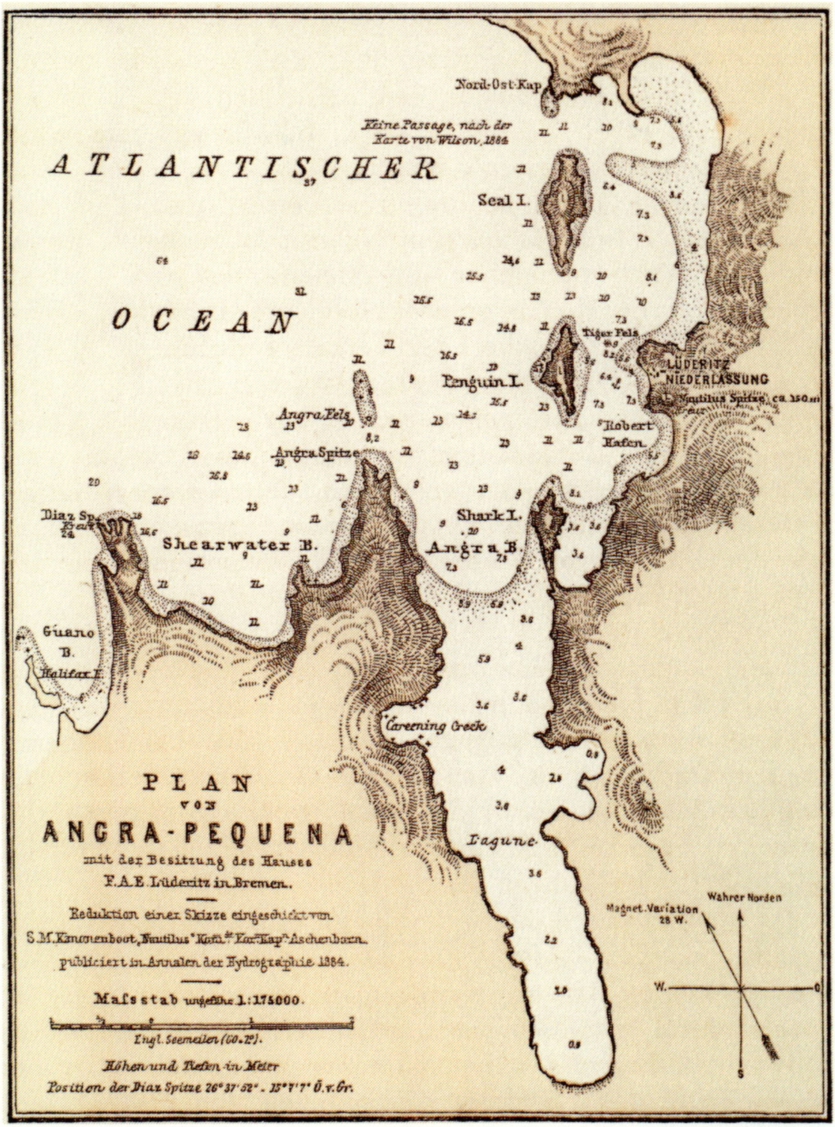


**Abb. 51:** Situationskarte der Niederlassung von ADOLF LÜDERITZ an der Bucht von Angra Pequena nach einer Skizze von Kapitän ASCHENBORN des SMS Kanonenboots „Nautilus" mit britischen Tiefenlotungen in der Bearbeitung von BRUNO HASSENSTEIN im Maßstab von 1:17 500 (Quelle: PGM 1884, S. 274)

*seiner Majestät [...].*"[264] Bereits am 26.6.1884 hatte VON BISMARCK hierzu in einer rechtfertigenden Rede vor dem Reichstag ebenso hoffnungsfroh wie bald schon für den Reichsfiskus sehr kostenträchtig unzutreffend erklärt, das Ziel seiner neuen aktiven Kolonialpolitik mit Blick auf die hanseatischen Reeder und Händler, welche sich unter dem Schutz des Reichs in Togo, Kamerun und Südwestafrika festzusetzten gedachten, sei *„der regierende Kaufmann und nicht der regierende Bürokrat in jenen Gegenden, nicht der regierende Militär und preußische Beamte."*[265]

Etwa ein Jahrzehnt nach der LÜDERITZschen Erwerbung von Angra Pequena, dem nachmaligen Lüderitzbucht, schätzte der Gothaer Kartograph PAUL LANGHANS den Flächeninhalt des daraus erwachsenen Schutzgebiets Deutsch-Südwestafrika auf 830 960 $km^2$ und die Gesamtzahl der einheimischen Bevölkerung auf nur rund 200 000 Köpfe, darunter etwa 100 000 Herero und 53 000 Ovambo. Am 1.1.1896 waren zudem im Schutzgebiet bereits 2 025 Weiße ansässig, davon 932 Deutsche, 636 *„Kapländer"*, 244 Briten und 146 Buren. Diese kleine weiße Bevölkerungsgruppe lebte zu einem Drittel in den damals sechs größten Ansiedlungen des Schutzgebiets: in Groß- und Klein-Windhoek 338, in Keetmanshoop 90, in Otjimbingwe 82, in Kreuz Huk 81, in Omaruru 70 und in Gobabis 59.[266] Fast zwanzig Jahre deutscher Kolonialherrschaft später ergab sich folgendes Bild: Am 1.4.1912 zählte die weiße Bevölkerung rund 14 800 Personen, *„darunter war eine landwirtschaftliche Bevölkerung von 4 082 Köpfen auf 1 245 Farmen und 315 Kleinsiedlungen. Die Gesamtgröße dieses von Weißen bewirtschafteten Landes betrug 12 952 886 Hektar; bebaut waren davon 5 591,2 Hektar. Die Kopfzahl der Farbigen betrug ohne das Amboland und ohne den Caprivizipfel 87 769."*[267] Außerdem belief sich nach einer am gleichen Tage mit wahrhaft deutscher Gründlichkeit durchgeführten Viehzählung der Bestand auf *„171 748 Rinder, 46 900 Schafe, 12 588 Perserschafe, 4 094 reinblütige Karakulschafe, 435 069 Afrikaner-Fleischschafe, 20 431 Angoraziegen, 448 279 gewöhnliche Ziegen, 13 340 Pferde, 7 015 Esel, 4 879 Maultiere, 7 195 Schweine, 789 Kamele, 1 277 Strauße, 71 753 Stück Geflügel, 116 Bienenstöcke."*[268]

Infolge der mit erheblichem militärischem und materiellem Aufwand niedergeworfenen großen Erhebung der Herero und Nama in den Jahren 1904-07 kam es zu einer beträchtlichen Zufuhr von Geld und Menschen in das Schutzgebiet Deutsch-Südwestafrika. Nicht zuletzt durch die Anwesenheit einer starken Schutztruppe und den dadurch beschleunigten Bahnbau sowie die rasche Vermehrung der weißen Bevölkerung nahm der bis dahin gegenüber etwa Deutsch-Ostafrika nur unbedeutende Handel einen schnellen Aufschwung. Dies galt nicht nur für die Einfuhren, sondern dank des im Jahre 1904 im Otavi-Bergland begonnenen Kupfererzabbaus und der Diamantenfunde in der Namib bei

Lüderitzbucht im Jahre 1908 auch für die Ausfuhren. Im Jahre 1913 betrug der Wert der Einfuhren rund 43,4 Millionen Reichsmark und der Wert der Ausfuhren, nahezu ausschließlich Diamanten und Mineralien, rund 70,3 Millionen Reichsmark.[269]

Nach einer anfänglichen Stagnation in den Jahren 1885–90, in welchen das frisch erworbene riesige Schutzgebiet lediglich von drei Kolonialbeamten, neben dem Landgerichtsrat Dr. HEINRICH GÖRING, dem Vater des nationalsozialistischen Reichsinnenministers und Marschalls HERMANN GÖRING, noch ein Kanzlist und ein Polizeimeister, verwaltet werden sollte, wurde Deutsch-Südwestafrika erst in den 1890er Jahren durch die Anlage von Militärstationen und die Einrichtung von Militärdistrikten erschlossen und verwaltet. Zum Ende des Jahres 1895 bestanden so in sieben Militärdistrikten zusammen 35 Militärstationen. Für den allmählichen Übergang zur Zivilverwaltung teilte man das Schutzgebiet dann in Bezirkshauptmannschaften (seit 1898 Bezirksämter) mit diesen unterstellten Distrikten und selbstständige Distrikte ein. Am Vorabend der großen Erhebung der Herero und Nama bestanden im Jahre 1903 im Schutzgebiet so schon sechs zivile Bezirksämter mit 13 diesen unterstellten Distriktverwaltungen: Keetmannshoop, Gibeon, Windhoek, Swakopmund, Omaruru und Outjo sowie nur noch zwei selbständige Militärdistrikte in Grootfontein und Gobabis. Neben dem in Windhoek in der Landesmitte ansässigen Gouvernement bestanden im Jahre 1914 im Schutzgebiet schließlich zehn Bezirksämter, fünf selbständige Distriktsämter[270] und in dem zuletzt einer zumindest oberflächlichen deutschen Einwirkung unterworfenen nordöstlichen Wurmfortsatz seit Anfang 1909 die Residentur Caprivizipfel.

Nachdem die Erhebungen der Jahre 1904–1907 der weiteren Ausdehnung der Zivilverwaltung in Deutsch-Südwestafrika ihre angesichts knapper Personalausstattung logistisch leistbaren Grenzen aufgezeigt hatten, wurde zur Verringerung der Überwachungs- und Verwaltungsausgaben im Jahre 1908 dem Schutzgebiet vom Reichskolonialamt eine sogenannte Polizeizone verordnet, auf deren Gebiet sich die tatsächliche Einwirkung des Gouvernements zu beschränken hatte. Namentlich die weiten und zum Teil dicht bevölkerten Gebiete des hohen Nordens sowie der Kalaharirand im Osten sollten bis auf weiteres nicht in Schutzgebietsverwaltung genommen werden. Innerhalb der den Süden und die Landesmitte umfassenden Polizeizone hingegen kam es nach der Niederwerfung der Erhebungen zu einem raschen Ausbau der weißen Besiedlung und damit auch der Windhoeker Gouvernementsverwaltung. Diese beschäftigte im Jahre 1912 ohne die hier kartographisch weniger wirksame Schutztruppe, aber einschließlich 646 weißer Polizisten insgesamt 1 078 Beamte. Das hauptamtliche vermessungstechnische Personal unterstand dabei dem Vermessungsdirektor GÖRGENS, welcher über drei Vermessungsämter in Windhoek, Omaruru und Keetmanshoop gebot.[271]

Seit dem Jahre 1909 und ohne wesentliche Änderungen bis zum Kriegsausbruch 1914 beschäftigten diese drei Vermessungsämter einen Trigonometer zur Vermessung der Triangulationsketten und 19 Landmesser vornehmlich zur Farmvermessung, von denen jeder im monatlichen Durchschnitt drei Farmen mit zusammen rund 24 000 ha aufnahm. Hinzu kamen neben den Messgehilfen für die Feldarbeit noch ein technischer Sekretär und 15 Schreiber bzw. Zeichner als Büropersonal, welchen die Ausarbeitung der von den Landmessern eingereichten Vermessungs- und Absteckungsrisse sowie deren katastermäßige Fortschreibung oblag. Trotz reger katastermäßiger Tätigkeit etwa im Haushaltsjahr 1908/09 mit rund 40 100 Reichsmark Einnahmen durch Gebühren für Privateigentumsvermessungen und Abzeichnungen bzw. Umdrucke[272] war und blieb das Vermessungswesen auch in Deutsch-Südwestafrika stets ein hoch defizitärer Verwaltungszweig. Neben der trigonometrisch-topographischen Landesaufnahme stellten in Deutsch-Südwestafrika wie auch in den anderen Schutzgebieten die zahlreichen im Interesse und auf Rechnung des Gouvernements gezeichneten Flurkarten und Flurskizzen wie auch die Vermessungsarbeit der Farmansiedlungen ein kostspieliges staatliches Zuschussgeschäft in die infrastrukturelle Grunderschließung der kolonialen Erwerbungen dar.

## 8.2. Voraussetzungen und Probleme des kartographischen Sonderwegs

Nach dem Geographen und langjährigen Landeskenner FRITZ JAEGER ging die kartographische Entwicklung *„in Südwestafrika etwas andere Wege als in unsern Tropenkolonien und zwar letztlich aus klimatischen Ursachen. Südwest ist ein im allgemeinen gesundes Siedlungsland für Weiße. Darauf beruht es, daß die Missionare es verhältnismäßig leicht bereisen konnten und daß von Anfang an durch die HAHNsche Karte das Land leidlich bekannt war. Weiße Flecken waren nicht in dem Maße auszufüllen wie in den Tropenländern. Die mühsamen Wegaufnahmen waren daher eher entbehrlich.“*[273] In Deutsch-Südwestafrika bestanden tatsächlich in vielerlei Hinsicht die günstigsten Voraussetzungen aller deutschen

Schutzgebiete für geodätische wie topographische Aufnahmen: Die Sicht war oft klar, die Vegetation vergleichsweise spärlich, und weite Teile innerhalb des kolonisatorisch interessanten Gebietes im Süden und in der Mitte des Landes wiesen eine gut entwickelte Reliefenergie auf. Die gegen eine ausgedehnte Landesvermessung sprechende außerordentlich dünne Besiedlung und die Wasserarmut trafen im besonderen Maße nur für die Randgebiete zur Namib im Westen und der Kalahari im Osten sowie die allerdings bereits nördlich der Polizeizone gelegene trockene nordöstliche Omaheke zu.[274]

Obwohl späterhin in der topographischen Erforschung sträflich lange vernachlässigt, war das südwestafrikanische Schutzgebiet in mancher Hinsicht zu Anbeginn die in seiner Gesamtheit am besten bekannte afrikanische Kolonialerwerbung des Deutschen Reichs: *„Die schon seit 1842 währende Tätigkeit der Missionare der deutschen Rheinischen Missionsgesellschaft, die auch ethnographisch und linguistisch viel geleistet haben, sodann die Reisen verschiedener Engländer - erwähnt seien nur* GALTON*,* GREEN*,* BAINES*,* ANDERSSON *- bewirkten, daß das Land in seinen großen Zügen bereits bekannt war* (Abb. 52). *Den wertvollsten Beitrag lieferten die ausgedehnten Forschungen* THEOPHIL HAHNS*, dessen große, auf viele Breiten- und einige Längenbestimmungen gestützte Karte"* im Jahre 1879 in Kapstadt in der Bearbeitung des dortigen Bureaus des Surveyor-General als vierblättrige „Original Map of Great Namaqualand and Damaraland" im Maßstab von 1:742 016 erschienen war *„und reichlich zwei Drittel unseres jetzigen Schutzgebietes umfaßte."* Allerdings stand nach dieser rückblickenden Zusammenfassung der beiden Leiter des Kolonialkartographischen Instituts der Menge des topographisch Bekannten leider infolge des Landescharakters deren oft unzureichende Güte gegenüber. *„Die große Trockenheit, das Gebundensein an die Wasserstellen, die weiten Durststrecken ohne jedes Wasser, stellenweise auch die große Übersichtlichkeit des Geländes führten zu einem beschleunigten Marschtempo. Das topographische Detail war nebensächlich, wichtiger die Kenntnis der allgemeinen Richtung und der Anzahl der Reitstunden bis zum nächsten Wasserplatz."* Selbst das der oft großen Tageshitze geschuldete häufige nächtliche Reisen wirkte sich nachteilig auf die Anfänge der südwestafrikanischen Kartographie aus.[275]

Diese später einzige bedeutende deutsche Siedlungskolonie spielte also hinsichtlich der Erforschung und Kartographie von Anbeginn eine Sonderrolle unter den afrikanischen Schutzgebieten. Bereits Mitte der 1890er Jahre konnte RICHARD KIEPERT aufgrund der

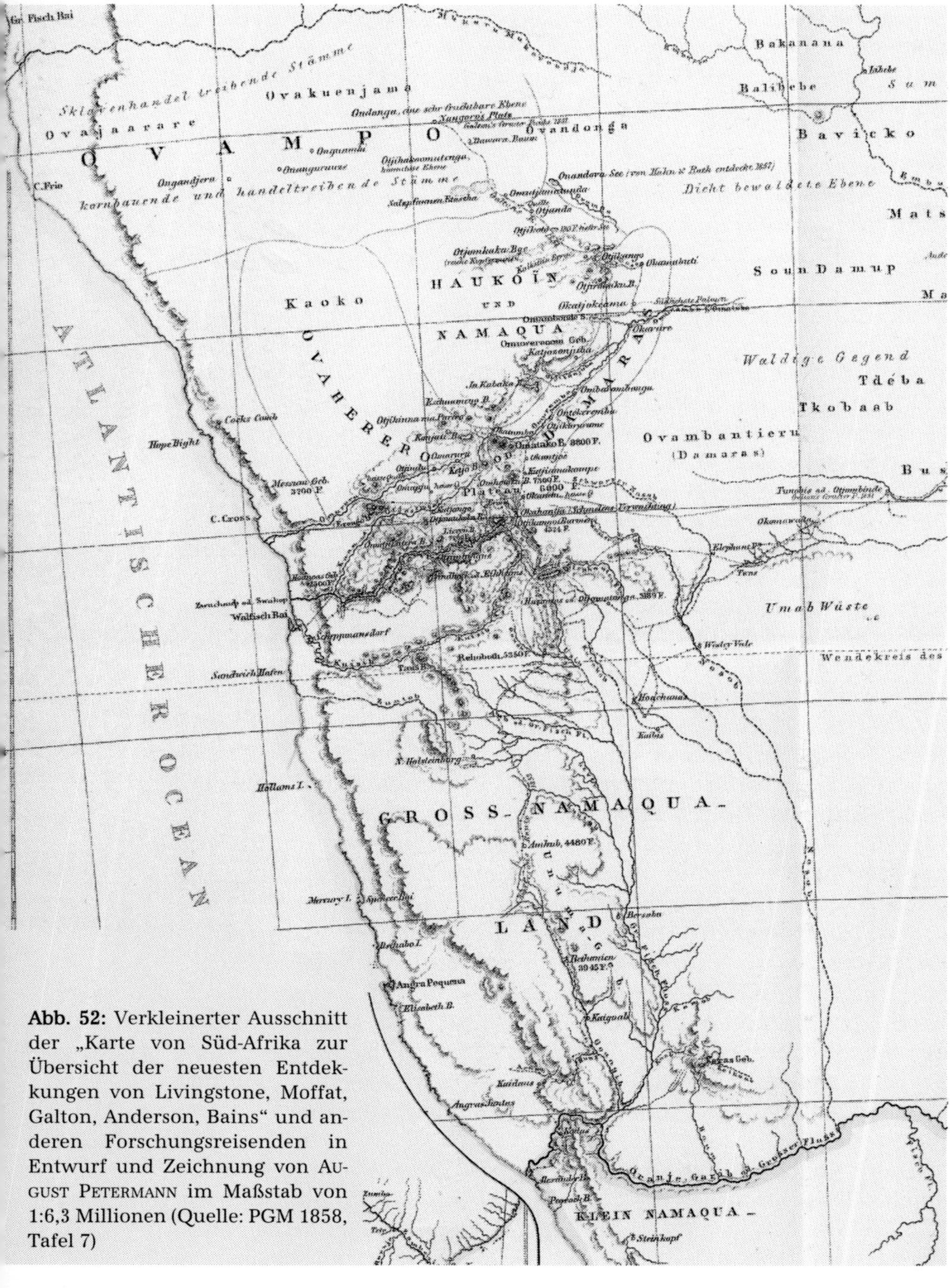


**Abb. 52:** Verkleinerter Ausschnitt der „Karte von Süd-Afrika zur Übersicht der neuesten Entdekkungen von Livingstone, Moffat, Galton, Anderson, Bains“ und anderen Forschungsreisenden in Entwurf und Zeichnung von AUGUST PETERMANN im Maßstab von 1:6,3 Millionen (Quelle: PGM 1858, Tafel 7)

schon seit Jahrzehnten vor allem von Händlern und Missionaren getragenen Landeserforschung über dortige kartographische Zukunftsausgaben konstatieren: *„Im grossen und ganzen ist Deutsch-Südwestafrika ein leidlich bekanntes und erforschtes Land, in welchem des Entdeckers keine grossen Aufgaben mehr harren, wenn auch im einzelnen noch unendlich viel zu thun und zu untersuchen ist. Grosse, bisher unbekannte Seen, mächtige Gebirge oder gar Vulkane, wie noch unlängst in Deutsch-Ostafrika, sind dort nicht mehr neu aufzufinden.“* Aus diesem Grunde spielten in diesem seit langem in seinen Hauptmerkmalen bekannten Schutzgebiet bereits zu Beginn der deutschen Kolonisation die andernorts zur Kartenherstellung noch lange unverzichtbaren neuen Routenaufnahmen nurmehr eine untergeordnete Rolle.[276] Gerade die weiten und kolonialwirtschaftlich wertlos eingeschätzten Flächen der Namib und der Kalahari ließen geodätische oder topographische Aufnahmen oder gar die Bearbeitung im Rahmen eines einheitlichen Kartenwerks nicht recht lohnend erscheinen, so dass man sich bis nach der Jahrhundertwende mit kleinräumlichen Kartierungen und regionalen Übersichtskarten behalf. Bis zu den Erhebungen der Herero und Nama im Jahre 1904 war deshalb nicht nur in den Augen OBSTS *„dieses Gebiet das Stiefkind der deutschen Kolonialkartographie,“*[277] was sich bei der Niederschlagung dieser Erhebung durch die zahlreichen ortsunkundigen Truppenanlandungen bitter rächen sollte.

Die Errichtung der Schutzherrschaft über Deutsch-Südwestafrika im Jahre 1884 hatte sowohl wegen der nicht dazu herausfordernden Landesnatur als auch infolge mangelnden Interesses des Gouvernements auf Jahre hinaus kaum etwas an der zwar oberflächlich weitgreifenden, aber doch inhaltlich sehr mangelhaften topographischen Aufnahme geändert (Abb. 53). Dies führte nach SPRIGADE und MOISEL dazu, *„daß beim Ausbruch des großen Aufstandes im Jahre 1904 nur wenige Übersichtskarten kleinen Maßstabes vorlagen, und daß die im Auftrage des Großen Generalstabes speziell für die Kriegsführung in aller Eile hergestellte sogenannte Kriegskarte in 1:800 000 zum Teil vollständig versagen mußte.“*[278] Mitten in diese kartographische Katastrophe des Jahres 1904 fiel aber auch das Erscheinen einer bei Dr. M. GROLL, Friederichsen und Co. in Hamburg gezeichneten sechsblättrigen Karte des nörd-

**Abb. 53 (folgende Seiten):** Verkleinerter Ausschnitt der „Originalkarte des Herero & Kaoko-Landes“ nach sämtlichen älteren sowie insbesondere den jüngeren Routenaufnahmen und astronomischen Beobachtungen der Elberfelder Rheinischen Missionare im Entwurf von AUGUST PETERMANN im Maßstab von 1:2,2 Millionen (Quelle: PGM 1878, Tafel 17)

O V A H E R E R O
O V A Z O R O T U A
O V A M P O
BERG-DAMARA
NAMAQUA
BASTARDS
Etendeka Geb.
Omaruru
Otjimbingue
Sugar Loaf
Ogdens H.
Cocks Comb
Hope B.
St. Ambrose
Dourissa od. Messum
C. Cross
C. Cross B.
Sierra B.
Sierra Pt.
Farilhao Pt.
Rock B.
Half Moon B.
Walfisch Bai
Pelican Pt.
Scheppmannsdorf (Roodebank)
Omaruru
Erongo Geb.
Narriep Wüste
Tafel Berg
Salem
Diepdaal
Hykamkop
Barrow B.
Rheinische Missionsstationen
Capt. Alexander, 1837
Fr. Galton (mit C. J. Andersson) 1851
C. J. Andersson, 1851 & 53. 1858 & 59.
H. Hahn & Rath, 1857
J. Chapman & T. Baines, 1861
H. Hahn, 1866 & 1870
C. Büttner
J. Irle
J. Böhm & F. Bernsmann, 1877
13
14
15

I HAUKOIN (BERG-DAMARA)
BUSCHMÄNNER (NAMAQUA)
BERG-DAMARA
und Namaqua unterjocht)
OVATYIMBA (OVAHERERO)
OMURAMBA (OVAHERERO)
BUSHMÄNNER
Omaheke oder Sandfeld
OMAHEKE (OVAHERERO)
HERERO LAN
OVATYIMBA (DAMARA)
OVAMBANDERU
NAMAQUA
GEIKH
Palmen Ebene
Kamaherero
Awass Plateau
Windhoek
Rehoboth (Annis)
Otyimbingue
Barmen
Kaiser Wilhelm B.
Omaruru
Berg-Damara
Okahandya od. Schmelen's Erwartung
Omuramba
Epukiro
Nosop
Östliche Länge von Greenwich
17
18
19
JUSTUS PERTHES.

lichen Schutzgebiets im Maßstab von 1:300 000 von Dr. GEORG HARTMANN im Auftrage der hier mit großzügigem Grundbesitz belehnten South West Africa Company. Dieses privatkartographische Ergebnis stellte nun inmitten des Kampfes der durch Truppenentsendungen gewaltig vergrößerten Schutztruppe die noch brauchbarste Übersichtskarte zumindest eines größeren Teils von Deutsch-Südwestafrika dar. Deren Kartenblätter waren in Anlehnung an die im Jahre 1897 erschienenen LANGHANSschen Karten des südwestafrikanischen Schutzgebiets überhaupt erst der zweite Versuch, neben der Gebirgszeichnung durch gelbes und grünes Flächenkolorit die forst- und kultivationsfähigen Gebiete von den dürren Sandgebieten zu unterscheiden[279].

Grundlage jedweder künftigen Karten größeren Maßstabs mussten aber schließlich doch weiträumige geodätische Vermessungen sein. Einen ersten Anfang hierzu hatte bereits in den Jahren 1896–98 Leutnant WETTSTEIN im Auftrag der Kolonialabteilung gemacht, als er eine Triangulationskette II. Ordnung von Windhoek nach Südwesten über rund 150 km bis zum Posten Nauchas legte.[280] Diesen ersten Versuch führte der Leutnant dann im Zuge ausgedehnter geodätischer Vermessungsarbeiten der deutsch-britischen Grenzkommission in den Jahren 1898–1903 im Osten des Schutzgebiets fort, welche aber infolge ihrer Aufwendigkeit bis zur Erhebung der Herero und Nama im Jahre 1904 noch kaum kartographische Ergebnisse gezeitigt hatten. Als sich das Fehlen hinreichend zuverlässiger topographischer Karten in diesen vierjährigen Guerill kämpfen besonders schmerzlich bemerkbar machte, wurde mit Einverständnis der in den Schutzgebieten eigentlich ausschließlich zuständigen Kolonialabteilung des Auswärtigen Amts durch die Preußische Landesaufnahme beim Großen Generalstab,[281] welche bereits seit dem Jahre 1807 als Militärbehörde die Vermessung und Topographie von Preußen besorgte, ein Feldvermessungstrupp für Deutsch-Südwestafrika mit einer trigonometrischen und einer topographischen Abteilung gebildet. Dieser sollte in doppelter Unterstellung unter Schutztruppe wie Preußische Landesaufnahme mit zunächst einem Hauptmann beim Generalstab, sechs Oberleutnants sowie den erforderlichen Unteroffizieren und Hilfsmannschaften eine einheitliche Landesvermessung durchführen. Damit schied dieses Schutzgebiet faktisch aus der amtlichen Bearbeitung durch das dem Reichskolonialamt zuarbeitende REIMERsche Kolonialkartographische Institut in Berlin endgültig aus.

Bis zum Ersten Weltkrieg stellte im Rahmen dieses in Windhoek ansässigen Feldvermessungstrupps die trigonometrische Abteilung auch unter Zuhilfenahme stereophotogrammetrischer Messungen zahlreiche Dreiecksketten für die topographische Aufnahme vor allem im Süden und in der Mitte des Landes bereit. Die topographische Abteilung jedoch kam mit ihrer Arbeit nach SPRIGADE und MOISEL nicht recht vom Fleck: *„Die zuerst in Aussicht genommene topographische Aufnahme des ganzen Landes in 1:50 000 mit Meßtisch und Kippregel mußte, nachdem die ersten Blätter in der Umgegend von Windhuk ausgeführt waren, aufgegeben werden. Die Praxis ergab, daß die Fertigstellung einer solchen Karte mit den Mitteln, die für derartige Zwecke nach Lage der gesamten finanziellen Verhältnisse des Schutzgebietes zurzeit zur Verfügung gestellt werden können, Jahrhunderte in Anspruch nehmen würde. Dazu kommt, daß für weite Gebiete bei ihrer wirtschaftlichen Aussichtslosigkeit derartig genaue Aufnahmen einstweilen zwecklos wären. Durch diese Verhältnisse gezwungen, paßte man die anzuwendenden Aufnahmemethoden den lokalen Verhältnissen an und ging zu dem Maßstab 1:100 000 über.“*[282]

Die im Jahre 1904 vom Feldvermessungstrupp übernommene Landestriangulation als sicheres Netz der hierin einzupassenden topographischen Aufnahme hatte bereits kurz vor der Jahrhundertwende mit der Vermessung der deutsch-britischen Grenze vom Orange River nördlich bis in die Gegend von Rietfontein (Nord) östlich von Gobabis begonnen (Abb. 54). Die Ostgrenze des Schutzgebiets längs 20° östlicher Länge war zuvor in ihrer genauen Lage um rund 30 km [sic!] unsicher gewesen und sollte mittels einer gemeinsamen Grenzvermessung durch Grenzmarken genau festgelegt werden. Trotz einiger ungünstig gestalteter Dreiecke erreichte diese sich zu einer kleinen Landestriangulation auswachsende Grenzvermessung eine recht hohe Winkelgenauigkeit von ± 0,5-0,6''. Eine zweite große Triangulationskette wurde bald darauf vom Feldvermessungstrupp der Königlich Preußischen Landesaufnahme in den Jahren 1904–1906 von Swakopmund über Windhoek bis nach Gobabis vermessen und dort an die Triangulationskette der deutsch-britischen Grenzvermessung angebunden. Bis zum Ausbruch des Ersten Weltkriegs wurden danach teils von der Preußischen Landesaufnahme selbst und teils von Privatlandmessern im großen Umfange weitere Triangulationen im Schutzgebiet durchgeführt. Hier seien nur der Abzweig von der Swakopmund-Gobabis-Kette entlang der Bahntrasse der Otavibahn nach Nordosten und die Orange-Kette mit Anschluss an die südafrikanische geodätische Kette bei Upington genannt. Nach der Einschätzung der Vermessungsfachmänner FINSTERWALDER und HUEBER war das riesige und dabei dünn besiedelte Schutzgebiet *„Deutsch-Südwestafrika vor dem Weltkrieg bereits in einem Umfang mit genauen*

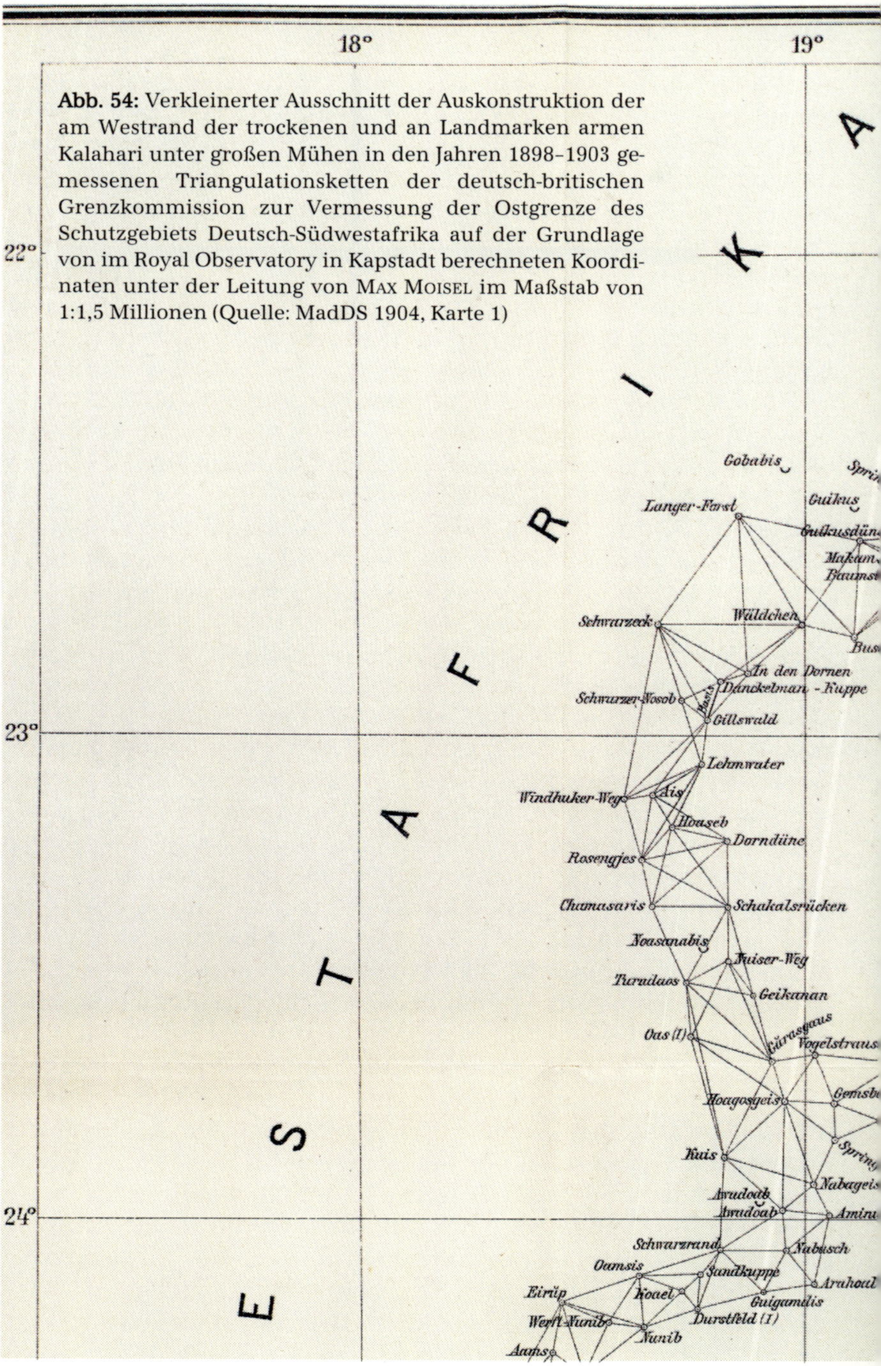


**Abb. 54:** Verkleinerter Ausschnitt der Auskonstruktion der am Westrand der trockenen und an Landmarken armen Kalahari unter großen Mühen in den Jahren 1898–1903 gemessenen Triangulationsketten der deutsch-britischen Grenzkommission zur Vermessung der Ostgrenze des Schutzgebiets Deutsch-Südwestafrika auf der Grundlage von im Royal Observatory in Kapstadt berechneten Koordinaten unter der Leitung von Max Moisel im Maßstab von 1:1,5 Millionen (Quelle: MadDS 1904, Karte 1)

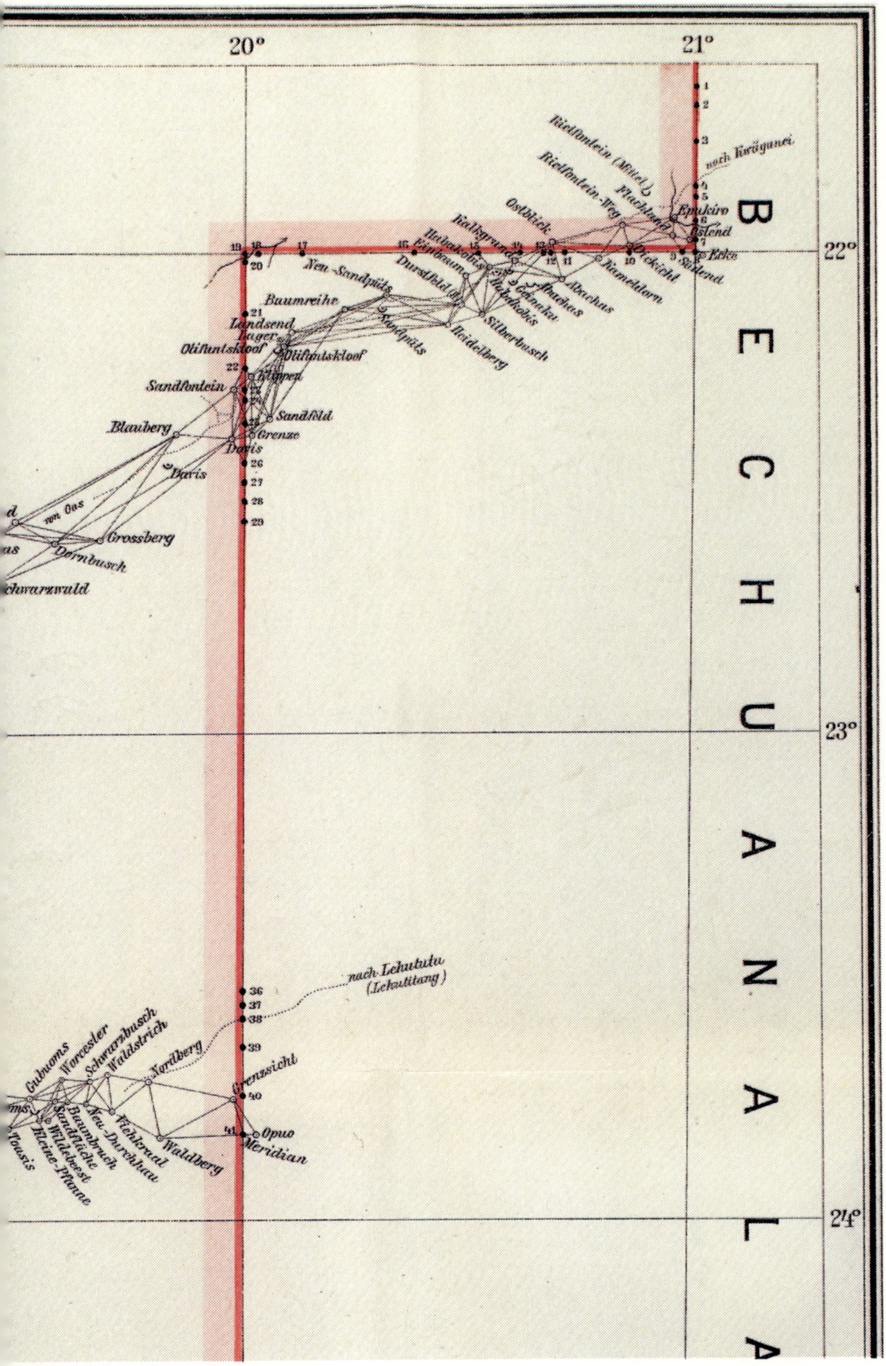
20°
21°
22°
23°
24°
B E C H U A N A L A
nach Lehututu (Lehutitang)
Riedfontein (Mitte)
Riedfontein-Weg
Flachland
Ostblick
Epukiro
Ostend
Ecke
Südend
Dickicht
Kameldorn
Abachus
Neu-Sandpits
Baumreihe
Landsend
Lager
Olifantskloof
Sandfontein
Klippen
Sandfeld
Silberbusch
Heidelberg
Blauberg
Grenze
Davis
Grossberg
Dornbusch
Nordberg
Grenzsicht
Opuo
Meridian
Waldberg
Worcester
Schwarzbusch
Waldstrich

Ongati
Gunoab Berg
Goabeb
Otavi-Bahn
Aroab-R.
Geirakarus-R.
Kachab-R.
Inachas Bg.
Neidaus Berg
Goabeb
Tsawichas-R.
Usakos
Khan-Fl.
Kubeb-Berg
Tsavichas
Narachab
Gamis Berg
Die Zuckerhüte
Gamgamchab-Berg
Kupfer Schürfstelle
Naob-R.
Abbabis
Naramas
Otjipatera Berge
Etusis
Cararas
Ubib
Nebakubib
Evensens Platz
Chauchab-R.
Tachub
Goas
Mubib
Kubas
Kobob Berg
Berge

**Abb. 55** Verkleinerter Ausschnitt der „Farm-Übersichtskarte von Teilen der Bezirke Windhuk und Karibib“ vom Oktober 1905 in der Bearbeitung und Zeichnung durch den Topographen Karsunke von der Kaiserlichen Landesvermessung in Windhoek im Maßstab von 1:200 000 (Quelle: MadDS 1906, Karte 3)

*Triangulationen, die in ihrer Güte zwischen den Triangulationen I. O[rdnung] und II. O[rdnung] lagen, so weitgehend bearbeitet, wie kaum eine andere Kolonie Afrikas.*"[283] Die Durchführung dieser Triangulationen wurde durch die klare Luft und die weithin nicht zu flache Übersichtlichkeit des Geländes mit seinen zahlreichen Tafelbergen begünstigt. Daher war bis zum Ausbruch des Ersten Weltkriegs der kolonialwirtschaftlich genutzte Süden und die Landesmitte nahezu vollständig von einem hochwertigen Triangulationsnetz überzogen. Durch die katastermäßige Vermessung von ausgegebenen Farmen und bearbeiteten Bergbaufeldern wurde das Triangulationsnetz in weiten Gebieten durch Dreiecksketten und trigonometrische Festpunkte niederer Ordnung ergänzt. Von geographischer Seite bemängelte jedoch FRITZ JAEGER stellvertretend für viele Kartennutzer, „*diesem mathematischen Gerippe fehlt vielfach der topographische Inhalt.*"[284]

Um diese Füllung zu liefern, arbeitete der neu ins Land gekommene Feldvermessungstrupp zwar in topographischer Hinsicht äußerst fleißig, da er sich im Gegensatz zu den geodätischen Stellen anderer afrikanischer Kolonien nicht nur auf die Routenaufnahmen als topographisches Aufnahmeverfahren beschränken musste, sondern selbst wie im Mutterland das Gelände fächenhaft mittels der Messtischmethode aufnehmen konnte. Diese diente im Schutzgebiet nicht allein der topographischen Aufnahme, sondern auch der geodätischen Punktverdichtung, welche auf dem Wege der Messtischtriangulation erfolgte und mitunter und in technisch sehr fortschrittlicher Weise durch photogrammetrische Aufnahmen unterstützt wurde.[285] Eine schließlich sich als zu groß erweisende Schwierigkeit für den gewohnheitsmäßig im Maßstab 1:25 000 aufnehmenden Feldmesstrupp bestand jedoch in der topographischen Bewältigung der riesigen Räume dieses Schutzgebiets. Von den zu Beginn der Arbeit des Feldvermessungstrupps eigentlich vorgesehenen Messtischblätter im Maßstab von 1:50 000 erschienen nach jahrelanger Bearbeitung aber nur vier Kartenblätter der Umgebung von Windhoek,[286] wobei man mit OBST bissig feststellen konnte, „*daß die Durchführung der Kartierung in dieser Methode einige Jahrhunderte Zeit und noch mehr Millionen kosten und der kolonialwirtschaftlichen Wertigkeit des Landes schwerlich entsprechen würde.*"[287] Und sicher nicht ganz so ironisch gemeint wie es dem heutigen Leser anmuten mag, mussten PAUL SPRIGADE und MAX MOISEL bei ihrer kartographischen Übersicht der deutschen Schutzgebiete für den Deutschen Kolonialkongress des Jahres 1910 nach über einem Vierteljahrhundert deutscher Kolonialherrschaft feststellen: „*Alles ist in diesem Schutzge-*

*biet noch im Fluss, und da ausserdem die topographischen Aufnahmen mit wenigen Ausnahmen noch so überaus dürftige sind, ist die für den Grossen Deutschen Kolonialatlas noch fehlende Bearbeitung in 1:1 000 000 auf Wunsch des Reichs-Kolonialamts vorerst noch aufgeschoben worden.*"[288]

Nach dem offensichtlichen Fiasko mit dem Versuch eines Kartenwerks im Maßstab von 1:50 000 stellte sich die Preußische Landesaufnahme als neue Aufgabe die Herstellung eines Kartenwerks aus sogenannten Krokierblättern im Maßstab von 1:100 000, welche gemäß des französischen Namensgeber „croquis" für Skizze eine ebensolche Geländedarstellung der augenfälligen sogenannten Höhenleitlinien entlang der von Tälern und Rücken gebildeten Gerippelinien in maßstabsgerechter Aufnahme mit Formlinien aufwiesen, und in zweiter Linie auch im Maßstab von 1:200 000. Diese einfarbigen Blätter entstanden gleichfalls mittels Messtischaufnahme und enthielten neben dem üblichen Grundriss mit Siedlungen, Verkehrswegen, Grenzen, Gewässern usw. auch das Relief in 25m-Höhenlinien und alle Farmpunkte wie Brunnen und Wasserstellen. Später wurden einige dieser Blätter dann auch zweifarbig als Wegekarte und dreifarbig als Geländekarte veröffentlicht. Leider war aber auch der Bearbeitungsmaßstab von 1:100 000 im Verhältnis zur riesigen Ausdehnung des Schutzgebiets immer noch viel zu groß gewählt. Im ganzen konnten so nur etwa 15 Blätter und damit bloß ein Bruchteil erscheinen, während manche weitere infolge des Kriegsausbruchs unveröffentlicht blieben. Die Polizeizone mit ihren kleinteiligen Besitz- und Konzessionsverhältnissen erforderte natürlich sowohl zur Veranschaulichung als auch für die Verwaltungstätigkeit Kartenblätter in einem mittleren Maßstab. Diese Lücke sollten die im Maßstab von 1:200 000 auf Bezirksebene erscheinenden Farmübersichtskarten füllen. Doch auch von diesem Vorhaben wurden bis zum Ersten Weltkrieg nur zwei Kartenblätter für Gibeon-Maltahöhe und Windhuk-Karibib (Abb. 55) veröffentlicht, welche im Lande heute zudem Sammlerwert besitzen, da neben der Beilage zu den MadDS nur einige wenige Exemplare dieser auch ästhetisch ansprechenden Karten in Windhoek zum amtlichen Gebrauch in den Schutzgebietsbehörden gedruckt wurden.[289]

In einem dritten und letzten Anlauf versuchte sich die Preußische Landesaufnahme an der Erstellung eines umfassenden Kartenwerks im Maßstab 1:400 000 in vorgesehenen 30 Kartenblättern mit nur teilweiser Schummerung und Formlinien, welche anfangs sogar auf einer Vergrößerung der im Jahre 1904 eiligst vom Kolonialkartographischen Institut angefertigten sogenannten Kriegskarte im Maßstab von 1:800 000 beruhte, in die dann nach und

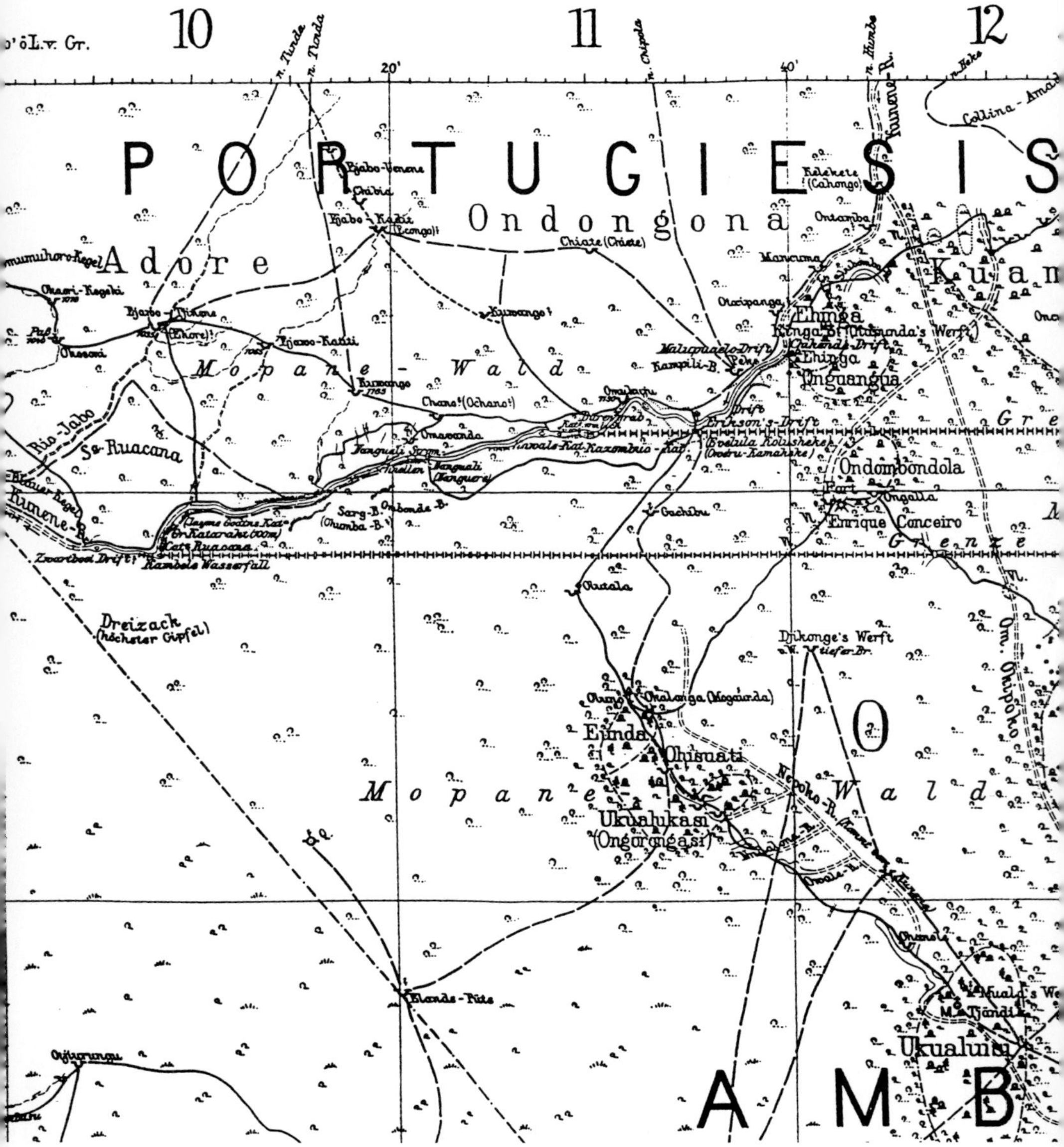


**Abb. 56:** Verkleinerter Ausschnitt des Blatts 3 Rehoboth (Amboland) der „Übersichtskarte von Deutsch-Südwestafrika“ der Topographischen Abteilung der Preußischen Landesaufnahme im Maßstab von 1:400 000 in vorläufiger Ausgabe vom März 1912 mit Darstellung der strittigen deutsch-portugiesischen Kolonialgrenze durch das dicht bevölkerte Ovamboland (Quelle: National Archives of Namibia [Windhoek], Map No. 677)

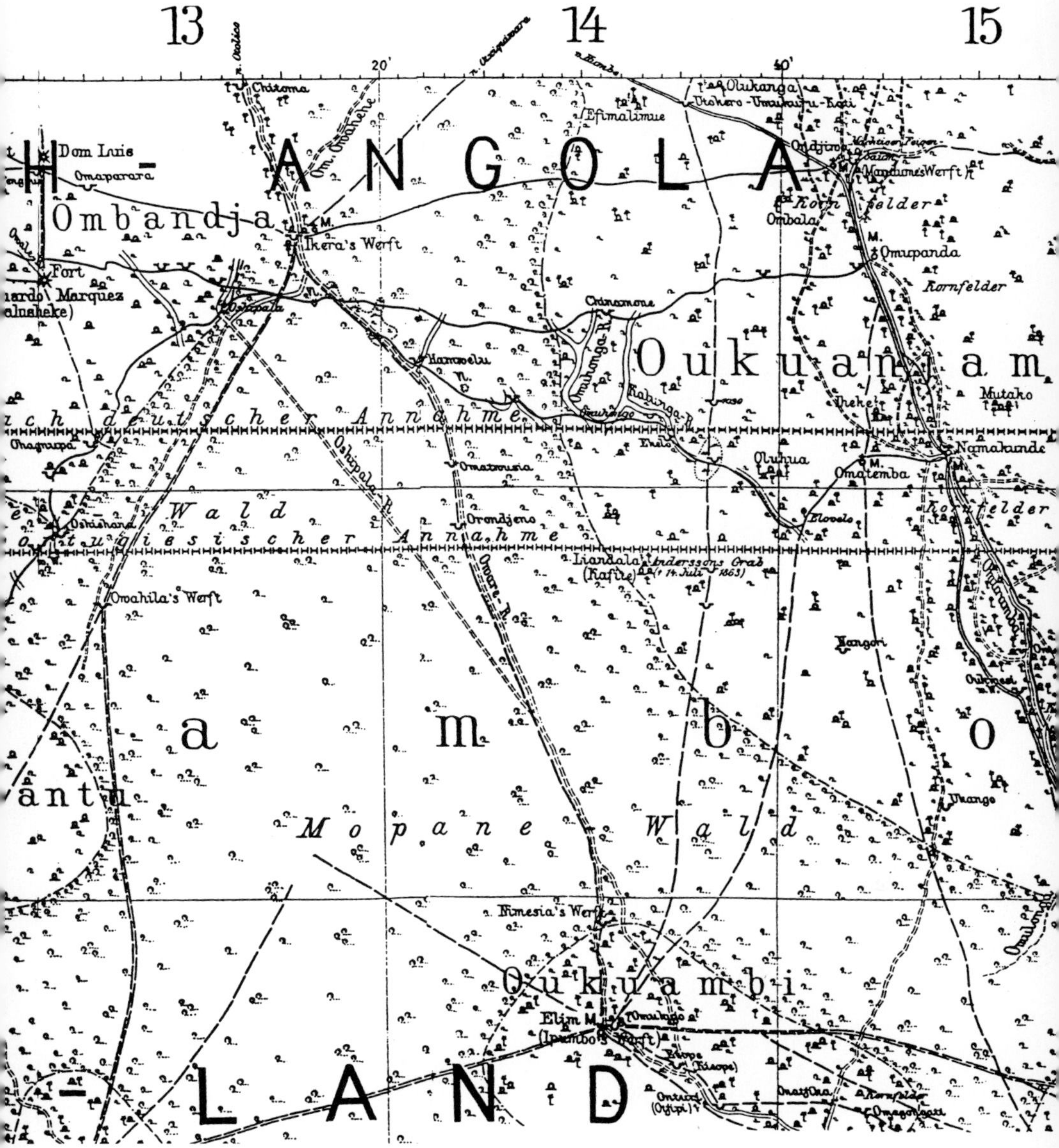
13
14
15
20'
40'
ANGOLA
Dom Luis
Omaparara
Ombandja
Ikera's Werft
Fort
Marquez
Efimalimue
Olukanga
Ombala
Kornfelder
Omupanda
Chinamone
Oukuanjam
Mutako
deutscher Annahme
Omatemba
Namakunde
Oluhua
Wald
portugiesischer Annahme
Liandala
Anderssons Grab
(† 14. Juli 1863)
Owahila's Werft
Ukango
a m b o
Mopane Wald
Fimesia's Werft
Oukuambi
Elim M.
(Ipumbo's Werft)
LAND

nach das neuere Material eingepasst wurde. Wo dies wegen umfangreicher und grundlegender Neuaufnahmen nicht mehr möglich war, musste das betreffende Kartenblatt völlig neu bearbeitet werden.[290] Nach FINSTERWALDER und HUEBER enthielt dieses Kartenwerk im Grundsatz *„so ziemlich alles [...], was für den Kartenbenützer wichtig ist: die Wege und Eisenbahnen sowie Gewässer, die Siedlungen und Grenzen, das Relief in Form von Höhenlinien und z. T. Schummerung, die Besitzgrenzen bzw. Farmgrenzen, Wasserstellen, Bäume, Busch, Weide usw."*[291] Von diesem dritten Kartenwerk waren zum Ende des Jahres 1913 aber auch erst 21 „vorläufige" Blätter erschienen (Abb. 56). Und im Gegensatz zum vorgenannten Lob bemerkte der Kartenpapst Max ECKERT bereits im Jahre 1910 spitz über deren *„provisorisch, rohe"* Kartographie, die auf den meisten Blättern notgedrungen ohne Geländezeichnung auskommen musste, leider wisse *„der Geograph des Mutterlandes mit diesen Karten herzlich wenig anzufangen, und ob die Karte den Ansprüchen der Beamten und Ansiedler im Schutzgebiet genügt, ist zu bezweifeln."*[292] Als Vorbereitung der eigentlichen Landeskarte von Deutsch-Südwestafrika im zu Kriegsbeginn noch immer nicht endgültig bestimmten Maßstab von mutmaßlich 1:200 000 ließ die Preußische Landesaufnahme daneben weiter die ungefähr 700 sogenannten Krokierblätter im Maßstab 1:100 000 bearbeiten. Bis zur Jahresmitte 1913 waren aber erst 14 Krokierblätter erschienen und weitere 22 in Vorbereitung.[293] In südafrikanischer Fortführung und Umarbeitung auf den Maßstab von 1:500 000 blieb somit die zumindest teilvollendete Notlösung im Maßstab von 1:400 000 sogar noch für das nächste halbe Jahrhundert das einzig vollständige Kartenwerk des Territoriums.[294] Es blieb also bei FRITZ JAEGERS Klage, dass *„so schöne Karten mittleren Maßstabes"*, wie sie das Kolonialkartographische Institut für die in den Tropen gelegenen afrikanischen Schutzgebiete gezeichnet hatte, *„es von Südwest nicht"* gab.[295]

Sowohl wegen der militärischen Erfordernisse im Gefolge der Erhebungen der Herero und Nama im Jahre 1904 als auch in Anbetracht der günstigen Landesnatur, welche der Aufnahmeweise im heimischen Deutschen Reich ähnelte, war in Deutsch-Südwestafrika die Landesaufnahme einschließlich Vermessung und topographischer Aufnahme dem Feldvermessungstrupp der Königlich Preußischen Landesaufnahme des Großen Generalstabs übertragen worden. Doch daneben war auch noch das Reichskolonialamt selbst mittelbar durch kleinere Arbeiten des Kolonialkartographischen Instituts sowie unmittelbar durch das ihm unterstehende Büro der Kaiserlichen Landesvermessung des Gouvernements in

Windhoek kartographisch wirksam. Die Tätigkeit der letztgenannten Stelle konzentrierte sich auf das Katasterwesen, welches sich entsprechend der zahlreichen weißen Besiedlung schon zu einem vergleichsweise frühen Zeitpunkt lebhaft entwickelte. Die ersten ausgegebenen Farmen im Jahre 1894 und selbst die größeren Farmblöcke der Jahrhundertwende wurden noch völlig ohne geodätische Triangulationen lediglich mit Hilfe von Kompass und Maßband vermessen und registriert.[296] Das schließlich zur Anwendung handwerklich fortschrittlicherer Techniken eingerichtete Büro der Landesvermessung hatte so etwa allein im Berichtsjahr 1908/09 sowohl durch eigene wie durch Privatlandmesser insgesamt 105 Farmen aufgemessen, weitere 193 abgesteckt, eine größere Anzahl von städtischen Vermessungen und noch einige kleinere Vermessungsaufgaben verschiedenster Art vorgenommen. Dank des fortgeschrittenen Stands der Landestriangulation war es bei den meisten Farmvermessungen möglich gewesen, an vorhandene trigonometrische Festpunkte anzuschließen und die Vermessungstätigkeit einheitlich zu koordinieren. Besonders zukunftsweisend war dabei das vom Vermessungsspezialisten HEINRICH BÖHLER im Jahre 1909 erstmals im deutschen Kulturraum eingeführte GAUSS-KRÜGERsche konforme Koordinatensystem in 3° breiten Meridianstreifen*, deren Nullpunkte auf 22° südlicher Breite mit nach Süden gerichteter positiver Abszisse lagen.[297] Dieses im Schutzgebiet Deutsch-Südwestafrika erstmals erfolgreich erprobte moderne Gradsystem wurde in nur leicht abgewandelter Form fünfzehn Jahre später vom Deutschen Reich und dann weltweit für amtliche Kartenwerke übernommen.

Als das Reichskolonialamt bald nach der Entdeckung der Diamanten bei Lüderitzbucht im Jahre 1908 das gesamte Küstengebiet zwischen dem Orange River und 26° südlicher Breite auf 100 km Tiefe landeinwärts für die freie Schürftätigkeit sperrte und Prospektierung wie Ausbeutung der Deutschen Diamant-Gesellschaft m.b.H. übertrug, war diese Gesellschaft vertraglich auch verpflichtet worden, eine Kartierung dieses Sperrgebietes vorzunehmen. Das daraufhin in mehrjähriger Arbeit auf umfangreicher Materialgrundlage geschaffene private Kartenwerk beruhte unter anderem auf der deutsche Seekarte Nr. 165, Küstenaufnahmen und Lotungen der Vermessungsschiffe „Panther“ und „Möwe“ aus den Jahren 1910–12, Triangulationen des Feldvermessungstrupps und

* Vergleiche hierzu HEINRICH BÖHLER (1909): Wahl der Koordinatensysteme für Spezialvermessungen in Kolonisationsgebieten, in: Zeitschrift für Vermessungs-Wesen, S. 450–460, 481–491.

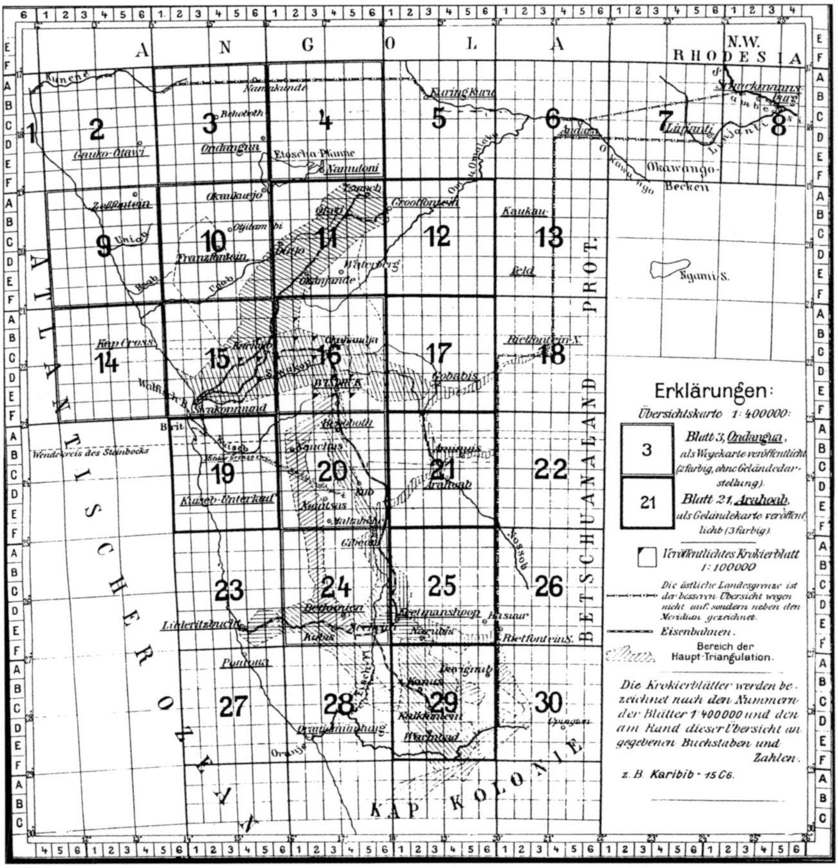


**Abb. 57:** Blattschnitt der amtlichen Kartenwerke von Deutsch-Südwestafrika in den Maßstäben von 1:400 000 (Übersichtskarte) und 1:100 000 (Krokierblätter), von welch letzteren bis zum Ausbruch des Ersten Weltkriegs lediglich die mit Winkeln gekennzeichneten 13 Blätter in der Landesmitte im Bereich der Übersichtskartenblätter 15 und 16 erschienen waren, mit schraffierter Einzeichnung der Gebiete der Haupttriangulationsketten (Quelle: MARQUARDSEN 1915, Tafel III)

eigenen Triangulationen der Diamantgesellschaft, den Vermessungen der Schürffelder im Maßstab 1:5 000 samt geologischer Hinweise sowie ausgedehnten Routenaufnahmen der Herren Dr. REUNING, KLINGHARDT, Dr. BARNITZKE, PLOEGER, JÜRS und anderer. Die so entstandene „Karte des Sperrgebiets in Deutsch-Südwestafrika“ in 10 Blättern erschien im Jahre 1913 im Maßstab vom 1:100 000 im Auftrag der Deutschen Diamant-Gesellschaft m.b.H. und war unter der Leitung von PAUL SPRIGADE und Dr. H. LOTZ von sieben Mitarbeitern des Kolonialkartographischen Instituts konstruiert und gezeichnet worden. Dieses Kartenwerk erfuhr höchstes Lob von ERICH OBST: *„Die braunen Formenlinien lassen das Relief scharf und deutlich hervortreten, die Wege-, Wasser- und Bodenverhältnisse sind allenthalben sorgfältig kartiert, und selbst die Vegetationsverhältnisse sind in den Rahmen der Darstellung einbezogen. Alles in allem eine wirkliche Glanzleistung der deutschen Kolonialkartographie.“*[298]

Im Gegensatz zu den anderen drei afrikanischen Schutzgebieten des Deutschen Reichs gestatteten die Rahmenbedingungen für die Landesaufnahme im trockenen und vegetationsarmen Gelände von Deutsch-Südwestafrika mit den Worten von FINSTERWALDER und HUEBER *„eine geradezu ideale Anwendung fast sämtlicher Arten der Vermessung.“* Doch so merkwürdig es auch klingen mag, war es gerade die deshalb aufblühende Landestriangulation, welche noch vor der Weiträumigkeit des Schutzgebiets zunächst einen nur langsamen Fortschritt der Kartenaufnahme und -herstellung bedingte: *„Man wollte eben zuerst ein einwandfreies Festpunktnetz haben, auf dem man dann die Topographie aufbauen konnte. Man hat zwar damit eine genauere Grundlage und vermeidet allzuviel nachträgliche Änderungen in der Karte, aber man kann erst mit der Kartographie beginnen, wenn die Triangulation steht, und das dauert eben seine Zeit.“*[299] Und doch war infolge der skizzierten Unzulänglichkeiten in der Tätigkeit des Feldvermessungstrupps gerade für das wichtigste afrikanische Schutzgebiet bei Kriegsausbruch im Jahre 1914 kein ganz Deutsch-Südwestafrika umfassendes großmaßstäbliches Kartenwerk erschienen. An dessen Stelle trat notdürftig die vom Kolonialkartographischen Institut beim Ausbruch der Erhebungen der Herero und Nama im Jahre 1904 eiligst auf der Grundlage des vorliegenden bereits veröffentlichten Materials zusammengestellte und bekannt unzulängliche sechsblättrige sogenannten Kriegskarte im Maßstab von 1:800 000. Außerdem war nur noch auf der Grundlage der in den Jahren 1909 und 1911 vom Büro der Landesvermessung in Windhoek gezeichneten Besitzstandskarte im Maßstab von 1:800 000 die Übersichtskarte des Kolonialkartographischen Instituts im Maßstab von 1:2 Millionen in erster Auflage 1910 und in zweiter Auflage 1912 erschien.[300] Die Preußische Landesaufnahme hatte zwar eine Übersichtskarte im Maßstab 1:400 000 in 30 Blättern vorgesehen, von welchen aber bis zum Beginn des Ersten Weltkriegs nur sieben Blätter herausgekommen waren. Jedes dieser Kartenblätter zerfiel seinerseits im größten in landesweiter Bearbeitung befindlichen Maßstab in 36 sogenannte Krokierblätter von 1:100 000, von welchen bis Kriegsbeginn wenigstens die Umgebung von Windhoek,

Okahandja und Karibib abgedeckt und zumindest im Schutzgebiet auch veröffentlicht worden war (Abb. 57).

## 8.3. Drei Kartenbeispiele: Caprivizipfel, Kaokoveld und Brandberg

Die vor diesem Hintergrund besonders wichtigen privaten oder halbamtlichen Einzelkarten über weniger zentrale Teilräume des Schutzgebiets Deutsch-Südwestafrika sollen anhand dreier besonders wichtiger Blätter in Gestalt der SEINERschen Karte des Caprivizipfels aus dem Jahre 1909, der KUNTZschen Karte des Kaokovelds aus dem Jahre 1912 und der mitten im Ersten Weltkrieg auf photogrammetrischem Wege erarbeiteten MAACKschen Karte des Brandbergs kurz vorgestellt werden. In den MadDS 1909 gab der österreichische Forschungsreisende FRANZ SEINER auf 110 Seiten einen Bericht über die „Ergebnisse einer Bereisung des Gebiets zwischen Okawango und Sambesi (Caprivi-Zipfel) in den Jahren 1905 und 1906“. In diesem für die MadDS außergewöhnlich umfangreichen und in der Tat längsten je veröffentlichten landeskundlichen Aufsatz machte SEINER Ausführungen zu folgenden Themen: Geologie, Klima, Siedepunktbestimmungen und Höhenmessungen, Botanik, Gewässerverhältnisse (Hochwässer an Okavango und Kwando, Wasserverhältnisse am Sambesi, Flüsse als Verkehrswege), natürliche Landschaften (sehr ausführlich mit der Hälfte seines Textes: Okavango, Bifukationsgebiet, Kwando, Sambesi, Hukwefeld, Mafefeld), Eingeborene und Handelsverhältnisse. Diese Ausführungen stellten zusammen mit seiner Karte das Ergebnis von insgesamt 106 Marschtagen und 10 Tagen Bootsfahrten dar, wobei SEINER insgesamt rund 2 400 km durch Routenbücher, Spezialberichte, Tagebücher und Sammlungen aufnahm.[301]

Diesen Bericht begleitete im Anhang der MadDS 1909 die „Karte des Gebiets zwischen Okawango und Sambesi (Caprivi-Zipfel) nach den Aufnahmen von FRANZ SEINER in den Jahren 1905–1906. Unter Leitung von PAUL SPRIGADE gezeichnet von GEORG KRAUSE. 1:500 000“ (siehe hinteres Vorsatzblatt), zu welcher der die kartographische Bearbeitung leitende SPRIGADE in seinen „Begleitworten zu der Karte des Gebiets zwischen Okawango und Sambesi nach den Aufnahmen von FRANZ SEINER“ hinsichtlich deren Konstruktion und Zeichnung bemerkte: *„Der sogenannte Caprivi-Zipfel, der Streifen Landes, der den Zugang vom Rumpf Deutsch-Südwestafrikas zum Sambesi bildet und durch die Verträge mit Portugal vom 30. Dezember 1886 und mit England vom 1. Juli 1890 seine Gestalt erhält,* *liegt in einem Gebiet, dessen genauere topographische Erforschung bis zum Beginn des neuen Jahrhunderts noch sehr im argen lag. Die alten Routen Livingstones und Selous' sind kaum noch verwendbar. Die Routenkarten der Expeditionen Gibbons (1895/96 und 1898/90) und Reid (1899) sind, ebenso auch die Resultate der Reisen Goold Adams' (1896) und Burniers, recht dürftig. Detaillierter erscheint die Darstellung des unteren Linjanti nach Bradshaw (1880) und die der Expedition Schulz und Hammar (1884). Doch alle diese Materialien bieten für eine Karte größeren Maßstabs nur wenig. Die guten Aufnahmen Passarges (1898) und v. Francois' (1891/92) kommen für das im Titel genannte Gebiet nicht in Betracht, da sie das rechte Ufer des Okawango betreffen.*

*So war es den Arbeiten Seiners vorbehalten, das in seinen physischen Verhältnissen so überaus interessante Land nicht nur in dieser Hinsicht, sondern auch topographisch mit großer Sorgfalt aufzuklären. Die während des ersten Aufenthaltes im Jahre 1905 gemachten Aufnahmen, die in die Zeit vom 13. Juli bis 20. September fielen, füllten zwei Routenbücher, die nach Rückkehr des Reisenden von F. Schröder und O. Freier im Maßstabe 1:50000 in 32 Blatt umgehend konstruiert wurden. Mit einer auf Grund dieser Routen aufgebauten, von M. Moisel und O. Freier bearbeiteten Manuskriptkarte in 1:500000 versehen, begab sich Seiner sodann 1906 wiederum auf das Feld seiner Tätigkeit. Seine neuen Routenaufnahmen, in der Zeit vom 24. Mai bis 14. Oktober ausgeführt, füllten vier weitere Bücher und wurden von F. Bischoff und K. Schulze in 39 Blatt, 1:50000, aufgetragen.*

*Die Aufnahmetätigkeit ist mit größter Sorgfalt und unermüdlichem Fleiße durchgeführt, was bei dem eigenartigen Charakter des Landes, besonders den großen Flußtälern und weiten Überschwemmungsgebieten mit ihrem Wirrwarr von unzähligen Wasserbetten und Senken, nicht leicht war und große Anforderungen an Aufmerksamkeit und ständige geistige Anspannung stellte. Unzählige Notizen aller Art, besonders ethnographischer, zoologischer und botanischer Natur, begleiten die Routenaufnahmen und wachsen sich öfter zu kleinen Abhandlungen aus. Von alledem konnte, um die Übersichtlichkeit der verwickelten topographischen Verhältnisse nicht zu beeinflussen, auf die definitive Karte nur sehr wenig übernommen werden, und nur einige knappe, zusammenfassende Bemerkungen deuten den allgemeinen Charakter der von seiner nach neuen Gesichtspunkten benannten großen Landschaften an. Zum Teil sind Seiners Wege identisch mit denen der oben genannten älteren Reisenden. Sie sind durch ihn neu aufgeklärt, berichtigt und mit allen topographischen Details versehen worden. Zum Teil sind es aber völlig neu erschlossene Wege. Von besonderer Wichtigkeit ist die Festlegung des Okawangolaufs von dem Sumpflande des Namassere bis Mahango und die Aufklärung des Mafefeld-Randes.*"

Auch bei der Zeichnung dieser Spezialkarte erwies es sich einmal mehr als sehr nützlich, „*daß* SEINER *die 71 Blatt der Originalkonstruktion selbst genau revidierte, die Darstellung nach seinen Notizen und Erinnerungen nach beiden Seiten bedeutend erweiterte und in tagelangen persönlichen Konferenzen mit den Bearbeitern P.* SPRIGADE *und G.* KRAUSE *alle fraglichen Punkte aufklärte. [...] Für den Aufbau im Gradnetz mußten, da* SEINER *selbst astronomische Bestimmungen nicht gemacht hatte, die Resultate der Beobachtungen früherer Reisenden benutzt werden. Es lagen im Rahmen der Karte für rund 80 Punkte Breiten- bzw. Längenbestimmungen vor. Die Beobachter waren:* LIVINGSTONE, GOOLD ADAMS, PASSARGE, GIBBONS *und* REID. *Ihre Verwertung begegnete aber großen Schwierigkeiten. Wo für denselben Ort Bestimmungen verschiedener Beobachter vorlagen, wichen dieselben voneinander oft bedeutend ab. Aber selbst von derselben Beobachtung waren mehrfach an verschiedenen Stellen widersprechende Resultate gegeben. Sodann war es bei dem gebräuchlichen vielfachen Verlegen der Dörfer und der Einrichtung von Sommer- und Winterdorf, bei der willkürlich gewählten Namensbezeichnung sonst unbewohnter Lagerplätze oft ganz unmöglich, die Stelle auf den* SEINER*schen Routen wiederzufinden. Dabei spielte die schon oben bedauerte Dürftigkeit der kartographischen Veröffentlichungen der englischen Aufnahmen eine große Rolle. Aus all diesen Gründen war es nur in 33 Fällen möglich, die astronomischen Bestimmungen unmittelbar zu benutzen. Diese Punkte sind durch Beischreiben der betreffenden Ordinaten und Angabe des Beobachters auf der Karte kenntlich gemacht.*

*Die Resultate der vielen mit Hilfe von Siedeapparat und Aneroid von* SEINER *ausgeführten Höhenbestimmungen sind ohne Rücksicht auf benachbarte englische Beobachtungen als geschlossenes Ganze in die Karte eingetragen. Dabei stellte sich aber heraus, daß die dieser Messungsmethode naturgemäß anhaftenden Fehler mehrfach größer waren als die verhältnismäßig geringen Niveauunterschiede des Landes. Daher mußte, um scheinbare Widersprüche zwischen Neigungsverhältnissen und Höhenzahlen zu vermeiden, von der Verwendung einzelner der letzteren abgesehen werden.*"[302]

Im schroffen Gegensatz zum überreich mit Wasser versorgten, nahezu brettflachen und dicht bevölkerten Caprivizipfel stand und steht das Kaokoveld. Im Auftrag der alleinigen Grundeigentümerin dieses etwa 100 000 $km^2$ großen Gebiets, der Kaoko-Land- und Minen-Gesellschaft, wurden in den Jahren 1894–95 erstmals zwei Expeditionen unter der Führung von Dr. GEORG HARTMANN ausgesandt, welche den wirtschaftlichen Wert der Nordwestecke des Schutzgebiets Deutsch-Südwestafrika insbesondere hinsichtlich Vorkommen von abbauwürdigen Erzlagerstätten untersuchen sollten. Nach der Ausgabe von stolzen 317 000 Reichsmark wurden zwar keine kolonialwirtschaftlich verwertbaren Ergebnisse erzielt, doch erlangten die wissenschaftlichen Ergebnisse dieser HARTMANNschen Expeditionen durch Veröffentlichungen und insbesondere die Herausgabe der Karte des Kaokovelds im Maßstab von 1:300 000 in sechs Blättern einige Bedeutung. Nach einigen weiteren kommerziell unergiebigen Expeditionen[303] entsandte die Kaoko-Land- und Minen-Gesellschaft in den Jahren 1910–1912 den Bergbauingenieur J. KUNTZ zu einer letzten großen landeskundlich-bergmännischen Untersuchung ihres riesigen Landbesitzes. Mit Ausnahme des sehr schwer zugänglichen Nordwestens in der Nähe der Mündung des Kunene untersuchten KUNTZ und seine beiden Begleiter, Bergassessor LIESEGANG und Bergbauingenieur KRAUSE, das gesamte ausgedehnte Bergland, wobei zwar einige abbauwürdige Eisenerzlagerstätten entdeckt wurden, aber infolge der Abgeschiedenheit des Kaokoveldes nach seinerzeitigen Verhältnissen an keinerlei kolonialpraktische Ergebnisse zu denken war. So lag der Hauptgewinn dieser letzten großen Expedition in der Gewinnung einer erstmaligen Übersichtstopographie nahezu des gesamten Kaokovelds[304] in der Gestalt einer auf Jahrzehnte unübertroffenen Karte im Maßstab von 1:800 000 mit zugleich schönem Kartenbild.

In den MadDS 1912 gab Diplom-Ingenieur J. KUNTZ auf drei Seiten eine Erläuterung seiner als Karte 7 eingebundenen Karte „Das Kaokofeld (Deutsch-Südwestafrika) nach vorhandem Material und eigenen Aufnahmen von Dipl.-Ing. J. KUNTZ konstruiert und gezeichnet von W. RUX. Kartograph. Institut von Dietrich Reimer (Ernst Vohsen). 1:800 000" (Abb. 58). Danach gliederte sich das Kaokoveld von Nordost nach Südwest geomorphologisch in ein bis über 2 000 m über NN aufsteigendes Hochland, den Steilabfall der Großen Randstufe vom südwestafrikanischen Binnenhochland zur

**Abb. 58:** Verkleinerter Ausschnitt der Karte „Das Kaokofeld" nach dem älteren Material und vor allem den Aufnahmen des Diplomingenieurs J. KUNTZ im Bereich des südöstlichen Kaokovelds um Fort Zeßfontein mit Eintrag von Mineralienfundstellen in Konstruktion und Zeichnung von W. RUX im Maßstab von 1:800 000 (Quelle: MadDS 1912, Karte 7)

Ouhandjo
Ondonduzengo
hügeliges Gelände mit namibartigen Flächen
Omatjenguma
Otjiuawi
Otjindowe
Otjomuhana
Otjipaue
Ongoati
Oundu
Nadas
On as Boom
Anabib
Okau
Nadas
Sechomib
Ogams
Kaoko Tafelberge
hohe Tafelberge
Khumib
Reuß-Bge.
Ost-Sarusas
West-
Kap Frio
Guano-Kap
(Felsenfort-Spitze)
Hoarusib
Okotuse
Oudit
Ekato
Otjitjdu
Sanitatas
Otjikongo
Otjitambi
Khorab
Urikomtes
Onjombo-embaue
Ondanka
Okakujo
Onjamu
Okandjangamona
Omane
Onjuruware
Onjera
Ekoto
Tönnes Bge.
hohe Berge
Omutati
Otjondorondu
Okamenge
Otjonduno
Omukanti
Twereka
Aigams
Liesegang
Awanoas
Kl.-Okamaruru
Gr.-Okamaruru
Gaisis (Omutati)
Tabiagees
Purros
Kaichanab
Hoarusib-Uitarai
Geinas
Geinas-Bge.
Ausis
Goas
Oas
Hoanib
Owambo
Wassertelle

Zeichenerklärung:
Routen von Dipl.-Ing. Kuntz u. anderen Expeditionen der Kaoko-Land- u. Minen-Ges.
Grenze des Landgebiets
Grenze der Minenrechte
grasreiche Steppen
Pfannen und Lagunen
Fundstellen von Mineralien
häufiges Vorkommen der angegebenen Tierarten
Sanddünen
Höhen von Dipl.-Ing. Kuntz
Höhen von anderen Reisenden
v. W. viel Wasser
w. W. wenig Wasser
Elefanten-Quelle
Oniarakawa
Ombindi
Okatati
Ganichoba
Osondu
Östlicher Hoarusib
Okongo
Owiombo
Ombombo
Otjingerese 1235
Osongajombe
Otjikuju
Okaunje
Hondore
Orohanga
Okorosawe
Otjirunda v. W.
Otjituuma
Otjana
Giraffen-Bge.
Oruwanje 1334
Gauko-Otawi 1320 v. W.
Omeameo
Hamusire
Owihende 1355
Joubert-Bge.
Onjombo 1108
Okahosu 1600
Ohakarungu
Otjitoko 1487
Ohumbomea
Ongango 1400
Okamutambo 1348
Otusemba v. W.
Okatusu
Schwarze Kopje
Ejombo 1350
Okanguntumba
Ombombo 1460
Eisen
Osepi
Otjitundua 1350 v. W.
Osondeka w. W.
Okosongueho v. W.
Okatjuru w. W.
Otjetua 1250
Kraus-Bge.
Fahle Kopje 1380
Okangundumba
hohes zerklüftetes Bergland
zahlreichen Hügelketten
Ondowasi
Otjikukutu
Kl.-Kudais
Gr.-Kudais
Okamutati 1300
Kaijitindua
Höhlen im Kalk
Oruwanje
Omeauta
Otjatjenga
Omkaue
Okawerongo
Hundskopf-Bge.
Ondijo
Kowares
Otjikuare 1200
Nunarus
(früh. Wasserst.)
Zesfontein
Anabib
Numas
Grootfontein
Warmbad
Hoanib
Omborombango
Aub
Khowarib
Gaimaleis
Anabib
Khoabendus
Gold
Naulaub
Gold
Kaross
Numas-Ugams

**Abb. 59:** Ansichtszeichnungen des Brandberg-Massivs von Süden (oben) und Osten (unten) durch REINHARD MAACK (Quelle: Maack 1923)

Küstenniederung hin, die vorgelagerte Kette der Tafelberge und schließlich die größtenteils flache und hafenlose Küstenwüste Namib. Bei für Mensch und Tier zumeist gesundem Klima und zumindest entlang der nordsüdlichen Rivierläufe dichteren Vegetation bemerkte KUNTZ hinsichtlich des für südwestafrikanische Verhältnisse wichtigsten Rohstoffs, dass *„eine große Anzahl bisher unbekannter Wasserstellen aufgefunden, die zum Teil in der Karte verzeichnet sind; eine Anzahl derselben ist nicht angegeben, weil ihre Lage nicht genau genug bestimmt werden konnte. Außerdem gibt es aber noch viele, nur den Eingeborenen bekannte Wasserstellen, sowie Stellen, an denen Wasser in geringer Tiefe zu ergraben ist. Außer dem Kunene fließen alle Flüsse nur periodisch. Es sind Anzeichen von einem früheren größeren Wasserreichtum vorhanden.“*

Entsprechend dünn gesät fand der Forschungsreisende die einheimische Bevölkerung: *„Im Süden durchziehen Bergdamarafamilien das Land, von Ziegen, Jagd und sogenannter Feldkost (Wurzeln, Beeren) lebend. In der Mitte leben eine Anzahl aus dem Aufstand geflüchteter Owaherero in ähnlicher Weise; außerdem sind hier in Zesfontein und Franzfontein die Überreste der aussterbenden Topnaar- und Swartboihottentotten angesiedelt. Der Norden des Landes ist von den Owatschimba, einem Brudervolk der Owaherero, bewohnt, die teils ebenso leben wie die Bergdamara, aber größere Ziegen- und Schafherden besitzen, teils aber auch, und* *zwar auf dem Owatschimbahochland, Rinder halten und Kaffernhirse anbauen. Sie sind den Weißen gegenüber durchaus friedlich gesinnt und würden bei geeigneter Behandlung gute Arbeiter für Farmen und Bergwerke abgeben. Die weiße Bevölkerung beschränkt sich auf einige Polizeibeamte und eine oder zwei Farmerfamilien. Im ganzen mag die Einwohnerzahl ungefähr 5000 Menschen betragen.*“[305] Nach OBST zeugte die aufgrund dieser landeskundlichen Forschungen entstandene Karte des Kaokovelds mit einer Geländedarstellung in Formlinien von „den fleißigen topographischen Arbeiten der Kaoko-Land- und Minen-Gesellschaft und gibt einen anschaulichen Begriff von dem reichgegliederten Relief der Tafellandschaft im nordwestlichen Küstengebiet“. Im gleichen Maßstab veröffentlichte KUNTZ im Jahre 1913 in der „Zeitschrift für praktische Geologie“ zudem eine gleichfalls als „sehr instruktiv“ gelobte thematische Karte über die geologisch-bergmännischen Verhältnisse des Kaokovelds.[306]

Stellte Deutsch-Südwestafrika die erste koloniale Erwerbung des Deutschen Reichs dar, so wurde hier auch der Schlusspunkt hinter die deutsche Aufnahmetätigkeit in den afrikanischen Schutzgebieten gesetzt. Trotz Widerständen und strenger Auflagen der Militärverwaltung des seit dem Juli 1915 vollständig von südafrikanischen Truppen besetzten Deutsch-Südwestafrika konnte der bei der Landesvermessung tätige REINHARD MAACK in Privatinitative in den beiden Regenzeiten 1916/17 und 1917/18 die Umgebung des Brandberg-Massivs (Abb. 59) am Rand der Namib bereisen und kartographisch aufnehmen. Dabei wurde während der ersten Reise in Begleitung des Kartographen HOFMANN neben Routenaufnahme und Triangulation vorwiegend die Photogrammetrie angewandt. Während der zweiten Reise gelang Maack *„in vier mühevollen Tagen“* die im Jahr zuvor noch gescheiterte Erstbesteigung des Hauptgipfels Königstein. Bemerkenswerterweise lieferten erst diese gleichsam in zwölfter Stunde gemachten Aufnahmen den endgültigen Beweis, dass der Brandberg mit den trigonometrisch beobachteten 2 606 m über NN (heute: 2 579 m) die höchste Erhebung des schon kurz darauf ehemaligen Kaiserlichen Schutzgebiets Deutsch-Südwestafrika gewesen war.[307]

Wegen des kriegsbedingten Mangels erfolgte die photogrammetrische Aufnahme nicht mit einem Spezialinstrument, sondern

**Abb. 60:** Höhenschichtlinienkarte des Brandberg-Massivs von REINHARD MAACK vor allem auf Grundlage photogrammetrischer Aufnahmen in den Jahren 1916–18 mit ökologischen und ethnographischen Eintragungen im Maßstab von 1:200 000 in der Konstruktion des begleitenden Kartographen HOFMAN (Quelle: MAACK 1923)

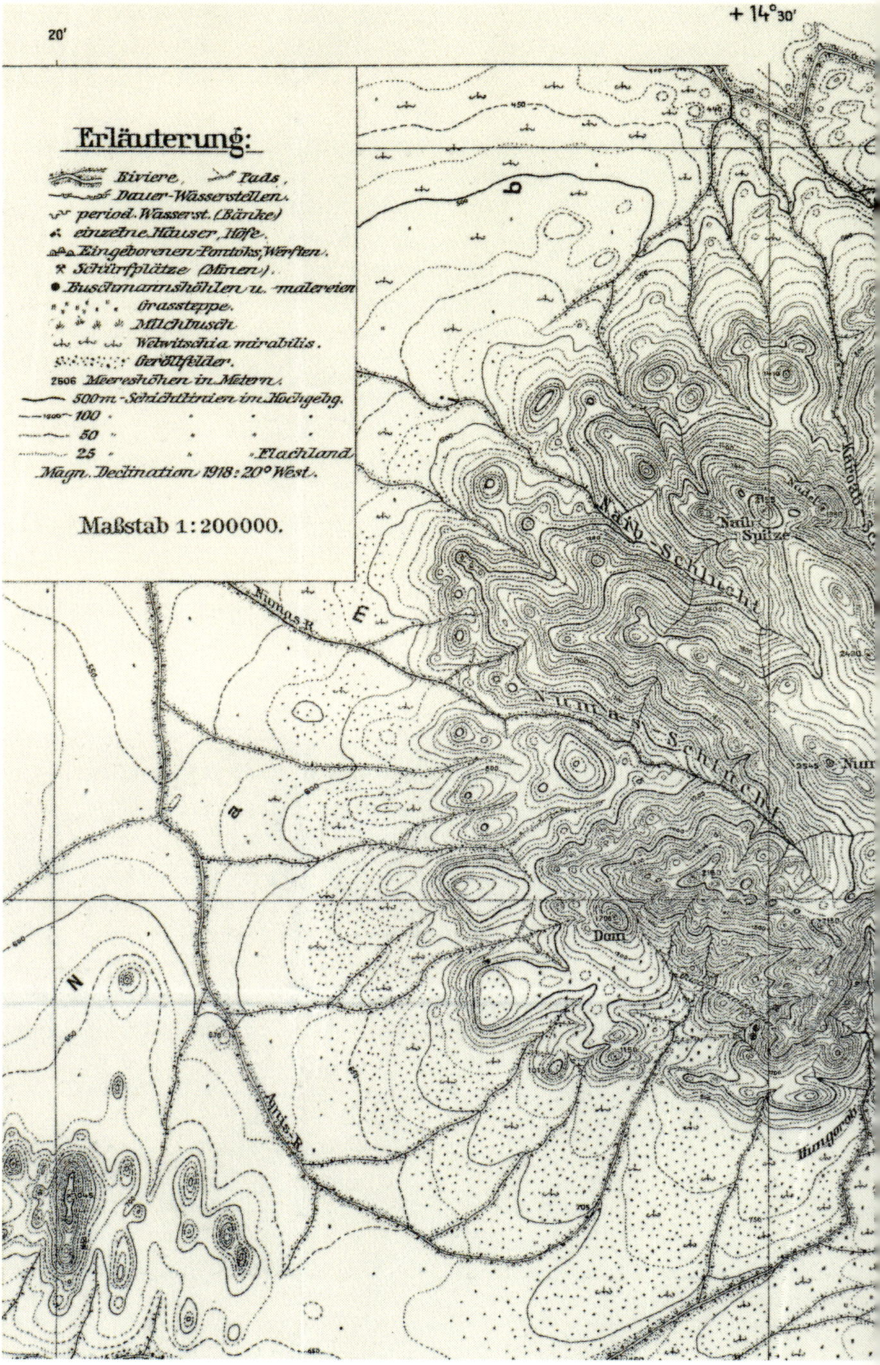
20'
+ 14°30'
Erläuterung:
Riviere, Pads,
Dauer-Wasserstellen.
period. Wasserst. (Bänke)
einzelne Häuser, Höfe.
Eingeborenen-Pontoks; Werften.
Schürfplätze (Minen).
Buschmannshöhlen u. -malereien
Grassteppe.
Milchbusch
Welwitschia mirabilis.
Geröllfelder.
2606 Meereshöhen in Metern.
500m-Schichtlinien im Hochgebg.
100
50
25 Flachland
Magn. Declination 1918: 20° West.
Maßstab 1:200000.
Naib-Schlucht
Numas-Schlucht
Numas R.
Nuib Spitze
Dom
Amis R.

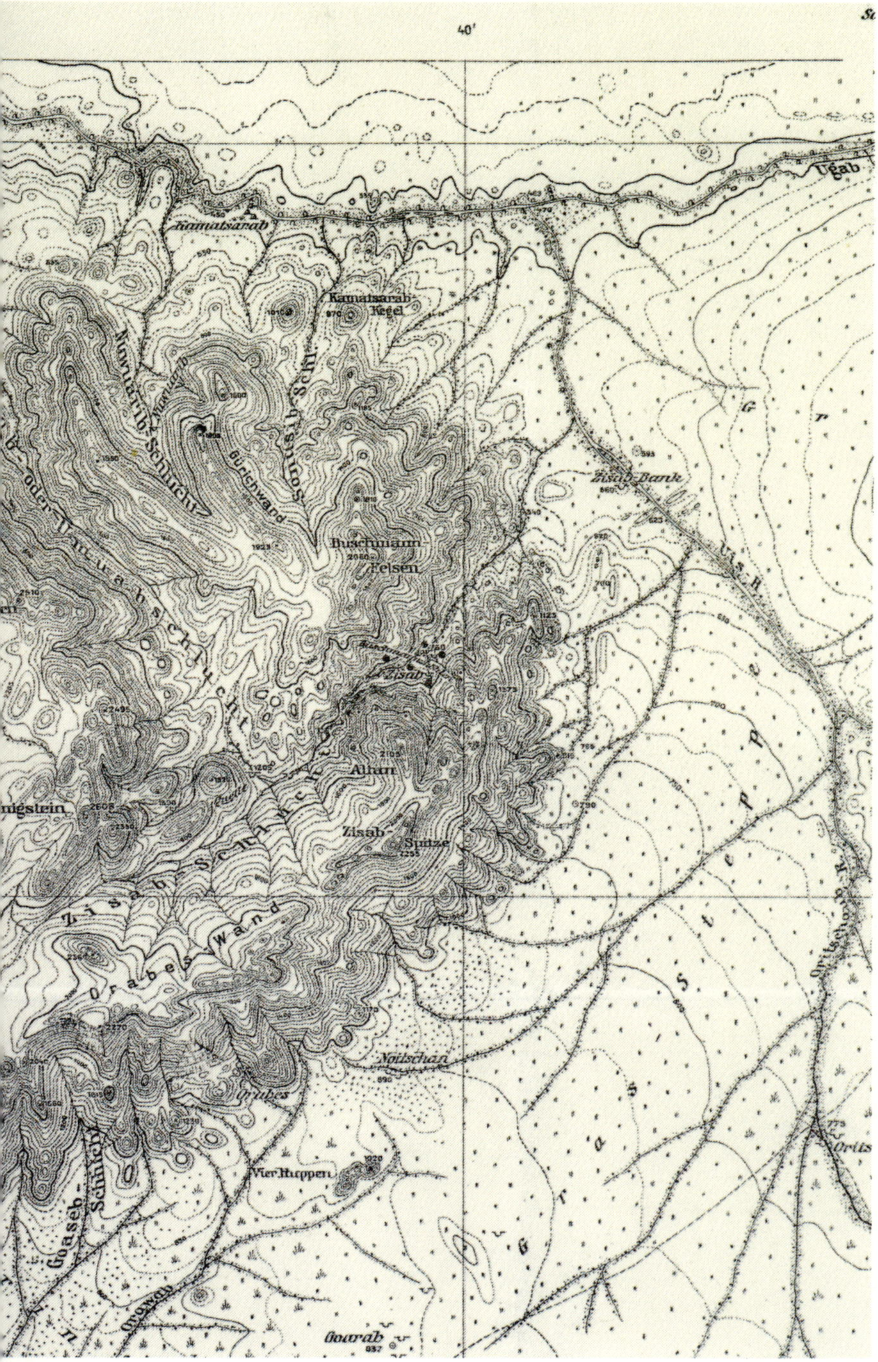
40'
Ugab
Kamatsarab
Kamatsarab-Kegel
Buschmann Felsen
Zisab Bank
Alham
Zisab-Spitze
Orabes Wand
Orabes
Vier Kuppen
Gourab

hilfsweise mit zwei gewöhnlichen Kameras, deren Konstanten zu diesem Einsatzzweck aber auf das genaueste neu bestimmt worden waren. Infolge der Steilheit des Brandbergreliefs erfolgte die Oberflächendarstellung in der Kartenzeichnung in Schichtlinien zu je 50 m, während zur angemessenen Darstellung des Umgebungsterrains auf Schichtlinien zu je 25 m zurückgegriffen werden musste.[308] Bedingt durch das kurz nach der Feldaufnahme eingetretene Ende der deutschen Kolonialbetätigung, den folgenden Untergang des Kolonialkartographischen Instituts und die allgemeinen Nachkriegskrisen in der Heimat, konnte MAACK diese für die Preußische Landesaufnahme gemachten Aufnahmen des Brandbergs erst im Jahre 1923 in der Zeitschrift der Gesellschaft für Erdkunde zu Berlin in Text und Kartenbild im Maßstab von 1:200 000 veröffentlichen (Abb. 60). Aber auch eine ganze Reihe weiterer südwestafrikanischer Karten war trotz aller skizzierter Widrigkeiten im Jahre 1914 endlich fertiggestellt worden oder lag gar schon zum Druck bereit, als der Ausbruch des Ersten Weltkriegs deren Erscheinen verhinderte, wie etwa bei dem einen größeren Teil des Schutzgebiets abdeckenden vielblättrigen Kartenwerk zum „Bergrechtsgebiet der Deutschen Kolonialgesellschaft" im Maßstab von 1:200 000.[309]

# 9. Epilog

Durch den unglücklichen Ausgang des Ersten Weltkriegs und den im Versailler Friedensvertrag vom 28.6.1919 besiegelten Verlust sämtlicher Schutzgebiete fand *„naturgemäß auch die blühende deutsche Kolonialkartographie ein jähes Ende."* So wurde das im REIMERschen Verlag bestehende Kolonialkartographische Institut gleichzeitig mit der es anleitenden Behörde des Reichskolonialamtes am 1.4.1920 aufgelöst: *„Die tausende und aber tausende von Originalkonstruktionen, Aufnahmebüchern aller bekannten Afrikaner,"* so PAUL SPRIGADE bereits wenige Monate später, *„die vielen sonstigen kartographischen Materialien aller Art ruhen und verstauben in den Kellern und Böden des ehemaligen Kolonialamtes."*[310] Die zahlreichen in zwanzigjähriger Tätigkeit speziell herangebildeten und geübten Kartographen mussten nicht nur binnen kurzem die Stellung, sondern häufig auch den Beruf wechseln, um selbst dann nur mit Mühe bei Reichsämtern, Behörden oder Privatfirmen übernommen werden zu können. So fanden auch die beiden Leiter des ehemaligen Kolonialkartographischen Instituts, PAUL SPRIGADE und MAX MOISEL, nach der allgemein geteilten Einschätzung von MAX ECKERT *„die Dioskuren an unserem kolonialkartographischen Himmel"*, zumindest zunächst beim neuen Reichsministerium für Wiederaufbau, welches die verbliebenen Reste der Kolonialzentralverwaltung aufgenommen hatte, eine provisorische Anstellung, die wenigstens in Teilen ihrer bisherigen Tätigkeit entsprach.

Nachdem bereits die Kämpfe der Jahre 1914–18 auf den afrikanischen und europäischen Schlachtfeldern die Reihen der die koloniale Geodäsie und Topographie wesentlich tragenden Schutztruppenoffiziere arg gelichtet hatten, wollte es das schon von den Zeitgenossen so empfundene seltsame Schicksal, dass mit dem Untergang des deutschen Kolonialreichs zeitgleich auch viele führende Persönlichkeiten der Kolonialkartographie binnen nur eines Jahres verstarben: Bereits am 20.6.1919 der Inhaber des Verlags Dietrich Reimer, Konsul a. D. ERNST VOHSEN, welcher das Kolonialkartographische Institut in seiner Firma begründet und dessen Wirken stets gefördert hatte. Ihm folgte am 30.12.1919 der Ende 1911 zurückgetretene und stets zurückhaltend im Hintergrund wirkende Geheime Regierungsrat Prof. Dr. ALEXANDER FREIHERR VON DANCKELMAN, welcher noch als geographischer Beirat des „Dezernats für die deutschen überseeischen Interessen" im Auswärtigen Amt im Jahre 1888 die „Mitteilungen aus den den Deutschen Schutzgebieten" begründet und bald ein Vierteljahrhundert herausgegeben hatte. Der ihm sowohl im Reichskolonialamt als geographischer Fachreferent wie auch in der Herausgeberschaft der MadDS nachgefolgte Dr. HUGO MARQUARDSEN, noch im Jahre 1917 zum Geheimen Regierungsrat und Vortragenden Rat im Reichskolonialamt ernannt, verstarb am 17.5.1920 nach schwerer Krankheit mitten in Vorbereitungen zur Fortführung der Überseekartographie zumindest in verkleinertem Umfange im Rahmen des Reichsministeriums für Wiederaufbau.

Nur wenige Wochen später erlag schließlich am 6.7.1920 der ebenfalls erst 51-jährige Kartograph MAX MOISEL mitten in der Arbeit einem Hirnschlag[311] – *„betrauert und doch noch oft beneidet von seinem Kollegen SPRIGADE, dem es bestimmt war, den Leidenskelch bis zur Neige zu leeren.“* Gemäß dem Nachruf von HERBERT HEYDE wurde dieser nämlich nun unter zunehmenden materiellen Sorgen *„von einer Amtsstelle zur anderen geschoben.“*[312] Nach der Auflösung des Kolonialkartographischen Instituts am 1.4.1920 waren SPRIGADE und MOISEL zunächst als bloße „Hilfsarbeiter“ beim Reichsministerium für Wiederaufbau für nach MEYER wenig angemessene *„allerlei kartographische Aufgaben“* vorläufig untergekommen, bevor der bald verwaiste SPRIGADE zur Außenhandelsabteilung des Auswärtigen Amts weitergereicht wurde. Nun rächte es sich, dass die bei Kriegsausbruch vorgesehene Überführung des privaten Kolonialkartographischen Instituts in die Behörde der Preußischen Landesaufnahme nicht mehr zustande gekommen war. Deren ehemalige Mitarbeiter waren so trotz jahrzehntelanger Arbeit für Reichsbehörden keine etatsmäßige Staatsbeamte geworden, welche auch in Umbruchszeiten sicheren Anspruch auf Pension und Unterstützung im Fall von Krankheit und Arbeitsunfähigkeit hatten. Einen Schlaganfall im Jahre 1924, kurz vor der Verleihung der hamburgischen Ehrendoktorwürde, nahm seine vorgesetzte Behörde deshalb zum bürokratisch engherzigen Anlass, den 61-jährigen SPRIGADE zu entlassen und endgültig in die materielle Not zu stoßen. Diese wurde nur etwas in den letzten Jahren bis zum Tod des gebrochenen und pflegebedürftigen Mannes am 17.3.1928 gemildert durch einen auf Vorstellung HANS MEYERS erwirkten kargen Ehrensold aus dem Dispositionsfonds des Reichspräsidenten[313] als nach HEYDES bitterem Nachruf *„Dank des Vaterlandes für ein Leben, das Jahrzehnte in seinem Dienste gestanden hatte.“*[314] Angesichts ihrer in Teilen noch über Jahrzehnte bis nach dem Zweiten Weltkrieg Bestand habenden kartographischen Leistungen lag aber volle Berechtigung in ERICH OBSTS zeitgemäß pathetischem Nachruf auf das jäh abgebrochene kolonialkartographische

Lebenswerk von Max Moisel und Paul Sprigade: *„Diese Männer haben nicht umsonst gelebt und geschafft.“*[315]

Die mit dem Untergang des Kolonialreichs und der Kolonialverwaltung sowie dem nahezu gleichzeitigen Tod ihrer beiden Leiter von Danckelman und Marquardsen zunächst eingegangenen MadDS wurden zwar in den Jahren 1925–28/29 von Hans Meyer, Albrecht Penck und Paul Staudinger noch einmal wiederbelebt. Allerdings fristeten diese mit den seinerzeitigen Bänden 33–36 nurmehr ein kümmerliches Dasein zur Verwertung von Ergebnissen der Vorkriegsforschung. Folgerichtig wurde das ehemalige kolonialkartographische Führungsblatt dann in der Weltwirtschaftskrise im Jahre 1929 schließlich mit der seit dem Jahre 1910 erscheinenden „Kolonialen Rundschau“ vereinigt.[316] Kurioserweise war gleichsam noch fünf Minuten nach dem Zwölfuhrschlag für die deutsche Kolonialbetätigung am 20.2.1919 das seit dem Jahre 1907 bestehende Reichskolonialamt im Zuge der allgemeinen Reform der Reichsorgane in ein Reichskolonialministerium umgebildet worden. Dieses konnte ob der Zeitläufte aber nur noch die Abwicklungsgeschäfte für die aufgrund des Versailler Friedensvertrags verlorenen deutschen Schutzgebiete tätigten. Nach nur einjährigem Bestehen wurde dieses schon am 1.4.1920 auf Erlass des Reichspräsidenten Friedrich Ebert auch bereits wieder aufgelöst[317] – auf den Tag genau dreißig Jahre nach der Gründung der deutschen Kolonialzentralverwaltung. Trotz des Aufeinanderfolgens verschiedener Behördenstrukturen und der erheblichen Verluste durch Bombeneinwirkung und Auslagerungen im Zweiten Weltkrieg liegt heute in den Magazinen des Bundesarchivs ein die Jahre 1865 bis 1943 und immerhin noch etwa 9 100 Bände umfassender Aktenbestand des Reichskolonialamts einschließlich seiner Vorgänger- und Nachfolgebehörden vor.

Ungleich trauriger stellt sich jedoch das Schicksal des eigentlichen kolonialkartographischen Erbes dar. Gemäß einer vom geographischen Fachreferenten Dr. Marquardsen erstellten sehr eingehenden Übersicht, befanden sich im Jahre 1915 in der Kartensammlung des Reichskolonialamts insgesamt 378 zu einem großen Teil unveröffentlichte Kartenwerke und Einzelkarten der deutschen Schutzgebiete in Afrika, darunter 125 zu Deutsch-Ostafrika, 118 zu Kamerun, 92 über Deutsch-Südwestafrika und 43 zu Togo.[318] Drei Jahrzehnte später fiel das große Magazingebäude des Reichsarchivs auf dem Potsdamer Brauhausberg am 14.4.1945 einem einzigen schweren alliierten Luftangriff zum Opfer. Während die Akten des ehemaligen Reichskolonialamts zum größten Teil ausgelagert – und damit gerettet – waren, wurde dabei das Heeresarchiv, welchem noch im Jahre 1937 die mindestens 43 350 (!) Aktenbände des Oberkommandos der Schutztruppen sowie aller drei afrikanischer Schutztruppen für Kamerun, Deutsch-Ostafrika und Deutsch-Südwestafrika - Hauptträger der kolonialen topographischen Aufnahme - übergeben worden waren, praktisch bis auf damit unnötig gewordene Findbücher des unwiederbringlich Verlorenen ein Raub der Flammen. Und auch der in seinem letzten Umfang nicht genau bekannte Bestand des Reichsamts für Landesaufnahme, welchem wohl auch die unter den überlieferten Beständen des Reichskolonialamts nicht zu findenden und nicht näher bekannt gewordene Hinterlassenschaft des Kolonialkartographischen Instituts zugeschlagen worden war, verbrannte an jenem Apriltag vollständig in Potsdam.[319] Damit müssen neben einigen wenigen niedergelegten Erinnerungen der beteiligten Zeitgenossen die veröffentlichten Atlanten und Kartenblätter für sich selbst und die ebenso kurze wie bemerkenswerte Entwicklungsgeschichte der deutschen Kolonialkartographie sprechen.

# Anhänge

## Nr. 1. Einführung in die zeitgenössischen Grundlagen der Vermessungstechnik und der Kartographie

Spätestens seit der Mitte des 19. Jahrhunderts trat bei den Afrikareisenden neben die Entdeckung unbekannter Landschaften immer stärker die wissenschaftliche Feststellung der vorgefundenen räumlichen Verhältnisse. Diese erfolgte auf zwei verwandten, aber nicht notwendigerweise immer und überall miteinander verbundenen Ebenen: Der *Topographie*, also der Beobachtung und möglichst feingliedrigen Aufnahme der Gestalt der Erdoberfläche und der darauf befindlichen Erscheinungen, sowie der *astronomischen Ortsbestimmung* als dem Netz, in welches der Inhalt einzufügen ist.[320] Bei der topographischen Kartenaufnahme nun, also den zur Herstellung von Karten erforderlichen Vorarbeiten der Informationsgewinnung, ist des Weiteren zwischen der linienhaften Aufnahme oder Routenaufnahme, zumeist mit einfachsten Hilfsmitteln, und der *flächenhaften* Aufnahme auf der Grundlage wesentlich genauerer geodätischer Verfahren, wie etwa der Messtischaufnahme, der Tachymeteraufnahme oder der photogrammetrischen Aufnahme, zu unterscheiden.[321]

### a) Routenaufnahme

Die Routen- oder auch Wegeaufnahmen (Itinerare), im 19. Jahrhundert nach PILLEWIZER geradezu eine *„Ehrenpflicht jedes Reisenden,“*[322] in sorgfältiger Durchführung mit Hilfe von Uhr und Kompass waren nach dem zeitgenössischen Urteil VON DANCKELMANS *„das einfachste und billigste Mittel, um von unerforschten oder wenig bekannten Gebieten ein ungefähres Kartenbild zu erlangen“.* Zwar ließen solche Aufnahmen in unsichtigem Gelände, wie etwa den mit hohem Gras bestandenen Savannen oder dem dichten tropischen Regenwald, *„zunächst auch nur einen Überblick über einen ganz schmalen, bandförmigen Streifen des durchzogenen Landes“* zu, doch konnte man im Falle einer Anhäufung von mehreren sich kreuzenden Routenaufnahmen der gleichen Gegend, insbesondere wenn noch zuverlässige astronomische Ortsbestimmungen mit Hilfe eines Reisetheodoliten hinzutraten, *„mit der Zeit ein billigen Anforderungen genügendes Kartenbild bei sachkundiger Kombination allen Materials herstellen.“*[323]

Bis zur Jahrhundertwende und in peripheren Landschaften noch lange darüber hinaus beschränkte sich die kartographische Darstellung des afrikanischen Kontinents auf die zahllosen Routenaufnahmen der Entdecker und nachfolgenden Forschungsreisenden. Eine solche Routenaufnahme oder Kompass-Traverse ist die Serie von untereinander verbundenen geraden Linien auf der Erdoberfläche, der linearen Geländeaufnahme des Reisewegs des Aufnehmenden, deren Länge und Kompassrichtung bekannt sind. *"The first care of a traveller who passes through an unknown, or but partially explored, country"*, so ARTHUR R. HINKS, der Chief Assistant des Cambridge Observatory und dortiger University Lecturer in Surveying und Cartography sowie Verfasser einer zeitgenössischen Anleitung zu topographischen und astronomischen Aufnahmen auf Forschungsreisen, *"is to make a record of where he has been, and of the main features of the country along the route by which he has travelled. Often singlehanded, encumbered by transport, compelled to keep the track, and unable to leave his party, he cannot hope to make anything in the nature of a map, in the ordinary sense of the term. But for his own guidance, to avoid getting lost, he is compelled to determine his position day by day in much the same way that the position of a ship is determined at sea, by observation of the Sun and the stars [...]."*[324] Das Grundprinzip der Routenaufnahme ist die Entfernungsbestimmung aus Schrittmaß, zumeist aber aus der Marschzeit und Geschwindigkeit. Die Messungen von Richtungs- und Höhenwinkeln erfolgt dabei in der Regel freihändig mit Instrumenten wie Marschkompass und Gefällmesser. Seitlich des Reiseweges Liegendes wurde dabei in der Regel nur nach Augenmaß in einer Geländeskizze festgehalten. Die Ergebnisse der Kompasspeilungen und Entfernungsmessungen hielten die Forschungsreisenden in einem Feld- oder Routenbuch fest.

Da alle genannten Messungen entweder während des Marsches oder allenfalls während einer nur kurzen Unterbrechung durchzuführen waren, gelang mit den damaligen technischen Hilfsmitteln zumeist nur eine Genauigkeit von etwa einem Kilometer in der räumlichen Lage und auch nur 10–200 m in der Höhenbestimmung, selbst wenn der Reisende abends an Kontrollpunkten einfache und während Rasttagen an Hauptpunkten eingehende astronomische Ortsbestimmungen mittels Theodolit und Höhenbestimmungen mittels Barometerablesungen durchführte. Bei der späteren kartographischen Konstruktion der Route wurden zunächst aus den Wegeaufnahmen die Länge und Richtung der Routensegmente zwischen den einzelnen Routenwendepunkten abgeleitet. Anschließend berechnete der Kartograph daraus das Polygonnetz und passte in dieses die Hauptpunkte ein.[325] Selbst unter den günstigsten Beobachtungs- und Messbedingungen

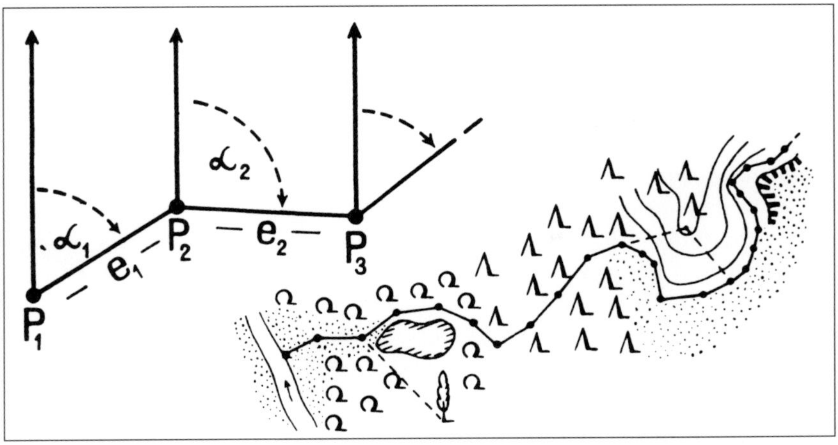


**Abb. 61:** Prinzip der Routenaufnahme sowie deren durch Geländebeobachtungen und Peilungen ergänzte Auskonstruktion zu einer Routenkarte, wobei P für die Endpunkte der Entfernungen e und α für den Winkel zur Nordrichtung steht (Quelle: WILHELMY 1990, S. 128)

beträgt die Fehlerquote einer solchen Kompass-Traverse oft zehn Prozent.

Die kartographische Konstruktion einer bloßen Routenaufnahme zeigt somit nur die Linie des Reiseweges nebst einigen Angaben über dicht an diesem Weg liegende Geländeeinzelheiten (Abb. 61), wie etwa überschrittene Wasserläufe und Vegetations- sowie Siedlungsverhältnisse: *„In topographischer Hinsicht haben die Routenaufnahmen den großen Nachteil,"* so RICHARD FINSTERWALDER im Jahre 1943 über diese für die Afrikakartographie bis zur Einführung moderner Methoden wie etwa der Luftbildphotogrammetrie weitaus wichtigste Aufnahmemethode, *„daß sie nur längs Linien erfolgen, die meist weit auseinanderliegen. Für die Ausfüllung des dazwischen liegenden Gebiets stehen nur einige wenige Peilungen zur Verfügung, im übrigen kann man von den Verhältnissen, die man auf der Route vorfindet, bis zu einem gewissen Grade auf das unbetretene benachbarte Gebiet schließen. Meist ist dieses jedoch nur sehr andeutungsweise und unsicher darstellbar, weshalb es bei topographischen Aufnahmen nach dem Routenverfahren von größter Wichtigkeit ist, die wirklich betretenen und gemessenen Routen auf der Karte anzugeben […].*"[326] Nach HETTNER musste sich außerhalb des Gesichtskreises des Reisenden *„die eigene Beobachtung mit der Erkundung verbinden. Der Reisende befragt den Eingeborenen über den Lauf der Flüsse, die Lage der Ortschaften, die*

*Verteilung von Wald und offenem Land und über anderes mehr. Was er so erfährt, hängt von der Geschicklichkeit des Fragens und von der Intelligenz des Befragten ab.“* So sei etwa die erste Kunde von den großen ostafrikanischen Seen und den Schneebergen *„zuerst nicht durch unmittelbare Beobachtung, sondern durch Mitteilung der Eingeborenen gewonnen worden. Die Karte kann sich so auch abseits vom eigenen Reisewege füllen. Die Bedeutung mancher Reisenden hat hauptsächlich in der Kunst des Fragens bestanden.“* Neben die eigene Beobachtung und die mittelbare Erkundung trete die Vermutung oder hypothetische Ergänzung: *„Sie läßt sich gar nicht vermeiden; [...]. Schon wenn der Reisende in einiger Entfernung von einem Flusse hinzieht und diesen nur hie und da aufblinken sieht, wird er ihn doch, wenn auch in punktierter Linie, auf seiner Karte als zusammenhängenden Lauf eintragen, weil seine Karte sonst unübersichtliches, wertloses Stückwerk bliebe.“*[327]

Die zwar im Grundsatz einfache, aber in der Durchführung große Sorgfalt und Selbstbeherrschung verlangende Ausführung einer Routenaufnahme beschrieb der Zeitgenosse Dr. ALEXANDER FREIHERR VON DANCKELMAN, welcher ein Vierteljahrhundert die amtliche deutsche Kolonialkartographie leitete, in knapper Form dergestalt, man halte dabei den Kompass (Abb. 62) *„mit rechtwinklig gebeugtem Arm frei so vor die Mitte des Leibes, daß die Zahl 0 der Kreisteilung des Instrumentes in die Richtung des Weges fällt und notiert stets die von der Nordhälfte der Magnetnadel angezeigte Zahl. Bei einiger Übung wird man die Wegerichtung während des Marsches oder bei jedesmaligem ganz kurzen Stehenbleiben auf 5° genau ablesen können. Diese Ablesungen werden nicht in gleichen Zeitintervallen, sondern immer dann vorgenommen, wenn die Wegerichtung sich merklich ändert. In diesem Moment wird zuerst der Stand der Taschenuhr und dann die neue Wegerichtung abgelesen und notiert. Die Aufzeichnung geschieht mit Hilfe eines mittelharten Bleistifts in ein handliches Notizbuch mit festem Einband [...], und zwar so, daß man schon während des Marsches versucht, ein annäherndes Bild des Weges mit seinen Krümmungen zeichnerisch festzuhalten, unter gleichgleichzeitiger Skizzierung der links und rechts vom Weg sichtbaren Terrainformen.*

*Man beginnt mit der Zeichnung am unteren Rand der Seite des Routenbuches und braucht die einzelnen Wegestrecken zwischen den aufeinanderfolgenden Teilungen nicht in ihrem richtigen Längenverhältnis darzustellen. Dort, wo die Objekte, die zu notieren sind, sich häufen, kann man die einzelnen Strecken der Deutlichkeit wegen länger als gewöhnlich zeichnen. Man schreibe konse-*

**Abb. 62:** Zeitgenössischer Routenkompass der Dresdner Firma Heyde mit einem einfachen Neigungsmesser im aufgeklappten Deckel und einer Grifffläche für den Daumen der linken Hand zur Erleichterung der Haltung während des Marsches (Quelle: HUGERSHOFF 1912, S. 26)

*quent die Uhrzeiten auf die eine, die Kompaßablesungen auf die andere Seite der Wegelinie. Bei Beginn des Tagesmarsches ist stets das Datum und am Schluß der Moment der Erreichung des Lagers oder sonstigen Tageszieles zu vermerken. Selbstverständlich ist auch die Dauer jeder Marschstockung und jedes Aufenthaltes genau zu notieren, ferner die Richtung (durch Pfeile), Tiefe und Breite der überschrittenen Wasserläufe. Anstiege im Terrain sind durch nach unten gekrümmte Bogenstriche, Abstiege durch nach oben gekrümmte Striche im Routenbuch zu markieren. Angaben über den Wechsel der Marschgeschwindigkeit dürfen nicht unterbleiben, ebenso Angaben über die Anzahl der in einer Minute unter normalen Verhältnissen zurückgelegten Schritte und die normale Länge des Schrittes. Gibt schwieriges Terrain, dichte Vegetation,*

*Sumpf usw. Anlaß zu besonders beträchtlicher Verringerung der Marschgeschwindigkeit, so wird man gut tun, dies besonders zu notieren, z. B. ‚von 115 bis 140 nur ¼ der regulären Geschwindigkeit'. Mit der Zeit wird man leicht das richtige Gefühl für derartige Schätzungen gewinnen.“* Zum dabei auch angewandten sogenannten Detaillier- oder Peilungsbrett sowie zu einer umfassenderen zeitgenössischen Darstellung der vielfältigen Obliegenheiten einer regelgerechten Routenaufnahme sei auf den im Anhang Nr. 2 beigegebenen Text des Forschungsreisenden Dr. OSCAR BAUMANN verwiesen. Zu solchen Rundpeilungen merkte VON DANCKELMAN aber noch warnend an, jedes dergestalt angepeilte Geländeobjekt, *„das man, um Irrtümer und Verwechslungen zu vermeiden, mit Nummern oder Buchstaben bezeichnet, muß tunlichst dreimal von nicht zu nahe aneinander liegenden Standorten aus anvisiert werden. Auch Rückwärtspeilungen bereits passierter Objekte sind von großem Wert.“* Letztere seien insbesondere deshalb für die spätere Auskonstruktion der Routenaufnahme so wichtig, *„weil durch Eisenerze oder vulkanische Gesteine nicht selten Störungen der natürlichen Richtung der Magnetnadel veranlaßt werden, die ohne weiteres nicht zu erkennen sind und die die Wegeaufnahmen schädlich beeinflussen.“* Aus dem gleichen Grund tue der Forschungsreisende auch gut daran, während der Aufnahme *„kein Gewehr oder sonstige größere Eisenmassen bei sich zu tragen.“*[328]

Nach HETTNER konnte aber die Genauigkeit der hierauf beruhenden Routenkartierungen nur eine annähernde sein. *„Sie hängt von den äußeren Umständen, dem Wetter, der Beschaffenheit des Weges, dem Zustande des [Reit-]Tieres und auch von der Persönlichkeit des Reisenden ab. Sie hängt aber auch vom Gelände ab. Wenn ein Weg in kurzem Zickzack den Abhang eines Bergkammes hinaufführt oder wenn er, womöglich bei morastigem Boden, auf dem weder Mensch noch Tier frei ausschreiten können, in dichtem Walde führt, in dem man den Weg weder vorwärts noch rückwärts übersehen kann, so kann man weder richtige Bestimmungen der Richtung noch richtige Entfernungsmessungen erhalten.“*[329] Schon aus einem einfachen Vergleich der Eintragungen desselben Gebiets in Karten, denen allein Routenaufnahmen zu Grunde lagen, ist die unausweichlich innewohnende Unzuverlässigkeit dieser Methode der Geländeaufnahme deutlich ersichtlich: *„Selbst im Maßstab 1:2 000 000“*, so FINSTERWALDER, *„treten noch offenbar willkürliche, in der Unsicherheit der Aufnahme begründete Veränderungen an Flüssen, Verbindungswegen und Lage der Orte auf.“*[330] Zielsicher legte HETTNER darüber hinaus den Finger in die topographische Wunde einer jeden Routenaufnahme: *„Und was nützt denn die ge-*

*naue Aufnahme eines einzelnen Weges, wenn das Land ringsum unbekannt bleibt?"*[331] Trotzdem aber bildeten mit Ausnahme der Atlasländer, Ägyptens und Südafrikas für das gewaltige übrige Afrika noch bis zum Zweiten Weltkrieg die Auskonstruktionen von Routenaufnahmen die Grundlage der topographischen Landesaufnahmen.

Wegen der schieren Größe der bei dem kolonialen Verteilungswettkampf dem Deutschen Reich in kürzester Zeit zugefallenen afrikanischen Schutzgebiete, der Spärlichkeit der zu Gebote stehenden Mittel, der kolonialwirtschaftlich sehr unterschiedlichen Eignung der Gebietserwerbungen und der Dringlichkeit der Aufgabe war es selbstverständlich von vornherein ausgeschlossen, die hochentwickelten europäischen Aufnahmemethoden in den Schutzgebieten in größerem Umfange anzuwenden. Für die dortige topographische Aufnahmetätigkeit waren deshalb mit den Worten der beiden führenden deutschen Kolonialkartographen, PAUL SPRIGADE und MAX MOISEL, bis kurz vor dem Ersten Weltkrieg *„zwei Forderungen maßgebend: Schnelligkeit und Billigkeit. Die Kolonialbehörden brauchten eben baldigst Karten, auch wenn sie noch keinen zu hohen Grad der Genauigkeit aufwiesen, und von einer Bewilligung großer Summen für Vermessungszwecke konnte damals gar keine Rede sein. Beides nun, Schnelligkeit und Billigkeit, war vereinigt in der Methode des Wegeaufnehmens mit Uhr und Kompaß. Erstere, weil während des Marsches ohne erhebliche Verlangsamung des Marschtempos die Aufnahmen zustande kommen, letztere, weil nicht besondere Fachmänner eigens hinausgeschickt zu werden brauchen, sondern die Einfachheit der Methode jeden Beamten und Offizier, wie überhaupt jeden Menschen mit Interesse, Beobachtungsgabe und etwas Zeichenfertigkeit nach kurzer Unterweisung befähigte, bei Gelegenheit von Dienst- und anderen Reisen, also ohne jeden besonderen Kostenaufwand, brauchbar Routenaufnahmen zu machen."*[332] Jedoch bestand bei deren Auskonstruktion zu einer Karte nach dem zeitgenössischen Kartenfachmann MAX ECKERT stets die große Gefahr, *„das Kartenbild durch die Einbildungskraft zu ergänzen, also bewußt oder unbewußt topographische Details in die Karte hineinzuphantasieren."* Offen müsse sich der Geograph eingestehen, dass er Routenkarten oftmals eine übertriebene Genauigkeit zubillige, *„weil die blendende Aufmachung oft über den inneren Wert täuscht und die Wiedergabe von Gebirgen in Schummerung, in Schraffen oder gar Isohypsen"*, den Eindruck einer regelrechten topographischen Flächenaufnahme erweckten[333].

**b) Messtischaufnahme und Tachymetrie**

Die Kartenaufnahme mit Hilfe von Messtisch und Kippregel (Abb. 63a+b) war seit den 1820er Jahren in den deutschen Staaten die bewährte klassische Aufnahmemethode. Dabei besteht der bereits im Jahre 1590 von JOHANNES PRAETORIUS erfundene Messtisch aus einer mit Zeichenkarton bespannten Holzplatte, dem sogenannten Reißbrett, welches drehbar auf einem Stativ befestigt ist. Hinzu kommt die Kippregel, ein auf der Kippachse gelagertes Messfernrohr mit festverbundenem Zeichenlineal sowie einem Höhenkreis zur Ablesung der Neigungswinkel und Distanzfäden zur optischen Messung der Entfernung. Mit diesen beiden Hilfsmitteln wird im Gelände von gewählten Standpunkten aus nach Sicht auf der Grundlage eingemessener Punkte formgerecht abgezeichnet oder krokiert. Der Bearbeiter kann dabei entweder graphisch vorgehen oder sich der Messtischtachymetrie bedienen. Beim graphischen Verfahren werden die Standpunkte und alle Geländepunkte durch graphisches Einschneiden mittels Kippregel eingemessen, also die Zielpunktrichtungen der Visierstrahlen mit dem Kippregellineal unmittelbar aufgezeichnet. Der Maßstab der Aufnahme ergibt sich dabei aus der Division der Entfernungsdistanz zwischen den Urpunkten jeder Messtischblattaufnahme und der entsprechenden Distanz dieser beiden Punkte auf dem Messtischblatt selbst. Bei der Messtischtachymetrie hingegen werden zwar auch die Richtungen der Geländepunkte graphisch, die Entfernungen aber mittels des Fadendistanzmesser bestimmt.[334] Das traditionelle Messtischverfahren wurde zunächst durch die photogrammetrische und nach dem Zweiten Weltkrieg durch die computergestützte optoelektronische Aufnahme weitgehend abgelöst.

Neben der Routenaufnahme war nach FINSTERWALDER vor dem Ersten Weltkrieg *„das Messtischverfahren die klassische Methode für die Kolonialkartographie in den offeneren Gebieten ohne dichten Urwald, vor allem in wirtschaftlich stärker entwickelten Teilen des Kontinents."* In der kolonialen Topographie kam es zumeist darauf an, unter geschickter Ausnutzung der Gegebenheiten, insbesondere schnelle Ortswechsel, dieses schon sehr genaue Verfahren aufs äußerste zu beschleunigen. Vor allem die Briten setzten die Messtischaufnahme in ihren afrikanischen Kolonien ein und verwandten sie bis zum Ausbruch des Zweiten Weltkriegs als das zweckmäßigste und zuverlässigste Aufnahmeverfahren. *„Der große Vorteil des Verfahrens liegt darin, daß es in denkbar einfacher Weise die Karte in unmittelbarem Anblick des Geländes entstehen läßt und eine flächenhafte Bearbeitung des Arbeitsgebietes erlaubt."*[335]

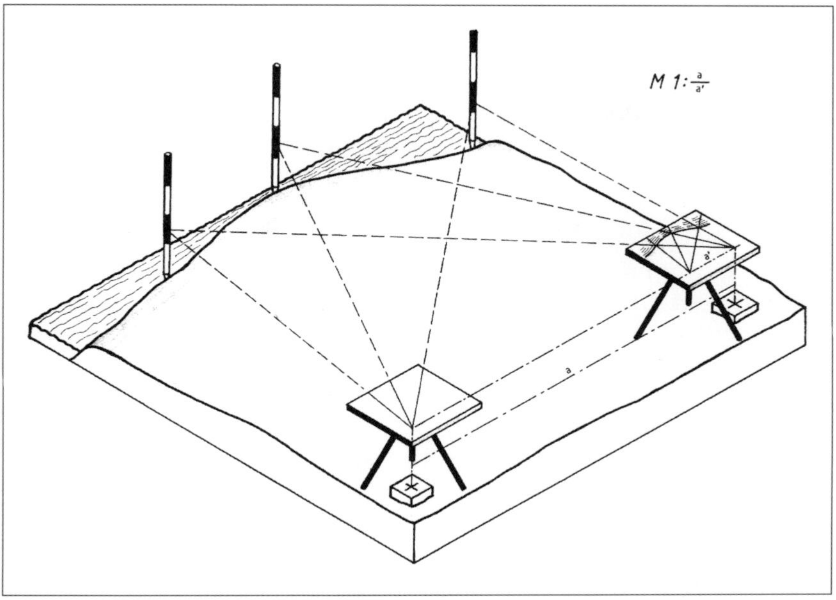


**Abb. 63a:** Prinzip der Messtischaufnahme mit Einzeichnung von Geländepunkten auf ein Messtischblatt von zwei in ihrer Distanz zueinander genau bestimmten Messpunkten (Quelle: FUHRER 1998, S. 147)

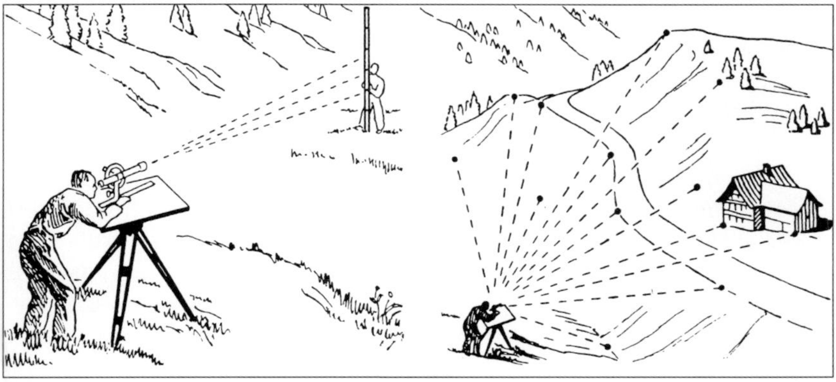

**Abb. 63b:** Anvisieren von Messlatten oder Geländepunkten durch die dem Reißbrett aufgesetzte Kippregel (Quelle: WILHELMY 1990, S. 135)

Eine hiervon nur wenig verschiedene tachymetrische Geländeaufnahme benötigt an Gerätschaften einen Tachymeter- oder auch Bussolen-Theodolit sowie eine Messlatte. Mit diesem wesentlich beweglicheren Instrumentarium als dem Messtisch werden Geländemarken von gewählten Standpunkten aus nach Richtung, Entfernung und Höhe eingemessen und in einem Aufnahmebuch verzeichnet. Dabei erfolgt die Richtungsmessung durch einen Theodoliten mit Fadendistanzmesser und ein oder zwei Nivellierlatten in Winkeln zu einem bekannten Festpunkt oder dem magnetischen Norden und die Entfernungsmessung. Auch Höhenmessungen sind bei der Tachymeteraufnahme mit einer Kippregel möglich. Auf der Grundlage der im Anblick des Geländes gewonnenen Feldskizze der wichtigsten Elemente der Bodengestalt mit angedeuteten Höhenlinien arbeitet der Topograph im Zeichenbüro eine saubere Zeichnung aus.[336] Dabei eignet sich die Tachymetrie eher für kleinräumliche Detailkarten als für großräumliche topographische Aufnahmen. Dieses in der Praxis fast ausschließlich von den Franzosen bei der topographischen Aufnahme Nordafrikas verwandte Verfahren wurde deutscherseits in größerem Umfang lediglich bei der nach der Jahrhundertwende durchgeführten Aufnahme der Usambara-Berge und des vorgelagerten Küstengebiets im Nordwesten von Deutsch-Ostafrika eingesetzt.[337]

**c) Photogrammetrie**

Bei der photogrammetrischen Aufnahme ist grundsätzlich zwischen der seit etwa dem Jahre 1850 entwickelten erdgebundenen Bildmessung oder terrestrischen Photogrammetrie und der für den hier interessierenden Zeitraum zu spät kommenden, da erst seit dem Jahre 1915 betriebenen Luftbildmessung vom Flugzeug aus (Aerophotogrammetrie) zu unterscheiden. Die Technik der Photogrammetrie, ausgeführt von den Endpunkten einer bestimmten Basislinie am zweckmäßigsten durch eine Spezialkamera im seinerzeit gängigsten Bildplattenquerformat 9×12 cm mit Diopterfernrohr und Teilkreisanzeige (Abb. 64), erlaubte eine schnelle und zuverlässige Kartenaufnahme und ersetzte deshalb besonders in schwer zugänglichen Gebieten die vorgenannten klassischen Aufnahmemethoden. Entscheidender Vorteil gegenüber den herkömmlichen Methoden, welche eine langwierige und oft schwierige Arbeit im Gelände selbst erfordern, ist hier eine nur kurze Begehung des aufzunehmenden Gelände zur Einmessung von Festpunkten, der Klassifizierung des Wegenetzes und der Ermittlung der gebräuchlichen Namen etwa für topographische Bezeichnungen, Orts- und Flurnamen.[338] Der Einsatz von messtischphotogrammetrischen Aufnahmen empfahl sich überall dort, wo zumindest etwas erhöhte Standpunkte einen Überblick über das aufzunehmende Gelände zuließen (Abb. 65). Die erst kurz nach der Jahr-

**Abb. 64:** Zeitgenössische photogrammetrische Spezialkamera mit aufsitzendem Diopterfernrohr sowie einem senkrechten Teilkreis und einem waagrechten Vollkreis (Quelle: HUGERSHOFF 1912, S. 20)

hundertwende entwickelte erdgebundene Stereophotogrammetrie jedoch fand ihren beschränkten Anwendungsbereich lediglich in ausgesprochen gebirgigem Gelände mit nicht zu dichter Bewaldung.[339]

Vor allem im Hochgebirge stellt die terrestrische Photogrammetrie für Grundriss- und Höhenmessungen die am besten geeignete Aufnahmemethode dar, wenn für die Aufnahme der stereoskopischen Photographien in genügend großer Anzahl Standpunkte mit guter Übersicht zur Verfügung stehen. Dabei wird von einer genau ausgemessenen etwa 30 bis 500 Meter langen Stand- oder Basislinie im Gelände in die verschiedensten Richtungen stereoskopisch photographiert. Die so gewonnenen Doppelbilder werden im Zeichenbüro dann mittels eines verfeinerten Stereoskops zur räumlichen Anschauung gebracht und mit Hilfe beweglicher Messmarken dreidimensional ausgewertet. Der Einsatz von recht bald entwickelten halbautomatischen Stereoautographen, Stereoplanigraphen oder

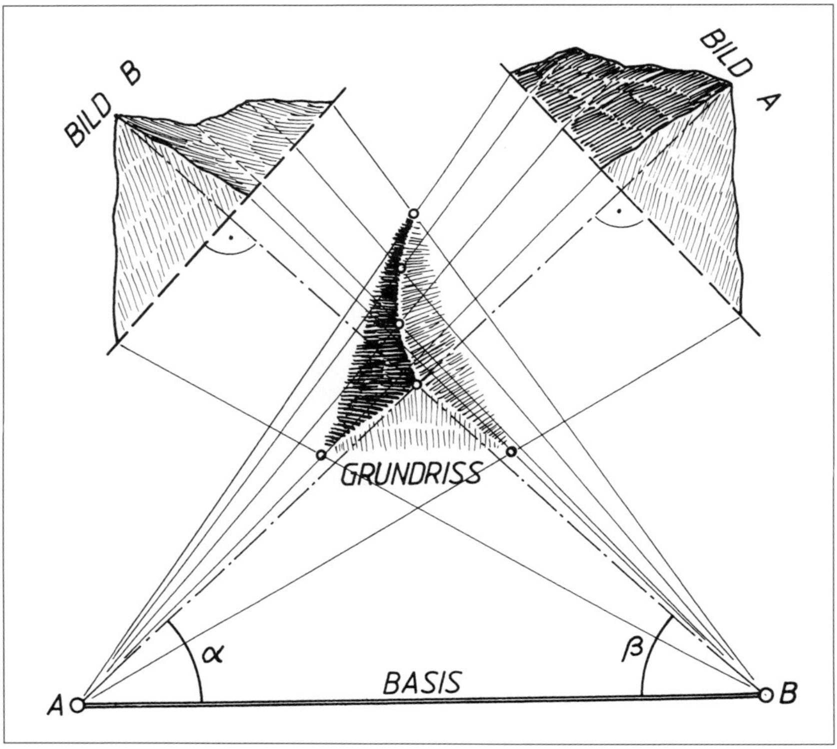


**Abb. 65:** Prinzip der photogrammetrischen Geländeaufnahme von zwei in ihrer Distanz (Basis) zueinander genau bestimmten Aufnahmestandorten (Quelle: FUHRER 1998, S. 226)

Stereokomparatoren gestattet sogar die unmittelbare Zeichnung des Lageplans und der Höhenlinien bereits unter Berücksichtigung von Verzerrungen und Perspektiven. Ein sehr ernst zu nehmender möglicher Nachteil der Photogrammetrie besteht allerdings darin, dass im Falle der personalen Trennung zwischen Aufnehmendem und Auswertendem der letztere in dem aufgenommen Gelände keine eigenen Erfahrungen gemacht hat und zu deren Ausgleich dann zumindest über sehr gute morphologische Kenntnisse für eine verständnisvolle Kartenbearbeitung verfügen muss. Die Vorteile der Photogrammetrie hingegen sind vielfältig: Weitgehender Wegfall zeitraubender und kostspieliger vermessungstechnischer Feldarbeiten, Erschließung auch schwer zugänglicher Gebiete für die topographische Aufnahme, Gewinnung der Höhenlinien nicht mehr durch manipulative Interpolation, sondern durch genaue Ausmessung am stereoskopischen Bild und eine bereits am

Vorabend des ersten Weltkriegs einsetzende Automatisierung der Kartenarbeit zur weitgehenden Ausscheidung menschlicher Fehlerquellen.[340]

Die erste gelungene photogrammetrische Aufnahme auf dem afrikanischen Kontinent entstand bereits gelegentlich der ROHLFSschen Expedition der Jahre 1873–74 in die Libysche Wüste, auf welcher ihn zehn Wissenschaftler und Spezialisten begleiteten. Darunter befanden sich auch der Geodät W. JORDAN und der Photograph PH. REMELE, welche bei dieser Gelegenheit eine messtischphotogrammetrische Aufnahme der Siedlung Gassr-Dachel in der Dakhla-Oase anfertigten und im Jahre 1876 mit technischen Bemerkungen veröffentlichten.[341] In den deutschen Schutzgebieten wurde die (messtisch-) photogrammetrische Aufnahme aber erst im Jahre 1903 durch den Landmesser TECHMER im Westen der durch ihre Pflanzungen kolonialwirtschaftlich besonders wichtigen Usambara-Berge in Deutsch-Ostafrika versucht. Probleme mit der Identifizierung der Messpunkte führten dabei jedoch zu der wenig befriedigenden Unsicherheit in der Höhenbestimmung von ± 3½ m. Erst in einem zweiten Anlauf brachten dann wenige Jahre später photogrammetrische Aufnahmen der offenen Vulkangebirgslandschaften von Ruanda-Urundi dieser Aufnahmemethode den kolonialen Durchbruch.[342] Der Schutztruppen-Oberleutnant MAX WEISS hatte in den Jahren 1907–08 an der unter der Leitung des Herzogs ADOLF FRIEDRICH VON MECKLENBURG stehenden großen Zentralafrika-Expedition als Topograph teilgenommen, deren Ergebnisse er, unter Heranziehung der erst kurz zuvor bestimmten Festpunkte der durch das gleiche Gebiet gezogenen Grenzexpeditionen, in einer Kombination von Routen- und Messtischaufnahme, Triangulation und vor allem der durch ihn erstmalig erfolgreich in den deutschen Schutzgebieten eingesetzten terrestrischen Stereophotogrammetrie kartographisch aufnahm.[343] Dabei ersetzten die auf den photogrammetrischen Glasplatten abgebildeten Festpunkte der Triangulation die Ausmessung einer eigenen photogrammetrischen Basislinie und gaben zugleich durch deren trigonometrisch untereinander bestimmte Entfernungen den fehlenden Maßstab für die Kartenkonstruktion ab.[344] Auf dieser Grundlage erschienen, obwohl im Ergebnis bereits zuvor schon in die amtlichen Kartenblätter eingeflossen, leider arg verzögert erst im Jahre 1922 als Beilagen des Expeditionswerks zwei Spezialkarten zu je zwei Blättern im Maßstab von 1:100 000. Diese Blätter deckten etwa 2 700 $km^2$ der Landschaften südlich von Mpororo zwischen den Flüssen Kagera und Kakitumbi sowie etwa 2 500 $km^2$ der südlich anschließenden Virungavulkane ab.[345] Dabei lagen der von Oberleutnant WEISS unter Verwendung der Photogrammetrie aufgenommenen Karte des Gebiets der Virunga-Vulkane in der Nordwestecke von Deutsch-Ostafrika in insgesamt 170 Stereobildpaaren 2 020 am Komparator ausgemessene Höhenpunkte zugrunde. Dadurch war es WEISS überhaupt erst möglich geworden, die Geländedarstellung anstelle von mehr oder minder ungenauen Formlinien in regelrechten Höhenlinien oder Isohypsen vorzunehmen, da ausreichend zahlreich bestimmte Geländepunkte überhaupt erst eine befriedigende Linienführung gestatteten. Zugleich stellten diese zahlreichen neuen Festpunkte ein wertvolles Grundmaterial für spätere Aufnahmen dar.[346]

Nach Oberleutnant WEISS' eigenem Bericht vor dem Deutschen Kolonial-Kongress des Jahres 1910 waren ihm noch photogrammetrische Ausmessungen von deutlich erkennbaren Gebirgszügen im Stereokomparator möglich, welche bis zu 60 km vom Standort der Aufnahmen entfernt lagen. Die Arbeitserleichterung der topographischen Aufnahme durch die Anwendung eines Phototheodoliten erläuterte WEISS damit, dass die Durchführung einer photogrammetrischen Aufnahme im Gelände einschließlich aller Hilfsmessungen höchstens eine Dreiviertelstunde erforderte und auch das heimische Ausmessen von etwa 60 Punkten auf einer solchen photogrammetrischen Aufnahme nur etwa einen Tag. Jedoch sprach der Schutztruppenoffizier bei dieser Gelegenheit auch mahnend den seinerzeit wohl eingerissenen Missstand an, man erlebe *„es ja allzu häufig, dass bei Ausrüstung von Expeditionen an den Topographen zuletzt gedacht wird. Acht Tage vor der Ausreise werden die Instrumente überall zusammengeborgt, und in diesen acht Tagen soll dann womöglich der Betreffende noch eine recht gründliche Ausbildung in der Topographie und in der Handhabung der Instrumente erhalten. Dabei reicht die kurze Zeit nicht einmal aus, die in aller Eile zusammengeborgten Instrumente zu prüfen und zu berichtigen."*[347] Trotz dieser als Damoklesschwert über wohl so mancher frühen geodätischen und photogrammetrischen Aufnahme schwebenden Worte sprachen noch an der gleichen Stelle die beiden führenden deutschen Kolonialkartographen daraufhin die vorsichtige Hoffnung aus, *„dass diese schnell und dadurch billig auszuführenden Vermessungen bald immer umfangreichere Verwendung finden mögen, wenn auch heute schon gesagt werden muss, dass die anfangs gehegte Erwartung, in dem Phototheodoliten ein universelles Vermessungsinstrument zu besitzen, nicht in Erfüllung gegangen ist, weil Boden-, Witterungs- und Vegetationsverhältnisse für viele Gebiete, speziell der tropischen Kolonien, eine Anwendung desselben verbieten."*[348]

**d) Astronomische Ortsbestimmungen**

Auf der mathematisch eben gedachten Erdoberfläche liegen die Koordinaten, durch deren Heranziehung die absolute geographische Lage jedes auf derselben befindlichen Punktes bezeichnet werden kann. Das Hilfsmittel der absoluten Lagenbestimmungen ist das Gradnetz: die geographische Breite und Länge geben die Lage eines Punktes oder seines Fußpunktes auf der mathematischen Erdoberfläche, die Höhe oder Tiefe den senkrechten Abstand von dieser an. Alle Routen-, Messtisch- und Tachymeteraufnahmen sowie die Triangulationen müssen mit der astronomischen Bestimmung von sogenannten Festpunkten verbunden werden, um daraus für die übrige Konstruktion einer Karte eine je nach Anzahl und Güte dieser astronomischen Beobachtungen mehr oder minder zuverlässige absolute geographische Raumlage ableiten zu können. Noch bis nach dem Ersten Weltkrieg waren aber diese absoluten astronomischen Ortsbestimmungen nach HETTNER *„oft von geringer Genauigkeit, so daß die Kartenaufnahmen außereuropäischer Länder vielfach - viel mehr, als unsere Karten es ahnen lassen - gleichsam in der Luft schweben, nur in sich richtig, in Bezug auf die absolute Länge aber zweifelhaft sind.“*[349]

Um die Lage eines beliebigen Punkts auf der Erdoberfläche wissenschaftlich bestimmen zu können, benutzt man ein gedachtes rechtwinklig sich schneidendes geodätisches Gradnetzes (Abb. 66). Dabei verlaufen parallen zum Äquator in Abständen von jeweils etwa 111 km Vollkreise, deren Umfang zu den Polen hin abnimmt. Diese Kreise werden Breitengrade genannt, wobei die Pole als 90° südlicher bzw. nördlicher Breite die Endpunkte bilden. Die rechtwinklig diese schneidenden und von Pol zu Pol verlaufenden Halbkreise werden als Meridiane oder Längengrade bezeichnet. Dabei teilt man den Erdball in 360 Längengradhalbkreise von je etwa 20 000 km Länge auf, welche ihrerseits aber nur am Äquator einen gegenseitigen Abstand von etwa 111 km aufweisen. Zur Vereinheitlichung der weltweiten Gradnetzanwendung wurde im Jahre 1911 entsprechend dem bereits im Jahre 1884 vom Deutschen Reich übernommenen ehemals britischen Brauch durch eine internationale Übereinkunft allgemein verbindlich anerkannt, dass der durch die britische Hauptsternwarte Greenwich bei London verlaufende Längengrad als Nullmeridian bestimmt ist. Von diesem Greenwicher Nullmerdian aus gesehen, wird die Erde in eine westliche und eine östliche Hälfte oder Hemisphäre geteilt, welche ihre Meridiane jeweils in bis zu 180° westlicher oder östlicher Länge von Greenwich berechnen. Als der 60. Bruchteil der Längen- und Breitengrade wird die sogenannte Bogenminute bezeichnet,

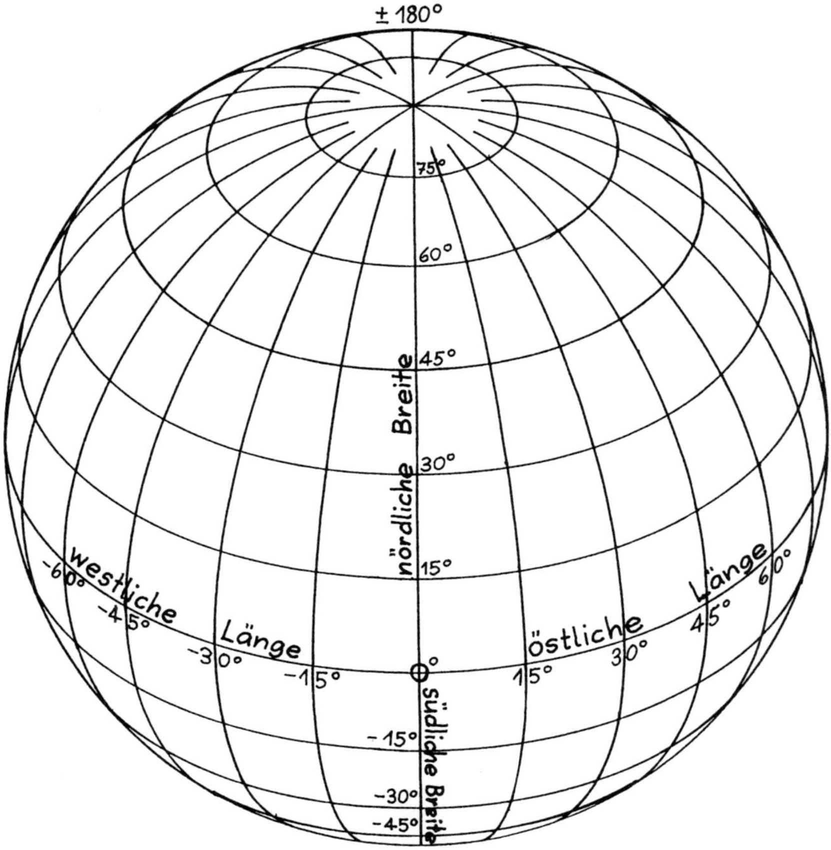


**Abb. 66:** Geodätisches Gradnetz der Erdkugel (Quelle: FUHRER 1998, S, 54)

welche ihrerseits in 60 Bogensekunden zerfällt. Damit entspricht die Einteilung in 360 Längengrade einer täglichen Erdumdrehung, da der Zeitunterschied zwischen zwei Längengraden genau 4 Minuten beträgt. Mithin ergibt eine Multiplikation dieser 4 Minuten mit den insgesamt 360 Längengraden 1 440 Minuten oder genau 24 Stunden.[350]

Alle astronomischen Ortsbestimmungen beruhen vor diesem Hintergrund technisch auf der möglichst genauen Winkelmessung des Standes der Sonne oder anderer Himmelsgestirne. Dieses erfordert zum einen hochpräzise Messinstrumente, wie etwa den Theodoliten, welcher bei vollständiger Ausstattung auch als geodätisches Universalinstrument bezeichnet wird, und zum anderen die

Kenntnis der Beobachtungsabweichungen durch die während des 19. Jahrhunderts erst allmählich erkannte sogenannte atmosphärische Refraktion. „*Die Geschichte der Geographie hat uns gezeigt,*" so HETTNER, „*wie sich das Altertum mit dem Schattenmesser oder Gnomon begnügen mußte, wie dann am Beginne der Neuzeit der Jakobsstab aufkam, wie namentlich die Verbindung mit dem Fernrohr einen Fortschritt bedeutete, und wie Spiegelsextant, Prismenkreis und Theodolit oder Universalinstrument, das einen Horizontalkreis und einen Vertikalkreis vereinigt, konstruiert wurden, jene beiden für die Beobachtung aus freier Hand, darum auf dem schwankenden Schiffe allein anwendbar, dieser, auf einem Stativ, für die Beobachtung von festem Standorte aus. Große Theodoliten erlauben ganz genaue Winkelmessungen, aber auch kleine Reiseinstrumente geben sehr befriedigende Genauigkeit.*"[351]

Die sicherlich einfachste Art für die Gewinnung der geographischen Länge ist die Zeitübertragung von einem astronomisch sicher bestimmten Ortspunkt auf den zu bestimmenden Beobachtungspunkt. Diese Methode erfordert jedoch neben einem astronomischen Festpunkt sehr genau gehende Uhren, da eine Gangabweichung von nur einer Zeitsekunde, welche bei den Härten einer langen afrikanischen Expedition nur zu leicht eintreten konnte, einem Berechnungsfehler von 15 Bogensekunden entspricht, was am Äquator einer Differenz von rund 500 m zwischen berechnetem und tatsächlichem Beobachtungsort ausmacht. Eine Gangabweichung um eine volle Zeitminute hingegen hätte in äquatorialen Gefilden eine um stolze 28 km falsche Ortsbestimmung zur Folge![352] Astronomische Ortsbestimmungen gewannen vor allem dann eine grundlegende Bedeutung für die seit dem ausgehenden 19. Jahrhundert erfolgenden kolonialen Landesvermessungen und die Kartographie, wenn sie infolge des Fehlens oder der Unmöglichkeit einer Landestriangulation, unabhängig von allen anderen Messungen die allein eichenden Ausgangsfestpunkte für untergeordnete Messungen, also hauptsächlich Routenaufnahmen, abgeben mussten.

Noch zur Jahrhundertwende beruhten mit den Worten des bedeutenden Kartographen RICHARD KIEPERT „*sämtliche Karten unserer Kolonien nur auf Routenaufnahmen und Breitenbestimmungen; letztere sind meist zuverlässig, erstere aber, und wenn es die besten sind, stellen doch nichts anderes vor, als Versuche von Annäherung an die Wirklichkeit. Der Schätzung, der mehr oder minder grossen Geübtheit des Reisenden, der Willkür ist ein zu grosser Spielraum gelassen. Vor allem aber entbehren unsere Kolonialkarten noch fast ganz der so schwer zu bestimmenden geogra-*

*phischen Längen, und es ist vorläufig keine Aussicht vorhanden, dass darin eine Aenderung eintreten wird. Man lasse sich durch die Fülle von Namen und geographischen Objekten auf den Karten nicht täuschen und halte nicht alles, was dieselben zeigen, für unumstösslich richtig; dieser Aberglauben, dieses unbegrenzte Vertrauen auf die Zuverlässigkeit der Karten*" sei insbesondere bei so mancher der vor allem in den 1890er Jahren zahlreichen Verhandlungen über die genaue Absteckung afrikanischer Kolonialgrenzen schon sehr schmerzlich enttäuscht worden. Vielmehr sollte sich der Betrachter einer Kolonialkarte stets *„vor Augen halten, dass dem Kartographen nicht solche Mittel zur Verfügung stehen, eine Sache als zweifelhaft zu bezeichnen, wie dem Schriftsteller oder Redner; dieser vermag sich mit einem ‚könnte', ‚möchte', ‚dürfte' zu helfen und direkt auf Unsicherheiten hinzuweisen. Aber der Kartograph muss den Fluss oder das Gebirge unbedingt an einer Stelle des Papiers hinzeichnen, wenn er oder es auch ebensogut 10 oder 20 Kilometer weiter östlich oder westlich liegen kann. Mit Stricheln der Flussläufe, mit häufigen Fragezeichen und Beischriften ist da wenig zu helfen; die Strichelung, die Fragezeichen werden nicht beachtet, das Unsichere wird von Laien für gewiss hingenommen, und der Irrtum ist fertig.*"[353]

Die so schwierig zu ermittelnde *geographische Länge* ist der Unterschied zwischen der Zeit auf einem gewählten Standard- oder Nullmeridian, zumeist also demjenigen von Greenwich, und der Zeit am Meridian des Beobachtungsstandorts. Gemessen wird dabei mittels des Zeitunterschiedes der Winkel beider Meridiane zueinander. Die Zeit des (Greenwicher) Standardmeridians war dabei den Forschungsreisenden in Afrika durch der Kontrolle halber zumindest zwei mitgeführte Chronometer, gegen Temperatureinflüsse kompensierte, aber trotzdem noch sehr stoßempfindliche Federuhren mit einer Unruhe, mehr oder minder genau bekannt. Die Ortszeit am Beobachtungsstandort bestimmten sie durch die nächtliche Beobachtung des Durchgangs von Sternenpaaren oder auch der Sonne am Tage so nahe wie möglich am Himmelszenit mittels einfachem Reisetheodolit oder besser noch mit einem tragbaren Transit-Instrument. Das größte Problem in den sich hieran anschließenden Berechnungen war und blieb in dem hier interessierende Zeitraum die Schwierigkeit, die genaue Greenwicher Zeit zu erhaltenafrikanischen.[354] Da alle Orte auf der gleichen geographischen Länge auch die gleiche Ortszeit haben, entsprechen den diese trennenden Längenunterschieden im gleichen Verhältnis trennende Zeitunterschiede, mithin also 15° genau einer Zeitstunde und 1° genau vier Minuten. Bei einer durch beständig exakt gehende Chronometer möglichen Kenntnis der gegenwärtigen Greenwich-Zeit und deren Vergleich mit der wahren Ortszeit des Forschungsreisenden war also rechnerisch eine Längenbestimmung durch die Messung des Zeitunterschieds möglich.[355] Erst wenige Jahre vor dem Ersten Weltkrieg vereinfachte sich dieses aufwendige und deshalb fehleranfällige Verfahren der Längenbestimmung in entlegenen und kaum vermessenen Erdteilen sowohl auf telegraphischem wie auch auf funktechnischem Wege. So nimmt es denn auch nicht wunder, dass noch um die Jahrhundertwende die Fehlergrenzen der allerjüngsten Längenbestimmungen etwa in Deutsch-Ostafrika noch zwischen ± 1' 3" und ± 4' 3" lagen, was in der Wirklichkeit vor Ort bedeutete, dass ein derart „bestimmter" Punkt tatsächlich zwischen 2,5 und 8 km (!) östlich oder westlich der beobachteten Lage anzutreffen war.[356]

Die im Vergleich zur geographischen Länge relativ einfache und genaue astronomische Bestimmung der *geographischen Breite*, des senkrechten Abstands zum Äquator, erfolgte auf Entdeckungs- und Forschungsreisen durch die Beobachtung der Sterne in der Nähe des Meridians mittels der Messung der Circummeridianshöhen. Dabei waren Beobachtungen nächtlicher Sternendurchgänge von Aufgang bis Untergang wegen der größeren Messgenauigkeit der Beobachtung eines Sonnendurchgangs vorzuziehen. Je nach gewünschtem Genauigkeitsgrad erfolgte die Sternenbeobachtung in zwei bis drei Nächten mit bis zu vier Paaren von nördlichen und südlichen Sternendurchgängen mit einem Reisetheodoliten, welcher schon eine Genauigkeit bis auf 1–2 Bogensekunden zuließ, einem großen Theodoliten oder aber einem hochgenauen Theodoliten mit Zenit-Teleskop[357]. Selbst unter den günstigsten Beobachtungs- und Messbedingungen betrug bei einer Routenaufnahme die Fehlerquote nicht selten zehn Prozent und in Gebieten mit magnetischen Gesteinen noch erheblich mehr. Die durch Beobachtung der Sonne bei Tag oder einzelner Gestirne bei Nacht einfach mit einem Mikrometer-Theodoliten zu ermittelnde Bestimmung der geographischen Breite erbrachte dagegen Messgenauigkeiten von nur wenigen Metern Fehlertoleranz.[358]

Der *Azimut* schließlich oder die Deklination unterscheidet sich von der Kompassablesung durch den Wert der Kompassmissweisung zwischen dem tatsächlichen und magnetischen Norden. Der Wert der Missweisung ist an keinem Punkt der Erdoberfläche gleich und ändert sich zudem selbst am gleichen Ort fortlaufend. Den Azimut erhielt man zum einen mehr oder minder zuverlässig durch den Vergleich möglichst mehrerer freihändiger sogenannter Bussolen oder Routenkompasse bzw. stativgestützter Peilkompasse.

Hochgenaue Werte waren für die Forschungsreisenden nur durch die Beobachtung der Sterne im Osten und Westen in unmittelbarer Nähe des Himmelszenits oder des größten Winkelabstands der Circumpolarsterne zu gewinnen. Diese Beobachtungen ergaben die Differenz des Azimuts zwischen den Sternen und der terrestrischen Beobachtungsposition und damit den tatsächlichen Azimut der Sterne zu den Zeitpunkten des Vergleichs, woraus rechnerisch der tatsächliche Azimut der Beobachtungsposition mit einer Genauigkeit von 2 bis 3 Bogensekunden abgeleitet werden konnte. Einen gewissen Einfluss auf die Messgenauigkeit der geographischen Länge und Breite sowie des Azimut üben bei der Vermessung auch lokale Gravitätsschwankungen der Erde aus. Während sich die geographische Breite selbst für einen vermessungstechnisch wenig geübten Forschungsreisenden relativ leicht bis auf den Bruchteil einer Bogenminute, also den Bruchteil einer geographischen Meile, genau beobachten ließ, musste bei der Eintragung der zurückgelegten Richtungen in das Feld- oder Routenbuch die per Kompass ermittelte Richtung um den Wert der Kompassmissweisung spätestens bei der Kartenkonstruktion fachmännisch berichtigt werden.[359]

**e) Geodätische Landesaufnahme durch Triangulation**

Die Triangulation oder Dreiecksmessung ist ein Verfahren zur räumlichen Lagebestimmung von sogenannten trigonometrischen Punkten oder auch Festpunkten auf der Erdoberfläche. Die gegenseitige Zuordnung dieser trigonometrischen Punkte erfolgt entweder unmittelbar astronomisch oder mittelbar durch geodätische Übertragung astronomischer Koordinaten vermittels Triangulation unter Verwendung eines Theodoliten (Abb. 67a+b) und späterer Berechnung der hierbei erzielten Messergebnisse durch eine trigonometrische Kette oder vernetzte Ketten. Die Anfänge der Triangulation reichen zwar bis in die Renaissance zurück, dieselbe wurde aber erst im Jahre 1615 durch den Niederländer WILLEBROD SNELLIUS in ihrer späteren Ausprägung mit Basis- und Winkelmessung begründet. Ihre erste Anwendung fand sie bereits mitten im Dreißigjährigen Krieg durch W. SCHICKHART im Jahre 1620 für die Landesaufnahme in Württemberg. Die Triangulation erstrebt eine zusammenhängende Vermessung eines größeren Teils der Erdoberfläche zumeist auf Landesebene durch die Festlegung eines Dreiecksnetzes von trigonometrischen Punkten.[360]

Bis nach dem Zweiten Weltkrieg leitete man die Größe der Dreiecke aus einer vergleichsweise kurzen und sehr genau vermessenen Basis ab und bestimmte die Figur der Dreiecke durch die

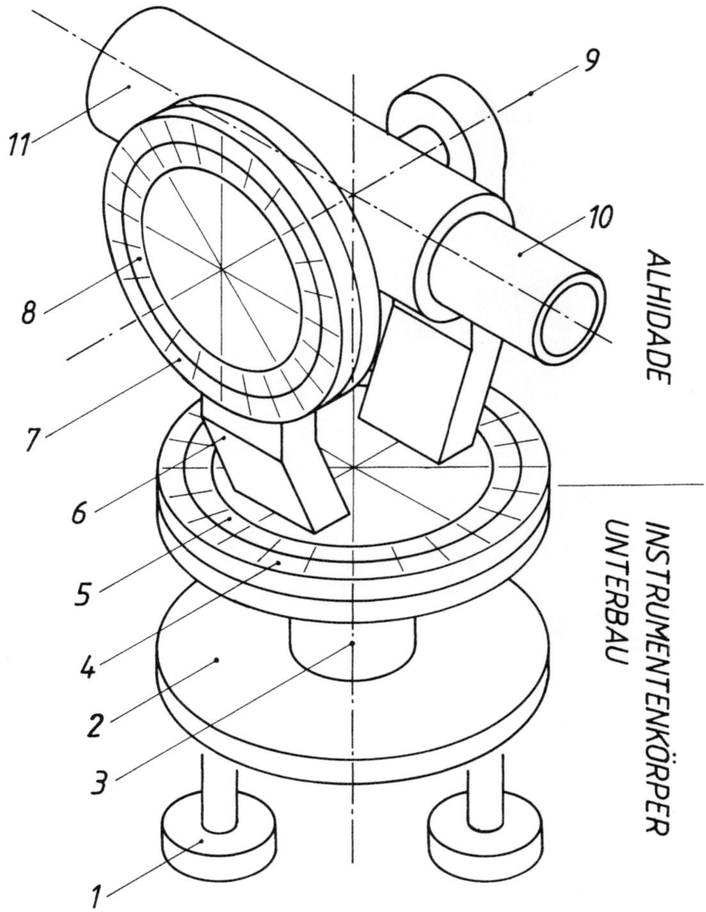


**Abb. 67a:** Bauprinzip eines Theodoliten, wobei die Horizontal- und Vertikalkreise oft durch Ablesemikroskope ergänzt werden.
1 = Dreifußbeine, 2 = Unterbau, 3 = Stehachse, 4 = Limbus oder Horizontalfestkreis, 5 = Alhiade oder Horizontaldrehkreis, 6 = Stütze für Vertikalkreise und Fernrohr, 7 = Vertikalfestkreis, 8 = Vertikaldrehkreis festsitzend auf Kippachse, 9 = Kippachse, 10 = Fokussierokular für Fadenkreuzschärfe, 11 = vollständig drehbares Fernrohr mit Fokussiereinrichtung für die Geländebildschärfe (Quelle: FUHRER 1998, S. 141)

Messung aller drei Winkel jedes Dreiecks. Erst vor wenigen Jahren wurde es mit der Einführung optoelektronischer Streckenmessgeräte möglich, die Länge der Dreiecksseiten selbst mit sehr hoher Genauigkeit zu messen und damit von der winkelmessenden zur streckenmessenden Triangulation überzugehen, der sogenannten Trilateration. Die in Bezug auf ihre Messgenauigkeit höchstrangige

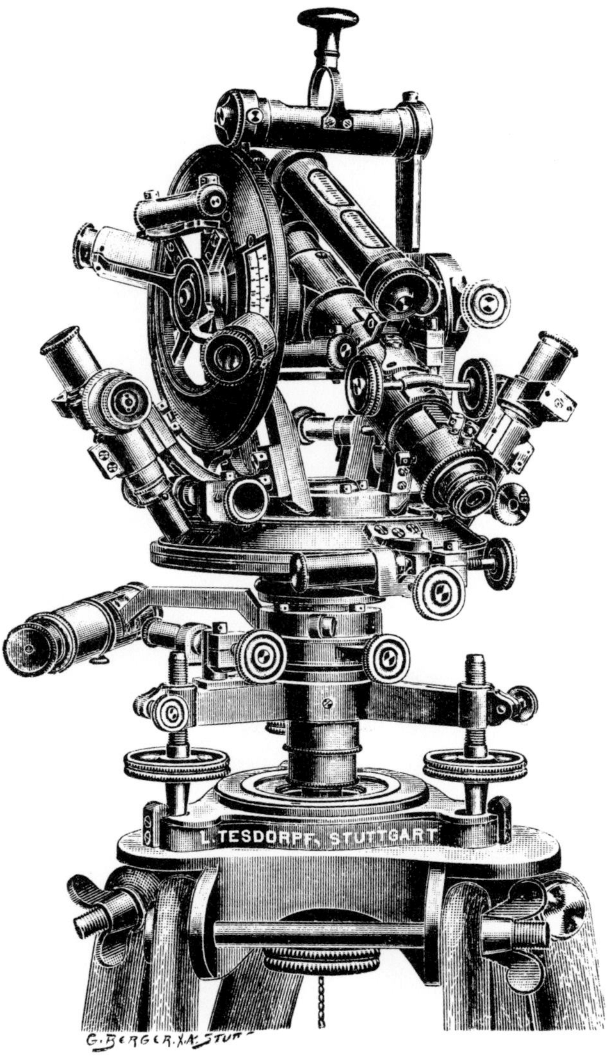


**Abb. 67b:** Zeitgenössischer Repetitionstheodolit der Stuttgarter Firma Tesdorpf auf hölzernem Dreifuß mit Loteinrichtung und mehreren die Ablesegenauigkeit steigernden Mikroskopaufsätzen der Horizontal- und Vertikalkreise (Quelle: MILLER 1906, Abb. 62 auf S. 167)

Triangulation, die sogenannte Landestriangulation I. Ordnung mit ihren trigonometrischen Punkten, welche neben höchster terrestrischer Messgenauigkeit auch der astronomisch-geodätischen Orientierung an einem mathematischen Referenzelliposiden bedarf, dient später daran anschließenden niederrangigeren Triangulationen, etwa Katastervermessungen, als Bezugsgröße. Man arbeitet dabei in der Regel vom Großen ins Kleine, d. h. man überzieht das zu vermessende und zu kartierende Gebiet zuerst mit einem weitmaschigen Dreiecksnetz I. Ordnung, dessen trigonometrische Punkte I. Ordnung die als fehlerfrei angenommene Grundlage für die Bestimmung der Dreiecksnetze II., III. usw. Ordnung dienen, deren trigonometrische Punkte zumindest teilweise durch rechnerische Ergänzung oder Polygonierung gewonnen werden.[361]

Erwartungsgemäß wurde eine den europäischen Aufnahmen vergleichbare geodätische und kartographische Aufnahme zunächst nur in den an das Mittelmeer anstoßenden französischen und britischen Erwerbungen Algerien und Tunesien (1864–99 erste afrikanische Landestriangulation) sowie Ägypten (1892–1907 erste afrikanische Katasteraufnahme im Maßstab von 1:4 000) durchgeführt. In der britischen Kap-Kolonie am anderen Ende des Kontinents schließlich nahm im Jahre 1880 auf Veranlassung des Leiters der Kapsternwarte, Sir David Gill (1879–1907), und auf der Grundlage eines weitgespannten Netzes trigonometrischer Ketten die Vermessung des Meridianbogens vom Kap der Guten Hoffnung quer durch den Kontinent bis nach Kairo entlang des 30° östlicher Länge ihren Ausgang. Dieser in Afrika einzigartige Meridianbogen stellte bis in die Gegenwart das Rückgrat der geodätischen Vermessung in ganz Ostafrika dar.[362] Dies war umso beachtlicher, als die ein Jahrhundert zuvor entstandene erste neuzeitliche Landesaufnahme, die Cassinische Frankreichkarte im Maßstab von 1:86 400, zu ihrer Fertigstellung nicht weniger als 45 Jahre (1744–89) erfordert hatte.

Insbesondere die Vermessung der hochgenauen Triangulationsnetze I. Ordnung sowie die diesen meist nur wenig nachstehenden Grenztriangulationen stießen in vielen Teilen der Mitte der 1880er Jahre erworbenen deutschen Schutzgebiete nach Finsterwalder auf topographische und klimatische Schwierigkeiten: *„Das im allgemeinen schwach ausgebildete Relief erschwert die Identifizierung der auf den höchsten Kuppen gelegenen Punkte, noch schlimmer ist der in vielen Teilen Afrikas während eines großen Teils des Jahres herrschende Dunst.“*[363] Ausschlaggebend für die Wahl der Vermessungsmethode oder der Durchführungszeit waren deshalb oftmals neben dem Relief und dem Bodenbewuchs auch die vorgefundenen Sichtverhältnisse: *„In den am Golf von Guinea gelegenen Ländern (Sierra Leone bis Kamerun) rührt der Dunst [...] von feinsten, aus der Sahara durch den Landwind Harmattan herangetragenen Staubteilchen her, in den östlichen Gebieten von Deutsch-Ostafrika scheint Rauchentwicklung durch Buschfeuer, die in den* *dort äußerst dünn besiedelten Gegenden während der Trockenzeit fast nie verlöschen, der Grund für den Dunst zu sein.*“ Am günstigsten sind in jenen Ländern die Sichtverhältnisse in den kurzen Regenpausen der Regenzeiten. Eine große Rolle beim Foranschreiten der Triangulation spielte schließlich auch der Ausbildungsstand des einheimischen Hilfspersonals.[364]

Die Vermessung mit einem Theodoliten im Feld erfolgt dabei nach einem denkbar einfachen trigonometrischen Verfahren: Jeweils in Sichtweite zueinander werden drei Punkte (A, B und C) deutlich sichtbar im Gelände markiert. Dann wird der Theodolit genau über dem Punkt A aufgestellt und durch das Teleskop der Punkt B anvisiert, dessen Gradzahl vom Messkreis abgelesen und notiert. Darauf folgt auf dem gleichen Wege die Ablesung und Notierung der Gradzahl des Messkreises zwischen dem Theodoliten auf Punkt A und dem Punkt C. Die Differenz zwischen den beiden Ablesungen beschreibt einen Winkel. Anschließend wird der Theodolit genau über dem Punkt B aufgestellt und von hier die Punkte A und C anvisiert, deren Gradzahl man ebenfalls abliest und notiert. Schließlich wiederholt sich dieser Vorgang von Punkt C aus nach den Punkten A und B. Die so durch Vermessung im Feld gewonnenen drei Winkel ergeben wie bei allen Dreiecken zusammen den Wert von 180°. Mit der Kenntnis der drei Winkel ist zwar die Gestalt des vermessenen Dreiecks nun bekannt, aber noch nicht seine Größe. Um diese Größe zu ermitteln, muss nun eine der drei Seiten des Dreiecks, etwa A-B, genau auf ihre Länge hin vermessen werden. Die Länge der anderen beiden Seiten des Dreiecks können dann durch einfache trigonometrische Berechnung aus den nun bekannten Werten der drei Winkel und einer Seitenlänge gewonnen werden. Ausgehend von diesem in Form und Größe bekannten Dreieck der Punkte A, B und C, kann anschließend die Triangulation durch die Vermessung nur eines neuen Punktes, D, etwa von den bekannten Punkten B und C, ein neues Dreieck bilden, dessen eine Seitenlänge ja schon durch Berechnung bekannt ist.[365]

Die bedeutendste Verbesserung an den kolonialzeitlichen Theodoliten brachte die Einführung des Mikrometermikroskops, welches die Ablesegenauigkeit des Gradkreises zumindest verfünfacht und zudem die Ablesung selbst vereinfacht hatte. Noch zu Beginn der deutschen Kolonialbetätigung wurde die astronomische Beobachtung der geographischen Breite mit einem Spezialinstrument, dem Zenitteleskop, durchgeführt. Aber bereits vor dem Ersten Weltkrieg besaßen die modernen geodätischen Theodoliten eine dieses Instrument überflüssig machende Zusatzausrüstung, ein Mikrometeraugenstück, so dass mit diesen auch die Breitenbestimmungen durchgeführt werden konnten.[366] Eine geodätische Triangulation unterschied sich damals wie heute von einer gewöhnlichen im Grundsatz nur durch besondere Sorgfalt und verfeinerte Methoden der Winkelmessung bzw. rechnerischen Ausgleichung derselben, wodurch bis zum Ersten Weltkrieg deren Ungenauigkeit bereits auf nurmehr etwa 0,75 Bogensekunden gedrückt werden konnte.[367]

In unübersichtlichen und nur schwer zu triangulierenden Gegenden, wie etwa den weite Teile Afrikas bedeckenden tropischen Regenwäldern, stellte das Verfahren der *Polygonierung* mittels Polygonzügen und Polygonnetzen ein wichtiges Mittel zur Verdichtung des Festpunktnetzes der trigonometrischen Messpunkte dar. Ein Polygonzug besteht dabei aus einer Reihe von Polygonpunkten, welche durch einen geknickten Linienzug miteinander verbunden sind. Die möglichst geradlinig angelegten Polygonzüge haben eine jeweilige Seitenlänge von 50 bis 600 m und wurden in der deutschen Kolonialzeit überwiegend mittels Messband, seltener dagegen optisch, heute aber nur noch optoelektronisch gemessen. In den Polygonpunkten, den sogenannten Knickpunkten, werden mit dem Theodoliten die Brechungswinkel, d. h. die Winkel gemessen, welche zwei benachbarte Seiten einschließen. Die Länge eines Polygonzuges richtet sich nach der Dichte des trigonometrischen Festpunktnetzes, übersteigt jedoch selten 3 km. Durch das Verknüpfen von Polygonzügen zu einem Polygonnetz gewinnt man einen nachgeordneten trigonometrischen Neupunkt geringerer Lagegenauigkeit. Dieses Verfahren mit Messlatten und Messketten kann bei entsprechend präziser Messung der Polygonzüge in schwierigem Gelände mit fehlenden direkten Sichtlinien die Triangulation bei trotzdem deutlichen Abstrichen an deren Messgenauigkeit durchaus ersetzen.[368]

Den bereits vor dem Ersten Weltkrieg einsetzenden größten technischen Fortschritt auf geodätisch-kartographischem Gebiete sah neben der Photogrammetrie die Triangulation. Diese wurden anfänglich jedoch im Rahmen der kolonialen Landesvermessung nach FINSTERWALDER nur in sehr geringem Umfang auch praktisch angewandt, *„da man die auf anderem Weg erreichbare Genauigkeit für die Festpunktsbestimmung in den dünn besiedelten und wirtschaftlich kaum entwickelten, von Schwarzen bewohnten Gebieten für ausreichend hielt. Wenn an verschiedenen Stellen Vermessungen erforderlich wurden, um z. B. Bergbaukonzessionen einzuteilen oder technische Projekte durchzuführen, ließ man es bei örtlich begrenzten Triangulationen bewenden, auf deren Orientierung und Maßstabsbestimmung keine größere Mühe verwendet* *wurde.“* Die sich hieraus ergebenden Missstände machten sich in den Schutzgebieten jedoch noch während der deutschen Kolonialzeit bemerkbar. So verlangten PAUL SPRIGADE und MAX MOISEL bereits im Jahre 1905 eine Landestriangulation für das Schutzgebiet Togo, nachdem sie bei der Fertigstellung ihres im gleichen Jahre beendeten Kartenwerks von Togo im Maßstab 1:200 000 aufgrund der vorliegenden Routenaufnahmen und vereinzelten geographischen Breitenbestimmungen hatten erfahren müssen, dass diese Aufnahmemethoden selbst für ein im Anfangsstadium der kolonialen Erschließung befindliches und verhältnismäßig kleines Schutzgebiet nicht die wünschenswerte Genauigkeit verbürgen konnten.

Trotzdem sind auch in den folgenden Jahren Landestriangulationen aufgrund der besonderen Schwierigkeiten in den meisten Schutzgebieten, etwa Flachheit des Reliefs oder Bewachsung mit hohem und dichtem Urwald neben der allgemeinen verkehrsmäßigen Unerschlossenheit, nur in sehr geringem Umfang angewandt worden.[369] In den Grenzregionen der afrikanischen Kolonien genügte in der Regel für die Erfordernisse der Grenzvermessung selbst wie auch später hieran im Zuge der kolonialen Landeserschließung anzuknüpfender Landesvermessungsketten eine sogenannte gemischte und damit weniger genaue geodätische Vermessung mit topographischen Detailaufnahmen durch das Messtischverfahren. Dieses von der Wirtschaftlichkeit bestimmte Vorgehen sah dabei folgende Arbeitschritte vor: 1. Bestimmung oder Übertragung der durchschnittlichen Meereshöhe auf das Aufnahmegebiet, 2. Vorläufige Erkundung des Aufnahmegebiets mit dem Messtisch, 3. Festlegung und Kennzeichnung der Triangulationsbaken, 4. Bestimmung von Länge, Breite und Azimut, 5. Messung der Basislinie, 6. Durchführung der Triangulation, 7. Bestimmung von Höhenpunkten im Aufnahmegebiet durch Theodolit, 8. Berechnung der durch Triangulation und Höhenmessung gewonnenen Messwerte, 9. Übertragung der eingemessenen Triangulationspunkte auf ein Blatt Papier und 10. Durchführung der topographischen Aufnahme mit dem Messtisch[370].

Obwohl auch in den afrikanischen Schutzgebieten unzweifelhaft der Triangulation die Zukunft gehörte, wäre es nach der im Jahre 1914 gegebenen Einschätzung der beiden führenden deutschen Kolonialkartographen doch falsch, *„unsere tropischen Kolonien in ihrer ganzen Ausdehnung mit Kippregel und Messtisch topographieren zu wollen. Die anzuwenden Vermessungsmethoden haben sich vielmehr der Vegetationsformation, der Oberflächengestaltung des aufzunehmenden Gebietes, dessen meteorologischen Verhältnissen und nicht zum wenigsten dem* *wirtschaftlichen Werte des Bodens anzupassen. Auf wertvollen Kulturböden wird man selbstverständlich sofort mit dem Meßtisch arbeiten. In den wirtschaftlich zurzeit noch geringwertigen Gebieten, in flachen Steppen und dichten Urwäldern dagegen wird man wie bisher die Topographie durch sorgfältige und detaillierte Routenaufnahmen, die durch Theodolit- bzw. Kompaßzüge zu unterstützen sind, schaffen müssen. Die Zeit der Itineraraufnahmen ist also noch lange nicht vorbei, im Gegenteil, wenn sie mit Sorgfalt, Geschick und geographischer Beobachtungsgabe ausgeführt sind, werden sie Materialien von dauerndem Werte schaffen.*“[371]

**f) Höhenmessung**

Die Höhenmessung erfolgt am einfachsten und billigsten, dafür aber auch recht ungenau durch die barometrische Höhenmessung. Für die Zwecke einer größtmögliche Zuverlässigkeit anstrebenden geodätischen Landesaufnahme kommen daher nur die beiden anderen Methoden der trigonometrischen Höhenmessung und des Nivellements in Frage.

Das langwierigste und kostspieligste, dafür aber auch das genaueste Messverfahren zur Bestimmung von Höhen im Gelände ist das *Nivellement*. Durch die Triangulation gewinnt man eine Darstellung des vermessenen Teils der Erdoberfläche, als ob diese eine ebene Fläche wäre. Um jedoch auch die unterschiedlichen Höhen eines Geländes aufzunehmen, müssen zusätzliche Messungen erfolgen. Hierzu wird der Höhenunterschied zwischen zwei Punkten durch horizontales Anvisieren senkrecht aufgestellter Nivellierlatten mit einem Nivellierfernrohr ermittelt. Dabei wächst der entweder durch Hin- und Rücknivellieren oder durch den Anschluss an zwei bekannte Festpunkte gering zu haltende, aber unvermeidliche mittlere Fehler eines Nivellierungszugs proportional zur Quadratwurzel der Gesamtlänge des Nivellements und proportional zu der Quadratwurzel der Zielweiten. Dieser lässt sich jedoch durch nachträglichen mathematische Fehlerausgleich beheben.[372]

Das erste deutsche Langstreckennivellement wurde im Jahre 1835 durch Major J. J. Baeyer von Swinemünde bis Berlin durchgeführt und etwa ab dem Jahre 1860 die Höhen sämtlicher deutscher Lagefestpunkte dergestalt trigonometrisch bestimmt. Das in diesem Zusammenhang naheliegende Normalnull (NN) der Meereshöhe legte eine Kommission der Preußischen Landesaufnahme unter Rückgriff auf den bereits zuvor weithin verwandten Pegel von Amsterdam fest, welcher zwar auch nur die näherungsweise anstelle der ideellen Meeresoberfläche auswies, aber immerhin schon seit dem Jahre 1701 beobachtet wurde. Durch Langstreckennivellements wurde das Amsterdamer Normalnull auf die alte Berliner Sternwarte übertragen und dort durch einen am 22.10.1879 eingeweihten preußischen Skalennullpunkt genau 37,00 Meter über dem Amsterdamer Normalnull markiert, welchem sich im Laufe der Jahre die übrigen deutschen Bundesstaaten anschlossen. Aus dieser Entstehungsgeschichte erklärt sich auch, dass ebenso logischer- wie kurioserweise das am regionalen Springtide-Niedrigwasser festgemachte Seekarten-Null von dem seit dem Ende des 19. Jahrhunderts für die Landkarten allgemein durchgesetzten und letztlich auf den Amsterdamer Pegel zurückgehenden Normalnull unabhängig und mitunter sogar recht erheblich verschieden ist![373]

Obwohl dieses genauste terrestrische Verfahren zur Höhenbestimmung für die zumeist flachen Landschaften des afrikanischen Kontinents geradezu prädestiniert war, fand es noch bis zum Ausbruch des Zweiten Weltkriegs verhältnismäßig geringe Verbreitung. Dies lag vor allem am weitgehenden Fehlen eines dichteren Netzes gebahnter Verkehrswege wie etwa ausgebauter Straßen und insbesondere Eisenbahnlinien. Wie misslich sich dieser Umstand gerade in den deutschen Schutzgebieten auswirkte, erhellte ausgerechnet das einzig bedeutende koloniale Langstreckennivellement: Obwohl bereits im Jahre 1906 entlang der im Juni 1902 vollendeten 382 Bahnkilometer vom Swakopmunder Pegel bis zum Bahnhof von Windhoek[374] erstmals erfolgreich durchgeführt, ermittelte dann das Nivellement entlang der im Februar 1914 fertiggestellten Trasse der 1 252 km langen ostafrikanischen Mittellandbahn von Dar-es-Salaam am Indischen Ozean nach Kigoma am zentralafrikanischen Tanganjikasee Abweichungen von hier zuvor bloß barometrisch bestimmten Höhen in einer Größenordnung bis zu 27 m.[375] Nur die Kolonien Nordafrikas wiesen ein vollständiges Landesnivellement aller Ordnungen auf, das britischerseits von Ägypten den Nil aufwärts bis zu seinen Quellen in Uganda und dort die Eisenbahn entlang von Port Florence am Victoriasee bis nach Mombasa am Indischen Ozean reichte. Damit stellte dieses Nivellement die einzige Höhenübertragung auf so große Entfernung und von einem Rande des Kontinents zu einem anderen dar. Alle anderen afrikanischen Kolonialgebiete verfügten noch bis zum Zweiten Weltkrieg nur in sehr geringem Umfange über Nivellements.[376]

Die *trigonometrische Höhenmessung* beruht auf der bereits um 200 v. Chr. durch HERON VON ALEXANDRIEN angewandten euklidischen Geometrie der Höhenbestimmung auf allerdings nur relativ kurze Entfernung.[377] Die trigonometrische Höhenbestimmung beobachtet dabei mittels Theodolit zwischen zwei trigonometrischen Festpunkten ein vertikales Dreieck und berechnet anschließend unter

Anwendung komplizierter trigonometrischer Formeln sowie bei großer Entfernung zwischen den beiden zugrunde liegenden Festpunkten sogar unter notwendiger Ausgleichung der dann wirksamen Erdkrümmung den Höhenunterschied gegenüber der als bekannt vorausgesetzten Höhe eines durch Triangulation übertragenenen Höhenfestpunkts. Dabei müssen jedoch zumindest eine Strecke und ein Winkel des vertikalen Dreiecks bekannt sein. Gegenüber dem noch genaueren Höhenbestimmungsverfahren des geometrischen Nivellements mittels noch aufwendigeren Polygonzugs entlang einer überdies kürzeren Linie bietet die trigonometrische Höhenbestimmung im Gelände den großen Vorteil, durch Schrägzielung größere Zielweiten zu erreichen und dadurch rasch auch größere Strecken überbrücken zu können.[378]

Jedoch ist bei dieser Bestimmung des Höhenunterschieds zum Beobachtungsstandort zu berücksichtigen, dass die atmosphärische Refraktion infolge unterschiedlicher Dichte der Luft entlang des Messweges bei der vertikalen Winkelmessung stärker ist als bei der horizontalen Winkelmessung, wo zumeist nur durch einen Bereich gleicher Luftdichte gemessen wird. Durch zwei Maßnahmen lässt sich der Einfluss der atmosphärischen Refraktion jedoch zu einem großen Teil zurückdrängen: Zum einen durch die Wahl einer Tageszeit zur Durchführung der vertikalen Winkelmessung, bei welcher die atmosphärische Refraktion am geringsten ist, also etwa dem frühen Nachmittag, und zum anderen nach Möglichkeit durch entgegengesetzte Messung von beiden Endpunkten her.[379] Da der störende Einfluss der Refraktion nach FINSTERWALDER *„theoretisch mit dem Quadrat der Entfernung wächst, wird die trigonometrische Höhenmessung, wenn hohe Genauigkeiten erzielt werden sollen, nicht längs der Seiten der Triangulation I. O., sondern längs der Seiten II. O. und III. O. verwendet. Man arbeitet dabei nicht, wie bei der Horizontaltriangulation, vom großen ins kleine, sondern umgekehrt vom kleinen ins große.“*[380]

Bei der barometrischen Bestimmung einer Höhe über dem Meer wurde die von PIERRE SIMON LAPLACE und JEAN BIOT im Jahre 1805 gefundene barometrischen Höhenformel angewandt, nach welcher der Höhenunterschied zweier Messstandorte aus der gemessenen Luftdruckdifferenz berechnet werden konnte. Dieses Verfahren beruht auf der grundsätzlich einfachen, aber schwierig zu ermittelnden Kenntnis des mit zunehmender Höhe über dem Meeresspiegel immer rascher abnehmenden Luftdrucks. Dabei beträgt, die barometrische Luftdruckabnahme in Meereshöhe etwa 1 mm je 10 m Höhenzunahme. Durch die entsprechende Abschätzung der in Zehntelmillimeter unterteilten Barometerskala können auf diese

Weise relative Höhenunterschiede zwischen zwei Messstandpunkten im günstigsten Fall unter Heranziehung komplizierter Formeln und Tafelwerke bis auf 1–2 m genau berechnet werden. Hierfür waren anfänglich aber umständlich zu handhabende und sehr transportempfindliche etwa einen Meter lange Quecksilberbarometer mitzuführen. Erst die im Jahre 1847 gemachte Erfindung des Aneroids mit temperaturunempfindlichen Bimetall-Federbarometern brachte den Reisenden zumindest hinsichtlich der Handhabung einige Fortschritte.[381]

„Die Benutzung von Aneroiden" war nach HUGERSHOFF „zwar sehr bequem während der Reise, um so unbequemer aber ist fast stets die Verwertung der Ablesungen nach der Reise", da selbst durch Vergleiche von zwei oder drei tunlichst vor der Ausreise durch die Berliner Physikalisch-technische Reichsanstalt geeichten Aneroiden nur eine recht geringe Messgenauigkeit zu erreichen war.[382] Zur Ausschaltung der überdies leider zusätzlich überall und dauernd einwirkenden natürlichen Luftdruckschwankungen musste auch ein sogenanntes Standbarometer an einem Höhenfestpunkt fortlaufend oder zumindest zeitgleich mit dem wandernden Höhenmessbarometer zur eichenden Beobachtung der meteorologischen Luftdruckschwankungen abgelesen werden. Damit erforderten auch die Aneroid-Höhenmessungen besonders mit auf Forschungsreisenden kaum vermeidbaren kleinen Taschenhöhenmessern oder sogenannten Dosenbarometern ständige Vergleiche mit bekannten Höhenfestpunkten oder aber Präzisionskontrollinstrumenten, wie etwa allerhöchstens 500 km entfernten stationären Quecksilberbarometern. Zur Gewinnung zuverlässigerer Messergebnisse weit abseits langjähriger und gut eingefahrener barometrischer Messfestpunkte blieb damit einzig die Methode der Siedepunktbestimmungen mit Siedethermometern oder Hypsometern. Der Meteorologe Dr. ALEXANDER VON DANCKELMAN hatte hierzu eine expeditionsfähige Apparatur konstruiert (Abb. 68), welche eine zwar aufwendige, aber recht zuverlässige barometrische Höhenbestimmung erlaubte. Dazu wurde an wichtigen Punkten der Route an windgeschützten Plätzen möglichst salzfreies und reines Regenwasser durch eine kontollierte Spiritusflamme erhitzt und der vom atmosphärischen Luftdruck bzw. der Höhe über dem Meeresspiegel abhängige Siedepunkt bestimmt. Um jedoch eine hinlängliche Sicherheit dieser näherungsweisen Höhenbestimmung zu erhalten, waren nach Möglichkeit zumindest zweimal wöchentliche Kontrollmessungen notwendig.[383]

Da dies dem afrikanischen Forschungsreisenden jedoch nicht immer möglich war, konnte dieser sich praktisch nur damit behel-

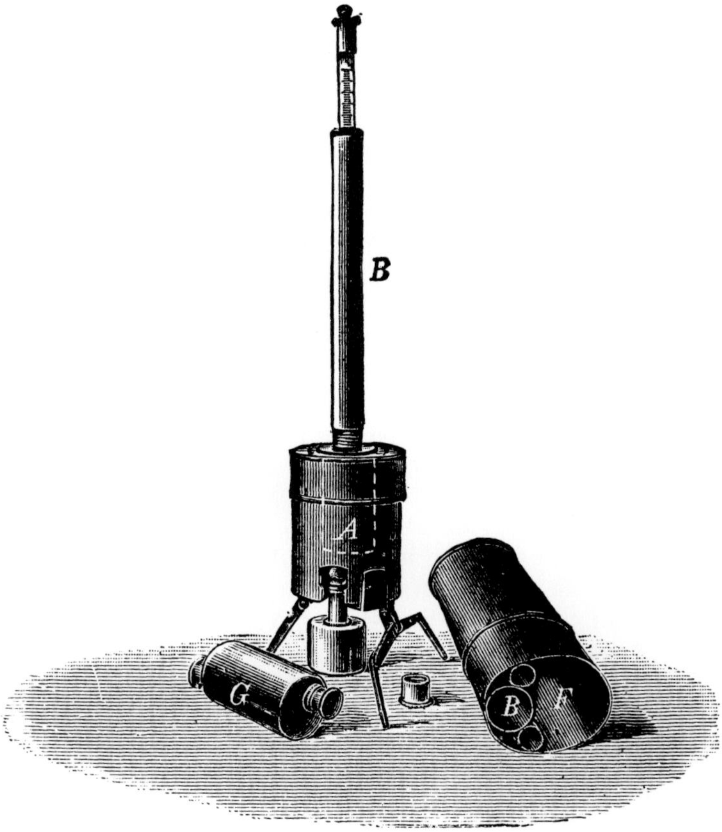


**Abb. 68:** Hypsometer oder Siedepunktthermometer zur barometrischen Höhenbestimmung in der Konstruktion des Alexander von Danckelman (Quelle: Hugershoff 1912, S. 58)

fen, dass er vorab den durchschnittlichen Luftdruck auf Meereshöhe in seinem Reisegebiet erfragte und dann unter Einberechnung der so gewonnenen saisonalen wie täglichen Luftdruckschwankungen zumindest rohe barometrische Höhenbestimmungen vornehmen konnte.[384] Da selbst dieses Vorgehen gerade in den deutschen Schutzgebieten kaum möglich war, wo nur an wenigen und von den Gebieten der Forschungsreisen meist entfernten Stellen dauernde und zuverlässige meteorologische Beobachtungen gemacht wurden, musste man wie etwa in Deutsch-Ostafrika aufgrund langjähriger Erfahrungen die unerkannten Luftdruckschwankungen mit einer Unsicherheit von etwa ± 15 m im Höhenermittlungsergebnis grundsätzlich unterstellen.[385]

**g) Koloniale Grenzvermessungen**

Für die seit Ende der 1880er Jahre sich herausbildende afrikanische Kolonialkartographie waren darüber hinaus die Arbeiten der Grenzexpeditionen, an denen gelegentlich ausgebildete Astronomen zur Festlegung wichtiger Koordinaten teilnahmen, von ganz besonderer Wichtigkeit. Durch solche Grenzexpeditionen erhielt nach SPRIGADE und MOISEL jedes Schutzgebiet gleichsam eine vermessungstechnisch hochwertige feste Umrahmung, in welche hinein *„das für die Ausfüllung des weiten Innern zur Verfügung stehende Routenmaterial kontrolliert und ausgeglichen werden konnte.“*[386] Die geodätischen Vermessungen und topographischen Aufnahmen der Kolonialgrenzen stellten einen Sonderfall unter den geodätischen und topographischen Methoden und Arbeiten in Afrika dar. Bis zum Ersten Weltkrieg war bei diesen kolonialen Grenzvermessungen nach FINSTERWALDER ganz allgemein *„eine rein astronomische Orientierung durch Breiten- und Azimutmessungen üblich; die geographischen Längenmessungen bereiteten Schwierigkeiten, sie wurden mit dem Mond vorgenommen und waren wenig genau. Eine Anschlußmöglichkeit an bestehende Triangulationen gab es in den allerwenigsten Fällen.“*[387]

Um sicherzustellen, dass die Kolonialverwaltung stets über genügend qualifizierte Offiziere verfügte, welche gemäß dem amtlichen Laufbahn-Handbuch „alle bei den Arbeiten in den Schutzgebieten, insbesondere bei *Grenzregulierungen vorkommenden Azimuth-, Breiten- Längenbestimmungen mit der unter den in Betracht kommenden besonderen Verhältnissen durchaus gebotenen Sicherheit und Genauigkeit nicht nur ausführen, sondern diese ihre Beobachtungen auch selbst sachgemäß ausrechnen und zahlenmäßig feststellen können“*, hielt man in Berlin gelegentlich besondere Ausbildungskurse ab. Die teilnehmenden Offiziere übernahmen dabei die Verpflichtung, *„sich bis zur Dauer von 5 Jahren nach Beendigung des Unterrichts dem Reichs-Kolonialamt zur Verwendung bei Grenzfeststellungskommissionen oder bei anderen ihren Fähigkeiten ensprechenden Aufgaben wie Landvermessungen oder dergl. in beliebigen Schutzgebieten zur Verfügung zu halten“*. Dabei sollte jedoch verwaltungsseitig darauf geachtet werden, einen derart ausgebildeten Offizier möglichst nur in denjenigen Schutzgebieten einzusetzten, welche dieser *„bereits aus eigener Anschauung kennt.“*[388]

Die deutscherseits fast stets mit derart ausgebildeten Offizieren der Schutztruppen beschickten gemeinsamen Grenzkommissionen zweier oder dreier Grenzanrainer hatten nach FINSTERWALDER *„vornehmlich in der Zeit zwischen 1900 und dem Weltkrieg Zehn-*

*tausende von Kilometern längs der Grenzen der afrikanischen Kolonien in schmalen Streifen astronomisch-geodätisch vermessen und kartographisch aufgenommen.*" Die hierbei unter oft großen Schwierigkeiten geleistete hochwertige Arbeit hatte zwar in der Geodäsie und Kartographie Afrikas eine große Rolle gespielt, aber das immer dringender werdende Bedürfnis nach guten und zuverlässigen Karten kaum befriedigen können, „*denn jene Grenzvermessungen lagen jenseits der wirtschaftlich wichtigen Gebiete an den oft am wenigsten betretenen Stellen; sie deckten auch nur schmale Flächen und blieben wissenschaftlich und wirtschaftlich im ganzen wenig fruchtbar.*" Am Vorabend des Ersten Weltkriegs befand sich die Kolonialkartographie von Afrika auf dem Stand, dass große Räume nur durch einfachste Aufnahmen, meist längs einzelner Wege und Linien, bekannt und bestenfalls in mittelmaßstäblichen Karten im ganzen noch unsicher und lückenhaft dargestellt waren. An den Rändern der Kolonialgebiete aber, wo die stattgehabten Grenzvermessungen einen erkenntnissicheren Ring gebildet hatten, waren die Karten vielfach zuverlässiger und vollständiger.[389]

Die Kosten solcher für das koloniale Kartenbild besonders wichtiger Grenzexpeditionen in weithin noch unerforschten randlichen Landesteilen weit abseits der Segnungen der Zivilisation und der infrastrukturellen Erschließung hingen natürlich von der Länge der zu vermessenden Grenze, den naturräumlichen Gegebenheiten und somit auch der Dauer der Arbeiten ab, waren allerdings stets sehr hoch. Am Vorabend des Ersten Weltkriegs bezifferte der hierin äußerst sachkundige Referent für Grenzangelegenheiten im Reichskolonialamt die in etwa so auch für gewöhnliche landeskundliche Expeditionen anzusetzenden Kosten einer durchschnittlichen Grenzexpedition für vier Weiße, die einheimische Trägerkolonne und eine eventuell notwendige absichernde Begleiteskorte auf ungefähr 120 000 Reichsmark im Jahr. Vor diesem fiskalischen Hintergrund wird auch deutlich, warum solche Expeditionen oft so lange hinausgeschoben wurden, bis politische oder wirtschaftliche Maßnahmen im Grenzgebiet einer der beiden beteiligten Kolonialmächte mit unerwünschten grenzüberschreitend spürbaren Wirkungen diese unumgänglich erforderlich machten.

In der Regel erfolgte erst durch solche Grenzexpeditionen eine grundlegende astronomische und geographische Aufnahme des peripheren Hinterlandes der vier deutschen Schutzgebiete in Afrika. Da nach von Danckelman „*bei diesen Expeditionen meist eine Reihe von Punkten astronomisch nach Länge und Breite so scharf festgelegt werden, wie es mit transportablen Instrumenten über-*

*haupt möglich ist, so ist eine große Anzahl von Fixpunkten geschaffen worden, die für die Kartographie von Afrika von erheblichem Nutzen gewesen sind.“* Infolge der gegenüber den bei einer regulären geodätischen Landesaufnahme zur Anwendung kommenden mehr oder minder vereinfachten Messgeräte dauerte der Vermessungsvorgang zwar immer noch viele Monate, erreichte dabei aber zumeist nicht ganz den damals technisch durchaus zu erzielenden maximalen Genauigkeitsgrad. Die astronomischen Ergebnisse der deutschen Grenzexpeditionen erreichten so eine durchschnittliche Messgenauigkeit von ± 1–2 Bogensekunden in der geographischen Breite und ± 1–2 Bogenminuten in der geographischen Länge. Damit waren die Grenzvermessungen zwar allen gewöhnlichen kolonialen Topographien weit überlegen, jedoch ihrerseits in vielen Fällen den nach europäischen Gepflogenheiten durchgeführten geodätischen Vermessungen kolonialwirtschaftlich wichtiger Gegenden nicht ebenbürtig. Üblicherweise nahmen die gemeinsamen Grenzkommissionen einen Gebietsstreifen von zumindest rund 5–10 km Breite beiderseits der vorgegebenen Grenzlinie sowohl astronomisch als auch topographisch auf. Nach der Rückkehr in die Mutterländer wurden die dabei gemachten Beobachtungen getrennt ausgewertet und schriftlich dargestellt, die angestellten astronomischen Beobachtungen berichtigend berechnet und unter Einbezug der topographischen Aufnahmen in *„ein tunlichst zuverlässiges Kartenbild der Grenzgegend“* verwandelt.[390]

Die kontrollierende Bearbeitung der von den Reisenden und auch den Grenzkommissionen entweder bereits vor Ort oder in der Heimat angestellten komplizierten Berechnungen ihrer astronomischen Ortsbestimmungen fiel einem Astronomen zu, welcher von der mathematisch-angewandten Fachausbildung her nach Hettner *„allein das erforderliche Rüstzeug dazu hat.“* Bei den deutschen Grenzexpeditionen war dies ausnahmslos Prof. Dr. Leopold Ambronn (1854–1930) von der Königlichen Sternwarte in Göttingen, welcher neben seiner seit dem Jahre 1890 erfolgten Ausbildung zahlreicher Forschungsreisender und nahezu aller deutscher Teilnehmer an Grenzexpeditionen bei der Veröffentlichung der astronomischen Messergebnisse dieser Grenzexpeditionen *„außer dem wahrscheinlich richtigen Wert auch die Fehlergrenzen“* berechnete, *„innerhalb deren sich die Beobachtungen bewegen. Die Aufgabe des Geographen oder Kartographen ist es dann, die astronomischen Ortsbestimmungen zusammen mit den terrestrischen Aufnahmen zu verarbeiten und aus beiden zusammen das richtige Kartenbild herzustellen.“*[391] Die schließlich so gewonnenen kartographischen Ergebnisse der deutschen Abteilungen der zahlreichen gemeinsamen Grenzkommissionen wurden in der von Dr. ALEXANDER VON DANCKELMAN in den Jahren 1898–1911 und Dr. HUGO MARQUARDSEN in den Jahren 1912–20 herausgegebenen wissenschaftlichen Reihe „Mitteilungen aus den Deutschen Schutzgebieten“ (MadDS) des Reichskolonialamts veröffentlicht. Zu den Grenzvermessungen erschienen an gleicher Stelle außerdem insgesamt 21 genaue Nachrechnungen der Messergebnisse durch Professor AMBRONN.[392] Bis mitunter weit nach dem Zweiten Weltkrieg waren die durch Grenzkommissionen vermessenen Grenzstreifen *„die am genauesten bekannten Gebiete Afrikas; die Routenaufnahmen der deutschen Kolonien stützten sich, wo immer dies möglich war, auf die Grenzvermessungen; die Sicherheit des Routennetzes wurde im allgemeinen aus diesem Grund nach den Grenzen der Kolonien hin größer.“* So zeigte etwa auch eine Karte des britischen Colonial Survey Committee zur Veranschaulichung der unterschiedlichen Güte der Kartierungen auf dem afrikanischen Kontinent aus dem Jahre 1913, dass die Mehrzahl der guten Kartenaufnahmen zu jener Zeit längs der Grenzen lagen.[393]

**h) Nautische Vermessungen der Küsten**

Während im Deutschen Reich die nautischen Vermessungen fast durchweg an die geodätischen Vorarbeiten der Königlichen Preußischen Landesaufnahme anknüpfen konnten und nur vereinzelt neu entstandene Punkte wie etwa Leuchttürme und Baken festzulegen waren, musste die Marine seit Ende der 1880er Jahre die gleichsam über Nacht hinzugekommenen abertausende von größtenteils schwer zugänglichen Küstenkilometern der deutschen Schutzgebieten in Afrika und der Südsee durch die Vornahme mühsamer Triangulationen und Polygonzüge von Grund auf neu aufnehmen.[394] Die meisten der von der Kaiserlichen Admiralität herausgegebenen nautischen Karten der deutschen Schutzgebiete bestanden deshalb zumindest zunächst aus Reproduktionen ausländischer und dabei insbesondere britischer Admiralitätskarten. Diese wurden erst nach und nach durch langwierige und kostspielige deutsche Spezialaufnahmen oder Nachträge verbessert und schließlich gänzlich ersetzt. Je nach Wichtigkeit der betreffenden Küstenstrecke schwankte der Maßstab der rund einhundert erschienenen deutschen Seekarten der Schutzgebiete in verschiedenen Maßstäben zwischen 1:7 500 für den Hafen von Dar-es-Salaam und 1:2 Millionen für die pazifischen Marschall-Inseln.[395] Diese nautischen Vermessungsarbeiten der Kaiserlichen Marine in Afrika wurden vor allem vom Vermessungsschiff „Wolf“, dem umgebauten Kanonenboot „Möwe“, den Stationskreuzern „Sperber“ und

„Panther" sowie durch weitere selbständig arbeitende kleine Vermessungsdetachements ausgeführt. Dabei waren „Wolf" und „Panther" vor Kamerun und Deutsch-Südwestafrika tätig, während die etwa 800 t große SMS „Möwe" neben den Gewässern von Deutsch-Südwestafrika auch diejenigen von Deutsch-Ostafrika noch bis in das Jahr 1914 aufnahm. Auf diese Weise wurden etwa in den Jahren 1898–1913 die Küsten von Togo und Kamerun vollständig, diejenigen des Schutzgebiets Deutsch-Ostafrika zu einem großen Teil sowie die schwierige Namibküste des Schutzgebiets Deutsch-Südwestafrika zu 890 km genau und zu weiteren 500 km flüchtig nautisch vermessen.[396]

**i) Projektion und Konstruktion einer Karte**

Das Endziel einer jeglichen Vermessung besteht in der maßstäblichen Darstellung eines Teils der Erdoberfläche auf einer Karte. Sowohl für diese Vermessung als auch die darauf basierende mathematische Konstruktion der Karte ist eine feste Maßeinheit notwendig. Im Vermessungswesen setzte sich hierzu international seit der Berliner Meter-Konvention im Jahre 1875 allmählich das Meter durch, welches den etwa 40-millionsten Teil des Äquatorumfangs darstellt. Die einzige nach Längen, Winkeln und Flächen wirklichkeitsgetreue Form der verkleinerten Abbildung der Erdoberfläche ist aber nur ein Globus. Der praktischen Anwendung eines Globus sind jedoch wegen dessen Unhandlichkeit enge Grenzen gesetzt. Überträgt man die dreidimensionale Erdoberfläche oder einen Teil derselben auf eine zweidimensionale Ebene, so erhält man eine Karte. Die Abbildung der Erdoberfläche auf dieser Karte würde aber nur dann geometrisch vollkommen sein, wenn sie wie der Globus Längen, Winkel und Flächen im gleichen Verhältnis verkleinerte. Dies ist jedoch im Gegensatz zu einem dreidimensionalen Globus bei einer zweidimensionalen Karte nur bei einer der drei Funktionen ohne Verzerrungen möglich: Erstrebt der Kartograph also etwa eine winkeltreue Darstellung, muss er unvermeidlich Verzerrungen der Längen- und der Flächentreue in Kauf nehmen. Eine zwischen diesen drei unvereinbaren kartographischen Extremen vermittelnde Art der Abbildung ergäbe selbst bei einem nur kleinen Teil der Erdoberfläche bestenfalls eine zwar nur verhältnismäßig geringe, dafür aber in allen drei Funktionen zugleich verzerrte Darstellung.[397]

Die Gestalt des Erdballs ist darüber hinaus leider keineswegs diejenige einer gleichmäßig runden Kugel, sondern gleicht vielmehr einem durch die Fliehkräfte der Rotation an den Polenden etwas abgeflachten und dafür am Äquator etwas ausgebauchten Rund-

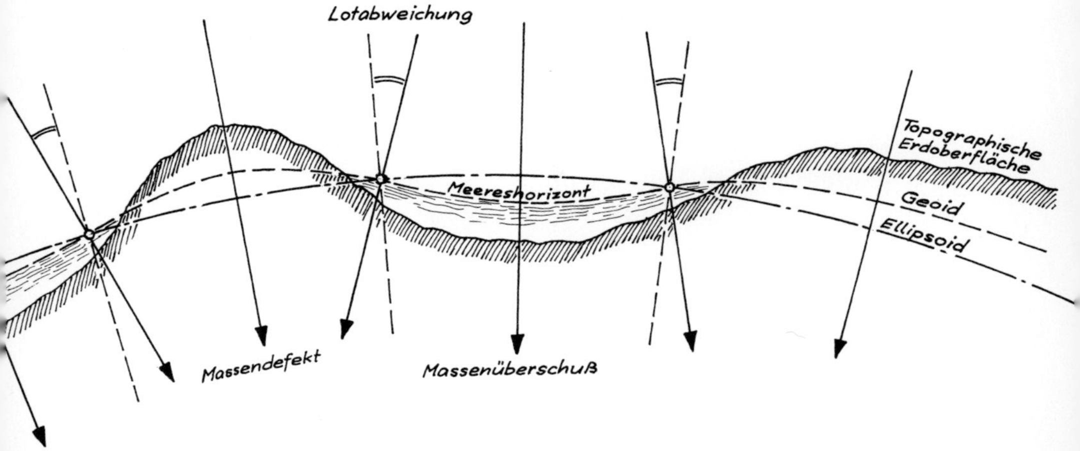


**Abb. 69:** Schematische Darstellung des Verhältnisses von tatsächlicher oder topographischer Erdoberfläche zu den Oberflächen von Geoid und Ellipsoid mit Darstellung der Lotabweichungen infolge von Massenunterschieden des Geoids (Quelle: FUHRER 1998, S. 121)

körper. Dessen Durchmesser von Pol zu Pol beträgt nach heutigem Kenntnisstand etwa 12 713,8 km, am Äquator dagegen etwa 12 756,8 km, also ungefähr 43 km mehr.[398] Dieser sogenannte (Rotations-) Sphäroid wird überdies noch durch die höchst unterschiedliche Höhengestaltung der Erdoberfläche von hohen Gebirgen bis zu tiefen Ozeangräben weiter verformt (Abb. 69). Diese Gegebenheiten führten Vermessungsfachleute und Kartenzeichner nach HETTNER schon früh dazu, sich zur künstlichen Wiedergabe der Erdoberfläche *„die Oberfläche des Meeres unter dem festen Lande fortgesetzt zu denken und die teils wirkliche, teils gedachte Wasserfläche als mathematische Erdoberfläche allen Lagen- und Raumbestimmungen zu Grunde zu legen. Die Vereinfachung aller Messungen und auch die tatsächliche Bedeutung dieser mathematischen Erdoberfläche für Druck- und Bewegungserscheinungen der Atmosphäre machen sie unentbehrlich.“* In der Tat ist aber auch die ozeanographisch gebildete mathematische Erdoberfläche keine gleichmäßige Kugel, sondern ein nur etwas weniger unregelmäßiger sogenannter Geoid[399] mit zudem örtlich verschiendenen und recht erheblichen Lotabweichungen infolge von Massenüberschüssen oder Massendefiziten.

Bei dem Entwurf einer Karte ist es deshalb von besonderer Wichtigkeit, dass sie Angaben zu ihren geodätischen Ausgangsvoraussetzungen enthält, so etwa die gewählte Kartenprojektion und der zugrunde gelegte idealisierende Ellipsoid, auf welchen vereinbarungsgemäß alle geodätischen Messungen der Fläche und der Höhe absolut bezogen werden. Hinsichtlich dieses Ellipsoiden sind bis heute über hundert wissenschaftliche Berechnungen vorgelegt worden und sieben davon in verschiedenen Weltteilen in mehr oder minder umfangreichem praktischem Gebrauch.[400] Die wesentlichsten Berechnungen zur Abweichung des Erdkörpers von der idealen Kugelgestalt wurden für den hier zu behandelnden Zeitraum durch die Ellipsoiden von Bessel (1841), Clarke I (1866), Clarke II (1880) und Hayford (1910) sphärisch dargestellt. Hierbei beruhte Wilhelm Bessels Ellipsoid aus dem Jahre 1841 noch auf nur verschiedenen europäischen Vermessungen seiner Zeit, während Alexander Clarkes erster Ellipsoid aus dem Jahre 1866 neben französischen, britischen und russischen bereits auch - soweit zu seiner Zeit schon abgeschlossen - indische, südafrikanische und peruanische Vermessungsbögen einschloss.[401] Unter den verschiedenen zur Wahl stehenden Ellipsoidberechnungen nahm das verbesserte zweite Ellipsoid von Clarke (1880) in der Ablösung des bahnbrechenden Besselschen die dominierende Stellung ein, obwohl dieses bezüglich der hier interessierenden Afrika-Kartographie nach Finsterwalder *„keineswegs als das die tatsächlichen Erddimensionen am besten annähernde (Erdkugelsimulation) bezeichnet werden und auf Grund der afrikanischen Messungen nicht als besonders zweckmäßig bezeichnet werden kann.*“[402]

Wie bereits angedeutet, ist es ein feststehender Grundsatz der Kartographie, die Zeichnung der Karten in der Weise vorzunehmen, dass dabei der dargestellte Teil der Erdoberfläche auf das Niveau der Meereshöhe hinabprojeziert wird. Dies erfolgt, vor allem bei kleinmaßstäblichen Karten eines umfangreichen Teils der Erdoberfläche, zum Ausgleich der sich sonst unvermeidbar ergebenden Verzerrungen der Parallellinien aufgrund der unterschiedlichen Entfernung bestimmter Punkte auf der Erdoberfläche vom Erdmittelpunkt.[403] Die den kolonialen Karten von Afrika vor dem Ersten Weltkrieg zugrunde gelegten Projektionen waren je nach den geographischen Anforderungen sehr verschiedenartig. Erst die sich im Laufe der Zeit als unumgänglich herausbildenden geodätischen Projektionen, vor allem im Zusammenhang mit den Triangulationsketten und den Katastermessungen, stellten hierbei den Grundsatz der Konformität auf, d. h. der Ähnlichkeit auch in den kleinsten Teilen anstelle des bei den meisten Projektionen geltenden Grundsatzes der Flächentreue.[404] Der zu Beginn der 1890er Jahre entstehenden deutschen Kolonialkartographie bereitete die

Wahl einer geeigneten Kartenprojektion keine besonderen Schwierigkeiten, da mit Ausnahme von Deutsch-Südwestafrika die afrikanischen Schutzgebiete recht dicht unter dem Äquator lagen und daher die flächentreue und unecht-zylindrische MERCATOR-SANSONsche (FLAMSTEED) Projektion gewählt werden konnte. Deren längentreue Parallelkreise bildeten sich auf den Kartenblättern als gerade Linien ab und schnitten sich deshalb stets rechtwinklig mit den Breitenkreisen. Schon aus praktischen Gründen hatte sich diese angeboten, da sie besser als die sonst etwa naheliegende Polyeder-Projektion ein leichtes Zusammensetzen der einzelnen Kartenblätter zu einem großen Karten(wand)bild ermöglichte.[405]

Diese Methode stieß freilich dann an ihre Grenzen, wenn es in den deutschen Schutzgebieten über die Feststellung der topographischen Verhältnisse in groben Zügen hinaus zu den erstrebten Fortschritten der kolonialwirtschaftlichen Inwertsetzung kam. Dann wurden regelrechte geodätische Vermessungen auf genauerer Referenzgrundlage notwendig, um darauf aufbauend ein Grundbesitzkataster erstellen zu können, Eingeborenenreservate abzustecken oder etwa moderne Verkehrswege zu trassieren. Dabei kamen dann ganz wie in der fernen Heimat genauere geodätische Vermessungen wie Triangulation, Nivellement, Polygonzüge mit Theodolit oder Tachymeter, Messtischaufnahmen und die Photogrammetrie zur Anwendung.[406] Aber auch ohne diese gesteigerten Ansprüche wies die noch bis zum Ausbruch des Ersten Weltkriegs, mit weitgehender Ausnahme von Deutsch-Südwestafrika, nahezu ausschließlich auf der Verknüpfung von Routenaufnahmen beruhende weiträumige Kartographie der deutschen Schutzgebiete nach HUEBER *„immer stärkere Spannungen auf, die davon herrühren, daß die astronomischen Punkte meist nur der Breite nach bestimmt waren, die wenigen Längebestimmungen wiesen damals wegen der schwierigen Zeitübertragung noch große Unsicherheiten auf. Die dadurch entstandenen Fehler in den Routennetzen konnten nicht mehr in der bisherigen primitiven Methode durch Verschieben, Probieren und Angleichen an neuaufgenommene Routen berücksichtigt werden.“* Allen Beteiligten der deutschen Kolonialkartographie war deshalb klar, dass die Zukunft allein einer allmählichen und völligen geodätischen wie topographischen Neuaufnahme der Schutzgebiete gehörte, *„und es besteht kein Zweifel, daß Deutschland, wenn ihm der Weltkrieg die Kolonien nicht geraubt hätte, auf dem Weg vorangeschritten wäre, den die Kolonialmächte seit dieser Zeit allmählich gegangen sind, nämlich den Weg einer exakten, auf genauen Triangulationen aufgebauten Landesaufnahme.“*[407]

Auf der Grundlage der gewählten Projektion ist eine ausgearbeitete Karte grundsätzlich das verebnete, maßstabsgerecht verkleinerte und durch Kartenzeichen erklärte Grundrissbild der Erdoberfläche oder eines beliebigen Teils derselben, wobei diese je nach Aufgabenstellung zusätzlich unterschiedlich verallgemeinert und inhaltlich begrenzt ist. Eine Karte soll sich zudem auszeichnen durch Genauigkeit im Unterschied zur Kartenskizze, Vollständigkeit im Verhältnis zum gewählten Karteninhalt, Zweckmäßigkeit hinsichtlich der Wahl von Projektion und Format, Klarheit und Verständlichkeit in der Darbietung des gewählten Karteninhalts sowie Übersichtlichkeit und leichter Lesbarkeit durch saubere Zeichnung und gute Druckwiedergabe. Schließlich ist von einer topographischen Karte auch noch zu erwarten, dass diese einer der drei mathematischen Projektionsmöglichkeiten Flächentreue, Winkeltreue oder Längentreue folgt.[408] Erfüllt eine Karte alle diese Anforderungen, kommt gerade in der geographischen Landeskunde der Klasse der topographischen Karten eine große Bedeutung zu, da jede verbale Form der Erläuterung nach Hettner *„nur für einen Teil unserer Vorstellungen eine angemessene Wiedergabe"* sein kann. *„Räumliche Vorstellungen lassen sich durch sie nicht oder nur andeutungsweise wiedergeben."*

Neben die sprachliche muss daher in der Geographie auch die bildliche Darstellung, *„müssen mit anderen Worten die Karte und neben ihr das Relief, das Profil, das Diagramm und das Bild treten, um die mannigfaltigen Erscheinungen der Erdoberfläche in ihrer Anordnung klar zu machen."* Gerade die topographische Karte dient nicht bloß zur Erläuterung und Ergänzung der sprachlichen Darstellung, sondern ist eine zweite und der sprachlichen Form gleichberechtigte geographische Darstellungsweise. Hettner verweist dabei zu Recht auf Lessings „Laokoon", worin jener ausführt, *„daß beschreibende Dichtung unmöglich sei, weil die Worte zeitlich auf einander folgen, die zu beschreibenden Gegenstände dagegen im Raume neben einander liegen. Diese Unterscheidung gilt nicht nur für die sprachliche und bildende Kunst, sondern für jede sprachliche und bildende Darstellung. Von besonderer Bedeutung ist sie für die geographische Darstellung der Erdoberfläche. Auch hier genügt die Sprache nicht: nur in den allgemeinsten Strichen kann sie deren Bild zeichnen; sobald sie auf die Einzelheiten eingeht und ein nur einigermaßen vollständiges Bild entwerfen will, wird sie unklar und verschwommen, wie man sich aus älteren Erdbeschreibungen leicht überzeugen kann."*[409] Dabei ist die auswertende Arbeit der Kartographen *„zugleich wissenschaftliche Tätigkeit und zeichnerische Technik; Geist und Hand müssen* *zusammen arbeiten. Freilich sind viele Kartographen nur Zeichner; aber sie bleiben Handwerker und können ihre Aufgabe nie ganz erfüllen. Ein guter Kartograph muß geographisch geschult sein, den Stoff wissenschaftlich beherrschen, die Formen und überhaupt Zustände der Erdoberfläche, die er darstellt, verstehen. Allzu vielen topographischen Karten, Spezialkarten sowohl wie Übersichtskarten, merkt man an, daß dem Zeichner das morphologische Verständnis fehlt.*“[410]

Bei der Einteilung in verschiedene Kartenarten folgt die geläufigste Unterscheidung dem Inhalt in die beiden Grundklassen der topographischen und der thematischen Karten, wobei in dem hier interessierenden Zeitraum die deutsche Afrikakartographie den Anforderungen einer Ersterschließung gemäß nahezu ausschließlich topographisch arbeitete. Topographische Karten stellen sichtbare Erscheinungen der Erdoberfläche aufgrund einer Vermessung lagerichtig im Grundriss dar. Dazu gehören in der Regel orographische Verhältnisse wie Geländeformen und Höhenverhältnisse, das Gewässernetz, die Bodenbewachsung sowie Siedlungen und Wirtschaftsflächen, Verkehrswege und Grenzen. Auf diese Weise ermöglichen topographische Karten dem Betrachter gleichsam auf einen Blick die rasche Erfassung bestimmter Tatsachen in einem Raum nach Art, Verbreitung, Häufigkeit und Größenordnung. Durch die Vergleichung bestimmter Raumelemente, wie des Reliefs, der Vegetation, des Gewässernetzes und der Besiedlung, können komplexe geographische Wirkungszusammenhänge sowohl leicht fasslich dargeboten als auch aufgenommen werden. Aus diesem Grunde werden topographische Karten auch als „geographische“ Karten bezeichnet. Zur Erhaltung von deren Aussagewert ist die Fortführung (Laufendhaltung) durch regelmäßige Nachträge, Berichtigungen oder Neubearbeitungen unabdingbar.[411]

Dem Karteninhalt nach gliedern sich topographische Karten in die drei Bestandteile der Darstellung des Lageplans (Situationszeichnung mit Bodenbewachsung), der Geländedarstellung (Versinnbildlichung der Höhenverhältnisse) und der Beschriftung der Karte. Grundsätzlich ist der Karteninhalt vor allem vom gewählten Maßstab abhängig. Je nach der durch die Wahl des Maßstabs erzwungenen Verallgemeinerung erscheint auf dem Kartenblatt eine veränderlich große Fülle von Einzelgegenständen, welche nach gewissen Gesichtspunkten verallgemeinert und gruppiert worden sind. In der Regel wird der Karteninhalt samt Kartenzeichen durch Angaben am Kartenrand in der sogenannten Legende erläutert und mitunter sogar durch Begleitworte ergänzt. Am Kartenrand finden sich zumeist auch Hilfsmittel zur Orientierung und Messung auf der Karte, Angaben über den Maßstab sowie zum Berichtigungsstand.[412] Das Ziel der Geländedarstellung auf einem zweidimensional flachen Kartenblatt ist die Veranschaulichung der dreidimensionalen Höhenverhältnisse der Wirklichkeit im Gelände. Dabei soll die Karte anschaulich in Bezug auf die reine Höhe, die Formen und auch die Böschung der Höhenunterschiede sein. Die Erfüllung dieser Aufgabenstellung ist seit jeher die hohe Kunst eines Kartographen und erfordert sowohl wissenschaftliche Kenntnisse als auch graphische Kunstfertigkeiten.[413] Mit der Güte der Gelände- oder auch Terraindarstellung steht und fällt der Wert jeder topographischen Karte.

In topographischen Karten erfolgt die genaue Wiedergabe der dreidimensionalen Höhenverhältnisse durch zweidimensionale Höhenlinien oder Isohypsen, welche gelegentlich auch als Höhenschichtlinien, Schichtlinien, Höhenkurven und Niveaulinien bezeichnet werden. Diese Höhenlinien in topographischen Karten sind als gedachte Linien zu verstehen, welche alle Geländepunkte auf gleicher Höhe über dem Meeresspiegel miteinander in getreuer Verfolgung der Ein- und Ausbuchtungen des Reliefs gemäß maßstabsbedingtem Verallgemeinerungsgrad verbinden. Diese linienhafte Darstellung von Höhenverhältnissen ist die einzige geometrisch einwandfreie „verflachte“ Form der Reliefwiedergabe, welche aber auch erst vergesellschaftet ein wichtiges kartographisches Formelement erzeugt. Der kartographischen Wiedergabe des Geländes lagen aber vor der Einführung photogrammetrischer Verfahren stets nur einige in den afrikanischen Landschaften besonders dünn gesäte trigonometrische oder zumindest barometrische Höhenmessungen zugrunde. Arbeitstechnisch wurde der Kartograph dadurch zur schwierigen und selbst bei aller einfühlenden Sorgfalt nie fehlerfreien Interpolation von Punkten gleicher Höhe per Hand gezwungen, was sich naturgemäß auf großmaßstäblichen Karten verfälschender auswirken konnte als auf kleinmaßstäblichen Überblickskarten.[414] Aus diesem Grunde wurden in den deutschen Afrikakarten vor dem Ersten Weltkrieg anstelle der uns vertrauten Höhenlinien fast stets die dem tatsächlichen Kenntnisstand entsprechenden ungenaueren Darstellungsarten mittels sogenannter Schätzungs- bzw. Gefühlsisohypsen oder Formlinien angewandt. Diese beruhen nicht auf genauen Höhenvermessungen eines Geländes, sondern versuchen dessen von Forschungsreisenden beobachtete Reliefformen durch freihändig nach Gefühl gezeichnete höhenlinienartige Striche annähernd wiederzugeben. Da diese rohen Geländedarstellungen zumeist auf Routenaufnahmen zurückgingen, wurden die Formlinien auf den Kartenkonstruktionen zumeist nicht durchgezogen dargestellt, sondern begannen und endeten je nach Bedarf. Auch haben solche Ersatzlinien im Gegensatz zu den genauen Höhenlinien weder einen überall gleichen Höhenabstand zueinander noch eine gleichbleibende Strichstärke. Zeichnet der Kartograph sie unter simuliert schräg einfallender Beleuchtung an der dem Licht abgewandten Seite stärker, so entsteht im Auge des Betrachters eine freiplastische Horizontalschraffur.[415]

Als letztes charakteristisches Merkmal der kartographischen Arbeit, welchem insbesondere im seinerzeit noch weithin unerforschten Afrika eine große Bedeutung zukam, ist die alte handwerkliche Forderung nach regionaler Kontinuität im Sinne einer ununterbrochenen kartographischen Darstellung. Dieser liegt der bekannte kartographische *horror vacui* zugrunde, wonach eine informationslose Leere auf einer Karte, wenn irgend möglich, zu vermeiden sei.[416] Gerade die deutschen Kartenblätter von Afrika am Ende des hier zu betrachtenden Zeitraums warten etwa bei den großen amtlichen Kartenwerken der einzelnen Schutzgebiete auf den ersten Blick mit einem scheinbar durchgängig gleichen Informationsniveau in ununterbrochener oder unausgedünnter Geländedarstellung auf. Dies darf aber nicht die Tatsache der in der Regel erheblichen regionalen Kenntnisunterschiede verdecken, wozu freilich die meisten Kartenbetrachter durch die Fülle und die meisterhafte Komposition des Dargebotenen leicht verleitet werden. Nur selten standen gerade kolonialzeitliche Kartenwerke so deutlich zur lückenhaften Verschiedenartigkeit ihrer Kartenquellen und gaben diese auch so getreu unter Nennung ihrer Quellen mit erläuternden Hinweisen wider wie etwa der im Jahre 1897 in Justus Perthes Geographischer Anstalt erschienene LANGHANSsche Deutsche Kolonial-Atlas.

## Nr. 2 „Topographische Aufnahmen auf Reisen“, eine praktische Einführung von Dr. Oscar Baumann aus dem Jahre 1894

Ein Forschungsreisender stand bei der Durchquerung und Entschleierung von bislang topographisch unbekannten afrikanischen Landschaften vielfältigen Aufgaben gegenüber. Zur Verdeutlichung des mühseligen Geschäfts der von der Mitte des 19. bis zum Beginn des 20. Jahrhunderts alles andere an Bedeutung übertreffenden Routenaufnahme für die Gewinnung kartographischer Grundlagen erscheint die Wiedergabe einer kurzgefassten und aufgrund eigener langjähriger Erfahrungen sehr anschaulichen Schilderung des österreichischen Forschungsreisenden Dr. OSCAR BAUMANN (1864–99) im Wortlaut sinnvoll. Dieser hatte in den Jahren 1885–95 mehrere große Forschungsreisen durch Afrika nach der Insel Fernando Póo, ins Becken des Kongo und vor allem in sein Hauptforschungsgebiet, das nördliche Deutsch-Ostafrika, unternommen. Aus dem hierauf gründenden reichen Erfahrungsschatz zu Routenaufnahmen im tropischen Afrika verfasste Dr. BAUMANN auf Anregung von Dr. ALEXANDER FREIHERR VON DANCKELMAN als der Nachahmung wärmstens empfohlenes Beispiel für künftige Forschungsreisende eine wiederentdeckenswerte Einführung in die zeitgenössischen topographischen Aufnahmemethoden, welche auf den ersten vierzehn Seiten der MadDS 1894 veröffentlicht wurde:

*„Die nachfolgenden Winke sind für Reisende berechnet, welche fast oder ganz unerforschte Gebiete besuchen und die Aufgabe haben, dieselben topographisch festzulegen. Es handelt sich in diesem Falle niemals – oder doch nur in seltenen Ausnahmefällen – um eine Spezialaufnahme, wie dieselbe etwa in Kulturstaaten von geodätischen Korps ausgeführt wird, sondern um Uebersichtsaufnahmen, und ausschliesslich von diesen soll hier die Rede sein.*

*Die Aufgaben des Topographen sind die folgenden:*

1. *Routenaufnahmen.*
2. *Peilungen.*
3. *Höhenmessungen.*
4. *Astronomische Ortsbestimmungen.*

*Zur Routenaufnahme dienen Kompass und Taschenuhr. Der Kompass ist viereckig und zwar derart hergestellt, dass die Kanten den vier Hauptrichtungen der Theilung parallel laufen. Die Eintheilung ist rechts herum von 0 bis 360°. Die Sperrvorrichtung in Form einer Schraube befindet sich an der Südostecke. In trockenen Klimaten kann das Gehäuse aus Holz sein. In feuchten tropischen Ländern muss dasselbe jedoch aus Metall (Messing) gefertigt sein, da*

*Holzbestandtheile sich werfen und das Instrument unbrauchbar machen. Die Taschenuhr hat keinen Deckel, sondern nur ein festes Glas. Man thut gut, mehrere vorher gut eingeschliffene Reservegläser mitzunehmen, um die Uhr, falls das Glas einmal zerbricht, nicht unbrauchbar werden zu lassen.*

*Die Beobachtung besteht darin, dass der Reisende bei jeder erheblichen Wegbiegung die Uhrzeit und Kompassrichtung abliest. Wenn der Topograph mit einer Karawane marschirt, so hält er sich am Ende derselben 30 bis 40 Schritt hinter den letzten Leuten auf. Er kann dann, besonders wenn er auf einem Reitthier sitzt, die Hauptrichtung des Marsches und jede nennenswerte Aenderung desselben meist gut erkennen, besonders wenn an der Spitze der Karawane eine Flagge oder sonst ein hoher Gegenstand getragen wird. Bei einigermaassen guter Marschdisziplin ist die Geschwindigkeit am Ende der Karawane nicht unregelmässiger wie an der Spitze.*

*Der Vorgang bei der Beobachtung ist folgender: Der Reisende trägt den Kompass in der rechten unteren Rocktasche, die er, wenn derselbe von Messing ist, mit Leder füttern lässt. In der linken oberen Rocktasche trägt er ein halbsteif gebundenes Oktavheft, in welchem ein Bleistift (Faber Nr. 3) bei jenen Seiten liegt, die gerade beschrieben werden, so dass sie sich beim Gebrauch ohne Weiteres aufklappen. An einem Rockknopf befestigt er ein Endchen blauen Bleistift. Ferner hat er einen Radiergummi stets bei sich.*

*Sobald der Reisende eine Biegung des Weges wahrnimmt, sieht er auf die Uhr. Hierauf stellt er den Kompass so, dass die Nord-Südlinie in die Richtung des Weges fällt, und liest die Zahl ab, auf welche das blaue (Nordende) der Nadel zeigt. Dass er den Kompass richtig hält, erkennt er daran, dass die Sperrschraube rechts unten ist. Dann schreibt er Uhrzeit und Kompasslesung auf die linke Seite des Taschenbuches. Die rechte bleibt zum Einzeichnen des Croquis frei.*

*Jede Beobachtung wird im Taschenbuch von der nächstfolgenden durch einen Beistrich getrennt. Sowie das Terrain ansteigt oder fällt, wird dies vermerkt, und zwar durch die folgenden Beisätze zur Ablesung: gz. lcht ab (ganz leicht ab), lcht ab (leicht ab), ab, ab stl (ab steil) oder bzw. an. Diese Beisätze, auch wenn sie nicht durch Angabe der Neigungswinkel gestützt sind, genügen, verbunden mit Croquis und Höhenmessungen, dem Kartographen zur Orientierung. Auch wesentliche Verzögerungen des Marsches, wegen Gestrüpp, Sumpf u.s.w., werden vermerkt, sowie Orte und deren Namen mit der Angabe, ob dieselben rechts (r) oder links (l) vom Wege liegen, z. B. 5h 36 l Df Malyanga, das heisst 5h 36m links*

*Dorf Malyanga. Gewässer irgend welcher Art, Wasserrinnen, Bäche und Flüsse werden beim Ueberschreiten mit der Uhrzeit, dem eventuellen Namen und der Richtung, ob nach rechts oder nach links fliessend, vermerkt. Stehen die Gewässer auf die Route senkrecht, oder halbiren sie einen von der Route gebildeten Winkel, so braucht man keine genaueren Richtungsangaben, sonst, und bei grösseren Gewässern stets, stellt man die Nordsüdlinie des Kompasses in die Strömungsrichtung des Gewässers und liest ab. Die Beobachtungszahl wird der Uhrzeit der Ueberschreitung eingeklammert beigefügt, z. B. 6h 12 Fluss Mulasi l (280). Bei allen Gewässern suche man zu erfahren, wo sie hinmünden, sowie ob sie ständig oder periodisch sind, bei grösseren sind natürlich auch Angaben über Wassermenge von Interesse.*

*Bei jeder Unterbrechung des Marsches wird sofort die Uhrzeit angemerkt, ebenso jene im Moment des Weitermarsches, z. B. 8h 5 ft 8h 30, d. h. 8h 5 Halt, fort 8h 30.*

*Während derart der Routentext auf der linken Seite des Taschenbuches vermerkt wird, dient in bergigem Terrain die rechte Seite für die Terrainskizze. Besser als Worte erläutern diese das umstehende Beispiel* [Abb. 70]*, *welches ein Stück meiner Routenaufnahme wiedergiebt. Die in die Skizze eingeschriebenen Zahlen sind Uhrzeiten, diese werden im Routentext unterstrichen, um Verwechselungen unmöglich zu machen. Das Terrain wird in Formenlinien dargestellt, die Gewässer blau eingezeichnet. Bei dieser Skizze kommt es weder auf Maasstab noch auf Richtung an, sondern nur auf möglichst charakteristische, wenn auch rohe Wiedergabe des Terrains. Dass man, um dies im Stande zu sein, einige Uebung*

*) Eine erläuternde Fußnote löst die Abkürzungen des Auszugs aus dem Beobachtungstaschenbuch vom 13./14.9.1890 auf der linken Seite der Abb. 70 wie folgt auf: „11 Uhr 5 Min. in Richtung 20° marschirt, um 11 Uhr 12 Min. in Richtung 40°, um 11 Uhr 14 Min. ein trockenes Bachbett passirt, das nach rechts abfällt, um 11 Uhr 20 Min. einen Bach, der nach rechts in 160° fliesst, hier Aufenthalt bis 11 Uhr 25 Min., dann fort in Richtung 80° leicht ansteigend, um 11 Uhr 32 Min. leicht an in Richtung 330°, um 11 Uhr 42 Min. den schon um 11 Uhr 20 Min. passirten Bach noch einmal überschritten (repass), der nach nach links fliesst, von dieser Uebergangsstelle in Richtung 290° marschirt, bis um 11 Uhr 50 Min. das Dorf Kiyinga erreicht wird, von dem aus mit dem Dataillirbrett eine Rundsicht No. 5 aufgenommen wird, auf einem Blatt, das die No. 13 erhält. Am 14. September wird kurz vor dem Abmarsch das Aneroid B0 zu 635.5 mm abgelesen. die Temperatur des Aneroides beträgt nach den Angaben des beigefügten Thermometers 15°.0 (t1), die mittels Schleuderthermometer ermittelte Lufttemperatur beträgt 16°.0 (t), das Siedethermometer No. 46 ergab eine Siedethemperatur von 95°.32, No. 49 eine solche von 95°.38. Um 5 Uhr 50 Min. morgens am 14. September 1890 wird in Richtung 10° leicht absteigend fortmaschirt usw."

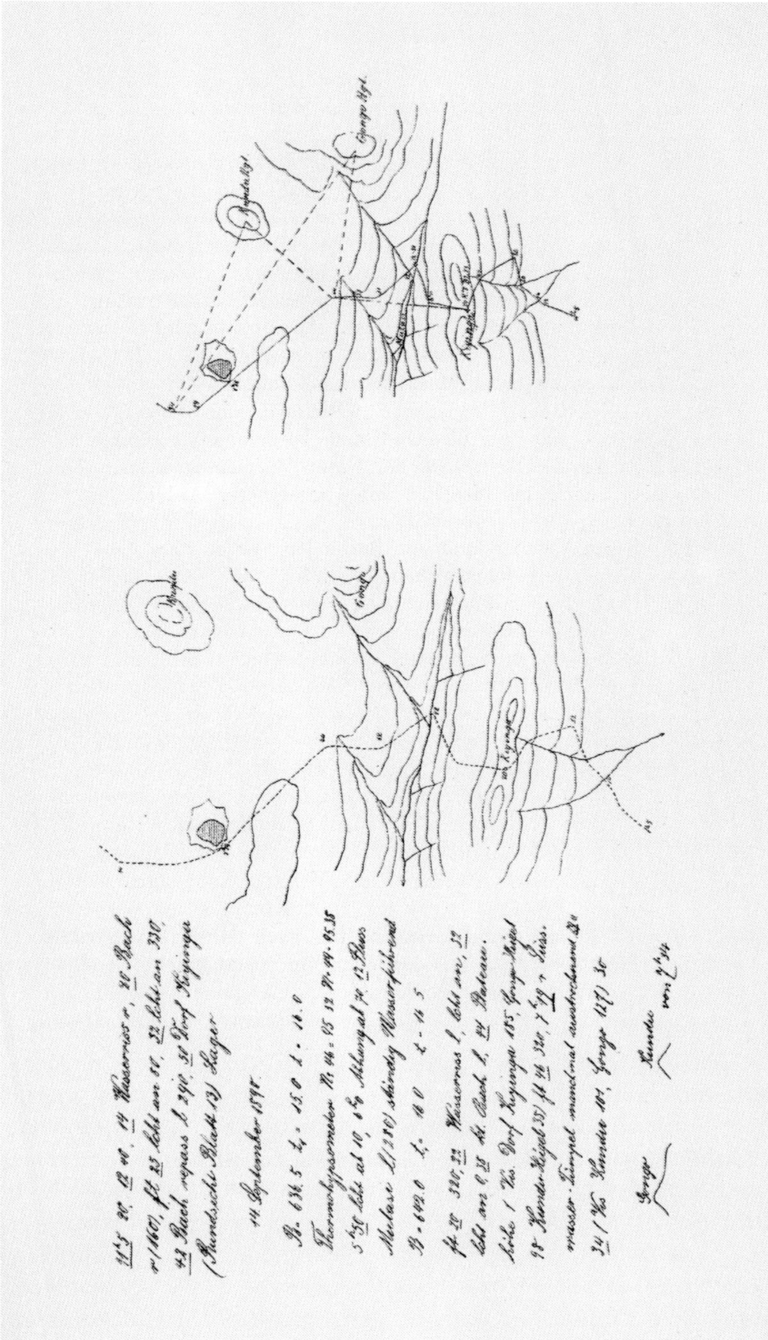

**Abb. 70:** Zwei Beispielblätter aus dem Beobachtungstaschenbuch mit Notizen und Feldskizze sowie fertige Auskonstruktion dieser Routenaufnahmemethoden (Quelle: BAUMANN 1894, S. 4)

**Abb. 71:** Detaillierbrett mit aufgelegtem Diopterlineal zum Anvisieren und Einzeichnen von Geländemerkmalen (Quelle: BAUMANN 1894, S. 5)

*im topographischen Zeichnen nach der Natur besitzen muss, ist selbstverständlich, doch ist dieselbe unter geeigneter Anleitung leicht zu erlernen.*

*Bei einiger Uebung kann ein Reisender, der zu Fuss marschirt, die sämtlichen angeführten Arbeiten ausführen, ohne stehen zu bleiben. Doch empfiehlt es sich, anfangs beim Ablesen des Kompasses einen Augenblick einzuhalten, man kann dann auf etwa 5° genaue Beobachtungen bekommen. Gegenstände aus Eisen muss der Topograph natürlich entfernt von sich halten. Wenn die Marschrichtung sich anscheinend längere Zeit nicht ändert, so empfiehlt es sich, besonders in waldiger oder hochbegraster Gegend, zur Kontrolle doch manchmal auf den Kompass zu sehen, doch braucht die Ablesung, falls sie von der vorigen nicht abweicht, nicht verzeichnet zu werden. Wer auf einem Esel, Pferd oder Kamel reitet, kann*

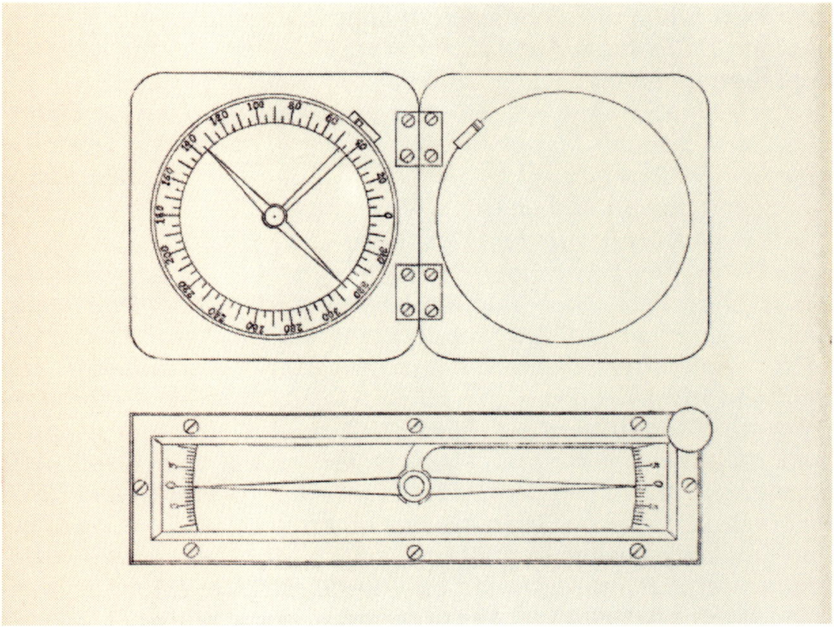

**Abb. 72:** Kompass (oben) und Libelle (unten). Quelle: BAUMANN (1894), S. 6).

*sämtliche Routenbeobachtungen ausführen, ohne anzuhalten, wenn das Thier einigermaassen ruhig geht. Wer im Kanu fährt oder in der Hängematte getragen wird, legt den Kompass am besten an eine gesicherte Stelle und orientirt ihn nach der Hauptachse des Kanus (der Hängematte). Er kann dann die Sperrvorrichtung öffnen und die Richtungsänderung direkt ablesen. Angaben über die Geschwindigkeit des Marsches, z. B. wie viele Schritte durchschnittlich in der Minute zurückgelegt werden, sind sehr erwünscht. Im Lager angelangt, sowie an Orten, wo längerer Aufenthalt genommen wird, öffnet man die Sperrvorrichtung des Kompasses und stellt ihn horizontal an einen gesicherten Ort.*

*Hand in Hand mit den Routenaufnahmen gehen die Peilungen. Dieselben werden mit dem Detaillirbrett und mit der Schmalkalder Boussole ausgeführt. Das Detaillirbrett* [Abb. 71] *ist ein gewöhnliches kleines Reissbrett, welches auf ein Stativ aufschraubbar ist. In tropischen Ländern, wo geleimte Bretter leicht zerfallen, müssen dieselben durch zwei Messingdrähte, welche das Brett der Breite nach durchbohren, festgehalten werden. Das Stativ hat drei Beine, welche durch je eine Schraube festgehalten werden. Um die zum Festdrehen dienenden Schraubenmuttern nicht zu verlieren, wird am Ende der Schrauben ein Knopf angebracht. Als Zubehör zum Brett dienen die Libelle und das Diopterlineal* [Abb. 72].

*Brett, Libelle, Diopterlineal und ein Block mit Zeichenpapier, der dann gleich als Mappe für gebrauchte Blätter dient, verwahrt man in einer Tasche aus Wachstuch, die zusammen mit dem Stativ von dem topographischen Gehülfen getragen wird.*

*Die Beobachtung mit dem Detaillirbrett, das Anfertigen einer trigonometrischen Rundsicht* [Abb. 73] *geschieht an Punkten, welche einen guten Ueberblick über das Terrain darbieten. Solche liegen nicht immer an der Route, sondern müssen erst besonders aufgesucht werden, was sich besonders vom Lager aus empfiehlt. Zur Beobachtung wird das Stativ aufgestellt und das Brett daraufgeschraubt. Hierauf wird ein Blatt Zeichenpapier mit vier Reissnägeln, die man stets im Brett stecken lässt, aufgespannt. Man stellt hierauf das Brett nach dem Augenmaass durch Verstellen der Beine horizontal, was an Orten, wo der Horizont sichtbar ist, recht genau möglich ist, wenn man über die Fläche des Brettes auf den Horizont visirt. Hierauf legt man die Libelle erst parallel der Schmalseite, dann parallel der Längsseite des Brettes und sucht durch Einstossen der Spitzen der Stativfüsse in den Boden das Einspielen der Libelle in beiden Lagen zu erreichen. Dies ist in weichem Boden leicht, bei hartem steinigen Boden aber oft recht mühsam, so dass man gut thut, bei Wahl des Platzes auf diesen Umstand Rücksicht zu nehmen. Am besten ist es, das Aufstellen und Nivellieren des Brettes gleich von Anfang an dem topographischen Gehülfen beizubringen, der dies, wenn er halbwegs intelligent ist, rasch lernt, und sich dann von dem richtigen Einspielen der Libelle zu überzeugen. Hierauf steckt man eine gewöhnliche Messingnadel, deren man am besten einige im Futter des Diopterlinealfutterals verwahrt, in das Zeichenblatt, und zwar in der Mitte, wenn es sich um eine wirkliche Rundsicht handelt, das heisst, wenn man nach allen Seiten Ausblick hat, sonst nahe an einen Brettrand.*

*Dann beginnt man mit dem Diopterlineal zu visiren. Will man z. B. einen Berg a anpeilen, so legt man das Diopterlineal fest an die Nadel an und verschibt es – doch so, dass es stets die Nadel berührt – so lange, bis man durch die Okularspalte den Objektivfaden und den Berg a in einer Linie erblickt. Hierauf zieht man, ohne das Auge von der Okularspalte zu entfernen, mit einem harten Bleistift (Faber No. 5) den Peilungsstrahl von der Nadel aus längs des Diopterlineals. Dann schiebt man das Lineal von der Nadel ab und zeichnet am Ende des Strahles das Profil des Berges a leicht ein. Hierauf wiederholt man dasselbe mit einem Objekt b und fährt*

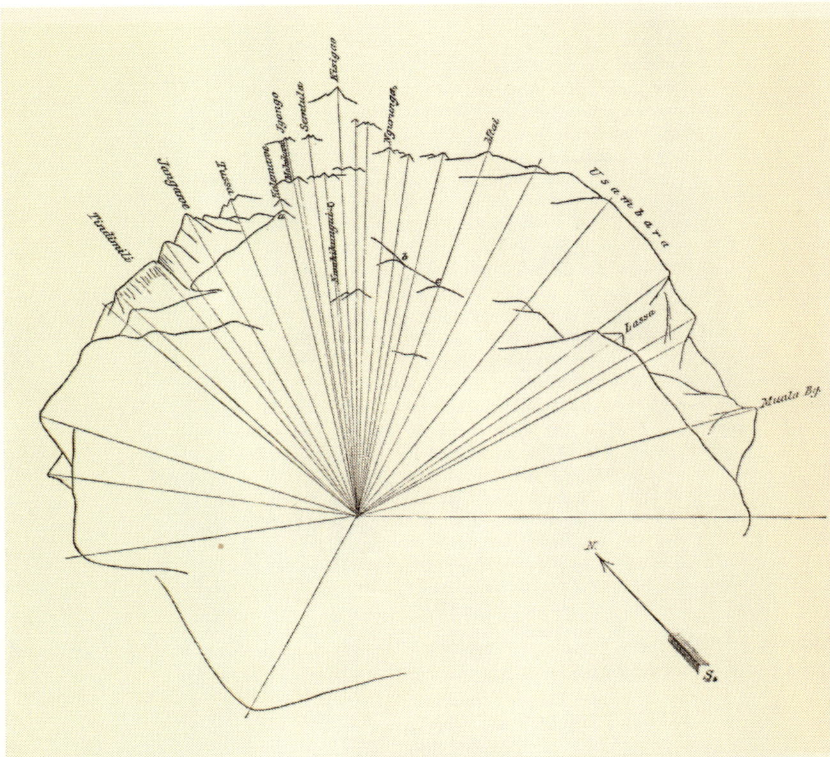


**Abb. 73:** Trigonometrische Rundsichtpeilung als Ergebnis der Arbeit mit Detaillierbrett und Diopterlineal (Quelle: BAUMANN 1894, S. 7)

*fort, bis man nach allen wichtigen Terrainobjekten Peilungsstrahle gezogen hat. Die Profile kann man erst nur ganz leicht und ohne die Hand aufzulegen einzeichnen, da man sonst das Brett verrückt. Um sich zu überzeugen, dass das nicht geschehen, stellt man zuletzt wieder das erste Objekt, also in unserem Falle den Berg a, ein und sieht nach, ob dessen Peilungsstrahl noch stimmt. Ist dies der Fall, so legt man den Kompass, den man zu Routenaufnahmen braucht, auf das Brett, lässt die Nadel genau auf die Nordsüdlinie einspielen und zieht längs der Kante die Richtung, die man mit N-S bezeichnet. Dann kann man die Profile weiter ausführen, Ortsnamen und geschätzte Distanzen einschreiben. Wer durch seinen Beruf, etwa als Seemann oder Offizier, gewöhnt ist, in Seemeilen oder Metern zu schätzen, der bleibe natürlich dabei; ein Anderer schätzt am leichtesten in Marschstunden und Minuten, bei nahen Objekten in Schritten.*

**Abb. 74:** Freihändiges Terraincroquis des Flusstals des Mkomasi bei den Usambara-Bergen mit andeutenden Formlinien (Quelle: BAUMANN 1894, S. 9)

*Doch erfordert jede Art der Schätzung Uebung. Dann wird das Blatt mit Datum und fortlaufender Nummer versehen und dasselbe an der betreffenden Stelle des Taschenbuches angemerkt. Es empfiehlt sich sehr, auf der Rückseite der Rundsicht aus freier Hand ein Terraincroquis* [Abb. 74] *anzufertigen, indem man versucht, die in der Rundsicht im Profil angedeuteten Objekte in horizontaler Projektion darzustellen. Man zeichnet immer erst die Wasserläufe, dann die Gebirge ein. Bei kleineren Terrainabschnitten kann man die Bergformen gleich in der Rundsicht in Formenlinien darstellen, wie dies in* ... [Abb. 75] *geschah.*

*Bei den Rundsichten kommt es hauptsächlich darauf an, dieselben Punkte möglichst oft anzupeilen, nicht nur um dieselben festzulegen, sondern um eine Kontrolle der Routenaufnahme zu bekommen. Eine solche erhält man auch durch Anpeilen von Punkten, die in der bereits zurückgelegten Route gelegen sind, doch ist es nicht immer leicht, solche genau zu erkennen.*

*Wenn nur ein oder wenige Punkte sichtbar sind, deren Anpeilung jedoch wünschenswerth erscheint, so bedient man sich der Schmalkalder Boussole* [= identisch mit einem Peilkompass], *ein*

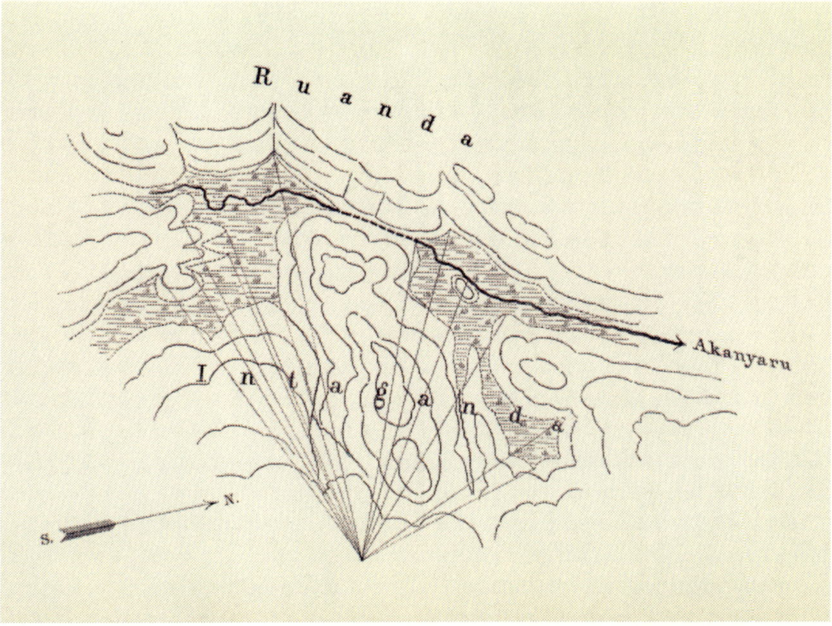


**Abb. 75:** Terraincroquis des sumpfigen Flusstals des Akanyaru in Ruanda von einem Rundsichtpeilpunkt mit roher Einzeichnung der Geländeformen (Quelle: BAUMANN 1894, S. 11)

*Instrument, dessen Gebrauch keiner besonderen Erläuterung bedarf. Die Ablesung schreibt man mit der Uhrzeit und dem Beisatz vis. (visirt) in Klammern in das Taschenbuch, eventuell mit Beigabe einer kleinen Profilskizze, z. B. 8h9 (vis. Lukutuberg 105). Bei einiger Uebung kann man auf 5° genau ablesen, doch bleibt die Beobachtung mit der Schmalkalder Boussole stets weit ungenauer als die mit dem Detaillirbrett. Um den Grad der Genauigkeit der Boussolebeobachtung zu erhalten, ist es gut, manche einzelne Punkte einer Rundsicht ebenfalls mit der Schmalkalder Boussole anzupeilen und die Ablesung dem Peilungsstrahl mit dem Zusatz vis. beizuschreiben.*

*Bei ganz nahen Objekten genügt es, wenn man den Routenkompass in der Richtung nach denselben einstellt und abliest. Die Ablesung fügt man der Uhrzeit im Taschenbuch, eingeklammert, ohne den Zusatz vis. bei, z. B. 10h5 r Granithügel (35).*

*Die Höhenmessungen werden mit Aneroidbarometer und Thermohypsometer ausgeführt. Zur Routenaufnahme empfiehlt es sich, ein grösseres Instrument zu benutzen, welches der topographische Gehülfe in einem Futteral an einem Riemen trägt. Für*

*Höhen über 2500 Meter hat man ein besonders kleines Insrument und nimmt das grössere womöglich nicht dahin mit. Die Beobachtung erfolgt so oft als möglich, vor Allem in Thälern und auf Höhen, bei Rasten immer knapp vor dem Abmarsch. Bei der Beobachtung giebt man dem Aneroid einen kleinen Schlag und liest den Barometerstand ab, dann liest man die Temperatur am Thermometer im Instrument und bestimmt die Lufttemperatur mit dem Schleuderthermometer. Das Schleuderthermometer steckt in der rechten oberen Rocktasche, der Deckel seines Futterals ist durchbohrt und durch denselben geht der Seidenfaden des Thermometers, dessen Ende an einem Rockknopf befestigt wird. Zur Beobachtung wird das Thermometer etwa 1 Minute lang rasch im Kreise geschwungen und dann abgelesen. Die Ablesungen werden mit der Uhrzeit im Taschenbuch vermerkt, z. B. 11h 8m B = 710.5 t1 = 23.0, t = 22.5, d. h. 11h8 Aneroidstand =710.5 mm, Instrumenttemperatur (t1) = 23°.0, Lufttemperatur (t) = 22°.5.*

*Das Thermohypsometer wird in sehr praktischer Form von Fuess in Steglitz bei Berlin geliefert. Reisende, die nicht viel Spiritus mit haben, giessen heisses Wasser in das Behältnisss, welches dann leicht mit der Lampe zum Kochen gebracht werden kann. Doch muss man sehr darauf achten, dass das Quecksilber vollkommen zur Ruhe komme, da kleine Fehler in der Ablesung auf das Resultat grossen Einfluss ausüben.*

*Trigonometrische Höhenmessungen werden wohl nur in seltenen Fällen mit dem Theodoliten oder Sextanten angestellt. Sämmtliche Höheninstrumente müssen in Europa vor und nach der Reise einer Anstalt zur Prüfung übergeben werden.*

*Auf astronomische Ortsbestimmungen kann hier nicht eingegangen werden, da dieselben doch unbedingt praktisch unter Leitung eines Fachmannes erlernt werden müssen. Als Instrument empfehlen sich ein Universal-Instrument mit gebrochenem Fernrohr, das besonders in den Tropen sehr vortheilhaft ist, da es gestattet, die Sonne selbst bei Zenithstand zu beobachten, ferner Reflexionskreis (event. mit Stativ) und künstlicher Horizont. Als Uhren benutzt man Halbchronometer, oder mindestens drei gute Glashütter Ankeruhren im Preis von je ca. 180 Mk., von denen eine nach Sternzeit regulirt sein sollte, die in ein Holzkästchen verpackt, in Wachstuch eingewickelt und unterwegs zwischen Wäsche gelegt werden.*

*Das tägliche Aufziehen der Uhren gehört - so unglaublich dies klingen mag - zu den schwierigsten Aufgaben des Reisenden. Es empfiehlt sich, möglichst viele Leute mit Verrichtungen zu beauftragen, die sich auf das Aufziehen der Uhren beziehen. So liess ich einen meiner Jungen die Uhren abends auspacken und bereit legen, derselbe musste sie mir morgens zum Aufziehen bringen. Dann musste ein anderer Junge die Uhren aus meiner Hand übernehmen und im Beisein des diensthabenden Unteroffiziers im Koffer verwahren, worauf der Unteroffizier mir meldete, dass die Uhren richtig verpackt seien. Schliesslich musste der Träger bei der ersten Rast melden, dass er den Koffer mit den Uhren richtig übernommen habe. Auf diese Art wurde ich so oft an das Aufziehen der Uhren erinnert, dass ein Vergessen nahezu ausgeschlossen war. Dennoch kam ein solches anlässlich der blutigen Gefechte in Mugango vor.*

*Im Allgemeinen lehrt die Erfahrung, dass Breitenbestimmungen auf Inlandreisen selbst von ungeübten Beobachtern recht verlässlich angestellt werden, während Längenbstimmungen vielfach sehr mangelhaft sind, selbst wenn sie von gründlich geschulten Fachleuten vorgenommen wurden. Der Grund liegt in dem unregelmässigen Gang der Uhren und in den zahlreichen Fehlerquellen, welche die absoluten Methoden der Längenbestimmungen enthalten. Im Allgemeinen sind die Ergebnisse, welche die Routenkonstruktion und vor Allem die trigonometrischen Rundsichten ergeben, ohne Vergleich genauer als astronomische Längenbestimmungen. Besonders wenn der Reisende sich in Routenschleifen durch ein abgeschlossenes Gebiet bewegt, giebt ein aus den Rundsichten konstruirtes Dreiecksnetz oft die beste Grundlage für die Karte. Bei grossen Inlandsreisen freilich wird sich ein solches kaum jemals ergeben und muss Alles daran gesetzt werden, um gute Längen zu erhalten. Breitenbestimmungen und Zeitbestimmungen können und müssen unter allen Umständen gemacht werden, schon um die zur Konstruktion unumgänglich nothwendige magnetische Missweisung zu erhalten. Dieselbe wird am einfachsten bestimmt, indem man an Orten, wo Zeit und Breite ermittelt wurden, die Sonne morgens und abends mit der Schmalkalder Boussole anpeilt und die Ablesung mit der Uhrzeit der astronomischen Beobachtungsuhr anmerkt. Aus den Breitenbestimmungen lassen sich sehr oft die Längen durch Peilungen bestimmen.*

*Der Reisende muss vor Allem darauf bedacht sein, möglichst viel Material zu sammeln und dasselbe in solcher Form zu verzeichnen, dass es im Nothfalle auch Anderen verständlich ist. Im Lager angelangt, braucht er sich nicht mehr um die Aufnahmen zu kümmern, da es, falls er Alles, was er sah, bereits unterwegs verzeichnet hat, vollkommen gleichgültig ist, ob er die Aufnahme sofort oder erst in Jahren konstuirt. Seine freie Zeit benutzt er besser zur Ersteigung einer Anhöhe und Anfertigung einer Rundsicht, oder zu anderen wissenschaftlichen Arbeiten. Höchstens kann er bei langen Reisen das mit Bleistift ins Taschenbuch Eingetragene abends mit Tinte nachziehen, was rasch geschehen ist.*

*Es sei hier betont, dass ich keineswegs den Werth sofortiger Konstruktion verkenne, bei welcher aus frischem Gedächtniss immerhin noch Manches ergänzt werden kann. Doch ist sie bei sorgfältiger Arbeit unterwegs keineswegs unbedingt nöthig, und ich sehe daher davon ab, dieselbe vorzuschlagen, weil ich die Erfahrung gemacht habe, dass ähnliche Anleitungen meist an dem Mangel leiden, dass man von den Reisenden zuviel verlangt. Dieselben wenden sich ja nur in Ausnahmefällen an eigentliche Forschungsreisende, sondern meist an Offiziere, Missionare u.s.w. Wenn solche nun lesen, dass sie unterwegs unaufhörlich beobachten, abends eine „Rohkonstruktion", an Ruhetagen eine „Reinzeichnung" machen, dann nachts womöglich noch astronomisch beobachten sollen, so gelangen sie sehr oft zu dem Beschluss, gar nichts zu machen.*

*Die oben angeführten Arbeiten kann Jeder, ohne seine geistige und körperliche Kraft allzu sehr anzustrengen, ausführen. Sehr wünschenswerth ist allerdings vorherige praktische Schulung in der beschriebenen Methode und besonders im Terrainzeichnen. Ebenso muss – wie oben erwähnt – das astronomische Beobachten praktisch an einer Sternwarte erlernt worden sein, sonst bleibt es besser unterlassen.*

*Die Methoden topographischer Aufnahmen, die hier Erwähnung fanden, sind keineswegs schwierig, ja jede für sich betrachtet, äusserst primitiv, liefern aber doch in ihrer Gesammtheit ein Bild des erforschten Landes, wie es von einem Einzelnen nicht besser verlangt werden kann. Die Haupteigenschaft des reisenden Topographen ist Ausdauer: niemals und unter keinen Umständen darf die Aufnahme unterbrochen werden.*

*Die schliessliche Verarbeitung zu einer Karte bleibt in den meisten Fällen den kartographischen Fachleuten überlassen, welchen die auf Pauspapier übertragenen Rundsichten eine ungemein einfache Konstruktionsart ermöglichen. Von grösstem Werth ist allerdings, wenn der Reisende es selbst versucht, seine Aufnahmen zu konstruiren. Besonders während der Schulung muss er das unbedingt, und die gewonnenen Resultate mit einer guten Karte vergleichen. Denn nur dadurch eignet er sich den Blick für das an, worauf es ankommt, während er sonst vielfach der Gefahr ausgesetzt ist, unnützen Beobachtungskram anzuhäufen und oft gerade das Wichtigste zu vernachlässigen."*

## Nr. 3 Zeittafel bedeutender Entwicklungen, Ereignisse und Expeditionen für die deutsche Kartographie von Afrika

| | |
|---|---|
| 1550 | Übersetzung der Länderkunde von Nordafrika des maurischen Geographen LEO AFRICANUS erscheint in Venedig. |
| 1570 | Erster Atlas „Theatrum orbis terrarum“ von ABRAHAM ORTELIUS |
| 1590 | Erfindung des Messtischs durch JOHANNES PRAETORIUS |
| ca. 1600 | Erfindung des Fernrohrs |
| 1615 | Erfindung der Dreiecksmessung (Triangulation) durch WILLEBROD SNELLIUS |
| 1620 | Erste Anwendung der Triangulation in Deutschland bei der Landesaufnahme von Württemberg |
| 1642 | Erste Anwendung des Quecksilberbarometers zur Höhenmessung durch BLAISE PASCAL |
| 1700 | GUILLAUME DE L'ISLE veröffentlicht die erste Karte Europas nach neueren Ortsbestimmungen. |
| 1705 | Karte der Schweiz mit erstmals eigens bestimmten barometrischen Höhenmessungen |
| 1718 | Erstmalige Anwendung der Böschungsschraffe auf einer Karte des Breisgaus |
| 1744–1789 | Erste topographische Landesaufnahme durch drei Generationen der Familie CASSINI DE THURY in Frankreich auf der Grundlage trigonometrischer Vermessung und astronomischer Ortsbestimmungen in 184 Kartenblättern mit Höhenschraffen im Maßstab 1:86 400 (1815 veröffentlicht) |
| 1767 | Einführung des Nullmeridians von Greenwich zunächst für das britische Seekartenwerk |
| 1771 | Ingenieur DU CARLA fertigt die erste Isohypsenkarte an. |
| 1785 | JUSTUS PERTHES gründet in Gotha seine Verlagsanstalt. |
| 1791 | Erste Karte mit Höhenlinienangaben erscheint in Frankreich (ab 1830er Jahren über den Südwesten auch in Deutschland üblich). |
| 1793 | Erste amtliche Dreiecksmessung (Triangulation) wird in Preußen durchgeführt |
| 1796–1797 | ALOIS SENEFELDER erfindet den Steindruck (Lithographie). |
| 1799–1804 | ALEXANDER VON HUMBOLDT begründet Hypsometrie durch barometrische Messzüge. |

| | |
|---|---|
| 1805 | Pierre Simon LaPlace und Jean Biot berechnen die barometrische Höhenformel. |
| 1814 | Erfindung des Linearplanimeters |
| 1816 | Beginn der preußischen Landesaufnahme im Maßstab 1:25 000 durch den Generalstab |
| 1817 | Alexander von Humboldt veröffentlicht die erste Isothermenkarte. |
| 1817–1823 | Handatlas von Adolf Stieler in der ersten Auflage mit 50 Kartenblättern |
| 1819 | Beginn der Dampfschiffahrt |
| 1821 | Beginn der Messtischaufnahmen in Deutschland<br>Gründung der ältesten Geographischen Gesellschaft in Paris |
| 1821–1823 | Mathematiker Carl Friedrich Gauss trianguliert im Königreich Hannover. |
| 1822/47 | Gauss entwirft das nach ihm und dem ergänzenden Louis Krüger (1912) benannte Koordinatensystem |
| 1822–1833 | *Eduard Rüppell auf Expeditionen in Ägypten und Äthiopien* |
| 1828 | Gründung der Geographischen Gesellschaft in Berlin |
| 1830 | Gründung der Geographischen Gesellschaft in London<br>Erfindung der Steindruckschnellpresse |
| 1835 | Erstes deutsches Langstreckennivellement von Swinemünde nach Berlin |
| 1838 | Erste Schummerungskarte erscheint in Frankreich.<br>Verbesserung der Reproduktion des Kupferstichs durch die Galvanoplastik |
| 1838/48 | Heinrich Berghaus veröffentlicht mit dem Physikalischen Atlas den ersten Weltatlas mit thematischen Karten. |
| 1839 | Erfindung der Photographie durch Louis Daguerre |
| 1841 | Wilhelm Bessel berechnet den Erdsphäroid. |
| 1847 | Erfindung des Aneroids (Federbarometers) und dadurch wesentliche Vereinfachung der barometrischen Höhenmessungen auf Reisen |
| 1848 | *Missionare Johann Krapf und Johann Rebmann entdecken den Kilimandscharo (11.5.).* |
| 1850–1855 | *Heinrich Barth auf Expedition durch Sahara und westlichen Sudan* |
| 1853 | Entdeckung des Anaglyphenverfahrens (Stereoskopie) |
| 1855 | *Erscheinungsbeginn der „Mittheilungen aus Justus Perthes Geographischer Anstalt"* |

1855–1880 *GERHARD ROHLFS auf Expeditionen durch die Atlasländer, Sahara, Sudan und Äthiopien*

1859 Einführung der Photogrammetrie durch AIM LAUSSEDAT in Frankreich und ALBRECHT MEYDENBAUER in Deutschland

1863–1874 *GEORG SCHWEINFURTH auf Expeditionen in Ägypten, Äthiopien und dem nördlichem Zentralafrika*

1865–1872 *KARL MAUCH auf Expeditionen im südlichen Afrika*

1866 Erste Neuberechnung des Erdsphäroids durch britischen Geodäten ALEXANDER CLARKE (= CLARKE I)

1869 Eröffnung des Suez-Kanals

1869–1875 *GUSTAV NACHTIGAL auf Expeditionen durch Sahara und östlichen Sudan*

1870/90 Topographischer Atlas der Schweiz von HERMANN SIEGFRIED in den Maßstäben 1:25 000 und 1:50 000 enthält die erste Ergänzung von Höhenlinienkarten durch Felszeichnungen.

1875 Begründung der deutschen Landesaufnahme durch den Beschluss zur Herausgabe des ersten einheitlichen und amtlichen deutschen Kartenwerks im Maßstab 1:100 000 (erscheint 1875–1909 in 674 Kartenblättern mit Höhenschraffen)

1880 Zweite Neuberechnung des Erdsphäroids durch britischen Geodäten ALEXANDER CLARKE (= CLARKE II)

1882 Britische Besetzung von Ägypten eröffnet den „Wettlauf um Afrika".

1884 Merdian von Greenwich wird auf deutschen Karten als Nullmeridian anerkannt.
*Erwerbung der Schutzgebiete Deutsch-Südwestafrika (24. April), Togo (5. Juli) und Kamerun (12. Juli)*

1884–1885 Berliner Kongo-Konferenz (15.11.1884–26.2.1885) zur Regelung von Handelsfragen und Grundsätzen der kolonialen Aufteilung von Afrika

1885 *Erwerbung des Schutzgebiets Deutsch-Ostafrika (27. Februar)*

1888 ERNST HAMMER beschreibt die geographisch wichtigsten Kartenprojektionen.
*Erscheinungsbeginn der „Mittheilungen aus den Deutschen Schutzgebieten"*

1888–1889 Erster Einsatz der Photogrammetrie durch Mathematiker SEBASTIAN FINSTERWALDER bei Gletschervermessung in den Ötztaler Alpen

1890 *Bildung einer Kolonialabteilung im Auswärtigen Amt*

1892 Einführung des Flachdrucks mittels Aluminiumplatten
Einführung des stereoskopischen Messprinzips auf photogrammetrischen Aufnahmen durch CARL PULFRICH
*Deutsch-britische Grenzkommission vermisst östliche Nordgrenze von Deutsch-Ostafrika.*

1893 *Deutsch-französische Grenzkommission vermisst Ostgrenze von Togo.*
*Erster Kolonialatlas: „Deutscher Kolonialatlas für den amtlichen Gebrauch in den deutschen Kolonien" von RICHARD KIEPERT*

1896 *Erscheinen der ersten Blätter der amtlichen Kartenwerke von Togo (1:200 000) und Deutsch-Ostafrika (1:300 000)*

1897 *„Deutscher Kolonial-Atlas" von PAUL LANGHANS*

1898 Königlich Preußische Landesaufnahme erlässt erstmals verbindliche Regeln zur Zeichnung topographischer Karten mit einem Musterblatt im Maßstab 1:25 000.
*Deutsch-britische Grenzkommission vermisst Südwestgrenze von Deutsch-Ostafrika zwischen Njassa- und Tanganjikasee.*

1898–1900 *Deutsch-französische Grenzkommission vermisst Ostgrenze von Togo.*

1899–1900 *Geophysikalische Pendelexpedition quer durch Deutsch-Ostafrika unter der Leitung des Astronomen ERNST KOHLSCHÜTTER mit zahlreichen grundlegenden geophysikalischen und geodätischen Messungen*

1898–1903 *Deutsch-britische Grenzkommission vermisst Ostgrenze von Deutsch-Südwestafrika.*

1898/1911 KARL PEUCKER entwickelt an Umgebungskarte von Bozen im Maßstab 1:200 000 die Geländedarstellung mittels seiner sogenannten Farbenplastik.

1899 SEBASTIAN FINSTERWALDER veröffentlicht mathematische Grundlagen der Photogrammetrie am Beispiel der Gletschervermessung. *Gründung des Kolonialkartographischen Instituts im Verlag Dietrich Reimer zur halbamtlichen Arbeit im Auftrag und auf Rechnung der Kolonialverwaltung.*

1900–1902 *Deutsch-französische Grenzkommission vermisst Südgrenze von Kamerun.*
*Deutsch-kongolesische Grenzkommission vermisst Nordwestgrenze von Deutsch-Ostafrika.*

1901 CARL PULFRICH von der Firma Zeiss begründet die Stereophotogrammetrie.

1901–1902 *Deutsch-britische Grenzkommission vermisst Nordwestgrenze von Togo.*

1902–1903 *Deutsch-britische Grenzkommission vermisst Nordwestgrenze von Deutsch-Ostafrika.*

1903–1904 *Deutsch-britische Grenzkommission vermisst Nordwestgrenze von Kamerun.*

1904 Einführung des Offsetdrucks
*Übertragung der Vermessung und Kartographie von Deutsch-Südwestafrika an die Preußische Landesaufnahme beim Großen Generalstab*
*Deutsch-britische Grenzkommission vermisst Westgrenze von Togo.*

1904–1905 *Deutsch-britische Grenzkommission vermisst westliche Nordgrenze von Deutsch-Ostafrika.*

1905 *Bildung der Landeskundlichen Kommission unter der Leitung von HANS MEYER*

1905–1906 *Deutsch-britische Grenzkommission vermisst küstennahe Nordwestgrenze von Kamerun.*
*Deutsch-französische Grenzkommission vermisst Südgrenze von Kamerun.*

1905–1907 *Deutsch-französische Grenzkommission vermisst Ostgrenze von Kamerun.*

1906 *MAX ECKERT veröffentlicht sechs neue Erdkartenentwürfe mit Pollinien von halber Äquatorlänge.*

1906–1907 *Deutsch-spanische Grenzkommission vermisst Südgrenze von Kamerun.*

1907 *Umwandlung der Kolonialabteilung des Auswärtigen Amts in ein selbständiges Reichskolonialamt*
*Deutsch-portugiesische Grenzkommission vermisst Südgrenze von Deutsch-Ostafrika.*

1907–1908 *Erste gelungene stereophotogrammetrische Kartenaufnahme in den deutschen Schutzgebieten bei den Virunga-Vulkanen (Deutsch-Ostafrika) durch Oberleutnant MAX WEISS*

1907–1909 *Deutsch-britische Grenzkommission vermisst mittlere Nordwestgrenze von Kamerun.*

1908 *Abschluss des amtlichen Kartenwerks Togo (1:200 000) in 10 Blättern*
*Erscheinen der Ukinga-Karte (1:100 000) auf der Grundlage einer sogenannten ungeschlossenen Triangulation von ERNST KOHLSCHÜTTER*

| | |
|---|---|
| 1908–1909 | *Deutsch-französische Grenzkommission vermisst Ost- und Nordgrenze von Togo.* |
| 1909 | Erstes amtliches deutsches Kartenwerk im Maßstab 1:100 000 vollständig erschienen. Londoner Konferenz beschließt gemäß der Forderung von ALBRECHT PENCK aus dem Jahre 1891 die Herstellung der Internationalen Weltkarte im Maßstab 1: 1 000 000. |
| 1910 | *Erscheinen der ersten Blätter des amtlichen Kartenwerks von Kamerun (1:300 000)* |
| 1911 | Merdian von Greenwich wird international als Nullmeridian anerkannt *Abschluss des amtlichen Kartenwerks Deutsch-Ostafrika (1:300 000) in 29 Blättern* |
| 1912 | Potsdamer Geodät LOUIS KRÜGER ergänzt das Gaußsche Koordinatensystem. *Großer „Wirtschaftsatlas der deutschen Kolonien“ von Max Eckert* |
| 1912–1913 | *Deutsch-französische Grenzkommission vermisst neue Ost- und Südgrenze von Kamerun.* |
| 1914 | *Abschluss des amtlichen Kartenwerks von Kamerun (1:300 000) in 31 Blättern* |
| ca. 1914 | *Langstreckennivellement in Deutsch-Ostafrika entlang der Trasse der neugebauten Mittellandbahn von Dar-es-Salaam nach Kigoma* |
| 1914–1918 | Erster Weltkrieg und alliierte Besetzung der deutschen Schutzgebiete (1914 Togo, 1915 Deutsch-Südwestafrika, 1916 Kamerun und 1917 Deutsch-Ostafrika) |
| 1917 | Erste Höhenlinienkarte nach photogrammetrischen Luftaufnahmen |
| 1919 | Deutsches Reich muss im Friedensschluss von Versailles (28.6.) in Artikel 118 alle überseeischen Schutzgebiete an die alliierten Siegermächte abtreten. |
| 1920 | Auflösung der Kolonialverwaltung und des Kolonialkartographischen Instituts (1.4.) und Einstellung der „Mitteilungen aus den Deutschen Schutzgebieten“ |
| 1923 | Einführung des seit dem Jahre 1909 in Deutsch-Südwestafrika verwandten GAUSS-KRÜGERschen Gitternetzes in die amtlichen deutschen Kartenwerke |

# Quellen

1 Ergenzinger 1966, S. 9-11.
2 Zitiert nach Hassert 1941, S. 47.
3 Ergenzinger 1966, S. 11-12.
4 Zitiert nach Ergenzinger 1966, S. 12.
5 Ergenzinger 1966, S. 13.
6 Hettner 1927, S. 75.
7 Ergenzinger 1966, S. 13-14.
8 Hettner 1927, S. 75-76.
9 Hettner 1927, S. 76.
10 Ergenzinger 1966, S. 15.
11 Hettner 1927, S. 80.
12 Hettner 1927, S. 91.
13 Hettner 1927, S. 95-96, 76-77.
14 Ergenzinger 1966, S. 41.
15 Stams 1978, S. 194.
16 Stams 1978, S. 188.
17 Köhler 1987, S. 94.
18 Zitiert nach Hoffmann & Huschmann 1985, S. 79.
19 Perthes 1935, S. XV.
20 Hoffmann & Huschmann 1985, S. 79; Perthes 1935, S. XV.
21 Hoffmann & Huschmann 1985, S. 78.
22 Hoffmann & Huschmann 1985, S. 78-79; Stams 1978, S. 188.
23 Haack 1972, S. 183.
24 Haack 1972, S. 184.
25 Stams 1978, S. 272.
26 Zitiert nach Stams 1978, S. 186, 185.
27 Stams 1978, S. 185.
28 Hoffmann & Huschmann 1985, S. 82.
29 Köhler 1987, S. 115.
30 Stams 1978, S. 190.
31 Perthes 1935, S. XVII-XVIII.
32 Haack 1972, S. 184.
33 Köhler 1987, S. 121.
34 Köhler 1987, S. 121-122.
35 Perthes 1885, S. 91-92.
36 Perthes 1885, S. 92-93.
37 Köhler, S. 123.
38 Hoffmann & Huschmann 1985, S. 82.
39 Perthes 1885, S. 89-91.
40 Perthes 1935, S. XVIII.
41 Haack 1972, S. 185.
42 Zitiert nach Stams 1978, S. 186.
43 Köhler 1987, S. 131.
44 Stams 1978, S. 186.
45 Stams 1978, S. 192, 201; Köhler 1987, S. 115.
46 Zitiert nach Stams 1978, S. 191.
47 Haack 1972, S. 185-186.
48 Stams 1978, S. 192.
49 Ergenzinger 1966, S. 14.
50 Haack 1972, S. 186.
51 Haack 1972, S. 190.
52 Haack 1972, S. 187.
53 Köhler 1987, S. 99, 103.
54 Hoffmann & Huschmann 1985, S. 83-84.
55 Stams 1978, S. 192.
56 Köhler 1987, S. 99, 121.
57 Stams 1978, S. 188.
58 Stams 1978, S. 202, 271-272, 274.
59 Perthes 1885, S. 90; Hoffmann & Huschmann 1985, S. 82.
60 Wilhelmy 1990, S. 139.
61 Stams 1978, S. 278; Wilhelmy 1990, S. 140.
62 Stams 1978, S. 278-279, 281.
63 Köhler 1987, S. 138, 178.
64 Wagner 1884, S. III.
65 Stams 1978, S. 201; Wagner 1884, S. II.
66 Köhler 1987, S. 126.
67 Köhler 1987, S. 155.
68 von Danckelman 1920a, S. 21-22.
69 Perthes 1935, S. XIX.
70 Köhler 1987, S. 156.
71 Köhler 1987, S. 158, 169, 171.
72 Köhler 1987, S. 158, 183, 165.
73 Stams 1978, S. 281-282; Hoffmann & Huschmann 1985, S. 84, 78-79.
74 Wagner 1884, S. II.
75 Zitiert nach von Stuemer 1932, S. 14-15.
76 Baumgarten 1887, S. 6.
77 Huber 1982, S. 606, 605.
78 Wedi-Pascha 1992, S. 70-73, 291.
79 Zimmermann 1914, S. 125; Huber 1982, S. 611-612; Hubatsch 1984, S. 361.
80 von Danckelman 1920b, S. 752.
81 Schack 1923, S. 213-214.
82 Zimmermann 1914, S. 171-172.
83 Hubatsch 1984, S. 353-354.
84 Huber 1982, S. 611, 632, 634; Hubatsch 1984, S. 354, 363.
85 Hubatsch 1984, S. 353-354.
86 Huber 1982, S. 613; Fieldhouse 1982, S. 368.
87 Tesch 1912, S. 4-18.
88 Henderson 1962, S. 33-34, 58; Townsend 1930, S. 263.
89 Sprigade & Moisel 1914, S. 527.

90 KIEPERT 1897, S. 1.
91 OBST 1921, S. 100-101; ERGENZINGER 1966, S. 18.
92 KIEPERT 1897, S. 1.
93 ECKERT 1924, S. 436-437.
94 SPRIGADE & MOISEL 1914, S. 530-531.
95 OBST 1921, S. 101.
96 KIEPERT 1897, S. 3.
97 MEYER 1903, S. 83.
98 STAUDINGER 1925b, S. VIII.
99 OBST 1921, S. 111.
100 OBST 1921, S. 102; SPRIGADE 1920, S. 146.
101 JÖHLINGER 1919, S. 69.
102 OBST 1921, S. 102.
103 PARTSCH 1915, S. 512-519.
104 PARTSCH 1915, S. 520-521.
105 JÖHLINGER 1919, S. 68-69.
106 JÖHLINGER 1919, S. 76-77; SCHNEE 1920, Bd. 3, S. 630.
107 SPRIGADE 1920, S. 147; ERGENZINGER 1966, S. 18.
108 VON DANCKELMAN 1920f, S. 187.
109 PARTSCH 1915, S. 521.
110 PARTSCH 1915, S. 522; ECKERT 1924, S. 440; OBST 1921, S. 103.
111 KIEPERT 1897, S. 3.
112 BARTSCH 1915, S. 522.
113 OBST 1921, S. 104.
114 LANGHANS 1897, Vorwort.
115 KÖHLER 1987, S. 148.
116 LANGHANS 1897, Begleitworte zur Karte des Südwestafrikanischen Schutzgebietes
117 OBST 1921, S. 104.
118 BROSE 1905, S. 299-300.
119 SPRIGADE & MOISEL 1910, S. XLIII.
120 OBST 1921, S. 108.
121 PARTSCH 1915, S. 523; SPRIGADE 1920, S. 147.
122 DU BOIS-REYMOND 1919, S. 81.
123 PARTSCH 1915, S. 523-531.
124 SPRIGADE 1920, S. 147.
125 SCHNEE 1920, Bd. 3, S. 388; HEYDE 1928, S. 175; OBST 1921, S. 105; HASSERT 1941, S. 66.
126 SPRIGADE 1920, S. 146.
127 SPRIGADE 1920, S. 147-148; SCHNEE 1920, Bd. 2, S. 586-587; HASSERT 1941, S. 80.
128 MEYER 1928/29, S. IX.
129 MEYER 1928/29, S. XIII.
130 MEYER 1928/29, S. IX.
131 OBST 1921, S. 104-105.
132 MARQUARDSEN 1920, S. 153; DU BOIS-REYMOND 1919, S. 82-83; THORBECKE 1941, S. 31.
133 SPRIGADE & MOISEL 1914, S. 537-538.
134 ECKERT 1924, S. 437.
135 THORBECKE 1941, S. 31.
136 SPRIGADE & MOISEL 1914, S. 538-540.
137 ERGENZINGER 1966, S. 19.
138 HUEBER in FINSTERWALDER & HUEBER 1943, S. 124.
139 THORBECKE 1941, S. 32.
140 ECKERT 1910, S. 51.
141 ECKERT 1924, S. 449.
142 HUEBER in FINSTERWALDER & HUEBER 1943, S. 123-124.
143 PILLEWIZER 1941, S. 161.
144 PILLEWIZER 1941, S. 162-163.
145 HUEBER in FINSTERWALDER & HUEBER 1943, S. 122.
146 SPRIGADE & MOISEL 1914, S. 540.
147 OBST 1921, S. 106-107.
148 SPRIGADE & MOISEL 1910, S. XXXII-XXXIII.
149 SPRIGADE & MOISEL 1910, S. XLIII-XLIV.
150 SPRIGADE 1920, S. 147-148.
151 HELLMANN 1914, S. VI, 373-374.
152 HELLMANN 1914, S. 381-382.
153 MEYER 1928/29, S. XI.
154 TESCH 1912, S. 64-65.
155 TESCH 1912, S. 65.
156 EMELIUS 1910, S. 186, 189-190.
157 FINSTERWALDER in FINSTERWALDER & HUEBER 1943, S. 13.
158 SPRIGADE & MOISEL 1914, S. 541-542.
159 ECKERT 1910, S. 42.
160 ECKERT 1910, S. 49.
161 OBST 1921, S. 108.
162 ECKERT 1910, S. 50.
163 OBST 1921, S. 108; ECKERT 1924, S. 441-442.
164 OBST 1921, S. 112-113.
165 SPRIGADE & MOISEL 1914, S. 541; OBST 1921, S. 107.
166 SPRIGADE & MOISEL 1914, S. 541-542.
167 PILLEWIZER 1941, S. 145.
168 OBST 1921, S. 105.
169 Zitiert nach OBST 1921, S. 117-118.

[170] Sprigade & Moisel 1914, S. 545.
[171] Sprigade 1920, S. 148.
[172] Schnee 1920, Bd. 2, S. 554; Hassert 1941, S. 161.
[173] Meyer 1903, S. 80-82.
[174] Bericht der Kommission des Kolonialrates 1905, S. 3-5.
[175] Bericht der Kommission des Kolonialrates 1905, S. 5-8.
[176] Meyer 1910, S. 723.
[177] Staudinger 1925a, S. VI.
[178] Meyer 1910, S. 723-724.
[179] Meyer 1910, S. 725, 729.
[180] von Danckelman 1920a, S. 21.
[181] Meyer 1910, S. 731-732.
[182] Meyer 1910, S. 733.
[183] von Danckelman 1920c, S. 412.
[184] von Danckelman 1920c, S. 412-413.
[185] Jaeger 1924, S. 510-511.
[186] von Zech 1920, S. 519, 522.
[187] von Zech 1920, S. 498, 507, 509.
[188] Tesch 1912, S. 12-14.
[189] Sprigade & Moisel 1910, S. XXXIV-XXXV.
[190] Hubatsch 1984, S. 450-452.
[191] Langhans 1897, Begleitworte zur Karte der Schutzgebiete Kamerun und Togo; Hubatsch 1984, S. 451.
[192] Tesch 1912, S. 9-12.
[193] Finsterwalder & Hueber 1943, S. 249.
[194] Langhans 1897, Begleitworte zur Karte der Schutzgebiete Kamerun und Togo; Hubatsch 1984, S. 452-453.
[195] Kiepert 1897, S. 5.
[196] Finsterwalder & Hueber 1943, S. 249-250, 252.
[197] Sprigade & Moisel 1910, S. XXXV-XXVI.
[198] Moisel 1905, S. 179-182.
[199] Eckert 1924, S. 439.
[200] Obst 1921, S. 109.
[201] Meyer 1928/29, S. X-XI.
[202] Ergenzinger 1966, S. 18.
[203] von Danckelman 1920b, S. 425.
[204] Finsterwalder & Hueber 1943, S. 252.
[205] Kurtze 1913, S. 1-4.
[206] Schack 1923, S. 357-358.
[207] Kurtze 1913, S. 8.
[208] Zitiert nach Schack 1923, S. 360-361.
[209] Kraft 1943, S. 140.
[210] Kurtze 1913, S. 51.
[211] Boell 1951, S. 17.
[212] Nigmann 1911, S. 1, 14, 19.
[213] Kurtze 1913, S. 161-162.
[214] Deutsches Kolonialblatt, 15.8.1890, S. 175.
[215] Hubatsch 1984, S. 368-369; Mascarenhas 1971, S. 106.
[216] Mascarenhas 1971, S. 106.
[217] Nigmann 1911, S. 22-23, 77, 170.
[218] Nigmann 1911, S. 80-81.
[219] Langhans 1897, Begleitworte zur Karte des Ostafrikanischen Schutzgebietes.
[220] Boell 1951, S. 12.
[221] Hubatsch 1984, S. 366, Boell 1951, S. 15.
[222] Hubatsch 1984, S. 364.
[223] Böhler 1914, S. 80.
[224] Tesch 1912, S. 4-9.
[225] Schnee 1920, Bd. 3, S. 431; Mascarenhas 1971, S. 106.
[226] Kiepert 1897, S. 6-7.
[227] Kiepert 1897, S. 8.
[228] Emelius 1907, S. 166.
[229] Pillewizer 1941, S. 148.
[230] Zitiert nach Pillewizer 1941, S. 149-150.
[231] Pillewizer 1941, S. 151-152.
[232] Pillewizer 1941, S. 153-154.
[233] Pillewizer 1941, S. 154.
[234] von Danckelman 1920d, S. 424.
[235] Schnee 1920, Bd. 2, S. 316; von Danckelman 1920e, S. 31-32; Sprigade & Moisel 1910, S. XL-XLI.
[236] Finsterwalder & Hueber 1943, S. 269-270.
[237] Pillewizer 1941, S. 155-156.
[238] Kohlschütter 1908, S. 105.
[239] Obst 1921, S. 111.
[240] Eckert 1910, S. 43.
[241] Eckert 1924, S. 448-449.
[242] Pillewizer 1941, S. 156.
[243] Eckert 1910, S. 44-45.
[244] Pillewizer 1941, S. 158-160.
[245] Pillewizer 1941, S. 160-161.
[246] Brunner 1989, S. 216-217.
[247] Pillewizer 1941, S. 163; Uhlig 1920, S. 295, 298.
[248] Pillewizer 1941, S. 163-164.
[249] Pillewizer 1941, S. 164-165.

[250] KLUTE 1921, 144-145, 148.
[251] KLUTE 1921, S. 150.
[252] KLUTE 1921, S. 148-149.
[253] PILLEWIZER 1941, S. 167.
[254] OBST 1921, S. 109.
[255] SPRIGADE & MOISEL 1910, S. XXXVIII-XXXIX.
[256] FINSTERWALDER & HUEBER 1943, S. 272-273.
[257] EMELIUS 1910, S. 187.
[258] SPRIGADE & MOISEL 1910, S. XXXIX-XL.
[259] EMELIUS 1910, S. 187.
[260] ERGENZINGER 1966, S. 18-19.
[261] FINSTERWALDER & HUEBER 1943, S. 271.
[262] ZIMMERMANN 1914, S. 47-48.
[263] Zitiert nach SCHACK 1923, S. 337-338.
[264] Zitiert nach VON WEBER 1982, S. 24.
[265] Zitiert nach WEDI-PASCHA 1992, S. 69.
[266] LANGHANS 1897, Begleitworte zur Karte des üdwestafrikanischen Schutz-gebietes.
[267] HUBATSCH 1984, S. 425.
[267] RAFALSKI 1930, S. 23-24.
[269] HUBATSCH 1984, S. 426.
[270] HUBATSCH 1984, S. 428, 430-431.
[271] HUBATSCH 1984, S. 429; TESCH 1912, S. 14-18.
[272] EMELIUS 1910, S. 188.
[273] JAEGER 1924, S. 504.
[274] OBST 1921, S. 109.
[275] SPRIGADE & MOISEL 1914, S. 529.
[276] KIEPERT 1897, S. 6.
[277] OBST 1921, S. 109.
[278] SPRIGADE & MOISEL 1914, S. 535.
[279] OBST 1921, S. 110.
[280] PARRY 1937, S. 18-20.
[281] SPRIGADE & MOISEL 1914, S. 535.
[282] SPRIGADE & MOISEL 1914, S. 535.
[283] FINSTERWALDER & HUEBER 1943, S. 330, 332.
[284] JAEGER 1924, S. 504.
[285] FINSTERWALDER & HUEBER 1943, S. 332.
[286] SPRIGADE & MOISEL 1914, S. 543.
[287] OBST 1921, S. 109-110.
[288] SPRIGADE & MOISEL 1910, S. XXXVII.
[289] WITT 1979, S. 340; FINSTERWALDER & HUEBER 1943, S. 335-336; JAEGER 1924, S. 505.
[290] SPRIGADE & MOISEL 1910, S. XXXVII.
[291] FINSTERWALDER & HUEBER 1943, S. 336.
[292] ECKERT 1910, S. 49.
[293] VON DANCKELMAN 1920d, S. 424-425.
[294] ERGENZINGER 1966, S. 19.
[295] JAEGER 1924, S. 504-505.
[296] PARRY 1937, S. 18.
[297] FINSTERWALDER & HUEBER 1943, S. 333-334; ECKERT 1924, S. 444.
[298] OBST 1921, S. 115.
[299] FINSTERWALDER & HUEBER 1943, S. 334-335.
[300] OBST 1921, S. 110.
[301] SEINER 1909, S. 1, 3.
[302] SPRIGADE 1909, S. 110-111.
[303] JÄCKEL 1909, S. 194-196.
[304] ABEL 1954, S. 11-12.
[305] KUNTZ 1912, S. 233-235.
[306] OBST 1921, S. 113.
[307] Maack 1923, S. 1.
[308] Maack 1923, S. 12-14.
[309] JAEGER 1924, S. 505.
[310] SPRIGADE 1920, S. 145.
[311] SPRIGADE 1920, S. 145-146; ECKERT 1910, S. 41.
[312] HEYDE 1928, S. 175.
[313] MEYER 1928/29, S. XII, XIV.
[314] HEYDE 1928, S. 175.
[315] OBST 1921, S. 117.
[316] THORBECKE 1941, S. 34.
[317] HUBATSCH 1984, S. 354.
[318] MARQUARDSEN 1915, S. 3-31.
[319] SCHMID 1,0956, S. 176, 187, 203.
[320] HETTNER 1927, S. 167.
[321] WILHELMY 1990, S. 127.
[322] PILLEWIZER 1941, S. 146.
[323] VON DANCKELMAN 1920f, S. 186.
[324] HINKS 1913, S. 59.
[325] OGRISSEK 1983, S. 518-519; HINKS 1913, S. 62, 64.
[326] FINSTERWALDER in FINSTERWALDER & HUEBER 1943, S. 69-70.
[327] HETTNER 1927, S. 172-173.
[328] VON DANCKELMAN 1920f, S. 186-187.
[329] HETTNER 1927, S. 170.
[330] FINSTERWALDER in FINSTERWALDER & HUEBER 1943, S. 68.
[331] HETTNER 1927, S. 171.
[332] SPRIGADE & MOISEL 1914, S. 531-532.
[333] ECKERT 1925, Bd. 1, S. 245-246.
[334] WILHELMY 1990, S. 134-135.
[335] FINSTERWALDER in FINSTERWALDER & HUEBER 1943, S. 71.

[336] Wilhelmy 1990, S. 135.
[337] Finsterwalder in Finsterwalder & Hueber 1943, S. 71–72.
[338] Wilhelmy 1990, S. 135; Hugershoff 1912, S. 19, 82.
[339] Pillewizer 1941, S. 174.
[340] Wilhelmy 1990, S. 136–137.
[341] Brunner 1996, S. 37.
[342] Brunner 1996, S. 43.
[343] Sprigade & Moisel 1910, S. XL.
[344] Hugershoff 1912, S. 83.
[345] Eckert 1924, S. 438.
[346] Eckert 1910, S. 46.
[347] Weiß 1910, S. 53, 56.
[348] Sprigade & Moisel 1910, S. XXXIII.
[349] Hettner 1927, S. 232–233.
[350] Herzig 1987, S. 9–10.
[351] Hettner 1927, S. 167.
[352] Hettner 1927, S. 168.
[353] Kiepert 1897, S. 2.
[354] Hinks 1913, S. 60, 142–143; Hugershoff 1912, S. 120–121.
[355] Wilhelmy 1990, S. 128.
[356] Kiepert 1897, S. 3.
[357] Hinks 1913, S. 60, 142.
[358] Hinks 1913, S. 67.
[359] Hinks 1913, S. 69, 143, 71.
[360] Wilhelmy 1990, S. 130.
[361] Ogrissek 1983, S. 610–611.
[362] Ergenzinger 1966, S. 16, 6.
[363] Finsterwalder in Finsterwalder & Hueber 1943, S. 39.
[364] Finsterwalder in Finsterwalder & Hueber 1943, S. 41.
[365] Hinks 1913, S. 88–89.
[366] Hinks 1913, S. 194–196.
[367] Hinks 1913, S. 184.
[368] Ogrissek 1983, S. 478.
[369] Finsterwalder in Finsterwalder & Hueber 1943, S. 38.
[370] Hinks 1913, S. 133.
[371] Sprigade & Moisel 1914, S. 544–545.
[372] Wilhelmy 1990, S. 133.
[373] Hagel 1998, S. 22–23.
[374] Parry 1937, S. 25.
[375] Finsterwalder in Finsterwalder & Hueber 1943, S. 59.
[376] Finsterwalder in Finsterwalder & Hueber 1943, S. 52.
[377] Wilhelmy 1990, S. 133.
[378] Ogrissek 1983, S. 610–611.
[379] Hinks 1913, S. 153.
[380] Finsterwalder in Finsterwalder & Hueber 1943, S. 53.
[381] Wilhelmy 1990, S. 128; Ogrissek 1983, S. 51.
[382] Hugershoff 1912, S. 55–56.
[383] Hugershoff 1912, S. 58–59.
[384] Hinks 1913, S. 75.
[385] Finsterwalder in Finsterwalder & Hueber 1943, S. 59.
[386] Sprigade & Moisel 1914, S. 535.
[387] Finsterwalder in Finsterwalder & Hueber 1943, S. 88.
[388] Tesch 1912, S. 95.
[389] Finsterwalder in Finsterwalder & Hueber 1943, S. 1–2.
[390] von Danckelman 1920b, S. 753.
[391] Hettner1927, S. 169.
[392] Finsterwalder in Finsterwalder & Hueber 1943, S. 88–89.
[393] Finsterwalder in Finsterwalder & Hueber 1943, S. 89–90.
[394] Wilke 1921, S. 95.
[395] Obst 1921, S. 111.
[396] Obst 1921, S. 111; Sprigade & Moisel 1914, S. 536; Wilke 1921, S. 95–96.
[397] Herzig 1987, S. 18, 10–11.
[398] Herzig 1987, S. 7.
[399] Hettner 1927, S. 232.
[400] Fuhrer 1998, S. 121; McEwen 1971, S. 48–49.
[401] Hinks 1913, S. 191.
[402] Finsterwalder in Finsterwalder & Hueber 1943, S. 66.
[403] Hinks 1913, S. 148.
[404] Finsterwalder in Finsterwalder & Hueber 1943, S. 61.
[405] Obst 1921, S. 105.
[406] Sprigade & Moisel 1914, S. 532.
[407] Hueber in Finsterwalder & Hueber 1943, S. 125–126.
[408] Wilhelmy 1990, S. 18–19.
[409] Hettner 1927, S. 324.
[410] Hettner 1927, S. 328.
[411] Wilhelmy 1990, S. 19.
[412] Wilhelmy 1990, S. 96.
[413] Wilhelmy 1990, S. 102.
[414] Wilhelmy 1990, S. 116–117.
[415] Witt 1979, S. 140.
[416] Ogrissek 1983, S. 325.

# Literatur

**Abkürzungen**

| | |
|---|---|
| DOAG | Deutsch-Ostafrikanische Aktiengesellschaft |
| MadDS | Mitteilungen (von Forschungsreisenden und Gelehrten) aus den Deutschen Schutzgebieten |
| PGM | Petermanns Geographische Mitteilungen |

ABEL, H. (1954): Beiträge zur Landeskunde des Kaokoveldes (Südwestafrika). Deutsche Geographische Blätter, **47** (1-2): 7-120.

AMBRONN, L. (1906): Bericht über die astronomischen und geodätischen Aufnahmen, welche zum Zwecke der Grenzregulierung zwischen Kamerun und dem Congo-Francais in den Jahren 1900- 1902 ausgeführt wurden. Mitteilungen von Forschungsreisenden und Gelehrten aus den Deutschen Schutzgebieten, **19**: 181-256.

BARTH, H. (1857): Reisen und Entdeckungen in Nord- und Central-Afrika in den Jahren 1849 bis 1855. Tagebücher seiner im Auftrag der Britischen Regierung unternommenen Reise. Band 3. Gotha.

BAUMANN, O. (1894): Topographische Aufnahmen auf Reisen. Mitteilungen von Forschungsreisenden und Gelehrten aus den Deutschen Schutzgebieten, **7**: 1-14.

BAUMGARTEN, J. (1887): Die deutschen Kolonien und die nationalen Interessen. Ein Vademekum für Freunde und Vertreter der Kolonialbewegung. Köln.

Bericht der Kommission des Kolonialrates über die Einsetzung einer Kommission für die landeskundliche Erforschung der Schutzgebiete. Berlin, 24.6.1905.

BOELL, L. (1951): Die Operationen in Ost-Afrika. Weltkrieg 1914-1918. o. O.

BÖHLER, H. (1914): Die Fläche von Deutsch-Ostafrika. Mitteilungen aus den Deutschen Schutzgebieten, **27**: 80.

BROSE, M. (1905): Verzeichnis der von der Deutschen Kolonialgesellschaft in den Jahren 1884 bis 1904 herausgegebenen Schriften und Karten. Zeitschrift für Kolonialpolitik, Kolonialrecht und Kolonialwirtschaft, **VII**: 296-300.

BRUNNER, K. (1989): Erstbesteigung und erste Routen des Kilimandscharo. Kartographische Nachrichten, **39** (6): 216-222.

BRUNNER, K. (1994): Frühe Anwendungen der Photogrammetrie für topographische Aufnahmen in der geowissenschaftlichen Forschung und auf Expeditionen. In: BRUNNER, K., & I. PEIPE (Hrsg.): Festschrift für Prof. Dr.-Ing. Egon Dorrer zum 60. Geburtstag. Neubiberg, 37-48 (= Schriftenreihe des Studiengang Vermessungswesen, Universität der Bundeswehr München, Heft 46).

DANCKELMAN, A. v. (1920 a): Afrikanische Gesellschaft. In: SCHNEE, H. [Hrsg.]: Deutsches Kolonial-Lexikon. Band 1. Leipzig, 21-22.

DANCKELMAN, A. v. (1920 b): Grenzfestsetzungen, Grenzregulierungen und Grenzexpeditionen. In: SCHNEE, H. [Hrsg.]: Deutsches Kolonial-Lexikon. Band 1. Leipzig, 752-756.

DANCKELMAN, A. v. (1920 c): Landeskundliche Kommission des Reichskolonialamts. In: SCHNEE, H. [Hrsg.]: Deutsches Kolonial-Lexikon. Band 1. Leipzig, 412-413.

DANCKELMAN, A. v. (1920 d): Landkarten. In: SCHNEE, H. [Hrsg.]: Deutsches Kolonial-Lexikon. Band 2. Leipzig, 424-425.

DANCKELMAN, A. v. (1920 e): Pendelexpedition in Deutsch-Ostafrika. In: SCHNEE, H. [Hrsg.]: Deutsches Kolonial-Lexikon. Band 3. Leipzig, 31-32.

DANCKELMAN, A. v. (1920 f): Routenaufnahme. In: SCHNEE, H. [Hrsg.]: Deutsches Kolonial-Lexikon. Band 3. Leipzig, 186-187.

DANCKELMAN, A. v. (1920 g): Triangulation. In: SCHNEE, H. [Hrsg.]: Deutsches Kolonial-Lexikon. Band 3. Leipzig, 534-535.

Deutsches Kolonialblatt. Amtsblatt für die Schutzgebiete des Deutschen Reichs [hrsg. in der Kolonial-Abtheilung des Auswärtigen Amts]. **1**: 1890 - **32**: 1921.

DU BOIS-REYMOND, E. (1919): Verlagstätigkeit [von Ernst Vohsen]. Koloniale Rundschau. Zeitschrift für Weltwirtschaft und Kolonialpolitik: 80-85.

ECKERT, M. (1910): Die deutsche Kolonialkartographie. Verhandlungen des Deutschen Kolonialkongresses 1910 zu Berlin am 6.,7. und 8. Oktober 1910. Berlin, 40-50.

ECKERT, M. (1912): Wirtschaftsatlas der deutschen Kolonien. Berlin.

ECKERT, M. (1921): Die Kartenwissenschaft. Forschungen und Grundlagen zu einer Kartographie als Wissenschaft. Erster Band. Berlin/Leipzig.

ECKERT, M. (1924): Die Bedeutung der deutschen Kolonialkartographie. Verhandlungen des Deutschen Kolonialkongresses 1924 zu Berlin am 17. und 18. September 1924. Berlin, 436-454.

EMELIUS, A. (1907): Vermessungswesen und Topographie in den deut-schen Schutzgebieten in den Jahren 1905/06. Allgemeine Vermessungs-Nachrichten, **19** (12): 165-169.

EMELIUS, A. (1910): Das Vermessungswesen in den Deutschen Schutzgebieten 1908/09. Allgemeine Vermessungs-Nachrichten, **22** (15): 185-190.

ERGENZINGER, P. (1966): Die Landkarten Afrikas. Berlin (= Kartographische Miniaturen, Nr. 2).

FIELDHOUSE, D. K. (1982): The Colonial Empires. A Comparative Survey from the Eighteenth Century. London.

FINSTERWALDER, R., E. HUEBER (1943): Vermessungswesen und Kartographie in Afrika. Berlin (= Afrika. Handbuch der praktischen Kolonialwissenschaften, hrsg. von E. OBST. Band 1).

FUHRER, H. (1998): Feldmessen und Kartographie. Gotha 1998.

GUADALUPI, G. (1997): Der Nil. Die Geschichte seiner Entdeckung und Eroberung. Erlangen.

HAACK, H. (1972): August Petermann. In: Hermann Haack. Schriften zur Kartographie. Ausgewählt und bearbeitet von W. HORN. Gotha/Leipzig, 182-190.

HAGEL, J. (1998): Geographische Interpretation topographischer Karten. Stuttgart/Leipzig (= Teubner Studienbücher der Geographie).

HASSERT, K. (1941): Die Erforschung Afrikas. Leipzig.

HELLMANN, J. [Hrsg.] (1914): von der Heydt's Kolonial-Handbuch. Jahrbuch der deutschen Kolonial- und Uebersee-Unternehmungen. Berlin/Leipzig/Hamburg, **8.**

HENDERSON, W. O. (1962): Studies in German Colonial History. London.

HETTNER, A. (1927): Die Geographie. Ihre Geschichte, ihr Wesen und ihre Methoden. Breslau.

HERZIG, K. (1987): Kartenkunde. Herford.

HEYDE, H. (1928): Paul Sprigade. Petermanns Mitteilungen, **74:** 175.

HINKS, A. R. (1913): Maps and Survey. Cambridge.

HOFFMANN, M., R. HUSCHMANN (1985): August Heinrich Petermann. Eine neue Ära beginnt. In: SUCHY, G. [Hrsg.]: Gothaer Geographen und Kartographen. Beiträge zur Geschichte der Geographie und Kartographie. Gotha (= Geographische Bausteine, Neue Reihe, Heft 26), 77-84.

HUBATSCH, W. [Hrsg.] (1984): Die Schutzgebiete des Deutschen Reiches 1884–1920. Auszug aus Grundriß zur deutschen Verwaltungsgeschichte 1815–1945. Band 22: Bundes- und Reichsbehörden. Marburg an der Lahn.

HUBER, E. R. (21982): Deutsche Verfassungsgeschichte seit 1789. Band IV. Stuttgart u. a. O.

HUGERSHOFF, R. (1912): Kartographische Aufnahmen und Geographische Ortsbestimmungen auf Reisen. Berlin/Leipzig (= Sammlung Göschen, Band 607).

JAEGER, F. (1913): Das Hochland der Riesenkrater und die umliegenden Hochländer Deutsch-Ostafrikas (= Ergänzungsheft Nr. 8 der Mitteilungen aus den Deutschen Schutzgebieten).

JAEGER, F. (1924): Die landeskundliche Erforschung Südwestafrikas während der deutschen Herrschaft. Verhandlungen des Deutschen Kolonialkongresses 1924 zu Berlin am 17. und 18. September 1924. Berlin, 503–512.

JÄCKEL, H. (1909): Die Landgesellschaften in den deutschen Schutzgebieten. Jena (= Mitteilungen der Gesellschaft für wirtschaftliche Ausbildung, Neue Folge, Heft 5).

JÖHLINGER, O. (1919): Ernst Vohsen, ein Lebensbild. Koloniale Rundschau. Zeitschrift für Weltwirtschaft und Kolonialpolitik, 67–80.

Justus Perthes Hauptkatalog (1935). Gotha.

KIEPERT, R. (ohne Jahr, ca. 1897): Kartographisches. Allgemeines über die Kartographie unserer sämtlichen Kolonien. o. O. (Sonderdruck in Perthes-Archiv).

KLUTE, F. (1921): Die stereophotogrammetrische Aufnahme der Hochregionen des Kilimandscharo. Zeitschrift der Gesellschaft für Erdkunde zu Berlin: 144–151.

KÖHLER, F. (1987): Gothaer Wege in Geographie und Kartographie. Gotha.

KOHLSCHÜTTER, E. (1908): Triangulation und Meßtisch-Aufnahme des Ukinga-Gebirges sowie allgemeine Bemerkungen über koloniale topographische Karten. Mitteilungen aus den Deutschen Schutzgebieten, **21**: 105–112.

KRAFT, H. H. (1943): Chartergesellschaften als Mittel zur Erschließung kolonialer Gebiete. Hamburg (= Schriften des Kolonial-Instituts der Hansischen Universität, Band 7. Kolonialwirtschaftliche, Reihe Nr. 4).

KUNTZ, J. (1912): Erläuterung zur Karte des Kaokofeldes. Mitteilungen aus den Deutschen Schutzgebieten, **25**: 233–235.

KURTZE, B. (1913): Die Deutsch-Ostafrikanische Gesellschaft. Ein Beitrag zum Problem der Schutzbriefgesellschaften und zur Geschichte Deutsch-Ostafrikas. Jena.

LANGHANS, P. (1897): Deutscher Kolonial-Atlas. 30 Karten mit 300 Nebenkarten. Gotha.

MAACK, R. (1923): Der Brandberg. Ein Beitrag zur Landeskunde von Südwestafrika. Zeitschrift der Gesellschaft für Erdkunde zu Berlin: 1–14.

MASCARENHAS, A. (1971): The german administration. In: BERRY, L. [Ed.]: Tanzania in Maps. London, 106–107.

MARQUARDSEN, H. (1915): Die Kolonial-Kartensammlung des Reichs-Kolonialamts. Mitteilungen aus den Deutschen Schutzgebieten, **28**, Beilage zu Heft 2 [Abgeschlossen 1.4.1915].

MARQUARDSEN, H. (1920): Dietrich Reimer. In: SCHNEE, H. [Hrsg.]: Deutsches Kolonial-Lexikon. Band 3. Leipzig, 153.

MCEWEN, A. C. (1971): International Boundaries of East Africa. London.

MEYER, H. (1900): Der Kilimandjaro. Reisen und Studien. Berlin.

MEYER, H. (1903): Die geographischen Grundlagen und Aufgaben in der wirtschaftlichen Erforschung unserer Schutzgebiete. Verhandlungen des Deutschen Kolonialkongresses zu Berlin am 10. und 11. Oktober 1902. Berlin, 72–82.

MEYER, H. (1910): Die Landeskundliche Kommission des Reichskolonialamtes. Koloniale Rundschau. Monatsschrift für die Interessen unserer Schutzgebiete und ihrer Bewohner: 722–734.

MEYER, H. (1928/29): Max Moisel und Paul Sprigade. Ein Nachruf. MadDS, **26**: IX–XIV.

MILLER, W. (1906): Instrumentenkunde für Forschungs-Reisende. Hannover.

Mittheilungen aus Justus Perthes' Geographischer Anstalt über wichtige neue Erforschungen auf dem Gesammtgebiet der Geographie [ab 1879: Dr. A. Petermanns Mitt(h)eilungen aus Justus Perthes' Geographischer Anstalt; ab 1938: Petermanns Geographische Mitteilungen]. Gotha. 1: 1855 –.

Mittheilungen der Afrikanischen Gesellschaft in Deutschland (1881) [hrsg. v. W. ERMAN]. Band II: 1880–1881. Berlin.

Mitt(h)eilungen von Forschungsreisenden und Gelehrten aus den Deutschen Schutzgebieten [ab 1907: Mitteilungen aus den Deutschen Schutzgebieten]. Mit Benutzung amtlicher Quellen herausgegeben von Dr. FREIHERR VON DANCKELMAN [ab 1912: Dr. HUGO MARQUARDSEN; ab 1925: HANS MEYER, ALBRECHT PENCK und PAUL STAUDINGER]. Berlin (= Wissenschaftliche Beihefte zum Deutschen Kolonialblatt). **1**: 1888–**32**: 1919, **33**: 1925–**36**: 1928/29 (Ergänzungshefte ab 1908).

MOISEL, M. (1905): Begleitworte zu der Karte 3 ‚Der deutsche Logone und seine Nachbargebiete'. Mitteilungen von Forschungsreisenden und Gelehrten aus den Deutschen Schutzgebieten, **18**: 179–192.

NIGMANN, E. (1911): Geschichte der Kaiserlichen Schutztruppe für Deutsch-Ostafrika. Berlin.

OBST, E. (1921): Die deutsche Kolonialkartographie. In: PRAESENT, H. [Hrsg.]: Beiträge zur deutschen Kartographie. Leipzig, 98–118.

OGRISSEK, R. [Hrsg.] (1983): Brockhaus abc Kartenkunde. Leipzig.

PARRY, A. C. (1937): The history of landsurvey in South West Africa. South African Journal of Science **XXXIV**: 18–28

PARTSCH, J. (1915): Richard Kiepert. Ein Bild seines Lebens und seiner Arbeit. Zeitschrift der Gesellschaft für Erdkunde zu Berlin: 512–532.

PERTHES, B. [Hrsg.] (1885): Justus Perthes in Gotha 1785–1885. Gotha.

PILLEWIZER, W. (1941): Der Anteil der Geographie an der kartographischen Erschliessung Deutsch-Ostafrikas. Jahrbuch der Kartographie. Leipzig, 145–175.

RAFALSKI, H. (1930): Vom Niemandsland zum Ordnungsstaat. Geschichte der ehemaligen Kaiserlichen Landespolizei für Deutsch-Südwestafrika. Berlin.

SCHACK, F. (1923): Das deutsche Kolonialrecht in seiner Entwicklung bis zum Weltkriege. Die allgemeinen Lehren. Eine berichtende Darstellung der Theorie und Praxis nebst kritischen Bemerkungen. Hamburg (= Abhandlungen aus dem Gebiet der Auslandskunde, Band **12**. Reihe A.. Rechts- und Staatswissenschaften, Band 1).

SCHMID, G. (1956): Die Verluste in den Beständen des ehemaligen Reichsarchivs im zweiten Weltkrieg. In: Staatliche Archivverwaltung im Staatssekretariat für Innere Angelegenheiten [Hrsg.], Archivar und Historiker, Studien zur Archiv- und Geschichtswissenschaft Nr. 7, Berlin, 176–207.

SCHNEE, H. [Hrsg.] (1920): Deutsches Kolonial-Lexikon. 3 Bände. Leipzig.

SEINER, F. (1909): Ergebnisse einer Bereisung des Gebiets zwischen Okawango und Sambesi (Caprivi-Zipfel) in den Jahren 1905 und 1906. MadDS, **22**: 1-110.

SPRIGADE, P. (1909): Begleitworte zu der Karte des Gebiets zwischen Okawango und Sambesi nach den Aufnahmen von Franz Seiner. MadDS, **22**: 110-111.

SPRIGADE, P. (1920): Max Moisel. Ein Gedenkwort. Koloniale Rundschau. Zeitschrift für Kolonialpolitik und Weltwirtschaft: 145-148.

SPRIGADE, P., & M. MOISEL (1910): Die Fortschritte der deutschen Kolonialkartographie in den Jahren 1905 bis 1910. Verhandlungen des Deutschen Kolonialkongresses 1910 zu Berlin am 6., 7. und 8. Oktober 1910. Berlin, XXXI-XLIV.

SPRIGADE, P., & M. MOISEL (1914): Die Aufnahmemethoden in den deutschen Schutzgebieten und die deutsche Kolonial-Kartographie. Zeitschrift der Gesellschaft für Erdkunde zu Berlin: 527-545.

STAMS, W. (1978): Die Kartographie in den ersten 30 Jahrgängen von Petermanns Geographischen Mitteilungen. Zum 100. Todestag von August Petermann. Petermanns Geographische Mitteilungen, **122**: 185-202, 271-284.

STAUDINGER, P. (1925 a): Ernst Vohsen. MadDS, **33**: V-VII.

STAUDINGER, P. (1925 b): Hugo Marquardsen. MadDS, **33**: VII-IX.

STUEMER, W. VON (1932): Die Deutsche Kolonialgesellschaft von der Gründung bis zum Raub der Kolonien (1882-1919). In: Deutsche Kolonialgesellschaft [Hrsg.]: 50 Jahre Deutsche Kolonialgesellschaft. Berlin, 7-56.

TESCH, J. (1912): Die Laufbahn der deutschen Kolonialbeamten, ihre Pflichten und Rechte. Berlin.

THORBECKE, F. (ohne Jahr, ca. 1941): Die deutsche Geographie als Wegbereiterin deutscher Kolonisation, o. O., 28-47 (Sonderdruck in Perthes-Archiv).

TOWNSEND, M. E. (1930): The Rise and Fall of Germany's Colonial Empire. New York.

UHLIG, C. (1909): Die Ostafrikanische Bruchstufe und die angrenzenden Gebiete zwischen den Seen Magad und Lawa Ja Mweri sowie dem Westfuss des Meru (= Ergänzungsheft Nr. 2 der Mitteilungen aus den Deutschen Schutzgebieten).

UHLIG, C. (1920): Kilimandscharo. In: SCHNEE, H. [Hrsg.]: Deutsches Kolonial-Lexikon. Band 2. Leipzig, 294-299.

WEBER, O. VON (1982): Geschichte des Schutzgebiets Deutsch-Südwestafrika. Windhoek.

WEDI-PASCHA, B. (1992): Die deutsche Mittelafrika-Politik 1871-1914. Pfaffenweiler.

WEISS, M. (1910): Meine Arbeiten in Inner-Afrika mit dem Phototheodoliten. Verhandlungen des Deutschen Kolonialkongresses 1910 zu Berlin am 6., 7. und 8. Oktober 1910. Berlin, 52-58.

WILHELMY, H. (1990): Kartographie in Stichworten. Unterägeri.

WILKE, W. (1921): Nautische Vermessungen und ozeanographische Forschungen. In: PRAESENT, H. [Hrsg.]: Beiträge zur deutschen Kartographie. Leipzig, 92-97.

WITT, W. (1979): Lexikon der Kartographie. Wien (= Die Kartographie und ihre Randgebiete, Band B).

ZECH AUF NEUHOFEN, J. VON (1920): Togo. In: SCHNEE, H. [Hrsg.]: Deutsches Kolonial-Lexikon. Band 3. Leipzig, 497-526.

ZIMMERMANN, A. (1914): Geschichte der deutschen Kolonialpolitik. Berlin.

# Verzeichnis der Abbildungen

# Orts-, Personen- und Sachregister

## Orte

(enthält nur Ortsnennung in Text und Abbildungsunterschriften, aber nicht solche in den Abbildungen sowie solche außerhalb des afrikanischen Kontinentes)

## Personen-Register

(enthält nur Namensnennungen in Text und Abbildungsunterschriften, aber nicht solche in den Abbildungen)

## Sach-Register

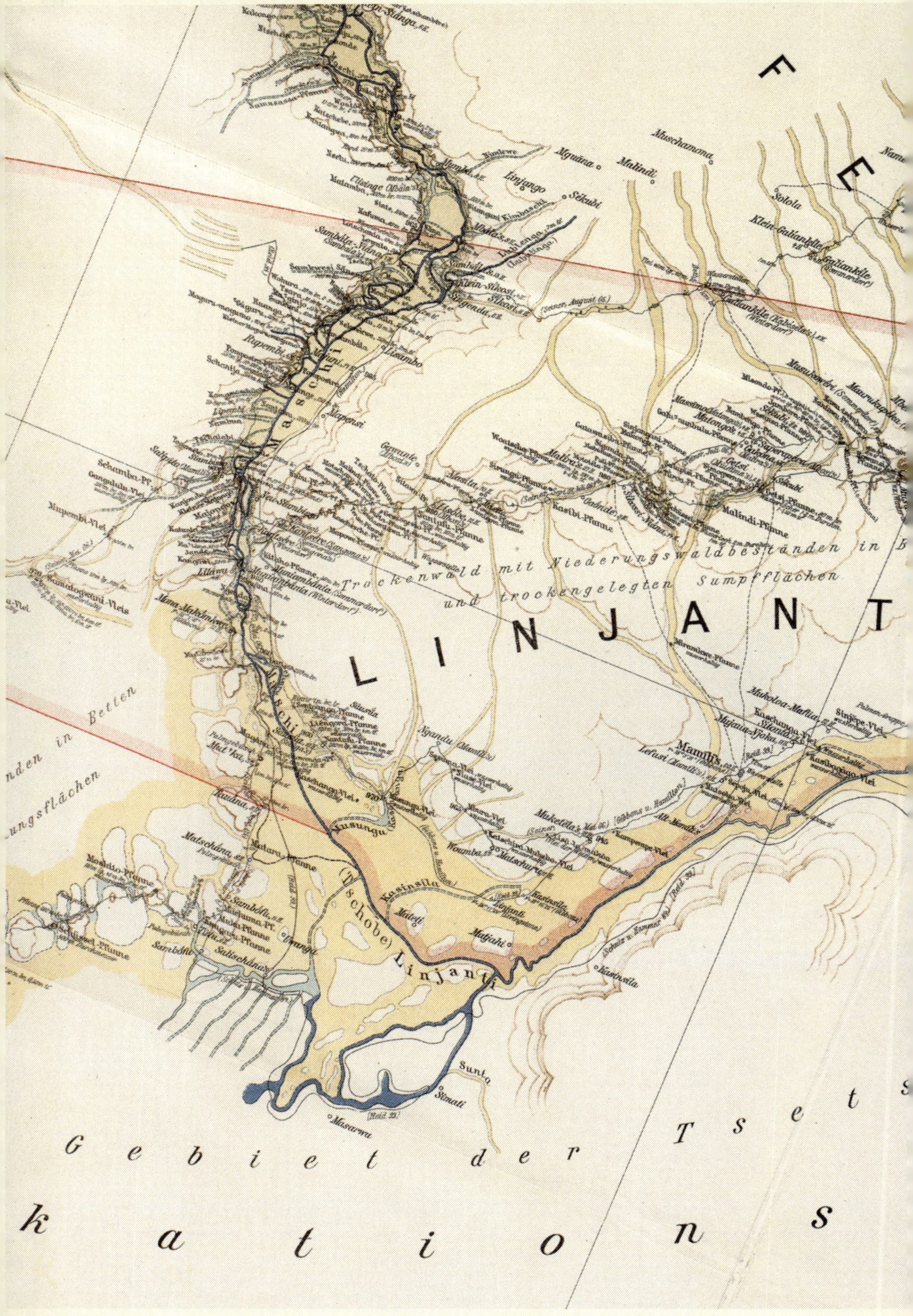
F E
L I N J A N T
Trockenwald mit Niederungswaldbeständen in B
und trockengelegten Sumpfflächen
(Tschobe) Linjanti
Gebiet der Tsets
k a t i o n s